21世纪高等教育经管类经典书系

事业单位会计

双系统核算模式

（第二版）

PUBLIC INSTITUTION ACCOUNTING

The Dual Accounting Systems and Models

邢俊英 编著

东北财经大学出版社 · 大连
Dongbei University of Finance & Economics Press

图书在版编目（CIP）数据

事业单位会计：双系统核算模式 / 邢俊英编著．—2版．—大连：东北财经大学出版社，2022.12

（21世纪高等教育经管类经典书系）

ISBN 978-7-5654-4660-3

Ⅰ.事…　Ⅱ.邢…　Ⅲ.单位预算会计-高等学校-教材　Ⅳ.F810.6

中国版本图书馆CIP数据核字（2022）第198896号

东北财经大学出版社出版

（大连市黑石礁尖山街217号　邮政编码　116025）

网　　址：http://www.dufep.cn

读者信箱：dufep@dufe.edu.cn

大连图腾彩色印刷有限公司印刷　　东北财经大学出版社发行

幅面尺寸：185mm×260mm　字数：578千字　印张：26.75　插页：1

2022年12月第2版　　2022年12月第1次印刷

责任编辑：郭　洁　孙冰洁　　责任校对：初　心

封面设计：张智波　　版式设计：原　皓

定价：55.00元

教学支持　售后服务　　联系电话：（0411）84710309

如有印装质量问题，请联系营销部：（0411）84710711

第二版前言

本书自2019年4月出版迄今的3年多时间里，得到了读者朋友们的认可和支持。在第二版即将推出之际，我谨向选用本书及提出宝贵意见的读者朋友们致以衷心感谢。

本书出版以来，与事业单位有关的政府会计准则制度持续发布；同时，随着自身学习和教学实践的深入，也发现了第一版中存在的一些问题。为了紧跟政府会计准则制度的新变化并订正第一版中存在的问题，现推出第二版。

本版修订的主要内容如下：

1.第一章，主要对政府会计规章进行了补充和更新。

2.第二章至第五章，对有关增值税的举例均按照现行增值税政策做了调整。

3.第二章至第七章，根据政府会计准则制度解释第1号至第4号、新修订的《事业单位财务规则》等相关规范引起的事业单位财务会计和预算会计两个系统核算内容的新变化进行了补充和更新；同时，对第一版中存在的疏纰之处进行了调整和订正。

4.第八章，主要对第一版中存在的一些问题进行了调整和订正。

5.根据上述修订内容，对其他应该调整、订正的内容进行了相应调整与订正。

本次修订由邢俊英完成。由于作者水平有限，在修订过程中难免挂一漏万，恳请读者予以指正。

邢俊英

2022年8月·北京

前　言

2018年8月16日，财政部印发的《关于贯彻实施政府会计准则制度的通知》规定，自2019年1月1日起，政府会计准则制度在全国各级各类行政事业单位全面施行。全面施行的政府会计准则制度包括：《政府会计准则——基本准则》；《政府会计准则第1号——存货》《政府会计准则第2号——投资》《政府会计准则第3号——固定资产》《政府会计准则第4号——无形资产》《政府会计准则第5号——公共基础设施》《政府会计准则第6号——政府储备物资》《政府会计准则第7号——会计调整》《政府会计准则第8号——负债》等政府会计具体准则；《〈政府会计准则第3号——固定资产〉应用指南》等准则应用指南；《政府会计制度——行政事业单位会计科目和报表》；医院、基层医疗卫生机构、高等学校、中小学校、科学事业单位、彩票机构、国有林场和苗圃等行业事业单位执行《政府会计制度——行政事业单位会计科目和报表》的补充规定；行政单位、事业单位和医院、基层医疗卫生机构、高等学校、中小学校、科学事业单位、彩票机构、国有林场和苗圃、地质勘查事业单位、测绘事业单位等行业事业单位执行《政府会计制度——行政事业单位会计科目和报表》的衔接规定；财政部制定的关于政府会计准则制度的其他规定。

基于事业单位会计的角度，上述政府会计准则制度按照统一性原则，从事业单位通用或共性业务会计处理以及单位财务报告信息和决算报告信息的可比性出发，有机归并了现行的《事业单位会计准则》《事业单位会计制度》，医院、基层医疗卫生机构、高等学校、中小学校、科学事业单位、彩票机构、国有林场和苗圃、地质勘查事业单位、测绘事业单位等行业事业单位会计制度，不仅对事业单位通用或共性业务的会计核算作出了规范，也对《政府会计制度——行政事业单位会计科目和报表》未完全体现的部分行业事业单位的特殊业务的会计核算作出了规范。政府会计准则制度在各级各类事业单位的全面实施，将实现在同一个事业单位会计核算系统下构建起财务会计和预算会计适度分离并相互衔接的会计核算模式，以全面反映事业单位的财务信息和预算执行信息。由此，事业单位会计核算呈现出财务会计和预算会计的“双系统”“双功能”“双基础”“双要素”“双报告”“平行记账”等特点。事业单位新会计核算模式的构建，其基本理论和核算方法需要总结与归纳，并通过教材的形式呈现出来，以满足对这方面理论知识和方法有需求的读者的需要。

本书基于财政部已经发布的政府会计准则制度，在总结作者教学经验和实践调研积累的基础上，全面系统地介绍事业单位会计的基本理论和实务。它既可作为高等学校从事政府与非营利组织会计课程教学的教师参考用书，也可供事业单位财会人员继续教育和学习、参考使用，还可供参加各类事业单位财会岗位入职考试的应试人员参考使用。

本书主要具有以下显著特点：

1. 体现内容的制度性和完整性。本书内容根基于我国政府会计准则制度体系，全面系统地阐述事业单位会计理论和实务，以体现事业单位会计内容的制度性。本书内容不仅包括事业单位的通用或共性业务的会计核算，还包括行业事业单位特殊业务的会计核算，以体现事业单位会计内容的完整性。

2. 体现知识结构的系统性。本书根据事业单位资金运动特点和“平行记账”原理安排内容结构，使知识描述更加系统。根据事业单位资金运动表现为在单位开展业务活动过程中取得收入和预算收入后形成费用和预算支出以及盈余和预算结余并由此形成资产、负债和净资产的特点，全书内容按照收入和预算收入、费用和预算支出、资产、负债、净资产和预算结余、财务报告和决算报告的顺序排列，并且每类会计要素下的每个会计科目从核算原理的描述到相关举例均体现财务会计和预算会计“平行记账”核算模式。

3. 体现内容的务实性。本书分别财务会计的资产、负债、净资产、收入和费用以及预算会计的预算收入、预算支出和预算结余8类会计要素，且基于财务会计和预算会计“平行记账”核算模式，阐述和归纳总结每类会计要素下的每个会计科目的主要账务处理，并配有多角度体现“平行记账”的例题。尤其是净资产和预算结余核算的相关举例以及会计报表的编制，均限定在同一个事业单位会计核算系统下，以突出财务会计和预算会计的适度分离并相互衔接的特点，具有很强的务实性、综合性和可操作性。

在本书的编写过程中，参考了部分学者编写的教材，转引了相关政府部门发布的资料和相关专家的观点，在此一起表示真诚感谢！

由于作者学识有限，书中难免有错漏之处，恳请广大读者斧正。

邢俊英

2018年12月 · 北京

目　录

第一章

事业单位会计总论

第一节　事业单位会计的组成体系和特点

一、事业单位的概念和分类

（一）事业单位的概念和特点

根据《事业单位登记管理暂行条例》（国务院令第252号）和《事业单位登记管理暂行条例实施细则》（中央编办发〔2014〕4号）的规定，事业单位是指国家为了社会公益目的，由国家机关举办或者其他组织利用国有资产举办的，从事教育、科研、文化、卫生、体育、新闻出版、广播电视、社会福利、救助减灾、统计调查、技术推广与实验、公用设施管理、物资仓储、监测、勘探与勘察、测绘、检验检测与鉴定、法律服务、资源管理事务、质量技术监督事务、经济监督事务、知识产权事务、公证与认证、信息与咨询、人才交流、就业服务、机关后勤服务等活动的社会服务组织。

事业单位具有以下特点：

1.国有性。事业单位是指由国家机关举办或者其他组织利用国有资产举办的社会服务组织。其他组织或个人利用非国有资产举办的社会服务组织，即使以社会公益为目的也不属于事业单位。由此，事业单位大多为行政单位的下属机构，一般要接受国家行政机关的领导。

2.公益性。事业单位设立的目的是社会公益而非营利，注重社会效益而非经济效益。

3.服务性。事业单位主要分布在教育、科研、文化、卫生等公益性领域，是保障国家政治、经济、文化生活正常进行的社会服务支持系统。

（二）事业单位分类

事业单位按照不同标准，可分为不同类型。

1.按照社会功能，事业单位分为承担行政职能的事业单位、从事生产经营活动的事业单位和从事公益服务的事业单位

《中共中央 国务院关于分类推进事业单位改革的指导意见》（中发〔2011〕5号）按照社会功能，将事业单位划分为承担行政职能、从事生产经营活动和从事公益服务三个类别：

（1）承担行政职能的事业单位，即承担行政决策、行政执行、行政监督等职能，主要行使行政许可、行政处罚、行政强制、行政裁决等行政职权的事业单位。这类单位逐步将行政职能划归行政机构，或转为行政机构。今后，不再批准设立承担行政职能的事业单位。

（2）从事生产经营活动的事业单位，即所提供的产品或服务可以由市场配置资源、不承担公益服务职责的事业单位。这类单位要逐步转为企业或撤销。今后，不再批准设立从事生产经营活动的事业单位。

（3）从事公益服务的事业单位，即面向社会提供公益服务和为机关行使职能提供支持保障的事业单位。改革后，只有这类单位继续保留在事业单位序列。根据职责任务、服务对象和资源配置方式等情况，从事公益服务的事业单位细分为公益一类和公益二类两类。其中公益一类事业单位，即承担义务教育、基础性科研、公共文化、公共卫生及基层的基本医疗服务等基本公益服务，不能或不宜由市场配置资源的事业单位。这类单位不得从事经营活动，其宗旨、业务范围和服务规范由国家确定。公益二类事业单位，即承担高等教育、非营利医疗等公益服务，可部分由市场配置资源的事业单位。这类单位按照国家确定的公益目标和相关标准开展活动，在确保公益目标的前提下，可依据相关法律法规提供与主业相关的服务，收益的使用按国家有关规定执行。

上述三类事业单位按照规定分类改革完成后，只有从事公益服务的事业单位（即公益一类和公益二类事业单位）继续保留在事业单位序列。但由于分类推进事业单位改革需要一个过程，目前还处于上述三类事业单位并存的状况，而且还有少量事业单位尚未分类。①

2.按照是否参照公务员法进行管理，事业单位分为参照公务员法管理的事业单位和不参照公务员法管理的事业单位

根据《关于印发〈关于事业单位参照公务员法管理工作有关问题的意见〉的通知》（组通字〔2006〕27号）的规定，参照公务员法管理的事业单位必须同时具备两个条件：

（1）要有法律、法规授权的公共事务管理职能（主要是指党委系统担负的党的领导机关工作职能和政府系统行使的行政管理职能）。

（2）使用事业编制并由国家财政负担工资福利。

参照公务员法管理的单位不实行事业单位的专业技术职务、工资、奖金等人事管理制度，不得从事经营活动。根据《关于印发参照公务员法管理的党中央、国务院直属事业单位名单的通知》（组通字〔2006〕33号）的规定，将党中央、国务院直属的17个事业单位

---

① 财政部综合司. 财政部中央编办有关负责人就《关于做好事业单位政府购买服务改革工作的意见》答记者问［EB/OL］.（2017-01-05）. http：//zhs.mof.gov.cn/zhengwuxinxi/zhengcefabu/201701/t20170104_2514423.html.

列入参照公务员法管理的范围，比如中央党校、国家行政学院、中华全国供销合作总社等。

不参照公务员法管理的事业单位，是除了参照公务员法管理的事业单位之外的事业单位。

二、事业单位会计的构成和组成系统

事业单位会计是对事业单位发生的各项经济业务和事项进行会计核算，主要反映和监督事业单位财务状况、运行情况、现金流量和预算收支执行情况的会计。

（一）事业单位会计构成

按照会计功能，事业单位会计由财务会计和预算会计构成。

事业单位财务会计，是指以权责发生制为基础对事业单位发生的各项经济业务和事项进行会计核算，反映和监督事业单位财务状况、运行情况、运行成本和现金流量等信息的会计。

事业单位预算会计，是指以收付实现制为基础对事业单位预算执行过程中发生的全部收入和全部支出进行会计核算，主要反映和监督预算收支执行情况的会计。

（二）事业单位会计组织系统

根据机构建制和经费领报关系，事业单位会计组织系统分为主管会计单位、二级会计单位和基层会计单位三级。

1.主管会计单位，是向同级财政部门领报经费，并发生预算管理关系，下面有所属会计单位的事业单位。

2.二级会计单位，是向主管会计单位或上级单位领报经费，并发生预算管理关系，下面有所属会计单位的事业单位。

3.基层会计单位，是向上级单位领报经费，并发生预算管理关系，下面没有所属会计单位的事业单位。向同级财政部门领报经费，并发生预算管理关系，下面没有所属会计单位的，视同基层会计单位。

主管会计单位、二级会计单位和基层会计单位实行独立会计核算，负责组织管理本部门、本单位的全部会计工作。不具备独立核算条件的事业单位，实行单据报账制度，作为“报销单位”管理。因事业单位大多为行政单位的下属机构，所以，大多数事业单位为二级会计单位。

三、事业单位会计的特点

（一）具备“双系统”和“双功能”

事业单位会计由财务会计和预算会计两个系统构成，由此同一单位会计核算应当具备财务会计和预算会计双重功能。财务会计系统进行资产、负债、净资产、收入、费用五类要素核算；预算会计系统进行预算收入、预算支出和预算结余三类要素核算。“双系统”和“双功能”能够实现财务会计与预算会计适度分离[①]并相互衔接[②]，全面、清晰地反映单位财务信息和预算执行信息。

---

① 所谓“适度分离”，是指适度分离事业单位预算会计和财务会计功能、决算报告和财务报告功能，全面反映事业单位的预算执行信息和财务信息。“适度分离”主要体现在“双功能”、“双基础”和“双报告”等方面。

② 所谓“相互衔接”，是指在同一会计核算系统中事业单位预算会计要素和相关财务会计要素相互协调，决算报告和财务报告相互补充，共同反映事业单位的预算执行信息和财务信息。“相互衔接”主要体现在“平行记账”以及财务报表与预算会计报表之间存在钩稽关系等方面。

（二）采用“双基础”和“双要素”

事业单位财务会计核算以权责发生制为基础；预算会计核算以收付实现制为基础，国务院另有规定的，依照其规定。

事业单位会计要素包括财务会计要素和预算会计要素。财务会计要素包括资产、负债、净资产、收入和费用五类；预算会计要素包括预算收入、预算支出和预算结余三类。

（三）实行“双报告”和“双目标”

事业单位会计应当编制财务报告和决算报告。事业单位财务会计主要以权责发生制为基础，以财务会计核算生成的数据为准编制财务报告。财务报告是反映事业单位某一特定日期的财务状况和某一会计期间的运行情况和现金流量等信息的文件，应当包括财务报表（主要包括资产负债表、收入费用表、现金流量表和附注）和其他应当在财务报告中披露的相关信息和资料。事业单位预算会计主要以收付实现制为基础，以预算会计核算生成的数据为准编制决算报告。决算报告是综合反映事业单位年度预算收支执行结果的文件，应当包括决算报表（主要包括预算收入支出表、预算结转结余变动表和财政拨款预算收入支出表）和其他应当在决算报告中反映的相关信息和资料。

事业单位财务报告和决算报告目标不同。财务报告的目标是向财务报告使用者提供与事业单位的财务状况、运行情况（含运行成本）和现金流量等有关信息，反映事业单位公共受托责任履行情况，有助于财务报告使用者作出决策或者进行监督和管理。事业单位财务报告使用者包括各级人民代表大会常务委员会、债权人、各级政府及其有关部门、事业单位自身和其他利益相关者。决算报告的目标是向决算报告使用者提供与事业单位预算执行情况有关的信息，综合反映事业单位预算收支的年度执行结果，有助于决算报告使用者作出决策或监督和管理，并为编制后续年度预算提供参考和依据。事业单位决算报告使用者包括各级人民代表大会及其常务委员会、各级政府及其有关部门、事业单位自身、社会公众和其他利益相关者。

（四）实行“平行记账”

所谓“平行记账”，是指事业单位对纳入部门预算管理的现金收支在进行财务会计核算的同时也进行预算会计核算；对于其他业务，仅需要进行财务会计核算。此处的“现金”是指现金及现金等价物，包括国库直接支付的财政拨款资金、国库授权支付的零余额账户用款额度、银行存款、库存现金及其他货币资金。

“平行记账”是事业单位财务会计和预算会计功能适度分离又相互衔接核算模式的典型特征，目的在于满足事业单位会计“双功能”的需要。

第二节　事业单位会计基本前提和会计信息质量要求

一、事业单位会计的基本前提

会计基本前提，又称会计基本假设，是进行会计核算的基本条件。会计基本前提是合理限定会计核算的范围，据以确定会计核算对象、选择会计方法、收集加工处理会计数据，从而保证会计工作正常进行和会计信息质量的假设条件。事业单位会计的基本前提包括会计主体、持续经营、会计分期和货币计量。

（一）会计主体

事业单位会计主体是事业单位会计为之服务的特定单位，它限定了事业单位会计核算的空间范围。会计主体是持续经营和会计分期这两个前提的基础。只有规定了事业单位会计主体，事业单位会计核算才会有明确的范围，在此基础上会计要素才会有空间的归属，也才能正确反映会计主体的各会计要素的情况和结果，向有关各方面提供正确的会计信息。根据《政府会计准则——基本准则》（以下简称《基本准则》）的规定，事业单位会计主体是与本级政府财政部门直接或者间接发生预算拨款关系的事业单位。

（二）持续经营

持续经营是指在正常情况下，事业单位的经济业务活动无限期延续下去，在可以预见的未来不会终止。持续经营规定了事业单位会计核算的时间范围，即会计主体的经济业务活动将无限期继续存在下去。只有在持续经营的前提下，事业单位的经济业务活动才得以进行，会计核算才能使用特有的程序和方法，全面系统地反映会计主体的财务状况和收支状况。也就是说，事业单位会计核算所使用的原则、程序和方法都是建立在持续经营的基础之上的，只有在这一前提下，会计人员在日常的会计核算中才能对经济业务作出正确判断，对会计处理方法和会计处理程序作出正确选择。根据《基本准则》的规定，事业单位会计核算应当以事业单位持续运行为前提。

（三）会计分期

会计分期，又称会计期间，是指将事业单位持续经营的经济业务活动根据信息使用者的需要，人为地划分为一个个连续的、长短相同的期间，以便分期结算账目、编制会计报表，及时向各方面提供有用的会计信息。会计分期是对持续经营前提的必要补充。由此，事业单位会计主体应当划分会计期间，分期结算账目和编制财务报表。

会计期间通常为1年，称为会计年度。我国事业单位会计年度采用日历年度。为了及时提供会计信息，在年度内还可以划分若干较短的期间，如季度和月份。根据《基本准则》的规定，事业单位会计核算应当划分会计期间，分期结算账目，按规定编制决算报告和财务报告；会计期间至少分为年度和月度。会计年度、会计月度等会计期间的起讫日期采用公历日期。

（四）货币计量

货币计量是对事业单位会计计量尺度的规定，指事业单位在会计核算过程中以货币作为计量单位，综合反映事业单位会计主体的经济业务活动情况。货币计量是会计的基本特征。只有以货币计量为前提，事业单位会计核算所提供的信息才具有可比性，才能满足信息使用者的需要。以货币计量作为前提，还包含假设币值保持不变。因为只有在币值稳定的前提下，对不同会计期间的会计要素的核算才有意义，才可以对前后各期加以比较。根据《基本准则》的规定，事业单位会计核算应当以人民币作为记账本位币。发生外币业务时，应当将有关外币金额折算为人民币金额计量，同时登记外币金额。

二、事业单位会计的会计信息质量特征

事业单位会计的会计信息质量特征是对事业单位财务报告中所提供会计信息质量的基本要求，是使财务报告中所提供会计信息对其使用者决策有用应具备的基本特征。事业单位会计的会计信息质量特征主要包括真实性、相关性、可比性、及时性、可理解性、全面性和实质重于形式。

（一）真实性

真实性，又称客观性或可靠性，是指事业单位的会计核算应当以实际发生的经济业务为依据，如实反映各项会计要素的情况和结果，保证会计信息的真实可靠。根据《基本准则》的规定，事业单位应当以实际发生的经济业务或者事项为依据进行会计核算，如实反映各项会计要素的情况和结果，保证会计信息真实可靠。

真实性要求事业单位会计核算必须以经济业务发生时所取得的合法书面凭证为依据，不得弄虚作假，伪造、篡改凭证，凭证内容要真实、数字要准确、项目要完整、手续要齐备、资料要可靠。只有这样才能保证会计信息与会计反映对象的客观事实相一致，才能满足各信息使用者作出正确决策的需要。

（二）相关性

相关性，又称有用性，是指事业单位会计所提供的信息应与信息使用者的经济决策需要相关。根据《基本准则》的规定，事业单位提供的会计信息，应当与反映事业单位公共受托责任履行情况以及报告使用者决策或者监督、管理的需要相关，有助于报告使用者对事业单位会计主体过去、现在或者未来的情况作出评价或者预测。

相关性需要事业单位在确认、计量和报告会计信息的过程中，充分考虑信息使用者的决策模式和信息需要，从而有助于信息使用者作出正确的决策。

（三）可比性

可比性，是指事业单位会计提供的会计信息应当具有可比性，包括同一事业单位不同时期以及不同事业单位发生的相同或者相似的经济业务或者事项，应当采用一致的会计政策。根据《基本准则》的规定，事业单位提供的会计信息应当具有可比性。同一事业单位不同时期发生的相同或者相似的经济业务或者事项，应当采用一致的会计政策，不得随意变更；确需变更的，应当将变更的内容、理由及其影响在附注中予以说明。不同事业单位发生的相同或者相似的经济业务或者事项，应当采用一致的会计政策，确保事业单位会计信息口径一致、相互可比。

可比性可保证事业单位根据国家的统一规定进行核算，使各事业单位的会计信息建立在相互可比的基础上，以便于会计信息的比较、分析和汇总，从而为信息使用者进行决策和国家进行宏观调控与管理提供必要的依据；同时有利于比较分析同一事业单位不同会计期间的会计信息，从而对预算执行和财务状况作出正确判断，以提高各方面预测和决策的准确性。

（四）及时性

及时性，是指事业单位会计核算应当及时进行。该原则要求事业单位会计信息应当

及时处理、及时提供，不得提前或延后。根据《基本准则》的规定，事业单位对已经发生的经济业务或者事项，应当及时进行会计核算，不得提前或者延后。

会计信息具有一定的时效性，所以，在会计核算中，事业单位应及时收集会计信息、及时处理会计信息、及时传递报告会计信息，从而帮助信息使用者及时作出经济决策，确保会计信息有价值。

（五）可理解性

可理解性，是指事业单位会计记录和会计报表应当清晰明了，便于理解和使用。根据《基本准则》的规定，事业单位提供的会计信息应当清晰明了，便于报告使用者理解和使用。

可理解性要求会计核算各个环节和步骤清晰明了，通俗易懂，以利于会计信息使用者理解会计报表和利用会计信息，同时也有利于审计人员进行审计。

（六）全面性

全面性，是指事业单位会计报表应全面反映经济业务活动情况及结果。根据《基本准则》的规定，事业单位应当将发生的各项经济业务或者事项统一纳入会计核算，确保会计信息能够全面反映事业单位预算执行情况和财务状况、运行情况、现金流量等。全面性要求会计报表所反映的信息内容完整、全面。

（七）实质重于形式

实质重于形式，是指事业单位会计核算和会计信息要真实反映事业单位经济业务或事项的实际情况，要按照经济业务或事项的经济实质进行会计核算，而不应当仅仅以它们的法律形式作为会计核算的依据。按实质或经济事实来核算和反映而不看其表现形式，当经济事实与法律形式不一致时，按事实来记录和反映。根据《基本准则》的规定，事业单位应当按照经济业务或者事项的经济实质进行会计核算，不限于以经济业务或者事项的法律形式为依据。

第三节　事业单位会计对象和会计要素

一、事业单位会计对象

会计对象，又称会计客体，是指会计所核算、反映和监督的内容，具体是指社会再生产过程中能以货币表现的资金运动。

事业单位会计对象是事业单位会计所核算、反映和监督的内容。事业单位会计以货币计量为前提，因此，事业单位会计的对象是能以货币表现的事业单位的资金运动。

事业单位作为国家为了社会公益目的，由国家机关或者其他组织利用国有资产举办的社会服务组织，肩负着事业单位部门预算执行和完成国家规定的各项事业计划的职责。在组织单位经济业务活动中，事业单位按照核定的部门预算和分月（季度）用款计划，通过财政直接支付和财政授权支付等方式，从同级财政部门获取拨款或者按国家规定取得其收入和预算收入；同时，按照预算规定的用途和开支标准，履行其职责，形成其费用和预算支出；收入超过费用的部分形成其盈余、预算收入超过预算支出的部分形成结转结余。而事业单位在取得收入和预算收入与发生费用和预算支出的过程中，必然形成单位的资产、负债、净资产和预算结余。因此，事业单位会计的对象是事业单位资金的获取、使用及其结果，表现为事业单位在组织经济业务活动中所发生的收入和预算收入、费用和预算支出、盈余和结转结余以及由此形成的资产、负债、净资产和预算结余。

二、事业单位预算会计要素

事业单位的会计要素分为财务会计要素和预算会计要素。

事业单位财务会计要素包括资产、负债、净资产、收入和费用五类。各类财务会计要素的定义，包括内容、确认条件、计量属性，参见第二章至第六章的相关内容。

事业单位预算会计要素包括预算收入、预算支出和预算结余三类。各类预算会计要素的定义，包括内容、确认条件、计量属性，参见第二章至第六章的相关内容。

第四节 事业单位会计科目和会计等式

一、事业单位会计科目[①]

（一）会计科目分类

会计科目是对会计对象按其经济内容或用途所作出的科学分类，是会计要素的具体内容和项目。会计科目是复式记账、填制记账凭证、编制会计报表的基础。设置事业单位会计科目，有利于将会计核算的大量内容相同的业务归为一类，组织会计核算，取得相应的会计信息。

事业单位会计科目按照不同的标准可分为不同的种类。

1.按照功能和会计要素，事业单位会计科目分为财务会计科目和预算会计科目。事业单位财务会计的会计科目分为资产类科目、负债类科目、净资产类科目、收入类科目、费用类科目五类；预算会计的会计科目分为预算收入类科目、预算支出类科目和预算结余类科目三类。为了统一核算口径，提高核算质量，资产类科目、负债类科目、净资产类科目、收入类科目、费用类科目、预算收入类科目、预算支出类科目和预算结余类科目均由财政部统一制定会计科目表加以规定。

2.按照核算层次，事业单位会计科目可分为总账科目和明细账科目两类。总账科目是对会计对象具体内容进行综括分类的科目。在事业单位会计科目表中的会计科目基本上都是总账科目（一级科目），是在会计要素下直接开设的，反映相应会计要素中有关内容的总括信息。明细账科目是对总账科目核算的具体内容进行详细分类的会计科目，在总账科目下开设，反映总账科目的明细信息，是对总账科目的补充，对总账科目起到补充和分析作用。

---

① 《政府会计准则制度解释第4号》规定，通常情况下，参照公务员法管理的事业单位执行《行政单位财务规则》的，应当使用《政府会计制度——行政事业单位会计科目和报表》（以下简称《政府会计制度》）中适用于行政单位的会计科目；执行《事业单位财务规则》的，应当使用《政府会计制度》中适用于事业单位的会计科目。参照公务员法管理的事业单位应当根据其开展的经济业务事项，并结合所执行的财务制度确定应当使用的会计科目。

（二）财务会计科目[①]

1. 普适性财务会计科目

普适性财务会计科目，是对所有事业单位都适用的会计科目，即《政府会计制度——行政事业单位会计科目和报表》（以下简称《政府会计制度》）中规定的适用于事业单位业务核算的财务会计科目，不包括特殊行业事业单位专用财务会计科目和PPP项目事业单位专用财务会计科目。根据《政府会计制度》的规定，事业单位的普适性财务会计科目共设76个，包括资产类科目35个、负债类科目15个、净资产类科目7个、收入类科目11个、费用类科目8个。事业单位普适性财务会计科目见表1-1。

表1-1　**事业单位普适性财务会计科目表**

序号	科目编号	科目名称	序号	科目编号	科目名称
一、资产类			21	1602	固定资产累计折旧
1	1001	库存现金	22	1611	工程物资
2	1002	银行存款	23	1613	在建工程
3	1011	零余额账户用款额度	24	1701	无形资产
4	1021	其他货币资金	25	1702	无形资产累计摊销
5	1101	短期投资	26	1703	研发支出
6	1201	财政应返还额度	27	1801	公共基础设施
7	1211	应收票据	28	1802	公共基础设施累计折旧（摊销）
8	1212	应收账款	29	1811	政府储备物资
9	1214	预付账款	30	1821	文物文化资产
10	1215	应收股利	31	1831	保障性住房
11	1216	应收利息	32	1832	保障性住房累计折旧
12	1218	其他应收款	33	1891	受托代理资产
13	1219	坏账准备	34	1901	长期待摊费用
14	1301	在途物品	35	1902	待处理财产损溢
15	1302	库存物品	二、负债类		
16	1303	加工物品	36	2001	短期借款
17	1401	待摊费用	37	2101	应交增值税
18	1501	长期股权投资	38	2102	其他应交税费
19	1502	长期债券投资	39	2103	应缴财政款
20	1601	固定资产	40	2201	应付职工薪酬

① 按照现行的政府会计准则制度，事业单位财务会计科目包括通用会计科目、特殊行业事业单位专用财务会计科目和PPP项目事业单位专用财务会计科目。鉴于适用PPP项目的准则尚处于完善中，本书将不涉及其核算内容。

续表

序号	科目编号	科目名称	序号	科目编号	科目名称
41	2301	应付票据	59	4101	事业收入
42	2302	应付账款	60	4201	上级补助收入
43	2304	应付利息	61	4301	附属单位上缴收入
44	2305	预收账款	62	4401	经营收入
45	2307	其他应付款	63	4601	非同级财政拨款收入
46	2401	预提费用	64	4602	投资收益
47	2501	长期借款	65	4603	捐赠收入
48	2502	长期应付款	66	4604	利息收入
49	2601	预计负债	67	4605	租金收入
50	2901	受托代理负债	68	4609	其他收入
三、净资产类			五、费用类		
51	3001	累计盈余	69	5001	业务活动费用
52	3101	专用基金	70	5101	单位管理费用
53	3201	权益法调整	71	5201	经营费用
54	3301	本期盈余	72	5301	资产处置费用
55	3302	本年盈余分配	73	5401	上缴上级费用
56	3401	无偿调拨净资产	74	5501	对附属单位补助费用
57	3501	以前年度盈余调整	75	5801	所得税费用
四、收入类			76	5901	其他费用
58	4001	财政拨款收入			

2. 特殊性行业事业单位专用财务会计科目

特殊性行业事业单位专用财务会计科目，是仅适用于某些特殊性行业事业单位的特殊业务核算的财务会计科目。根据截止到2021年底已经发布的政府会计准则制度，特殊性行业事业单位专用财务会计科目包括：

（1）彩票机构专用财务会计科目

根据《关于彩票机构执行〈政府会计制度——行政事业单位会计科目和报表〉的补充规定》的规定，彩票机构需增设“2308彩票销售结算”科目，以核算彩票机构彩票销售资金的归集和分配情况；增设“2309应付返奖奖金”科目，以核算彩票机构按照彩票游戏规则确定的比例从彩票销售额中提取，用于支付给中奖者的资金，包括当期返奖奖金、奖池、调节基金和一般调节基金；增设“2310应付代销费”科目，以核算彩票机构按照彩票代销合同的约定比例从彩票销售额中提取，用于支付给彩票代销者的资金。

（2）基层医疗卫生机构专用财务会计科目

根据《关于基层医疗卫生机构执行〈政府会计制度——行政事业单位会计科目和报表〉的补充规定》的规定，基层医疗卫生机构需增设“2308待结算医疗款”科目，以核算按“收支两条线”管理的基层医疗卫生机构的待结算医疗收费。

（3）国有林场和苗圃专用财务会计科目

根据《关于国有林场和苗圃执行〈政府会计制度——行政事业单位会计科目和报表〉的补充规定》的规定，国有林场和苗圃需增设“1614营林工程”科目，以核算林场发生的育苗、造林、抚育、管护各种林木和苗木的生产成本；增设“1841林木资产”科目，以核算林场营造管理的各种活立木资产和苗木资产的累计成本。

3.PPP项目事业单位专用财务会计科目

根据《〈政府会计准则第10号——政府和社会资本合作项目合同〉应用指南》的规定，PPP项目事业单位需设置“1841PPP项目资产”科目，以核算按照《政府会计准则第10号——政府和社会资本合作项目合同》规定确认的PPP项目资产；设置“1842PPP项目资产累计折旧（摊销）”科目，以核算按照《政府会计准则第10号——政府和社会资本合作项目合同》规定计提的PPP项目资产累计折旧（摊销）；设置“3601PPP项目净资产”科目，以核算按照《政府会计准则第10号——政府和社会资本合作项目合同》规定所确认的PPP项目净资产。

《〈政府会计准则第10号——政府和社会资本合作项目合同〉应用指南》指出，在财政部对PPP项目资产折旧（摊销）年限作出规定之前，事业单位对PPP项目资产暂不计提折旧。由此可见，有关PPP项目的准则制度仍有待于继续完善。

（三）预算会计科目

根据《政府会计制度》的规定，事业单位预算会计科目共设25个，包括预算收入类科目9个、预算支出类科目7个、预算结余类科目9个。事业单位预算会计科目见表1-2。

（四）会计科目使用要求

事业单位应当按照下列规定运用会计科目：

1.事业单位应当按照《政府会计制度》的规定设置和使用会计科目。在不影响会计处理和编制报表的前提下，单位可以根据实际情况自行增设或减少某些会计科目。

2.事业单位应当执行《政府会计制度》统一规定的会计科目编号，以便于填制会计凭证、登记账簿、查阅账目，实行会计信息化管理。

3.事业单位在填制会计凭证、登记会计账簿时，应当填列会计科目的名称，或者同时填列会计科目的名称和编号，不得只填列会计科目编号不填列会计科目名称。

4.事业单位设置明细科目或进行明细核算，除应遵循《政府会计制度》的规定外，还应当满足权责发生制政府部门财务报告和政府综合财务报告编制的其他需要。

表1-2　　事业单位预算会计科目表

序号	科目编号	科目名称	序号	科目编号	科目名称
一、预算收入类			13	7501	对附属单位补助支出
1	6001	财政拨款预算收入	14	7601	投资支出
2	6101	事业预算收入	15	7701	债务还本支出
3	6201	上级补助预算收入	16	7901	其他支出
4	6301	附属单位上缴预算收入	三、预算结余类		
5	6401	经营预算收入	17	8001	资金结存
6	6501	债务预算收入	18	8101	财政拨款结转
7	6601	非同级财政拨款预算收入	19	8102	财政拨款结余
8	6602	投资预算收益	20	8201	非财政拨款结转
9	6609	其他预算收入	21	8202	非财政拨款结余
二、预算支出类			22	8301	专用结余
10	7201	事业支出	23	8401	经营结余
11	7301	经营支出	24	8501	其他结余
12	7401	上缴上级支出	25	8701	非财政拨款结余分配

二、事业单位会计等式

会计等式，也称会计平衡公式，是对各会计要素的内在经济关系利用数学公式所作的概括表达，是反映各会计要素数量关系的等式。会计等式贯穿于事业单位会计核算的全过程，是设置账户、进行复式记账、试算平衡和编制会计报表的理论依据。基于现行的政府会计制度，事业单位的资产、负债、净资产、收入和费用五大会计要素分为两组，组成了两个会计等式；预算收入、预算支出和预算结余组成了一个会计等式。

（一）资产、负债和净资产的基本关系

净资产是资产减去负债后的差额，或者表达为资产等于负债加净资产。这说明一个事业单位所拥有的资产与负债和净资产实际上是同一资金的两个不同方面，即，有一定数额的资产，就有一定数额的负债和净资产；反之，有一定数额的负债和净资产，就有一定数额的资产。资产与负债和净资产的这种相互依存的关系，决定了在数量上资产总额与负债和净资产的总额必定相等。即：

资产=负债+净资产

此等式表明，事业单位的资产由负债和净资产组成。其中，负债是资产的一个

来源。资产与负债还是同增同减的关系，如果负债不变，则资产与净资产也同增同减。

“资产=负债+净资产”是事业单位财务会计编制资产负债表的平衡公式。

（二）收入和费用的基本关系

事业单位为实现其职能，必然会依法取得一定数额的收入，也必然发生一定数额的费用，收入和费用相抵后的差额为盈余。由此，决定了一个事业单位的收入和费用的差额必然与其盈余数额相等。即：

收入−费用=盈余

此等式表明，收入与费用存在着对应关系。盈余是事业单位净资产的一个组成部分，虽然决定着净资产的变化，但它并不是一个独立的会计要素，不同于企业会计中的利润。

“收入−费用=盈余”是事业单位财务会计编制收入费用表的依据。

（三）预算收入和预算支出的基本关系

事业单位为实现其职能，必然会依法取得一定数额的预算收入，也必然发生一定数额的预算支出，预算收入和预算支出相抵后的差额为预算结余。由此，决定了一个事业单位的预算收入和预算支出的差额必然与其预算结余数额相等。即：

预算收入−预算支出=预算结余

此等式表明，预算收入和预算支出存在着对应关系。预算结余是预算会计的一个独立会计要素，但也不同于企业会计中的利润。

“预算收入−预算支出=预算结余”是事业单位预算会计编制预算收入支出表的依据。

第五节　事业单位会计规范

事业单位会计规范体系是由若干对事业单位会计核算有影响的相互联系的法律、法规构成的一个整体，主要包括会计法律、会计行政法规和会计规章。

一、会计法律

作为事业单位会计规范构成部分的会计法律，是规范事业单位财务活动和会计关系的法律总称，由全国人民代表大会及其常务委员会制定，主要包括《中华人民共和国预算法》（以下简称《预算法》）和《中华人民共和国会计法》（以下简称《会计法》）。

《预算法》是规范事业单位财务活动的基本法律。我国现行的《预算法》根据2014年8月31日第十二届全国人民代表大会常务委员会第十次会议《全国人民代表大会常务委员会关于修改〈中华人民共和国预算法〉的决定》修正，自2015年1月1日起施行；又根据2018年12月29日第十三届全国人民代表大会常务委员会第七次会议《关于修改〈中华人民共和国产品质量法〉等五部法律的决定》第二次修正。《预算法》作为规范政府收支行为，强化预算约束，加强对预算的管理和监督，建立健全全面规范、公开透明的预算制度的法律，是制定《基本准则》《事业单位财务规则》等的主要依据。

《会计法》是规范各级政府、政府单位会计行为的基本法律。我国现行的《会计法》根据2017年11月4日第十二届全国人民代表大会常务委员会第三十次会议《关于修改〈中华人民共和国会计法〉等十一部法律的决定》第二次修正。《会计法》是会计法律制度中层次最高的法律规范，是制定其他会计法规的依据，也是指导会计工作的最高准则。《会计法》作为规范会计行为和保证会计资料真实、完整的会计法律，是制定《基本准则》的重要依据。

二、会计行政法规

会计行政法规是指调整某些方面会计关系的法律规范，由最高国家行政机关——国务院制定发布，或者由国务院有关部门拟定，经国务院批准发布。事业单位会计行政法规主要包括《中华人民共和国预算法实施条例》（以下简为《预算法实施条例》）、国务院批转的财政部《权责发生制政府综合财务报告制度改革方案》（以下简称《改革方案》）等。

《预算法实施条例》是为更好地贯彻《预算法》，进一步增强预算管理的规范性和可操作性的主要行政法规，于1995年11月2日国务院第三十七次常务会议通过，11月22日起施行。2020年8月3日国务院令第729号公布了修订后的《预算法实施条例》，自2020年10月1日起施行。《预算法实施条例》作为全面落实《预算法》精神的行政法规，也是制定《基本准则》《事业单位财务规则》等的重要依据。

《改革方案》是推进权责发生制政府综合财务报告制度改革的主要行政法规。2014年12月12日国务院发布《关于批转财政部权责发生制政府综合财务报告制度改革方案的通知》（国发〔2014〕63号），要求各省、自治区、直辖市人民政府，国务院各部委、各直属机构认真执行。《改革方案》确立了政府会计改革的指导思想、总体目标、基本原则、主要任务、具体内容、配套措施、实施步骤和组织保障。《改革方案》提出，权责发生制政府综合财务报告制度改革是基于政府会计规则的重大改革，其前提和基础就是要构建统一、科学、规范的政府会计准则体系。由此，《改革方案》成为制定政府会计基本准则、具体准则及应用指南和健全完善政府会计制度的重要法规依据。

三、会计规章

会计规章是指由主管全国会计工作的行政部门——财政部，就会计工作中某些方面的内容所制定的规范性文件。事业单位会计规章包括除了《会计法》和《预算法》以及会计行政法规以外的所有事业单位会计规范，具体包括《基本准则》、政府会计具体准则及其应用指南、《政府会计制度》、政府会计准则制度解释等。事业单位作为政府会计主体之一，其会计核算必须遵循政府会计准则制度要求。2018年8月16日财政部印发的《关于贯彻实施政府会计准则制度的通知》（财会〔2018〕21号）规定，自2019年1月1日起，政府会计准则制度在全国各级各类行政事业单位全面施行。

（一）政府会计基本准则

政府会计基本准则是我国政府会计的“概念框架”，主要起统驭政府会计具体准则和政府会计制度的作用，并为政府会计实务问题提供处理原则，为编制政府财务报告提供基础标准。

2015年10月23日财政部印发《政府会计准则——基本准则》（财政部令第78号），自2017年1月1日起施行。《基本准则》根据《会计法》《预算法》和其他有关法律、行政法规，按照《改革方案》的要求制定，主要对《基本准则》的适用范围、政府会计体系与核算基础、报告目标和使用者、会计基本假设和记账方法；政府会计信息质量要求；政府会计要素的定义、确认标准、计量属性和列示要求；政府决算报告和财务报告的定义、主要内容和构成等内容作出了规范。《基本准则》适用于各级政府、各部门、各单位（统称政府会计主体）。所称各部门、各单位是指与本级政府财政部门直接或者间接发生预算拨款关系的国家机关、军队、政党组织、社会团体、事业单位和其他单位。军队、已纳入企业财务管理体系的单位和执行《民间非营利组织会计制度》的社会团体，不适用本准则。

（二）政府会计具体准则

政府会计具体准则，主要规定政府会计主体发生的经济业务或事项的会计处理原则，具体规定经济业务或事项引起的会计要素变动的确认、计量和报告。

根据《基本准则》，财政部陆续发布了以下具体准则：2016年7月6日印发《政府会计准则第1号——存货》《政府会计准则第2号——投资》《政府会计准则第3号——固定资产》《政府会计准则第4号——无形资产》（财会〔2016〕12号），自2017年1月1日起施行；2017年4月17日印发《政府会计准则第5号——公共基础设施》（财会〔2017〕11号），自2018年1月1日起施行；2017年7月28日印发《政府会计准则第6号——政府储备物资》（财会〔2017〕23号），自2018年1月1日起施行；2018年10月21日、11月9日和12月26日分别印发《政府会计准则第7号——会计调整》（财会〔2018〕28号）、《政府会计准则第8号——负债》（财会〔2018〕31号）和《政府会计准则第9号——财务报表编制和列报》（财会〔2018〕37号），均自2019年1月1日起施行；2019年12月17日印发《政府会计准则第10号——政府和社会资本合作项目合同》（财会〔2019〕23号，以下简称《PPP会计准则》），自2021年1月1日起施行。上述政府会计具体准则分别对存货、投资、固定资产、无形资产、公共基础设施、政府储备物资、会计调整、负债、财务报表编制和列报、PPP项目的确认、计量和相关信息的披露等内容作出了规范。

（三）政府会计具体准则应用指南

政府会计具体准则应用指南，是对具体准则的实际应用作出的操作性规定。

2017年2月21日财政部印发《〈政府会计准则第3号——固定资产〉应用指南》（财会〔2017〕4号），该指南根据《基本准则》和《政府会计准则第3号——固定资产》制定，主要对政府会计的固定资产折旧年限、折旧计提时点等内容作出了规范；2020

年12月17日印发《〈政府会计准则第10号——政府和社会资本合作项目合同〉应用指南》（财会〔2020〕19号，以下简称《PPP会计准则应用指南》），主要对《PPP会计准则》的适用范围、会计科目的设置及账务处理、财务报表项目的列示等内容作出了规范。

（四）政府会计制度

政府会计制度，主要规范政府会计科目及其使用说明、报表格式及其编制说明等，便于会计人员进行日常核算。

2017年10月24日财政部印发《政府会计制度——行政事业单位会计科目和报表》（财会〔2017〕25号），自2019年1月1日起施行，并鼓励行政事业单位提前执行。《政府会计制度》依据《会计法》、《预算法》和《基本准则》等法律、行政法规和规章制定，主要对该制度的适用范围、会计核算模式和会计要素、会计科目设置要求、报表编制要求、会计信息化工作要求、会计科目及其使用说明、报表格式及其编制说明等内容作出了规范。《政府会计制度》从行政事业单位通用或共性业务会计处理，以及单位财务报告信息和决算报告信息的可比性出发，归并统一了现行行政事业单位和各项行业事业单位会计制度[①]；在严格贯彻《改革方案》要求、着力实现改革目标的前提下，力求与现行行政事业单位财务规则、财务制度、部门预决算制度、行政事业单位国有资产管理规定、基本建设财务规则等要求保持协调。《政府会计制度》适用于各级各类行政单位和事业单位，但纳入企业财务管理体系执行企业会计准则或小企业会计准则的单位不执行该制度。

由于《政府会计制度》是按照统一性原则，在有机归并现行行政事业单位和行业事业单位会计制度基础上形成的，部分行业事业单位的特殊业务未完全体现在该制度中。因此，为了规范医院、高等学校、科学事业单位等行业事业单位特殊经济业务或事项的会计核算，确保《政府会计制度》自2019年起能够顺利施行，结合行业单位实际情况，财政部又对《政府会计制度》作出了必要补充。2018年7月12日、8月14日、8月20日、8月27日、8月31日财政部陆续发布了《关于印发国有林场和苗圃执行〈政府会计制度——行政事业单位会计科目和报表〉的补充规定和衔接规定的通知》（财会〔2018〕11号）、《关于印发高等学校执行〈政府会计制度——行政事业单位会计科目和报表〉的补充规定和衔接规定的通知》（财会〔2018〕19号）和《关于印发中小学校执行〈政府会计制度——行政事业单位会计科目和报表〉的补充规定和衔接规定的通知》（财会〔2018〕20号）、《关于印发科学事业单位执行〈政府会计制度——行政事业单位会计科目和报表〉的补充规定和衔接规定的通知》（财会〔2018〕23号）、《关于印发医院执行〈政府会计制度——行政事业单位会计科目和报表〉的补充规定和衔接规定的通知》（财会〔2018〕24号）、《关于印发基层医疗卫生机构执行

① 主要包括《行政单位会计制度》《事业单位会计准则》《事业单位会计制度》和医院、基层医疗卫生机构、高等学校、中小学校、科学事业单位、彩票机构、测绘事业单位、地质勘查事业单位、国有林场和苗圃等行业事业单位会计制度。

〈政府会计制度——行政事业单位会计科目和报表〉的补充规定和衔接规定的通知》（财会〔2018〕25号）和《关于印发彩票机构执行〈政府会计制度——行政事业单位会计科目和报表〉的补充规定和衔接规定的通知》（财会〔2018〕26号）（上述系列补充规定以下简称政府会计制度补充规定），自2019年1月1日起施行。政府会计制度补充规定主要对《政府会计制度》中未完全体现的部分行业事业单位的特殊业务的会计核算作出规范。政府会计制度补充规定是政府会计制度的重要补充和有机组成部分。

此外，2019年12月17日财政部发布《事业单位成本核算基本指引》（财会〔2019〕25号），自2021年1月1日起施行。该指引根据《会计法》和政府会计准则制度制定，主要对事业单位成本核算的原则、成本核算对象、成本项目和范围、成本归集和分配等内容作出了规范，为实现《改革方案》提出的“条件成熟时，推行政府成本会计，规定政府运行成本归集和分摊方法等，反映政府向社会提供公共服务支出和机关运行成本等财务信息”的要求奠定了基础。为了规范医院成本核算工作，2021年11月15日财政部发布《事业单位成本核算具体指引——公立医院》（财会〔2021〕26号），自2022年1月1日起施行。该具体指引的发布拉开了特殊行业事业单位成本核算制度建设的序幕。

（五）政府会计准则制度解释

政府会计准则制度解释根据《基本准则》制定，主要是为了进一步健全和完善政府会计准则制度，确保政府会计准则制度有效实施。

2019年7月16日财政印发《政府会计准则制度解释第1号》（财会〔2019〕13号），自2019年1月1日起施行。该解释主要对事业单位长期股权投资的会计处理，政府单位年末暂收暂付非财政资金、无偿调入资产、售房款以及集中管理的住宅专项维修资金的账务处理，“保障性住房”科目的核算范围等内容作出了规范。

2019年12月17日财政印发《政府会计准则制度解释第2号》（财会〔2019〕24号），自2019年1月1日起施行。该解释主要对归垫资金、从本单位零余额账户向本单位实有资金账户划转资金、从财政科研项目中计提项目间接费用或管理费、事业单位按规定需将长期股权投资持有期间取得的投资收益上缴财政、收取差旅伙食费和市内交通费、专利权维护费、公费医疗经费等业务的会计处理，政府单位基本建设会计有关问题，部门（单位）合并财务报表范围等内容作出了规范。

2020年10月20日财政印发《政府会计准则制度解释第3号》（财会〔2020〕15号），自发布日起施行。该解释主要对接受捐赠业务、政府对外投资业务、政府债券、报告日后调整事项等业务的会计处理作出了规范。

2021年12月22日财政印发《政府会计准则制度解释第4号》（财会〔2021〕33号），分别不同的规定内容自2021年和2022年起施行。该解释主要对参照公务员法管理的事业单位适用会计科目，在建工程按照估计价值转固、固定资产和公共基础设施后续支出、财政国库集中支付结余不再按权责发生制列支、政府单位取得代扣代收代征税款手续费等业务的会计处理，自行研究开发项目形成的无形资产成本的确定，部门（单位）合并财务报表范围中所属事业单位的确认，部门（单位）合并财务报表的编制程序和抵销事项的处理等作出了规范。

综上所述，截至2021年底，从已经颁布的政府会计规范来看，我国现行的事业单位会计规范以及相互之间的关系如图1-1所示。

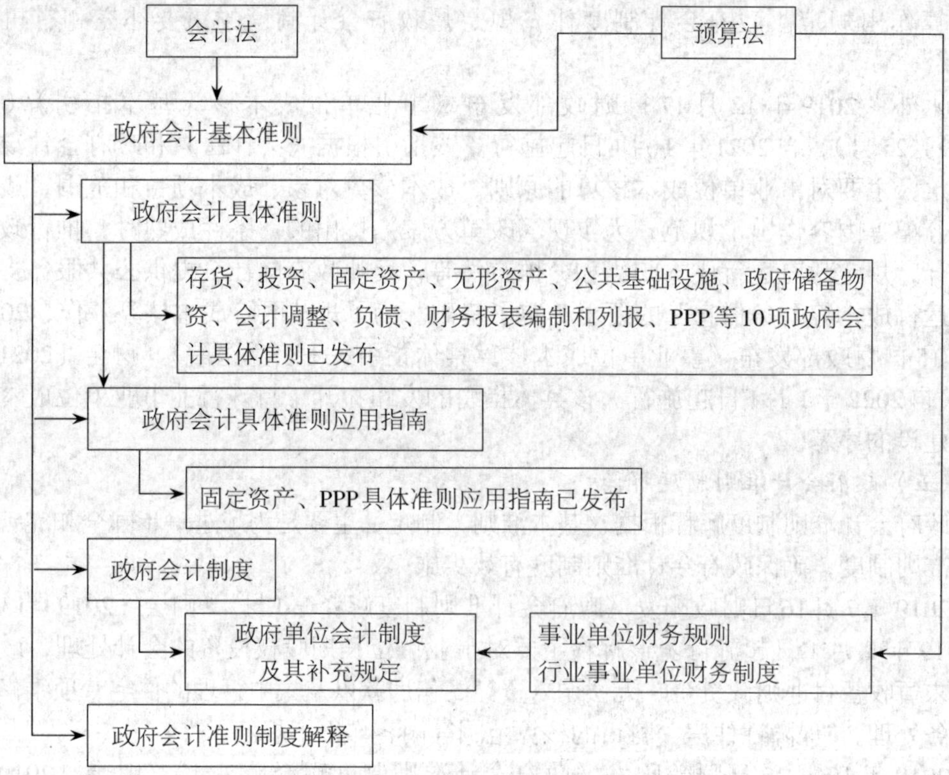

图1-1　事业单位会计规范体系

除了上述会计规范之外，政府部门财务报告制度也逐步完善。2015年11月16日和12月2日，财政部相继印发《政府财务报告编制办法（试行）》（财库〔2015〕212号）和《政府部门财务报告编制操作指南（试行）》（财库〔2015〕223号），以规范权责发生制政府综合财务报告制度改革试点期间（2016—2017年）的政府财务报告编制工作。2018年3月1日，财政部印发修订的《政府部门财务报告编制操作指南（试行）》（财库〔2018〕29号），以规范改革试点期间政府部门财务报告编制工作。2019年12月12日财政部再次印发修订的《政府部门财务报告编制操作指南（试行）》（财库〔2019〕57号），进一步推进权责发生制政府综合财务报告制度改革，规范政府财务报告编制工作。这些均成为事业单位部门编制财务报告时应遵循的规范。

第二章

事业单位的收入和预算收入的核算①

第一节 收入和预算收入概述

一、收入概述

（一）收入的定义、内容和分类

收入，是指报告期内导致事业单位净资产增加的、含有服务潜力或者经济利益的经济资源的流入。收入是事业单位财务会计的一个会计要素。

事业单位收入的内容包括：财政拨款收入、非同级财政拨款收入、事业收入、经营收入、上级补助收入、附属单位上缴收入、投资收益、捐赠收入、利息收入、租金收入和其他收入。

按照收入来源，事业单位收入分为拨款收入、业务活动收入和其他活动收入。

1.拨款收入，是事业单位从财政部门取得的财政拨款，包括从同级财政部门取得的财政拨款收入和从非同级财政部门取得的非同级财政拨款收入。

2.业务活动收入，是事业单位开展业务活动实现的收入，包括开展专业业务活动及其辅助活动实现的事业收入和在专业业务活动及其辅助活动之外开展非独立核算经营活动实现的经营收入。

3.其他活动收入，是事业单位在拨款收入和业务活动收入以外开展其他活动实现的收入，包括上级补助收入、附属单位上缴收入、投资收益以及包括捐赠收入、利息收入、租金收入和其他收入在内的其他各项收入。

（二）收入的确认和计量

收入确认应当同时满足三个条件：

① 本章各项收入核算的举例中涉及增值税的均以小规模纳税人事业单位为会计主体，不再另外说明。事业单位为增值税一般纳税人的相关举例参见第五章“应交增值税”科目的核算。

1. 与收入相关的含有服务潜力或者经济利益的经济资源很可能流入事业单位；

2. 含有服务潜力或者经济利益的经济资源的流入会导致事业单位资产增加或者负债减少；

3. 流入金额能够可靠地计量。

符合收入定义和收入确认条件的项目，应当列入事业单位收入费用表。

收入应当按照应收或实际收到的金额计量。

二、预算收入概述

（一）预算收入的定义、内容和分类

预算收入，是指事业单位在预算年度内依法取得并纳入预算管理的现金流入。预算收入是事业单位预算会计的一个会计要素。

事业单位的预算收入内容包括：财政拨款预算收入、非同级财政拨款预算收入、事业预算收入、经营预算收入、上级补助预算收入、附属单位上缴预算收入、债务预算收入、投资预算收益和其他预算收入。

1. 按照预算收入来源，事业单位预算收入分为拨款预算收入、业务活动预算收入和其他活动预算收入。

（1）拨款预算收入，是事业单位从财政部门取得的财政拨款，包括从同级财政部门取得财政拨款预算收入和从非同级财政部门取得的非同级财政拨款预算收入。

（2）业务活动预算收入，是事业单位开展业务活动取得的预算收入，包括开展专业业务活动及其辅助活动取得的事业预算收入和在专业业务活动及其辅助活动之外开展非独立核算经营活动取得的经营预算收入。

（3）其他活动预算收入，是事业单位在拨款预算收入和业务活动预算收入以外开展其他活动取得的预算收入，包括上级补助预算收入、附属单位上缴预算收入、债务预算收入、投资预算收益和其他预算收入。

2. 按照使用要求，事业单位预算收入分为基本支出拨款和项目支出拨款、专项资金收入和非专项资金收入。

财政拨款预算收入按照使用要求分为基本支出拨款和项目支出拨款。基本支出拨款是事业单位为了保障其正常运转、完成日常工作任务而从同级财政部门取得的拨款，包括人员经费和日常公用经费。项目支出拨款是事业单位为了完成特定工作任务和事业发展目标，在基本支出拨款之外从同级财政部门取得的拨款。事业单位从财政部门取得的项目支出拨款必须专款专用、单独核算、专项结报。

除财政拨款预算收入以外的各项预算收入按照使用要求分为专项资金收入和非专项资金收入。专项资金收入是事业单位为完成特定工作任务取得的除了财政拨款预算收入之外的预算收入，其使用必须专款专用、单独核算、专项结报。非专项资金收入是事业单位为保障其正常运转、完成日常工作任务取得的除了财政拨款预算收入之外的预算收入，无限定性用途。

（二）预算收入的确认和计量

事业单位的预算收入一般在实际收到时予以确认，以实际收到的金额计量。

符合预算收入定义及其确认条件的项目，应当列入事业单位预算收入支出表。

三、收入类和预算收入类的会计科目及其核算内容

事业单位收入类会计科目11个、预算收入类会计科目9个。收入类和预算收入类会计科目及其核算内容见表2-1。

表2-1　　事业单位收入类和预算收入类会计科目及其核算内容

科目名称	科目核算内容
财务会计——收入类科目	
财政拨款收入	核算事业单位从同级政府财政部门取得的各类财政拨款
事业收入	核算事业单位开展专业业务活动及其辅助活动实现的收入
上级补助收入	核算事业单位从主管部门和上级单位取得的非财政拨款收入
附属单位上缴收入	核算事业单位取得的附属独立核算单位按照有关规定上缴的收入
经营收入	核算事业单位在专业业务活动及其辅助活动之外开展非独立核算经营活动取得的收入
非同级财政拨款收入	核算事业单位从非同级政府财政部门取得的经费拨款，包括从同级政府其他部门取得的横向转拨财政款、从上级或下级政府财政部门取得的经费拨款等
投资收益	核算事业单位股权投资和债券投资所实现的收益或发生的损失
捐赠收入	核算事业单位接受其他单位或者个人捐赠取得的收入
利息收入	核算事业单位取得的银行存款利息收入
租金收入	核算事业单位经批准利用国有资产出租取得并按照规定纳入本单位预算管理的租金收入
其他收入	核算事业单位取得的除财政拨款收入、事业收入、上级补助收入、附属单位上缴收入、经营收入、非同级财政拨款收入、投资收益、捐赠收入、利息收入、租金收入以外的各项收入，包括现金盘盈收入、按照规定纳入单位预算管理的科技成果转化收入、无法偿付的应付及预收款项、置换换出资产评估增值等
预算会计——预算收入类科目	
财政拨款预算收入	核算事业单位从同级政府财政部门取得的各类财政拨款
事业预算收入	核算事业单位开展专业业务活动及其辅助活动取得的现金流入
上级补助预算收入	核算事业单位从主管部门和上级单位取得的非财政补助现金流入

续表

科目名称	科目核算内容
附属单位上缴预算收入	核算事业单位取得的附属独立核算事业单位按照有关规定上缴的现金流入
经营预算收入	核算事业单位在专业业务活动及其辅助活动之外开展非独立核算经营活动取得的现金流入
债务预算收入	核算事业单位按照规定从银行和其他金融机构等借入的、纳入部门预算管理的、不以财政资金作为偿还来源的债务本金
非同级财政拨款预算收入	核算事业单位从非同级政府财政部门取得的财政拨款，包括本级横向转拨财政款和非本级财政拨款
投资预算收益	核算事业单位取得的按照规定纳入部门预算管理的属于投资收益性质的现金流入，包括股权投资收益，出售或收回债券投资所取得的收益和债券投资利息收入
其他预算收入	核算事业单位除财政拨款预算收入、事业预算收入、上级补助预算收入、附属单位上缴预算收入、经营预算收入、债务预算收入、非同级财政拨款预算收入、投资预算收益之外的纳入部门预算管理的现金流入，包括捐赠预算收入、利息预算收入、租金预算收入、现金盘盈收入等

第二节 拨款收入和拨款预算收入

一、财政拨款收入和财政拨款预算收入

（一）财政拨款收入和财政拨款预算收入的确认和计量

财政拨款收入和财政拨款预算收入是事业单位从同级财政部门取得的各类财政拨款。事业单位依据年度预算和分月用款计划通过财政直接支付方式、财政授权方式和其他方式取得。

财政拨款收入和财政拨款预算收入采用收付实现制，国库集中支付的年终结余采用权责发生制确认。

1.财政直接支付方式下，事业单位应在收到代理银行转来的“财政直接支付入账通知书”时确认财政拨款收入和财政拨款预算收入，并按照“财政直接支付入账通知书”中的直接支付入账金额计量。

2.财政授权支付方式下，事业单位应在收到代理银行转来的“财政授权支付额度到账通知书”时确认财政拨款收入和财政拨款预算收入，并按照“财政授权支付额度到账通知书”中的授权支付额度计量。

3.其他方式下，事业单位应在收到开户银行转来的收款通知时确认财政拨款收入和

财政拨款预算收入，并按照实际收到的金额计量。对于事业单位收到同级政府财政部门预拨的下期预算款和没有纳入预算的暂付款项，以及采用实拨资金方式通过本单位转拨给下属单位的财政拨款，分别待到下一预算期批准纳入预算以及下属单位收到财政拨款时确认为财政拨款收入和财政拨款预算收入。

4.对于国库集中支付的年终结余形成的财政拨款收入和财政拨款预算收入，事业单位应根据对账确认的本年度财政直接支付预算指标数大于当年财政直接支付实际支出数的差额、本年度财政授权支付预算指标数大于当年零余额账户用款额度下达数的差额予以确认和计量。

（二）财政拨款收入和财政拨款预算收入核算的会计科目设置

财务会计系统下，事业单位应设置“财政拨款收入”科目，核算事业单位从同级财政部门取得的各类财政拨款。同级政府财政部门预拨的下期预算款和没有纳入预算的暂付款项，以及采用实拨资金方式通过本单位转拨给下属单位的财政拨款，通过“其他应付款”科目核算，不通过本科目核算。本科目可以按照公共财政预算拨款、政府性基金预算拨款等种类进行明细核算。期末结转后，本科目应无余额。

预算会计系统下，事业单位应设置“财政拨款预算收入”科目，核算事业单位从同级财政部门取得的各类财政拨款。本科目应当设置“基本支出”和“项目支出”两个明细科目，并按照《政府收支分类科目》中“支出功能分类科目”的项级科目进行明细核算；同时，在“基本支出”明细科目下按照“人员经费”和“日常公用经费”进行明细核算，在“项目支出”明细科目下按照具体项目进行明细核算。有一般公共预算财政拨款、政府性基金预算财政拨款等两种或两种以上财政拨款的单位，还应当按照财政拨款的种类进行明细核算。年末结转后，本科目应无余额。

财政拨款收入和财政拨款预算收入的会计科目设置见表2-2。

表2-2 **财政拨款收入和财政拨款预算收入的会计科目设置**

<table>
<tr><th>总账科目</th><th>一级明细科目</th><th>二级明细科目</th><th>三级明细科目</th><th>四级明细科目</th></tr>
<tr><td rowspan="2">财政拨款收入</td><td>一般公共预算财政拨款</td><td></td><td></td><td></td></tr>
<tr><td>政府性基金预算财政拨款</td><td></td><td></td><td></td></tr>
<tr><td rowspan="4">财政拨款预算收入</td><td rowspan="3">一般公共预算财政拨款</td><td rowspan="3">支出功能分类科目
项级科目</td><td rowspan="2">基本支出</td><td>人员经费</td></tr>
<tr><td>公用经费</td></tr>
<tr><td>项目支出</td><td>××项目</td></tr>
<tr><td>政府性基金预算财政拨款</td><td>同上</td><td>同上</td><td>同上</td></tr>
</table>

（三）财政拨款收入和财政拨款预算收入的主要账务处理

1.取得财政拨款

（1）财政直接支付方式下，事业单位根据收到的“财政直接支付入账通知书”及相关原始凭证，按照通知书中的直接支付入账金额，财务会计借记“库存物品”“固定资产”“业务活动费用”“单位管理费用”“应付职工薪酬”等科目，贷记“财政拨款收入”科目；预算会计借记“事业支出”等有关科目，贷记“财政拨款预算收入”科目。

年末，事业单位根据本年度财政直接支付预算指标数与当年财政直接支付实际支付数的差额，财务会计借记“财政应返还额度——财政直接支付”科目，贷记“财政拨款收入”科目；预算会计借记“资金结存——财政应返还额度”科目，贷记“财政拨款预算收入”科目。相关举例参见第四章“财政应返还额度”科目【例4-27】。

【例2-1】某事业单位使用一般公共预算拨款采用财政直接支付方式采购办公用计算机一批，取得的增值税专用发票上记载的金额为500 000元、税额65 000元，支付运输费5 450元（含税），收到代理银行转来的“财政直接支付入账通知书”，通知书记载的直接支付入账金额为570 450元。计算机直接交付使用。该事业单位的账务处理如下：

财务会计			预算会计		
借：固定资产	570 450		借：事业支出	570 450	
贷：财政拨款收入——一般公共预算拨款		570 450	贷：财政拨款预算收入——项目支出		570 450

【例2-2】某事业单位使用彩票公益金收入采用直接支付方式支付小学校舍的修缮费用，取得施工单位开具的增值税专用发票上记载的金额为80 000元、税额7 200元。收到代理银行“财政直接支付入账通知书”，通知书中的直接支付入账金额为87 200元。该事业单位的账务处理如下：

财务会计			预算会计		
借：业务活动费用	87 200		借：事业支出	87 200	
贷：财政拨款收入——政府性基金预算拨款		87 200	贷：财政拨款预算收入——项目支出		87 200

（2）财政授权支付方式下，事业单位根据收到“财政授权支付额度到账通知书”，按照通知书中的授权支付额度，财务会计借记“零余额账户用款额度”科目，贷记“财政拨款收入”科目；预算会计借记“资金结存——零余额账户用款额度”科目，贷记“财政拨款预算收入”科目。

年末，本年度财政授权支付预算指标数大于零余额账户用款额度下达数的，根据未下达的用款额度，财务会计借记“财政应返还额度——财政授权支付”科目，贷记“财政拨款收入”科目；预算会计借记“资金结存——财政应返还额度”科目，贷记“财政拨款预算收入”科目。相关举例参见第四章“财政应返还额度”科目【例4-29】。

【例2-3】某事业单位收到“财政授权支付额度到账通知书”，列明本月一般公共预算列支的日常公用经费的财政授权支付额度为500 000元。该事业单位的账务处理如下：

财务会计			预算会计		
借：零余额账户用款额度	500 000		借：资金结存——零余额账户用款额度	500 000	
贷：财政拨款收入——一般公共预算拨款		500 000	贷：财政拨款预算收入——基本支出		500 000

（3）其他方式下收到财政拨款收入时，按照实际收到的金额，财务会计借记“银行存款”等科目，贷记“财政拨款收入”科目；预算会计借记“资金结存——货币资金”科目，贷记“财政拨款预算收入”科目。

【例2-4】某事业单位尚未实行国库集中支付制度改革，其开户银行转来收款通知，实际收到同级财政部门拨入一般公共预算列支的日常公用经费500 000元。该事业单位的账务处理如下：

财务会计		预算会计	
借：银行存款	500 000	借：资金结存——货币资金	500 000
贷：财政拨款收入——一般公共预算拨款	500 000	贷：财政拨款预算收入——基本支出	500 000

【例2-5】某事业单位2×21年12月收到同级政府财政部门预拨的下年度1月份预算款100 000元，款项已存入银行。该事业单位的账务处理如下：

• 2×21年12月收到预拨款时，

财务会计		预算会计
借：银行存款	100 000	—①
贷：其他应付款	100 000	

• 2×22年1月到预算期时，

财务会计		预算会计	
借：其他应付款	100 000	借：资金结存——货币资金	100 000
贷：财政拨款收入	100 000	贷：财政拨款预算收入	100 000

本例中的事业单位如果收到没有纳入预算的暂付款项或者采用实拨资金方式通过本单位转拨给下属单位的财政拨款时，做相同的账务处理。

2.差错更正或购货退回②

事业单位因差错更正或购货退回等发生国库直接支付款项退回的，属于本年度支付的款项，按照退回金额，财务会计借记“财政拨款收入”科目，贷记“业务活动费用”“库存物品”等科目；预算会计借记“财政拨款预算收入”科目，贷记“事业支出”等有关科目。属于以前年度支付的款项，按照退回金额，财务会计借记“财政应返还额度——财政直接支付科目”，贷记“以前年度盈余调整”“库存物品”等有关科目；预算会计借记“资金结存——财政应返还额度”科目，贷记“财政拨款结转”“财政拨款结余”科目。

【例2-6】某事业单位使用一般公共预算拨款采用财政直接支付方式采购的计算机耗材因质量问题予以退回，共计50 000元。其中，30 000元属于上年度支付的款项，20 000元属于本年度支付的款项。收到代理银行转来财政直接支付资金退回入账通知书，退回相关款项50 000元，计算机耗材已退回。该事业单位的账务处理如下：

① 本书所有例题会计分录中的“—”，表示在此会计系统下不进行会计核算。

② 有关差错更正或购货退回的账务处理及举例分布在“财政拨款收入”和“财政拨款预算收入”、“业务活动费用”与“单位管理费用”和“事业支出”、“经营费用”和“经营支出”、“零余额账户用款额度”等科目核算中。

财务会计		预算会计	
借：财政应返还额度——财政直接支付	30 000	借：资金结存——财政应返还额度	30 000
财政拨款收入——一般公共预算拨款	20 000	财政拨款预算收入——基本支出	20 000
贷：库存物品	50 000	贷：财政拨款结转——年初余额调整	30 000
		事业支出	20 000

3. 期末或年末结转

期末，财务会计将“财政拨款收入”科目本期发生额结转入本期盈余，借记“财政拨款收入”科目，贷记“本期盈余”科目；预算会计不做账。相关举例参见第六章“本期盈余”科目【例6-1】。

年末，预算会计将“财政拨款预算收入”科目本年发生额结转入财政拨款结转，借记“财政拨款预算收入”科目，贷记“财政拨款结转——本年收支结转”科目；财务会计不做账。相关举例参见第六章“财政拨款结转”科目【例6-14】。

二、非同级财政拨款收入和非同级财政拨款预算收入

（一）非同级财政拨款收入和非同级财政拨款预算收入的确认和计量

非同级财政拨款收入，是事业单位从非同级政府财政部门取得的经费拨款，包括从同级政府其他部门取得的横向转拨财政款、从上级或下级政府财政部门取得的经费拨款等。非同级财政拨款收入一般在发生时确认，并按照应收或实收金额计量。但事业单位因开展科研及其辅助活动从非同级政府财政部门取得的经费拨款确认为事业收入，不确认为非同级财政拨款收入。

非同级财政拨款预算收入，是事业单位从非同级政府财政部门取得的财政拨款，包括本级横向转拨财政款和非本级财政拨款。非同级财政拨款预算收入应当在收到款项时确认，并按照实际收到的金额计量。但对于事业单位因开展科研及其辅助活动从非同级政府财政部门取得的经费拨款，确认为事业预算收入，不确认为非同级财政拨款预算收入。

（二）非同级财政拨款收入和非同级财政拨款预算收入核算的会计科目设置

财务会计系统下，事业单位应设置“非同级财政拨款收入”科目，核算从非同级政府财政部门取得的经费拨款。事业单位因开展科研及其辅助活动从非同级政府财政部门取得的经费拨款，应当通过“事业收入——非同级财政拨款”科目核算，不通过本科目核算。本科目应当按照本级横向转拨财政款和非本级财政拨款进行明细核算，并按照收入来源进行明细核算。期末结转后，本科目应无余额。

预算会计系统下，事业单位应设置“非同级财政拨款预算收入”科目，核算从非同级政府财政部门取得的财政拨款。事业单位对于因开展科研及其辅助活动从非同级政府财政部门取得的经费拨款，应当通过“事业预算收入——非同级财政拨款”进行核算，不通过本科目核算。本科目应当按照非同级财政拨款预算收入的类别、来源、《政府收支分类科目》中“支出功能分类科目”的项级科目等进行明细核算。非同级财政拨款预算收入中如有专项资金收入，还应按照具体项目进行明细核算。年末结转后，本科目应

无余额。

（三）非同级财政拨款收入和非同级财政拨款预算收入的主要账务处理

1. 取得拨款

事业单位从非同级政府财政部门取得拨款时，财务会计按照应收或实际收到的金额，借记“其他应收款”“银行存款”等科目，贷记“非同级财政拨款收入”科目；预算会计按照实际收到的金额，借记“资金结存——货币资金”科目，贷记“非同级财政拨款预算收入”科目。

【例2-7】某事业单位属于中央级单位，地处A省B市，收到A省省级财政部门拨付的经费补助款200 000元，款项已存入银行。该事业单位账务处理如下：

财务会计			预算会计		
借：银行存款	200 000		借：资金结存——货币资金	200 000	
贷：非同级财政拨款收入——A省		200 000	贷：非同级财政拨款预算收入——A省		200 000

【例2-8】假设【例2-7】中的事业单位按照合约确认A省省级财政部门的财政拨款200 000元，但款项尚未收到时，该事业单位的账务处理如下：

• 按照合约确认收入时，

财务会计			预算会计
借：其他应收款	200 000		—
贷：非同级财政拨款收入——A省		200 000	

• 实际收到A省省级财政部门的拨款时，

财务会计			预算会计		
借：银行存款	200 000		借：资金结存——货币资金	200 000	
贷：其他应收款		200 000	贷：非同级财政拨款预算收入——A省		200 000

2. 期末或年末结转

期末，财务会计将“非同级财政拨款收入”科目本期发生额转入本期盈余，借记本科目，贷记“本期盈余”科目；预算会计不做账。相关举例参见第六章“本期盈余”科目【例6-1】。

年末，预算会计将“非同级财政拨款预算收入”科目本年发生额中的专项资金收入转入非财政拨款结转，借记“非同级财政拨款预算收入”科目下各专项资金收入明细科目，贷记“非财政拨款结转——本年收支结转”科目；将“非同级财政拨款预算收入”科目本年发生额中的非专项资金收入转入其他结余，借记“非同级财政拨款预算收入”科目下各非专项资金收入明细科目，贷记“其他结余”科目。财务会计不做账。相关举例参见第六章“其他结余”和“非财政拨款结转”科目【例6-21】和【例6-24】。

第三节 业务活动收入和业务活动预算收入

一、事业收入和事业预算收入

（一）事业收入和事业预算收入的确认和计量

1.事业收入的确认和计量

事业收入，是事业单位开展专业业务活动及其辅助活动所取得的收入，主要包括开展专业业务活动及其辅助活动所取得的按规定不需要上缴财政的收入、财政专户返还的收入、因开展科研及其辅助活动从非同级政府财政部门取得的经费拨款等。

事业收入的确认，因其管理方式和收款方式不同而存在差异。

按照管理方式，事业收入分为财政专户返还方式管理的事业收入和其他方式管理的事业收入。财政专户返还方式管理的事业收入，是事业单位按国家有关规定收取的各项收费（比如，实行专项管理的高中以上学费、住宿费，高校委托培养费，函大、电大、夜大及短训班培训费等教育收费），在取得时先按规定缴存财政专户；支出时由财政部门根据预算、收费上缴财政专户情况和用款申请，按照财政国库管理制度的有关规定从财政专户中核拨；事业单位收到从财政专户返还的收费时，方可确认事业收入。其他方式管理的事业收入，是事业单位开展自身专业活动及其辅助活动向社会提供服务时，按国家规定标准向服务对象收取的除了应缴国库款和应缴财政专户款以外的各项收费，事业单位在取得时即可确认事业收入。

按照收款方式，事业收入分为采用预收款方式确认的事业收入和采用应收款方式确认的事业收入。采用预收款方式确认的事业收入按照合同完成进度确认；采用应收款方式确认的事业收入按照合同完成进度计算的款项确认。

无论以何种方式实现的事业收入，均按照应收或实收金额计量。

2.事业预算收入的确认和计量

事业预算收入，是指事业单位开展专业业务活动及其辅助活动取得的现金流入，包括开展专业业务活动及其辅助活动所取得的按规定不需要纳入财政专户管理的款项、财政专户返还的款项、经核准不上缴国库的款项、因开展科研及其辅助活动从非同级政府财政部门取得的经费拨款。

事业预算收入在实际收到款项时确认，按照实际收到的金额计量。

（二）事业收入和事业预算收入核算的会计科目设置

财务会计系统下，事业单位应设置“事业收入”科目，核算开展专业业务活动及其辅助活动所取得的收入。本科目应当按照事业收入的类别、来源等进行明细核算。对于因开展科研及其辅助活动从非同级政府财政部门取得的经费拨款，应当在本科目下单设“非同级财政拨款”明细科目进行核算。期末结转后，本科目应无余额。

预算会计系统下，事业单位应设置“事业预算收入”科目，核算开展专业业务活动及其辅助活动取得的现金流入。事业单位因开展科研及其辅助活动从非同级政府财政部门取得的经费拨款，也通过本科目核算。本科目应当按照事业预算收入类别、项目、来源、《政府收支分类科目》中“支出功能分类科目”项级科目等进行明细核算。对于因开展科研及其辅助活动从非同级政府财政部门取得的经费拨款，应当在本科目下单设“非同级财政拨款”明细科目进行明细核算；事业预算收入中如有专项资金收入，还应按照具体项目进行明细核算。年末结转后，本科目应无余额。

（三）事业收入和事业预算收入的主要账务处理

1.采用财政专户返还方式管理的事业收入和事业预算收入

事业单位实现应上缴财政专户的款项时，财务会计按照实际收到或应收的金额，借记“银行存款”“应收账款”等科目，贷记“应缴财政款”科目；向财政专户上缴款项时，按照实际上缴的款项金额，借记“应缴财政款”科目，贷记“银行存款”等科目。收到从财政专户返还的款项时，按照实际收到的返还金额，财务会计借记“银行存款”等科目，贷记“事业收入”科目；预算会计借记“资金结存——货币资金”科目，贷记“事业预算收入”科目。预算会计不做账。

2.采用其他方式管理的事业收入和事业预算收入

事业单位其他方式下取得款项时，按照实际收到的金额，财务会计借记“银行存款”“库存现金”等科目，贷记“事业收入”科目（其中涉及增值税业务的，相关账务处理参见“应交增值税”科目）；预算会计借记“资金结存——货币资金”科目，贷记“事业预算收入”科目。

【例2-9】某事业单位开展专业业务活动取得教育收费51 500元（含税）、学术活动收入30 900元（含税），均已存入银行。其中，教育收费采用财政专户返还方式管理。该事业单位的账务处理如下：

财务会计			预算会计		
借：银行存款	82 400		借：资金结存——货币资金	30 900	
贷：应缴财政款		51 500	贷：事业预算收入——学术活动收入		30 900
事业收入——学术活动收入		30 000			
应交增值税		900			

【例2-10】【例2-9】中的事业单位将教育收费51 500元上缴财政专户，该事业单位的账务处理如下：

财务会计			预算会计
借：应缴财政款	51 500		—
贷：银行存款		51 500	

该事业单位实际收到从财政专户返还的教育收费51 500元时，

财务会计			预算会计		
借：银行存款	51 500		借：资金结存——货币资金	51 500	
贷：事业收入——教育事业收入		51 500	贷：事业预算收入——教育事业预算收入		51 500

3.采用预收款方式确认的事业收入和事业预算收入

事业单位实际收到预收款项时，按照收到的款项金额，财务会计借记“银行存款”等科目，贷记“预收账款”科目；预算会计借记“资金结存——货币资金”科目，贷记“事业预算收入”科目。以合同完成进度确认事业收入时，财务会计按照基于合同完成进度计算的金额，借记“预收账款”科目，贷记“事业收入”科目（其中涉及增值税业务的，相关账务处理参见“应交增值税”科目）；预算会计不做账。

【例2-11】某事业单位承接某企业污水处理项目的研究，项目总经费309 000元，需要两年完成。按照合同规定，该企业第一年年初预付项目研究经费50%，第二年年初再预付50%。该科研项目产生的收入按照项目完成进度每年末确认。该事业单位账务处理如下：

• 每年年初收到委托企业预付款项时，

财务会计			预算会计		
借：银行存款	154 500		借：资金结存——货币资金	154 500	
贷：预收账款		154 500	贷：事业预算收入——科研事业预算收入		154 500

• 每年年末确认收入时，

财务会计			预算会计
借：预收账款	154 500		
贷：事业收入——科研事业收入		150 000	—
应交增值税		4 500	

4.采用应收款方式确认的事业收入和事业预算收入

事业单位根据合同完成进度计算本期应收的款项，财务会计借记“应收账款”科目，贷记“事业收入”科目（其中涉及增值税业务的，相关账务处理参见“应交增值税”科目）；预算会计不做账。实际收到款项时，财务会计借记“银行存款”等科目，贷记“应收账款”科目；预算会计借记“资金结存——货币资金”科目，贷记“事业预算收入”科目。

【例2-12】假设【例2-11】中的事业单位根据合同完成进度每年年初计算应收50%的科研经费，年末实际收款。该事业单位账务处理如下：

• 年初根据合同完成进度计算应收的科研经费时，

财务会计			预算会计
借：应收账款	154 500		
贷：事业收入——科研事业收入		150 000	—
应交增值税		4 500	

• 年末实际收到款项时，

财务会计			预算会计		
借：银行存款	154 500		借：资金结存——货币资金	154 500	
贷：应收账款		154 500	贷：事业预算收入——科研事业预算收入		154 500

5.期末或年末结转

期末，财务会计将“事业收入”科目本期发生额转入本期盈余，借记“事业收入”科目，贷记“本期盈余”科目；预算会计不做账。相关举例参见第六章“本期盈余”科目【例6-1】。

年末，预算会计将“事业预算收入”科目本年发生额中的专项资金收入转入非财政拨款结转，借记“事业预算收入”科目下各专项资金收入明细科目，贷记“非财政拨款结转——本年收支结转”科目；将“事业预算收入”科目本年发生额中的非专项资金收入转入其他结余，借记“事业预算收入”科目下各非专项资金收入明细科目，贷记“其他结余”科目。财务会计不做账。相关举例参见第六章“其他结余”和“非财政拨款结转”科目【例6-21】和【例6-24】。

二、经营收入和经营预算收入

（一）经营收入和经营预算收入的确认和计量

经营收入，是事业单位在专业业务活动及其辅助活动之外开展非独立核算经营活动取得的收入，主要包括非独立核算部门因销售商品、向社会提供有偿服务等取得的收入等。事业单位的经营收入通常同时具备两个特征：一是开展经营活动取得的收入；二是从开展非独立核算的经营活动中取得的收入。经营收入应当在提供服务或者发出存货，同时收讫价款或者取得索取价款的凭据时，按照实际收到或应收到的金额予以确认和计量。

经营预算收入，是指事业单位在专业业务活动及其辅助活动之外开展非独立核算经营活动取得的现金流入。经营预算收入应当在实际收到款项时确认，并按照实际收到的金额计量。

（二）经营收入和经营预算收入核算的会计科目设置

财务会计系统下，事业单位应设置“经营收入”科目，核算在专业业务活动及其辅助活动之外开展非独立核算经营活动取得的收入。本科目应当按照经营活动类别、项目、收入来源等进行明细核算。期末结转后，本科目应无余额。

预算会计系统下，事业单位应设置“经营预算收入”科目，核算在专业业务活动及其辅助活动之外开展非独立核算经营活动取得的现金流入。本科目应当按照经营活动类别、项目、《政府收支分类科目》中“支出功能分类科目”的项级科目等进行明细核算。年末结转后，本科目应无余额。

（三）经营收入和经营预算收入的主要账务处理

1.确认收入

事业单位确认经营收入时，财务会计按照确定的收入金额，借记“银行存款”“应收账款”“应收票据”等科目，贷记“经营收入”科目（其中涉及增值税业务的，相关账务处理参见“应交增值税”科目）；预算会计按照实际收到的金额，借记“资金结存——货币资金”科目，贷记“经营预算收入”科目。

【例2-13】某事业单位的非独立核算部门销售产品取得收入5 150元（含税），款项已存入银行。该事业单位账务处理如下：

财务会计		预算会计	
借：银行存款	5 150	借：资金结存——货币资金	5 150
贷：经营收入——销售收入	5 000	贷：经营预算收入——销售预算收入	5 150
应交增值税	150		

2.期末或年末结转

期末，财务会计将“经营收入”科目本期发生额转入本期盈余，借记“经营收入”科目，贷记“本期盈余”科目；预算会计不做账。相关举例参见第六章“本期盈余”科目【例6-1】。

年末，预算会计将“经营预算收入”科目发生额转入经营结余，借记“经营预算收入”科目，贷记“经营结余”科目；财务会计不做账。相关举例参见第六章“经营结余”科目【例6-22】。

第四节 其他活动收入和其他活动预算收入

一、上级补助收入和上级补助预算收入

（一）上级补助收入和上级补助预算收入的确认和计量

上级补助收入是事业单位从主管部门和上级单位取得的非财政拨款收入。上级补助收入应当在发生时确认，并按照应收或实收金额计量。

上级补助预算收入是指事业单位从主管部门和上级单位取得的非财政补助现金流入。上级补助预算收入应当在取得时确认，并按照实际收到的金额计量。

（二）上级补助收入和上级补助预算收入核算的会计科目设置

财务会计系统下，事业单位应设置“上级补助收入”科目，核算收到的上级单位拨入的非财政拨款收入。本科目应当按照发放补助单位、补助项目等进行明细核算。期末结转后，本科目应无余额。

预算会计系统下，事业单位应设置“上级补助预算收入”科目，核算从主管部门和上级单位取得的非财政补助现金流入。本科目应当按照发放补助单位、补助项目、《政府收支分类科目》中“支出功能分类科目”的项级科目等进行明细核算。上级补助预算收入中如有专项资金收入，还应按照具体项目进行明细核算。年末结转后，本科目应无余额。

（三）上级补助收入和上级补助预算收入的主要账务处理

1.确认收入

事业单位确认上级补助收入时，财务会计按照应收或实际收到的金额，借记“其他应收款”“银行存款”等科目，贷记“上级补助收入”科目；实际收到应收的上级补助款时，按照实际收到的金额，财务会计借记“银行存款”等科目，贷记“其他应收款”

科目。预算会计按照实际收到的金额，借记“资金结存——货币资金”科目，贷记“上级补助预算收入”科目。

【例2-14】某事业单位收到上级单位拨入的非财政资金补助款250 000元。该事业单位的账务处理如下：

财务会计		预算会计	
借：银行存款	250 000	借：资金结存——货币资金	250 000
贷：上级补助收入——上级单位	250 000	贷：上级补助预算收入——上级单位	250 000

【例2-15】假设【例2-14】中的事业单位按照合约确认上级单位拨入的非财政资金补助款250 000元，款项尚未收到。该事业单位的账务处理如下：

财务会计		预算会计
借：其他应收款	250 000	—
贷：上级补助收入——上级单位	250 000	

该事业单位收到款项时，

财务会计		预算会计	
借：银行存款	250 000	借：资金结存——货币资金	250 000
贷：其他应收款	250 000	贷：上级补助预算收入——上级单位	250 000

2. 期末或年末结转

期末，财务会计将“上级补助收入”科目本期发生额转入本期盈余，借记“上级补助收入”科目，贷记“本期盈余”科目；预算会计不做账。相关举例参见第六章“本期盈余”科目【例6-1】。

年末，预算会计将“上级补助预算收入”科目本年发生额中的专项资金收入转入非财政拨款结转，借记“上级补助预算收入”科目下各专项资金收入明细科目，贷记“非财政拨款结转——本年收支结转”科目；将“上级补助预算收入”科目本年发生额中的非专项资金收入转入其他结余，借记“上级补助预算收入”科目下各非专项资金收入明细科目，贷记“其他结余”科目。财务会计不做账。相关举例参见第六章“其他结余”和“非财政拨款结转”科目【例6-21】和【例6-24】。

二、附属单位上缴收入和附属单位上缴预算收入

（一）附属单位上缴收入和附属单位上缴预算收入的确认和计量

附属单位上缴收入，是事业单位取得的附属独立核算单位按照有关规定上缴的收入。所谓附属单位，一般是指与该事业单位间除资金联系之外，还存在其他联系的具有独立法人资格的单位，包括事业单位和企业。附属单位上缴收入应当在发生时确认，并按照应收或实收金额计量。

附属单位上缴预算收入，是指事业单位取得附属独立核算单位根据有关规定上缴的现金流入。附属单位上缴预算收入应当在取得时确认，并按照实际收到的金额计量。

（二）附属单位上缴收入和附属单位上缴预算收入核算的会计科目设置

财务会计系统下，事业单位应设置“附属单位上缴收入”科目，核算取得的附属单位按有关规定上缴的收入。本科目应当按照附属单位、缴款项目等进行明细核算。期末结转后，本科目应无余额。

预算会计系统下，事业单位应设置“附属单位上缴预算收入”科目，核算取得附属独立核算单位根据有关规定上缴的现金流入。本科目应当按照附属单位、缴款项目、《政府收支分类科目》中“支出功能分类科目”的项级科目等进行明细核算。附属单位上缴预算收入中如有专项资金收入，还应按照具体项目进行明细核算。年末结转后，本科目应无余额。

（三）附属单位上缴收入和附属单位上缴预算收入的账务处理

1.确认收入

事业单位确认附属单位上缴收入时，财务会计按照应收或实际收到的金额，借记“其他应收款”“银行存款”等科目，贷记“附属单位上缴收入”科目；实际收到应收附属单位上缴款时，按照实际收到的金额，财务会计借记“银行存款”等科目，贷记“其他应收款”科目。预算会计按照实际收到的金额，借记“资金结存——货币资金”科目，贷记“附属单位上缴预算收入”科目。

【例2-16】某事业单位收到附属A单位上缴的收入50 000元。该事业单位的账务处理如下：

财务会计		预算会计	
借：银行存款	50 000	借：资金结存——货币资金	50 000
贷：附属单位上缴收入——A单位	50 000	贷：附属单位上缴预算收入——A单位	50 000

【例2-17】假设【例2-16】中的事业单位按照合约确认附属A单位上缴的收入50 000元，款项尚未收到。该事业单位的账务处理如下：

财务会计		预算会计	
借：其他应收款	50 000	—	
贷：附属单位上缴收入——A单位	50 000		

收到款项时，

财务会计		预算会计	
借：银行存款	50 000	借：资金结存——货币资金	50 000
贷：其他应收款	50 000	贷：附属单位上缴预算收入——A单位	50 000

2.期末和年末结转

期末，财务会计将“附属单位上缴收入”科目本期发生额转入本期盈余，借记“附属单位上缴收入”科目，贷记“本期盈余”科目；预算会计不做账。相关举例参见第六章“本期盈余”科目【例6-1】。

年末，预算会计将“附属单位上缴预算收入”科目本年发生额中的专项资金收入转入非财政拨款结转，借记“附属单位上缴预算收入”科目下各专项资金收入明细科目，贷记“非财政拨款结转——本年收支结转”科目；将“附属单位上缴预算收入”科目本年发生额中的非专项资金收入转入其他结余，借记“附属单位上缴预算收入”科目下各非专项资金收入明细科目，贷记“其他结余”科目。财务会计不做账。相关举例参见第六章“其他结余”和“非财政拨款结转”科目【例6-21】和【例6-24】。

三、债务预算收入

（一）债务预算收入的确认和计量

债务预算收入，是指事业单位按照规定从银行和其他金融机构等借入的、纳入部门预算管理的、不以财政资金作为偿还来源的债务本金。债务预算收入应当在取得时确认，并按照实际收到的金额计量。

（二）债务预算收入核算的会计科目设置

预算会计系统下，事业单位应设置“债务预算收入”科目，核算事业单位按照规定从银行和其他金融机构等借入的、纳入部门预算管理的、不以财政资金作为偿还来源的债务本金。本科目应当按照贷款单位、贷款种类、《政府收支分类科目》中“支出功能分类科目”的项级科目等进行明细核算。债务预算收入中如有专项资金收入，还应按照具体项目进行明细核算。年末结转后，本科目应无余额。

财务会计系统下，与“债务预算收入”科目对应的是“短期借款”“长期借款”科目。

（三）债务预算收入的账务处理

1. 确认收入

事业单位借入各项短期或长期借款时，按照实际借入的金额，财务会计借记“银行存款”科目，贷记“短期借款”“长期借款”科目；预算会计借记“资金结存——货币资金”科目，贷记“债务预算收入”科目。相关举例参见第五章“短期借款”“长期借款”科目【例5-1】【例5-28】【例5-29】。

2. 年末结转

年末，预算会计将“债务预算收入”科目本年发生额中的专项资金收入转入非财政拨款结转，借记“债务预算收入”科目下各专项资金收入明细科目，贷记“非财政拨款结转——本年收支结转”科目；将“债务预算收入”科目本年发生额中的非专项资金收入转入其他结余，借记“债务预算收入”科目下各非专项资金收入明细科目，贷记“其他结余”科目。财务会计不做账。相关举例参见第六章“其他结余”和“非财政拨款结转”科目【例6-21】和【例6-24】。

四、投资收益和投资预算收益

（一）投资收益和投资预算收益的确认和计量

投资收益，是指事业单位股权投资和债券投资所实现的收益或发生的损失，包括股权投资取得的股利或利润、债券投资取得的利息收入等。投资收益应当在发生时确认，并按照确认的金额计量。

投资预算收益，是指事业单位取得的按照规定纳入部门预算管理的属于投资收益性质的现金流入，包括股权投资收益、出售或收回债券投资所取得的收益和债券投资利息收入。投资预算收益应当在取得时确认，并按照实际收到的金额计量。

（二）投资收益和投资预算收益核算的会计科目设置

财务会计系统下，事业单位应设置“投资收益”科目，核算股权投资和债券投资所实现的收益或发生的损失。本科目应当按照投资的种类等进行明细核算。期末结转后，本科目应无余额。

预算会计系统下，事业单位应设置“投资预算收益”科目，核算取得的按照规定纳入部门预算管理的属于投资收益性质的现金流入。本科目应当按照《政府收支分类科目》中“支出功能分类科目”的项级科目等进行明细核算。年末结转后，本科目应无余额。

（三）投资收益和投资预算收益的账务处理

1.确认投资收益

（1）债券投资取得的收益

①持有期间利息

事业单位收到短期投资持有期间的利息，按照实际收到的金额，财务会计借记“银行存款”科目，贷记“投资收益”科目；预算会计借记“资金结存——货币资金”科目，贷记“投资预算收益”科目。

事业单位按期确认持有的分期付息、一次还本的长期债券投资的利息收入时，按照计算确定的应收未收利息，财务会计借记“应收利息”科目，贷记“投资收益”科目；持有的到期一次还本付息的债券投资，按期确认利息收入时，按照计算确定的应收未收利息，借记“长期债券投资——应计利息”科目，贷记“投资收益”科目。预算会计不做账。

收到持有的分期付息、一次还本的长期债券的投资利息时，按照实际收到的金额，财务会计借记“银行存款”科目，贷记“应收利息”科目；预算会计借记“资金结存——货币资金”科目，贷记“投资预算收益”科目。

②出售或到期收回债券投资收益

事业单位出售或到期收回短期、长期债券本息的财务会计处理如下：

对于短期债券，按照实际收到的金额，借记“银行存款”科目，按照出售或收回短期投资的成本，贷记“短期投资”科目，按照其差额，贷记或借记“投资收益”科目（涉及增值税业务的，相关账务处理参见“应交增值税”科目）。

对于长期债券，按照实际收到的金额，借记“银行存款”等科目，按照债券初始投资成本和已计未收利息金额，贷记“长期债券投资——成本”“长期债券投资——应计利息”科目（到期一次还本付息债券），或分别贷记“长期债券投资”“应收利息”科目（分期付息债券），按照其差额，贷记或借记“投资收益”科目（涉及增值税业务的，相关账务处理参见“应交增值税”科目）。

事业单位出售或到期收回短期、长期债券本息的预算会计处理如下：

对于出售或到期收回本年度取得的短期、长期债券，按照实际取得的价款或实际收到的本息金额，借记“资金结存——货币资金”科目，按照取得债券时“投资支出”科目的发生额，贷记“投资支出”科目，按照其差额，贷记或借记“投资预算收益”科目。

对于出售或到期收回以前年度取得的短期、长期债券，按照实际取得的价款或实际收到的本息金额，借记“资金结存——货币资金”科目，按照取得债券时“投资支出”科目的发生额，贷记“其他结余”科目，按照其差额，贷记或借记“投资预算收益”科目。

（2）长期股权投资取得的收益

①纳入单位预算管理的长期股权投资持有期间取得的投资收益

事业单位采用成本法核算的长期股权投资持有期间，被投资单位宣告分派现金股利或利润时，按照宣告分派的现金股利或利润中属于单位应享有的份额，财务会计借记“应收股利”科目，贷记“投资收益”科目；预算会计不做账。

事业单位采用权益法核算的长期股权投资持有期间，按照应享有或应分担的被投资单位实现的净损益的份额，财务会计借记或贷记“长期股权投资——损益调整”，贷记或借记“投资收益”科目；被投资单位发生净亏损，但以后年度又实现净利润的，事业单位在其收益分享额弥补未确认的亏损分担额等后，恢复确认投资收益，借记“长期股权投资——损益调整”科目，贷记“投资收益”科目。预算会计不做账。

事业单位持有长期股权投资取得被投资单位分派的现金股利或利润时，按照实际收到的金额，财务会计借记“银行存款”科目，贷记“应收股利”科目；预算会计按照实际收到的金额，借记“资金结存——货币资金”科目，贷记“投资预算收益”科目。财务会计不做账。

②按规定需上缴财政的长期股权投资持有期间取得的投资收益

事业单位长期股权投资采用成本法核算的，被投资单位宣告发放现金股利或利润时，事业单位按照应收的金额，借记“应收股利”科目，贷记“投资收益”科目；收到现金股利或利润时，借记“银行存款”等科目，贷记“应缴财政款”科目，同时按照此前确定的应收股利金额，借记“投资收益”科目或“累计盈余”科目（此前确认的投资收益已经结转的），贷记“应收股利”科目；将取得的现金股利或利润上缴财政时，借记“应缴财政款”科目，贷记“银行存款”等科目。预算会计不做账。

事业单位长期股权投资采用权益法核算的，被投资单位实现净利润的，按照应享有的份额，借记“长期股权投资——损益调整”科目，贷记“投资收益”科目；被投资单位宣告发放现金股利或利润时，事业单位按照应享有的份额，借记“应收股利”科目，贷记“长期股权投资——损益调整”科目；收到现金股利或利润时，借记“银行存款”等科目，贷记“应缴财政款”科目，同时按照此前确定的应收股利金额，借记“投资收益”科目或“累计盈余”科目（此前确认的投资收益已经结转的），贷记“应收股利”科目；将取得的现金股利或利润上缴财政时，借记“应缴财政款”科目，贷记“银行存款”等科目。预算会计不做账。

③长期股权投资处置时有关投资收益和投资预算收益的账务处理，参见“长期股权投资”科目。

上述业务账务处理的相关举例参见“短期投资”“长期债券投资”“长期股权投资”科目。

2. 期末和年末结转

期末，财务会计将“投资收益”科目本期发生额转入本期盈余，借记或贷记“投资收益”科目，贷记或借记“本期盈余”科目；预算会计不做账。相关举例参见第六章“本期盈余”科目【例6-1】。

年末，预算会计将“投资预算收益”本期发生额转入其他结余，借记或贷记“投资预算收益”科目，贷记或借记“其他结余”科目；财务会计不做账。相关举例参见第六章“其他结余”科目【例6-21】。

五、其他各项收入和其他预算收入

（一）其他各项收入和其他预算收入的确认和计量

1. 其他各项收入

其他各项收入，是指事业单位取得的除财政拨款收入、非同级财政拨款收入、事业收入、经营收入、上级补助收入、附属单位上缴收入、投资收益以外的各项收入，包括捐赠收入、利息收入、租金收入以及其他收入。

捐赠收入，是指事业单位接受其他单位或者个人捐赠取得的收入。

利息收入，是指事业单位取得的银行存款利息收入。

租金收入，是指事业单位经批准利用国有资产出租取得并按照规定纳入本单位预算管理的租金收入。国有资产出租收入，应当在租赁期内各个期间按照直线法予以确认。

其他收入，是指事业单位取得的除财政拨款收入、事业收入、上级补助收入、附属单位上缴收入、经营收入、非同级财政拨款收入、投资收益、捐赠收入、利息收入、租金收入以外的各项收入，包括现金盘盈收入、按照规定纳入单位预算管理的科技成果转化收入、无法偿付的应付及预收款项、置换换出资产评估增值、单位售房款等。

其他各项收入应当在发生时确认，并按照实收或应收金额计量。

2. 其他预算收入

其他预算收入，是指事业单位除财政拨款预算收入、事业预算收入、上级补助预算收入、附属单位上缴预算收入、经营预算收入、债务预算收入、非同级财政拨款预算收入、投资预算收益之外的纳入部门预算管理的现金流入，包括捐赠预算收入、利息预算收入、租金预算收入、现金盘盈收入等。

其他预算收入在取得时确认，按照实际收到的金额计量。

（二）其他各项收入和其他预算收入核算的会计科目设置

财务会计系统下，事业单位应设置“捐赠收入”“利息收入”“租金收入”“其他收入”科目，以核算其他各项收入。其中：

“捐赠收入”科目，核算事业单位接受其他单位或者个人捐赠取得的收入。本科目应当按照捐赠资产的用途和捐赠单位等进行明细核算。期末结转后，本科目应无余额。

“利息收入”科目，核算事业单位取得的银行存款利息收入。期末结转后，本科目应无余额。

“租金收入”科目，核算事业单位经批准利用国有资产出租取得并按照规定纳入本单位预算管理的租金收入。本科目应当按照出租国有资产类别和收入来源等进行明细核算。期末结转后，本科目应无余额。

“其他收入”科目，核算事业单位取得的除财政拨款收入、事业收入、上级补助收入、附属单位上缴收入、经营收入、非同级财政拨款收入、投资收益以外的各项收入，包括捐赠收入、利息收入、租金收入以外的各项收入，包括现金盘盈收入、按照规定纳入单位预算管理的科技成果转化收入、无法偿付的应付及预收款项、置换换出资产评估增值、单位售房款、取得的代扣代收代征税款手续费等。本科目应当按照其他收入的类别、来源等进行明细核算。期末结转后，本科目应无余额。

预算会计系统下，事业单位应设置“其他预算收入”科目核算事业单位除财政拨款预算收入、事业预算收入、上级补助预算收入、附属单位上缴预算收入、经营预算收入、债务预算收入、非同级财政拨款预算收入、投资预算收益之外的纳入部门预算管理的现金流入，包括捐赠预算收入、利息预算收入、租金预算收入、现金盘盈收入等。本科目应当按照其他收入类别、《政府收支分类科目》中“支出功能分类科目”的项级科目等进行明细核算。其他预算收入中如有专项资金收入，还应按照具体项目进行明细核算。年末结转后，本科目应无余额。

事业单位发生的捐赠预算收入、利息预算收入、租金预算收入金额较大或业务较多的，可单独设置“捐赠预算收入”“利息预算收入”“租金预算收入”等科目。

（三）其他各项收入和其他预算收入的主要账务处理

1.确认收入

（1）捐赠收入

事业单位接受捐赠的货币资金，按照实际收到的金额，财务会计借记“银行存款”“库存现金”等科目，贷记“捐赠收入”科目；预算会计借记“资金结存——货币资金”科目，贷记“其他预算收入”科目。

事业单位接受捐赠的存货、固定资产等非现金资产，按照确定的成本，财务会计借记“库存物品”“固定资产”等科目，按照发生的相关税费、运输费等，贷记“银行存款”等科目，按照其差额，贷记“捐赠收入”科目。接受捐赠的资产按照名义金额入账的，按照名义金额，借记“库存物品”“固定资产”等科目，贷记“捐赠收入”科目；同时，按照发生的相关税费、运输费等，借记“其他费用”科目，贷记“银行存款”等科目。预算会计按照发生的相关税费、运输费等，借记“其他支出”科目，贷记“资金结存——零余额账户用款额度、货币资金”科目。

【例2-18】某事业单位接受甲公司的捐赠，其中货币资金200 000元，计算机10台，发票上注明价款500 000元，以银行存款支付相关税费200元。该事业单位账务处理如下：

财务会计			预算会计		
借：银行存款	200 000		借：资金结存——货币资金	200 000	
固定资产	500 200		贷：其他预算收入——捐赠收入		200 000
贷：捐赠收入——甲公司		700 000	借：其他支出	200	
银行存款		200	贷：资金结存——货币资金		200

（2）利息收入

事业单位取得银行存款利息时，按照实际收到的金额，财务会计借记“银行存款”科目，贷记“利息收入”科目；预算会计借记“资金结存——货币资金”科目，贷记“其他预算收入”科目。

【例2-19】某事业单位收到银行存款利息收入通知书，本月取得存款利息收入5 000元。该事业单位账务处理如下：

财务会计			预算会计		
借：银行存款	5 000		借：资金结存——货币资金	5 000	
贷：利息收入		5 000	贷：其他预算收入——利息收入		5 000

（3）租金收入

采用预收租金方式的，事业单位预收租金时，按照实际收到的金额，财务会计借记“银行存款”等科目，贷记“预收账款”科目；预算会计借记“资金结存——货币资金”科目，贷记“其他预算收入”科目。分期确认租金收入时，财务会计按照各期租金金额，借记“预收账款”科目，贷记“租金收入”科目；预算会计不做账。

采用后付租金方式的，每期确认租金收入时，财务会计按照各期租金金额，借记“应收账款”科目，贷记“租金收入”科目；预算会计不做账。收到租金时，按照实际收到的金额，财务会计借记“银行存款”等科目，贷记“应收账款”科目；预算会计借记“资金结存——货币资金”科目，贷记“其他预算收入”科目。

采用分期收取租金方式的，每期收取租金时，按照实际收到的租金金额，财务会计借记“银行存款”等科目，贷记“租金收入”科目；预算会计借记“资金结存——货币资金”科目，贷记“其他预算收入”科目。

租金收入涉及增值税业务的，相关账务处理参见“应交增值税”科目。

【例2-20】某事业单位经批准将一幢办公楼出租，租期5年，年租金630 000元（含税），该租金收入按照规定纳入本单位预算管理。该事业单位账务处理如下：

■如果采用预收租金方式，每年1月预收全年租金，分月确认租金收入。

• 1月收到年租金630 000元时，

财务会计			预算会计		
借：银行存款	630 000		借：资金结存——货币资金	630 000	
贷：预收账款		630 000	贷：其他预算收入——租金收入		630 000

• 每月确认租金收入时，

财务会计		预算会计
借：预收账款	52 500	—
贷：租金收入	50 000	
应交增值税	2 500	

■如果采用后付租金方式，每年末承租人一次性支付全年租金。

• 每月确认租金收入时，

财务会计		预算会计
借：应收账款	52 500	—
贷：租金收入	50 000	
应交增值税	2 500	

• 年末收到年租金630 000元时，

财务会计		预算会计	
借：银行存款	630 000	借：资金结存——货币资金	630 000
贷：应收账款	630 000	贷：其他预算收入——租金收入	630 000

■如果采用分期收取租金方式，承租人按月支付租金52 500元。

财务会计		预算会计	
借：银行存款	52 500	借：资金结存——货币资金	52 500
贷：租金收入	50 000	贷：其他预算收入——租金收入	52 500
应交增值税	2 500		

（4）其他收入

①现金盘盈收入。每日现金账核对中发现的现金溢余，属于无法查明原因的，报经批准后，财务会计借记“待处理财产损溢”科目，贷记“其他收入”科目；预算会计不做账。相关举例参见第四章“库存现金”科目【例4-9】。

②科技成果转化收入。事业单位科技成果转化所取得的收入，按照规定留归本单位的，按照所取得收入扣除相关费用之后的净收益，财务会计借记“银行存款”等科目，贷记“其他收入”科目；预算会计按照实际收到的金额，借记“资金结存——货币资金”科目，贷记“其他预算收入”科目。

【例2-21】某事业单位的科技成果转化收入按照规定留归本单位。该单位将其开发的新技术转让给一家公司，取得净收益150 000元。该事业单位账务处理如下：

财务会计		预算会计	
借：银行存款	150 000	借：资金结存——货币资金	150 000
贷：其他收入——科技成果转化收入	150 000	贷：其他预算收入——租金收入	150 000

③无法偿付的应付及预收款项。事业单位无法偿付或债权人豁免偿还的应付账款、预收账款、其他应付款及长期应付款，财务会计借记“应付账款”“预收账款”“其他应

付款”“长期应付款”等科目，贷记“其他收入”科目；预算会计不做账。

【例2-22】某事业单位经检查，2×22年度几经努力无法联系到债权人的应付账款、预收账款、其他应付款及长期应付款的金额分别为20 000元、10 000元、50 000元和5 000元。按照规定报经批准后核销时，该事业单位账务处理如下：

财务会计			预算会计
借：应付账款	20 000		
预收账款	10 000		
其他应付款	50 000		—
长期应付款	5 000		
贷：其他收入		85 000	

④置换换出资产评估增值。事业单位资产置换过程中，出现资产评估增值的，财务会计按照评估价值高于资产账面价值或账面余额的金额，借记有关科目，贷记“其他收入”科目（具体账务处理参见“库存物品”等科目）；以未入账的无形资产取得的长期股权投资，按照评估价值加相关税费作为投资成本，借记“长期股权投资”科目；按照发生的相关税费，贷记“银行存款”“其他应交税费”等科目；按其差额，贷记“其他收入”科目。预算会计按照实际支付的相关税费，借记“其他支出”科目，贷记“资金结存——货币资金”科目。相关举例参见第四章“库存物品”科目【例4-55】、“长期股权投资”科目【例4-70】。

⑤单位售房款①。事业单位收到售房款项（售房收入扣除按标准计提的住宅专项维修资金）及其利息收入时，财务会计借记“银行存款”科目，贷记“其他收入”科目；预算会计借记“资金结存——货币资金”科目，贷记“其他预算收入”科目。按规定使用售房款发放购房补贴的，计提购房补贴费用时，财务会计借记“业务活动费用”“单位管理费用”等科目，贷记“应付职工薪酬”科目的相关明细科目；预算会计不做账。发放购房补贴时，财务会计借记“应付职工薪酬”科目的相关明细科目，贷记“银行存款”等科目；预算会计借记“事业支出”等科目，贷记“资金结存——货币资金”科目。

【例2-23】某事业单位经批准出售不需用的职工公寓楼，收到售房款500 000元。假设不考虑增值税，该事业单位的账务处理如下：

财务会计			预算会计		
借：银行存款	500 000		借：资金结存——货币资金	500 000	
贷：其他收入		500 000	贷：其他预算收入		500 000

⑥代扣代收代征税款手续费。事业单位从税务机关取得的代扣代缴、代收代缴、委托代征税款手续费，按规定计入本单位收入。收到时，按照实际金额，财务会计借记“银行存款”科目，贷记“其他收入”科目；预算会计借记“资金结存——货币资金”

① 依据《政府会计准则制度解释第1号》的规定，中央级行政事业单位应当自2019年1月1日起，将归属于本单位的售房款及其利息收入纳入部门预算管理，并按照《政府会计制度》统一进行会计核算。

科目，贷记“其他预算收入”科目。

⑦其他收入。事业单位确认上述各项收入以外的其他收入时，财务会计按照应收或实际收到的金额，借记“其他应收款”“银行存款”“库存现金”等科目，贷记“其他收入”科目（涉及增值税业务的，相关账务处理参见“应交增值税”科目）；预算会计按照实际收到的金额，借记“资金结存——货币资金”科目，贷记“其他预算收入”科目。

2.期末和年末结转

期末，财务会计将“捐赠收入”“利息收入”“租金收入”“其他收入”科目本期发生额转入本期盈余，借记“捐赠收入”“利息收入”“租金收入”“其他收入”科目，贷记“本期盈余”科目；预算会计不做账。相关举例参见第六章“本期盈余”科目【例6-1】。

年末，预算会计将“其他预算收入”科目本年发生额中的专项资金收入转入非财政拨款结转，借记“其他预算收入”科目下各专项资金收入明细科目，贷记“非财政拨款结转——本年收支结转”科目；将“其他预算收入”科目本年发生额中的非专项资金收入转入其他结余，借记“其他预算收入”科目下各非专项资金收入明细科目，贷记“其他结余”科目。财务会计不做账。相关举例参见第六章“其他结余”和“非财政拨款结转”科目【例6-21】和【例6-24】。

第三章

事业单位费用和预算支出的核算[①]

第一节 费用和预算支出概述

一、费用概述

（一）费用的定义、内容和分类

费用，是指报告期内导致事业单位净资产减少的、含有服务潜力或者经济利益的经济资源的流出。费用是事业单位财务会计的一个会计要素。

事业单位费用的内容包括：业务活动费用、单位管理费用、经营费用、资产处置费用、上缴上级费用、对附属单位补助费用、所得税费用和其他费用。

按照业务活动类型，事业单位费用可分为业务活动费用和其他活动费用。

业务活动费用，是事业单位开展业务活动发生的费用，包括开展专业业务活动及其辅助活动发生的业务活动费用和单位管理费用，以及在专业业务活动及其辅助活动之外开展非独立核算的经营活动发生的经营费用。

其他活动费用，是事业单位在业务活动费用之外发生的各项费用，包括资产处置费用、上缴上级费用、对附属单位补助费用、所得税费用和其他费用。

（二）费用的确认和计量

费用的确认应当同时满足以下条件：（1）与费用相关的含有服务潜力或者经济利益的经济资源很可能流出事业单位；（2）含有服务潜力或者经济利益的经济资源流出会导致事业单位资产减少或者负债增加；（3）流出金额能够可靠地计量。

符合费用定义和费用确认条件的项目，应当列入事业单位收入费用表。

费用按照应付或实际支付的金额计量。

---

① 本章各项费用核算的举例中涉及增值税的均以小规模纳税人事业单位为会计主体，不再另外说明。事业单位为增值税一般纳税人的相关举例参见第五章“应交增值税”科目的核算。

二、预算支出概述

（一）预算支出的定义、内容和分类

预算支出，是指事业单位在预算年度内依法发生并纳入预算管理的现金流出。预算支出是事业单位预算会计的一个会计要素。

事业单位预算支出的内容包括：事业支出、经营支出、上缴上级支出、对附属单位补助支出、债务还本支出、投资支出和其他支出。

1.按照业务活动类型，事业单位预算支出可分为业务活动支出和其他活动支出

（1）业务活动支出，是事业单位开展业务活动发生的支出，包括开展专业业务活动及其辅助活动发生的事业支出，以及在专业业务活动及其辅助活动之外开展非独立核算的经营活动发生的经营支出。

（2）其他活动支出，是事业单位在业务活动支出之外发生的各项支出，包括上缴上级支出、对附属单位补助支出、债务还本支出、投资支出和其他支出。

2.按资金类型，事业单位预算支出可分为财政拨款支出、非财政专项资金支出和其他资金支出

（1）财政拨款支出，是事业单位使用财政拨款预算收入安排的预算支出。财政拨款支出按照资金来源分类，又可分为一般公共预算财政拨款支出、政府性基金预算财政拨款支出。一般公共预算财政拨款支出，是指事业单位使用一般公共预算财政拨款安排的支出；政府性基金预算财政拨款支出，是指事业单位使用政府性基金预算财政拨款安排的支出。

（2）非财政专项资金支出，是事业单位使用财政拨款预算收入之外的专项资金收入安排的有指定项目和用途的预算支出。该支出应当专款专用、单独核算，并按照规定向财政部门或者主管部门报送专项资金的使用情况；项目完成后，应当报送专项资金支出决算和使用效果的书面报告，接受财政部门或者主管部门的检查、验收。

（3）其他资金支出，是事业单位使用除财政拨款预算收入之外的非专项资金收入安排的预算支出。

事业单位的事业支出和其他支出均按照资金类型分为财政拨款支出、非财政专项资金支出和其他资金支出；经营支出、上缴上级支出、对附属单位补助支出、债务还本支出、投资支出均属于其他资金支出。

（二）预算支出的确认和计量

预算支出一般在实际支付时予以确认，以实际支付的金额计量。

符合预算支出定义及其确认条件的项目应当列入预算收入支出表。

三、费用类和预算支出类的会计科目及其核算内容

事业单位费用类会计科目8个、预算支出类会计科目7个。费用类和预算支出类会计科目及其核算内容见表3-1。

表3-1　　事业单位费用类和预算支出类会计科目及其核算内容

科目名称	科目核算内容
财务会计——费用类科目	
业务活动费用	核算事业单位为实现其职能目标，开展专业业务活动及其辅助活动所发生的各项费用
单位管理费用	核算事业单位本级行政及后勤管理部门开展管理活动发生的各项费用，包括单位行政及后勤管理部门发生的人员经费、公用经费、资产折旧（摊销）等费用，以及由单位统一负担的离退休人员经费、工会经费、诉讼费、中介费等
经营费用	核算事业单位在专业业务活动及其辅助活动之外开展非独立核算经营活动发生的各项费用
资产处置费用	核算事业单位经批准处置资产时发生的费用，包括转销的被处置资产价值，以及在处置过程中发生的相关费用或者处置收入小于相关费用形成的净支出。资产处置的形式按照规定包括无偿调拨、出售、出让、转让、置换、对外捐赠、报废、毁损以及货币性资产损失核销等
上缴上级费用	核算事业单位按照财政部门和主管部门的规定上缴上级单位款项发生的费用
对附属单位补助费用	核算事业单位用财政拨款收入之外的收入对附属单位补助发生的费用
所得税费用	核算有企业所得税缴纳义务的事业单位按规定缴纳企业所得税所形成的费用
其他费用	核算事业单位发生的除业务活动费用、单位管理费用、经营费用、资产处置费用、上缴上级费用、对附属单位补助费用、所得税费用以外的各项费用，包括利息费用、坏账损失、罚没支出、现金资产捐赠支出以及相关税费、运输费等
预算会计——预算支出类科目	
事业支出	核算事业单位开展专业业务活动及其辅助活动实际发生的各项现金流出
经营支出	核算事业单位在专业业务活动及其辅助活动之外开展非独立核算经营活动实际发生的各项现金流出
上缴上级支出	核算事业单位按照财政部门和主管部门的规定上缴上级单位款项发生的现金流出
对附属单位补助支出	核算事业单位用财政拨款预算收入之外的收入对附属单位补助发生的现金流出
投资支出	核算事业单位以货币资金对外投资发生的现金流出
债务还本支出	核算事业单位偿还自身承担的纳入预算管理的从金融机构举借的债务本金的现金流出
其他支出	核算事业单位除事业支出、经营支出、上缴上级支出、对附属单位补助支出、投资支出、债务还本支出以外的各项现金流出，包括利息支出、对外捐赠现金支出、现金盘亏损失、接受捐赠（调入）和对外捐赠（调出）非现金资产发生的税费支出、资产置换过程中发生的相关税费支出、罚没支出等

第二节　业务活动费用和业务活动支出

一、业务活动费用与单位管理费用和事业支出

（一）业务活动费用与单位管理费用和事业支出的确认和计量

1.业务活动费用与单位管理费用的确认和计量

业务活动费用，是指事业单位为实现其职能目标，开展专业业务活动及其辅助活动所发生的各项费用。主要包括工资福利费用、商品和服务费用、对个人和家庭的补助费用、固定资产折旧费、无形资产摊销费、公共基础设施折旧（摊销）费、保障性住房折旧费、计提专用基金等。

单位管理费用，是指事业单位本级行政及后勤管理部门开展管理活动发生的各项费用，包括单位行政及后勤管理部门发生的人员经费、公用经费、资产折旧（摊销）等费用，以及由单位统一负担的离退休人员经费、工会经费、诉讼费、中介费等。

业务活动费用与单位管理费用应当在发生时确认，并按照应付或实付金额计量。

2.事业支出的分类、确认和计量

事业支出，是指事业单位开展专业业务活动及其辅助活动实际发生的各项现金流出。

事业支出除了按资金类型分为财政拨款支出、非财政专项资金支出和其他资金支出外，还可以按照以下标准分类：

（1）按经济用途，事业支出主要分为工资福利支出、商品和服务支出、对个人和家庭的补助、资本性支出（基本建设）、资本性支出、对社会保障基金补助和其他支出。

事业支出按经济用途分类的直接依据是《政府收支分类科目》中的“部门预算支出经济分类科目”。《政府收支分类科目》中的“部门预算支出经济分类科目”分为类、款两级科目。按照《2022年政府收支分类科目》中的“部门预算支出经济分类科目”，事业单位的事业支出主要可分为以下7类：

①工资福利支出，反映事业单位开支的在职职工和编制外长期聘用人员的各类劳动报酬，以及为上述人员缴纳的各项社会保险费。其款级科目包括：基本工资、津贴补贴、奖金、伙食补助费、绩效工资、机关事业单位基本养老保险缴费、职业年金缴费、职工基本医疗保险缴费、公务员医疗补助缴费、其他社会保障缴费、住房公积金、医疗费、其他工资福利支出。

②商品和服务支出，反映事业单位购买商品和服务的支出（不包括用于购置固定资产的支出、战略性和应急性储备支出，但包括军事方面的耐用消费品和设备购置费、军事性建设费以及军事建筑物的购置费）。其款级科目包括：办公费、印刷费、咨询费、手续费、水费、电费、邮电费、取暖费、物业管理费、差旅费、因公出国（境）费、维修（护）费、租赁费、会议费、培训费、公务招待费、专用材料费、被装购置费、专用燃料费、劳务费、委托业务费、工会经费、福利费、公用车运行维护费、其他交通费、税金及附加费用、其他商品和服务支出。

③对个人和家庭的补助，反映政府用于个人和家庭的补助支出。其款级科目包括：离休费、退休费、退职（役）费、抚恤金、生活补助、救济费、医疗费补助、助学金、奖励金、个人生产补贴、其他对个人和家庭的补助支出。

④资本性支出（基本建设），反映各级发展和改革部门安排的基本建设支出。其款级科目包括：房屋建筑物购建、办公设备购置、专用设备购置、基础设施建设、大型修缮、信息网络及软件购置更新、物资储备、公务用车购置、其他交通工具购置、文物和陈列品购置、无形资产购置、其他基本建设支出。

⑤资本性支出，反映事业单位安排的资本性支出。由发展和改革部门安排的基本建设支出不在此科目反映。其款级科目主要包括：房屋建筑物购建、办公设备购置、专用设备购置、基础设施建设、大型修缮、信息网络及软件购置更新、物资储备、土地补偿、安置补助、地上附着物和青苗补偿、拆迁补偿、公务用车购置、其他交通工具购置、文物和陈列品购置、无形资产购置、其他资本性支出。

⑥对社会保障基金补助，反映政府对社会保险基金的补助以及补充全国社会保障基金的支出。其款级科目主要包括：对社会保险基金的补助、补充全国社会保障基金、对机关事业单位职业年金的补助。

⑦其他支出，反映不能划分到上述经济科目的其他支出。其款级科目主要包括：国家赔偿费用支出、对民间非营利组织和群众性自治组织补贴、经常性赠与、资本性赠与、其他支出。

（2）按照使用要求，事业支出分为基本支出和项目支出

①基本支出，是指事业单位为保障机构正常运转和完成日常工作任务所发生的支出，包括人员经费和公用经费。人员经费是指为了开展专业活动而用于个人方面的开支，在“部门预算支出经济分类科目”中体现为“工资福利支出”和“对个人和家庭的补助”两部分。公用经费是指为了完成业务活动而用于公共管理方面的开支，在“部门预算支出经济分类科目”中体现为“商品和服务支出”“其他资本性支出”等科目中属于基本支出的内容。

②项目支出，是事业单位为完成其特定的工作任务和事业发展目标所发生的支出，在“部门预算支出经济分类科目”中体现为“资本性支出（基本建设）”“商品和服务支出”“其他资本性支出”科目中属于项目支出的内容。项目支出具有专项性、独立性和完整性的特点。其中，专项性是指项目支出具有特定目标，为了完成特定工作任务，目标不同则项目不同；独立性是指每个项目支出都有支出的明确范围，各项目之间支出不能交叉，项目支出与基本支出之间也不能交叉；完整性是指项目支出完整，体现为完成特定目标或任务的全部支出内容。

事业支出应当在实际发生现金流出时确认，并按照实际支付金额计量。

（二）业务活动费用与单位管理费用和事业支出核算的会计科目设置

1.财务会计系统下设置“业务活动费用”和“单位管理费用”科目

“业务活动费用”科目，核算为实现其职能目标，开展专业业务活动及其辅助活动

所发生的各项费用。本科目应当按照项目、服务或者业务类别、支付对象等进行明细核算。为了满足成本核算的需要，本科目下还可按照“工资福利费用”“商品和服务费用”“对个人和家庭的补助费用”“对企业补助费用”“固定资产折旧费”“无形资产摊销费”“公共基础设施折旧（摊销）费”“保障性住房折旧费”“计提专用基金”等成本项目设置明细科目，归集能够直接计入业务活动或采用一定方法计算后计入业务活动的费用。期末结转后，本科目应无余额。

“单位管理费用”科目，核算本级行政及后勤管理部门开展管理活动发生的各项费用。本科目应当按照项目、费用类别、支付对象等进行明细核算。为了满足成本核算需要，本科目下还可按照“工资福利费用”“商品和服务费用”“对个人和家庭的补助费用”“固定资产折旧费”“无形资产摊销费”等成本项目设置明细科目，归集能够直接计入单位管理活动或采用一定方法计算后计入单位管理活动的费用。期末结转后，本科目应无余额。

2. 预算会计系统下设置“事业支出”科目

“事业支出”科目，核算事业单位开展专业业务活动及其辅助活动实际发生的各项现金流出。事业单位发生教育、科研、医疗、行政管理、后勤保障等活动的，可在本科目下设置相应的明细科目进行核算，或单设“教育支出”“科研支出”“医疗支出”“行政管理支出”“后勤保障支出”等一级会计科目进行核算。本科目应当分别按照“财政拨款支出”、“非财政专项资金支出”、“其他资金支出”、“基本支出”和“项目支出”等进行明细核算，并按照《政府收支分类科目》中“支出功能分类科目”的项级科目进行明细核算；“基本支出”和“项目支出”明细科目下应当按照《政府收支分类科目》中“部门预算支出经济分类科目”的款级科目进行明细核算，同时在“项目支出”明细科目下按照具体项目进行明细核算。有一般公共预算财政拨款、政府性基金预算财政拨款等两种或两种以上财政拨款的事业单位，还应当在“财政拨款支出”明细科目下按照财政拨款的种类进行明细核算。对于预付款项，可通过在本科目下设置“待处理”明细科目进行明细核算，待确认具体支出项目后再转入本科目下的相关明细科目；年末结账前，应将本科目“待处理”明细科目余额全部转入本科目下相关明细科目。年末结转后，本科目应无余额。事业支出的会计科目设置见表3-2。

（三）业务活动费用与单位管理费用和事业支出的主要账务处理

1. 计提并支付职工薪酬

事业单位为开展业务活动人员和管理人员计提的薪酬，财务会计按照计算确定的金额，借记“业务活动费用”“单位管理费用”科目，贷记“应付职工薪酬”科目；向职工实际支付薪酬并按照规定代扣代缴个人所得税以及代扣代缴或为职工缴纳职工社会保险费、住房公积金等时，借记“应付职工薪酬”科目，贷记“财政拨款收入”“零余额账户用款额度”“银行存款”“其他应交税费”等科目。预算会计按照实际支付的薪酬数额，借记“事业支出”科目，贷记“财政拨款预算收入”“资金结存——零余额账户用

表3-2　　事业支出的会计科目设置

<table>
<tr><th>总账科目</th><th>一级明细科目</th><th>二级明细科目</th><th>三级明细科目</th><th>四级明细科目</th><th>五级明细科目</th><th>六级明细科目</th></tr>
<tr><td rowspan="6">事业支出</td><td rowspan="3">财政拨款支出</td><td rowspan="2">一般公共预算财政拨款</td><td rowspan="2">支出功能分类科目项级科目</td><td>基本支出</td><td rowspan="2">部门预算支出经济分类科目款级科目</td><td></td></tr>
<tr><td>项目支出</td><td>××项目</td></tr>
<tr><td>政府性基金预算财政拨款</td><td>同上</td><td>同上</td><td>同上</td><td></td></tr>
<tr><td>非财政专项资金支出</td><td>支出功能分类科目项级科目</td><td>项目支出</td><td>部门预算支出经济分类科目款级科目</td><td>××项目</td><td></td></tr>
<tr><td rowspan="2">其他资金支出</td><td rowspan="2">同上</td><td>基本支出</td><td rowspan="2">同上</td><td></td><td></td></tr>
<tr><td>项目支出</td><td>××项目</td><td></td></tr>
</table>

款额度、货币资金”科目；按照实际缴纳的按照规定代扣代缴个人所得税以及代扣代缴或为职工缴纳职工社会保险费、住房公积金等金额，借记“事业支出”科目，贷记“财政拨款预算收入”“资金结存——零余额账户用款额度、货币资金”科目。相关举例参见第五章“应付职工薪酬”科目【例5-17】。

2. 计提并支付外部人员劳务费

事业单位为履职或开展专业业务活动、管理活动发生的外部人员劳务费，财务会计按照计算确定的金额，借记“业务活动费用”“单位管理费用”科目，按照代扣代缴个人所得税的金额，贷记“其他应交税费”科目，按照扣税后应付或实际支付的金额，贷记“其他应付款”“财政拨款收入”“零余额账户用款额度”“银行存款”等科目；预算会计按照实际支付金额，借记“事业支出”科目，贷记“财政拨款预算收入”“资金结存——零余额账户用款额度、货币资金”科目，按照规定代扣代缴个人所得税实际缴纳的金额，借记“事业支出”科目，贷记“财政拨款预算收入”“资金结存——零余额账户用款额度、货币资金”科目。

【例3-1】某事业单位计提当月开展专业业务活动和管理活动的外部人员劳务费各30 000元，代扣个人所得税4 000元。该事业单位账务处理如下：

财务会计			预算会计
借：业务活动费用——工资福利费用	30 000		
单位管理费用——工资福利费用	30 000		—
贷：其他应付款		56 000	
其他应交税费——应交个人所得税		4 000	

如果以银行存款实际支付上述款项，则：

财务会计			预算会计	
借：其他应付款	56 000		借：事业支出——其他资金支出	60 000
其他应交税费——应交个人所得税	4 000		贷：资金结存——货币资金	60 000
贷：银行存款		60 000		

3. 支付购买资产或支付在建工程款

事业单位在开展专业业务活动和管理活动过程中为购买存货、固定资产、无形资产等以及为在建工程支付相关款项时，财务会计借记“库存物品”“固定资产”“无形资产”“在建工程”等科目，贷记“财政拨款收入”“零余额账户用款额度”“银行存款”等科目；预算会计按照实际支付的金额，借记“事业支出”科目，贷记“财政拨款预算收入”“资金结存——零余额账户用款额度、货币资金”科目。相关举例参见第四章“库存物品”“固定资产”“无形资产”“在建工程”等科目。

4. 领用库存物品

事业单位为开展业务活动领用库存物品，按照领用库存物品或发出相关政府储备物资的账面余额，财务会计借记“业务活动费用”“单位管理费用”科目，贷记“库存物品”科目；预算会计不做账。相关举例参见第四章“库存物品”科目。

5. 计提折旧、摊销

事业单位为开展业务活动和管理活动所使用的固定资产、无形资产以及为所控制的公共基础设施、保障性住房计提的折旧、摊销，按照计提金额，财务会计借记“业务活动费用”“单位管理费用”科目，贷记“固定资产累计折旧”“无形资产累计摊销”“公共基础设施累计折旧（摊销）”“保障性住房累计折旧”科目；预算会计不做账。①

【例3-2】某事业单位计提本月固定资产折旧200 000元（其中：用于专业活动的固定资产折旧150 000元，用于管理活动的固定资产折旧50 000元）、公共基础设施计提折旧（摊销）2 000 000元、保障性住房计提折旧3 000 000元、无形资产计提摊销150 000元（均为用于专业活动的无形资产摊销）。该事业单位账务处理如下：

财务会计			预算会计
借：业务活动费用——固定资产折旧费	150 000		
——公共基础设施折旧（摊销）费	2 000 000		
——保障性住房折旧费	3 000 000		
——无形资产累计摊销费	150 000		
单位管理费用——固定资产折旧费	50 000		—
贷：固定资产累计折旧		200 000	
公共基础设施累计折旧（摊销）		2 000 000	
保障性住房累计折旧		3 000 000	
无形资产累计摊销		150 000	

① 事业单位计提的公共基础设施折旧（摊销）、保障性住房折旧记入“业务活动费用”科目，与活动类型无关。

6. 计提应负担的税金及附加

事业单位为开展业务活动和管理活动发生的城市维护建设税、教育费附加、地方教育费附加、车船税、房产税、城镇土地使用税等，按照计算确定应交纳的金额，财务会计借记“业务活动费用”“单位管理费用”科目，贷记“其他应交税费”等科目。实际支付各项税金及附加时，财务会计借记“其他应交税费”等科目，贷记“财政拨款收入”“零余额账户用款额度”“银行存款”科目；预算会计借记“事业支出”科目，贷记“财政拨款预算收入”“资金结存——零余额账户用款额度、货币资金”科目。相关举例参见第五章“其他应交税费”科目【例5-16】。

7. 其他各项费用和支出

事业单位为开展业务活动和管理活动发生其他各项费用时，财务会计按照费用确认金额，借记“业务活动费用”“单位管理费用”科目，贷记“财政拨款收入”“零余额账户用款额度”“银行存款”“应付账款”“其他应付款”“其他应收款”等科目；预算会计按照实际支付的金额，借记“事业支出”科目，贷记“财政拨款预算收入”“资金结存——零余额账户用款额度、货币资金”科目。

【例3-3】某事业单位购买复印纸一批，通过单位零余额账户支付款项5 000元。该批复印纸分别用于专业活动部门和行政及后勤部门各2 500元。该事业单位的账务处理如下：

财务会计			预算会计		
借：业务活动费用——商品和服务费用	2 500		借：事业支出——财政拨款支出	5 000	
单位管理费用——商品和服务费用	2 500		贷：资金结存——零余额账户用款额度		5 000
贷：零余额账户用款额度		5 000			

8. 购货退回

事业单位发生当年购货退回等业务，对于已计入本年业务活动费用和单位管理费用的，财务会计按照收回或应收的金额，借记“财政拨款收入”“零余额账户用款额度”“银行存款”“其他应收款”等科目，贷记“业务活动费用”“单位管理费用”科目；属于当年支出收回的，预算会计按照收回或更正金额，借记“财政拨款预算收入”“资金结存——零余额账户用款额度、货币资金”科目，贷记“事业支出”科目。

【例3-4】某事业单位开展专业活动和管理活动购买的复印纸因质量不合格发生当年退货，退货金额各自为5 000元，购买时款项以银行存款支付，该款项已计入本年业务活动费用和单位管理费用。退货金额已退回单位银行存款户。该事业单位的账务处理如下：

财务会计			预算会计		
借：银行存款	10 000		借：资金结存——货币资金	10 000	
贷：业务活动费用——商品和服务费用		5 000	贷：事业支出——其他资金支出		10 000
单位管理费用——商品和服务费用		5 000			

9.从收入中提取专用基金

相关账务处理和举例参见第六章“专用基金”科目。

10.发生预付账款和暂付款

相关账务处理和举例参见第四章“预付账款”“其他应收款”科目。

11.期末和年末结转

期末，财务会计将“业务活动费用”“单位管理费用”科目本期发生额转入本期盈余，借记“本期盈余”科目，贷记“业务活动费用”“单位管理费用”科目；预算会计不做账。相关举例参见第六章“本期盈余”科目【例6-1】。

年末，预算会计将“事业支出”科目本年发生额中的财政拨款支出转入财政拨款结转，借记“财政拨款结转——本年收支结转”科目，贷记“事业支出”科目下各财政拨款支出明细科目；将“事业支出”科目本年发生额中的非财政专项资金支出转入非财政拨款结转，借记“非财政拨款结转——本年收支结转”科目，贷记“事业支出”科目下各非财政专项资金支出明细科目；将“事业支出”科目本年发生额中的其他资金支出（非财政非专项资金支出）转入其他结余，借记“其他结余”科目，贷记“事业支出”科目下其他资金支出明细科目。财务会计不做账。相关举例参见第六章“财政拨款结转”“其他结余”“非财政拨款结转”等科目【例6-15】【例6-21】和【例6-24】。

二、经营费用和经营支出

（一）经营费用和经营支出的确认和计量

经营费用，是指事业单位在专业业务活动及其辅助活动之外开展非独立核算经营活动发生的各项费用。经营费用应当在发生时确认，并按照应付或实付金额计量。

经营支出，是指事业单位在专业业务活动及其辅助活动之外开展非独立核算经营活动实际发生的各项现金流出。经营支出应当在实际发生现金流出时确认，并按照实际支付金额计量。

（二）经营费用和经营支出核算的会计科目设置

在财务会计系统下，事业单位应设置“经营费用”科目核算在专业业务活动及其辅助活动之外开展非独立核算经营活动发生的各项费用。本科目应当按照经营活动的类别、项目、支付对象等进行明细核算。为了满足成本核算需要，本科目下还可按“工资福利费用”“商品和服务费用”“对个人和家庭的补助费用”“固定资产折旧费”“无形资产摊销费”等成本项目设置明细科目，归集能够直接计入单位经营活动或采用一定方法计算后计入单位经营活动的费用。期末结转后，本科目应无余额。

在预算会计系统下，事业单位应设置“经营支出”科目核算在专业业务活动及其辅助活动之外开展非独立核算经营活动实际发生的各项现金流出。本科目应当按照经营活动类别、项目、《政府收支分类科目》中“支出功能分类科目”的项级科目和“部门预算支出经济分类科目”的款级科目等进行明细核算。对于预付款项，可通过在本科目下设置“待处理”明细科目进行明细核算，待确认具体支出项目后再转入本科目下相关明细科目。年末结账前，应将本科目“待处理”明细科目余额全部转入本科目下相关明细科目。年末结转后，本科目应无余额。

（三）经营费用和经营支出的主要账务处理

1. 计提并支付职工薪酬

事业单位为经营活动人员计提的薪酬，财务会计按照计算确定的金额，借记“经营费用”科目，贷记“应付职工薪酬”科目；向职工实际支付薪酬并按照规定代扣代缴个人所得税以及代扣代缴或为职工缴纳职工社会保险费、住房公积金等时，借记“应付职工薪酬”科目，贷记“银行存款”“其他应交税费”等科目。预算会计按照实际支付的薪酬金额，借记“经营支出”科目，贷记“资金结存——货币资金”科目。相关举例参照第五章“应付职工薪酬”科目【例5-17】。

2. 支付外部人员劳务费

事业单位为开展经营活动发生的外部人员劳务费，财务会计按照计算确定的金额，借记“经营费用”科目，按照代扣代缴个人所得税的金额，贷记“其他应交税费”科目，按照扣税后应付或实际支付的金额，贷记“其他应付款”“银行存款”等科目；预算会计按照实际支付给外部人员个人的金额和实际缴纳金额，借记“经营支出”科目，贷记“资金结存——货币资金”科目。

【例3-5】某事业单位计提当月开展经营活动的外部人员劳务费各10 000元，代扣个人所得税1 000元。该事业单位账务处理如下：

财务会计			预算会计
借：经营费用——工资福利费用	10 000		
贷：其他应付款		9 000	—
其他应交税费——应交个人所得税		1 000	

如果以银行存款实际支付上述款项，则：

财务会计			预算会计		
借：其他应付款	9 000		借：经营支出——工资福利支出	10 000	
其他应交税费——应交个人所得税	1 000		贷：资金结存——货币资金		10 000
贷：银行存款		10 000			

3. 购买资产或支付在建工程款

事业单位在开展经营活动过程中为购买存货、固定资产、无形资产等以及为在建工程支付相关款项时，财务会计借记“库存物品”“固定资产”“无形资产”“在建工程”等科目，贷记“银行存款”等科目；预算会计按照实际支付的金额，借记“经营支出”科目，贷记“资金结存——货币资金”科目。相关举例参见第四章“库存物品”“固定资产”“无形资产”“在建工程”等科目。

4. 领用或发出库存物品

事业单位开展经营活动领用或发出库存物品，财务会计按照物品实际成本，借记“经营费用”科目，贷记“库存物品”科目；预算会计不做账。相关例题参见第四章“库存物品”科目。

5.计提折旧、摊销

为经营活动所使用固定资产、无形资产计提的折旧、摊销，按照应提折旧、摊销额，财务会计借记“经营费用”科目，贷记“固定资产累计折旧”“无形资产累计摊销”科目；预算会计不做账。

【例3-6】某事业单位计提本月为经营活动所使用的固定资产折旧费20 000元，无形资产摊销费50 000元。该事业单位账务处理如下：

财务会计			预算会计
借：经营费用——固定资产折旧费	20 000		
——无形资产摊销费	50 000		—
贷：固定资产累计折旧		20 000	
无形资产累计摊销		50 000	

6.计提应负担的税金及附加

开展经营活动发生城市维护建设税、教育费附加、地方教育费附加、车船税、房产税、城镇土地使用税等，按照计算确定应交纳的金额，财务会计借记“经营费用”科目，贷记“其他应交税费”等科目；预算会计不做账。实际支付各项税金及附加时，财务会计借记“其他应交税费”等科目，贷记“银行存款”科目；预算会计借记“经营支出”科目，贷记“资金结存——货币资金”科目。相关举例参见第五章“其他应交税费”科目【例5-16】。

7.发生其他各项费用和支出

事业单位发生与经营活动相关的其他各项费用时，财务会计按照费用确认金额，借记“经营费用”科目，贷记“银行存款”“其他应付款”“其他应收款”等科目（涉及增值税业务的，相关账务处理参见“应交增值税”科目）；预算会计按照实际支付的金额，借记“经营支出”科目，贷记“资金结存——货币资金”科目。

【例3-7】某事业单位非独立核算经营部门购买复印纸一批，价款5 000元，以银行存款付讫。该事业单位的账务处理如下：

财务会计			预算会计		
借：经营费用——商品和服务费用	5 000		借：经营支出——商品和服务支出	5 000	
贷：银行存款		5 000	贷：资金结存——货币资金		5 000

8.购货退回

事业单位发生当年购货退回等业务，对于已计入本年经营费用的，财务会计按照收回或应收的金额，借记“银行存款”“其他应收款”等科目，贷记“经营费用”科目；对属于当年支出收回的，预算会计按照收回或更正金额，借记“资金结存——货币资金”科目，贷记“经营支出”科目。

【例3-8】某事业单位为经营活动所购买的复印纸因质量不合格发生当年退货，退货金额为2 000元。款项已计入本年经营费用，退货金额尚未收到。该事业单位的账务处理如下：

财务会计		预算会计	
借：其他应收款	2 000	—	
贷：经营费用——商品和服务费用	2 000		

收到退货金额时，则，

财务会计		预算会计	
借：银行存款	2 000	借：资金结存——货币资金	2 000
贷：其他应收款	2 000	贷：经营支出——商品和服务支出	2 000

9. 发生预付款项和暂付款项

相关账务处理和举例参见第四章“预付账款”“其他应收款”科目。

10. 期末和年末结转

期末，财务会计将“经营费用”科目本期发生额转入本期盈余，借记“本期盈余”科目，贷记“经营费用”科目；预算会计不做账。相关举例参见第六章“本期盈余”科目【例6-1】。

年末，预算会计将“经营支出”科目本年发生额转入经营结余，借记“经营结余”科目，贷记“经营支出”科目；财务会计不做账。相关举例参见第六章“经营结余”科目【例6-22】。

第三节 其他活动费用和其他活动支出

一、上缴上级费用和上缴上级支出

（一）上缴上级费用和上缴上级支出的确认和计量

上缴上级费用是指事业单位按照财政部门和主管部门的规定上缴上级单位款项发生的费用。上缴上级费用应当在发生时确认，并按照应缴或实缴的金额计量。

上缴上级支出是事业单位按照财政部门和主管部门的规定上缴上级单位款项发生的现金流出。上缴上级支出应当在实际发生现金流出时确认，并按照实际上缴金额计量。

（二）上缴上级费用和上缴上级支出核算的会计科目设置

财务会计系统下，事业单位应设置“上缴上级费用”科目核算按照财政部门和主管部门的规定上缴上级单位款项发生的费用。本科目应当按照收缴款项单位、缴款项目等进行明细核算。期末结转后，本科目应无余额。

预算会计系统下，事业单位应设置“上缴上级支出”科目核算按照财政部门和主管部门的规定上缴上级单位款项发生的现金流出。本科目应当按照收缴款项单位、缴款项目、《政府收支分类科目》中“支出功能分类科目”的项级科目和“部门预算支出经济分类科目”的款级科目等进行明细核算。年末结转后，本科目应无余额。

（三）上缴上级费用和上缴上级支出的主要账务处理

1. 确认费用和支出

事业单位发生上缴上级费用和支出的，财务会计按照实际上缴的金额或者按照规定计算出应当上缴上级单位的金额，借记“上缴上级费用”科目，贷记“银行存款”“其他应付款”等科目；预算会计按照实际上缴的金额，借记“上缴上级支出”科目，贷记“资金结存——货币资金”科目。

【例3-9】某事业单位按核定的预算定额上缴上级单位款项100 000元，款项已经上缴。该事业单位的账务处理如下：

财务会计			预算会计		
借：上缴上级费用——上级单位	100 000		借：上缴上级支出——上级单位	100 000	
贷：银行存款		100 000	贷：资金结存——货币资金		100 000

如果上述款项尚未上缴，则，

财务会计			预算会计
借：上缴上级费用——上级单位	100 000		—
贷：其他应付款		100 000	

上缴款项时，

财务会计			预算会计		
借：其他应付款	100 000		借：上缴上级支出——上级单位	100 000	
贷：银行存款		100 000	贷：资金结存——货币资金		100 000

2. 期末和年末结转

期末，财务会计将“上缴上级费用”科目本期发生额转入本期盈余，借记“本期盈余”科目，贷记“上缴上级费用”科目；预算会计不做账。相关举例参见第六章“本期盈余”科目【例6-1】。

年末，预算会计将“上缴上级支出”科目本年发生额转入其他结余，借记“其他结余”科目，贷记“上缴上级支出”科目；财务会计不做账。相关举例参见第六章“其他结余”科目【例6-21】。

二、对附属单位补助费用和对附属单位补助支出

（一）对附属单位补助费用和对附属单位补助支出的确认和计量

对附属单位补助费用是指事业单位用财政拨款收入之外的收入对附属单位进行补助发生的费用。对附属单位补助费用在发生时确认，按照应补助或实际补助的金额计量。

对附属单位补助支出是指事业单位用财政拨款预算收入之外的收入对附属单位补助发生的现金流出。对附属单位补助支出应当在实际发生现金流出时确认，并按照实际补助金额计量。

（二）对附属单位补助费用和对附属单位补助支出核算的会计科目设置

财务会计系统下，事业单位应设置“对附属单位补助费用”科目核算用财政拨款收入之外的收入对附属单位补助发生的费用。本科目应当按照接受补助单位、补助项目等进行明细核算。期末结转后，本科目应无余额。

预算会计系统下，事业单位应设置“对附属单位补助支出”科目核算用财政拨款预

算收入之外的收入对附属单位补助发生的现金流出。本科目应当按照接受补助单位、补助项目、《政府收支分类科目》中“支出功能分类科目”的项级科目和“部门预算支出经济分类科目”的款级科目等进行明细核算。年末结转后，本科目应无余额。

（三）对附属单位补助费用和对附属单位补助支出的账务处理

1.确认费用和支出

事业单位发生对附属单位补助费用和支出的，财务会计按照实际补助的金额或者按照规定计算出应当对附属单位补助的金额，借记“对附属单位补助费用”科目，贷记“银行存款”“其他应付款”等科目；预算会计按照实际补助的金额，借记“对附属单位补助支出”科目，贷记“资金结存——货币资金”科目。

【例3-10】某事业单位用非财政拨款收入支付附属乙单位补助款项200 000元，款项已经支付。该事业单位的账务处理如下：

财务会计			预算会计		
借：对附属单位补助费用——乙单位	200 000		借：对附属单位补助支出——乙单位	200 000	
贷：银行存款		200 000	贷：资金结存——货币资金		200 000

如果上述补助款项尚未支付，则，

财务会计			预算会计
借：对附属单位补助费用——乙单位	200 000		—
贷：其他应付款		200 000	

支付补助款项时，

财务会计			预算会计		
借：其他应付款	200 000		借：对附属单位补助支出——乙单位	200 000	
贷：银行存款		200 000	贷：资金结存——货币资金		200 000

2.期末和年末结转

期末，财务会计将“对附属单位补助费用”科目本期发生额转入本期盈余，借记“本期盈余”科目，贷记“对附属单位补助费用”科目；预算会计不做账。相关举例参见第六章“本期盈余”科目【例6-1】。

年末，预算会计将“对附属单位补助支出”科目本年发生额转入其他结余，借记“其他结余”科目，贷记“对附属单位补助支出”科目；财务会计不做账。相关举例参见第六章“其他结余”科目【例6-21】。

三、投资支出和债务还本支出

（一）投资支出

1.投资支出的确认和计量

投资支出，是指事业单位以货币资金对外投资发生的现金流出。投资支出应当在实际投资时确认，并按照实际投资金额计量。

2.投资支出核算的会计科目设置

预算会计系统下，事业单位应设置“投资支出”科目核算以货币资金对外投资发生的现金流出。本科目应当按照投资类型、投资对象、《政府收支分类科目》中“支出功能分类科目”的项级科目和“部门预算支出经济分类科目”的款级科目等进行明细核算。年末结转后，本科目应无余额。

财务会计系统下，与“投资支出”科目对应的是“短期投资”“长期股权投资”“长期债券投资”科目。

3.投资支出的主要账务处理

（1）确认投资支出

事业单位出售短期投资或到期收回短期投资本息时，按照实际收到的金额，财务会计借记“银行存款”科目，按照出售或收回短期投资的账面余额，贷记“短期投资”科目，按照其差额，借记或贷记“投资收益”科目（涉及增值税业务的，相关账务处理参见“应交增值税”科目）；预算会计按照实际取得的价款或实际收到的本息金额，借记“资金结存——货币资金”科目，按照取得投资时“投资支出”科目的发生额，贷记“投资支出”[本年取得投资]、“其他结余”[以前年度取得投资]科目，按照其差额，贷记或借记“投资预算收益”科目。

事业单位对外出售或到期收回长期债券投资，财务会计按照实际收到的金额，借记“银行存款”科目，按照长期债券投资的账面余额，贷记“长期债券投资”科目，按照已记入“应收利息”科目但尚未收取的金额，贷记“应收利息”科目，按照其差额，贷记或借记“投资收益”科目（涉及增值税业务的，相关账务处理参见“应交增值税”科目）；预算会计按照实际收到的金额，借记“资金结存——货币资金”科目，按照取得债券时“投资支出”科目的发生额，贷记“投资支出”[本年取得投资]、“其他结余”[以前年度取得投资]科目，按照其差额，借记或贷记“投资预算收益”科目。

事业单位出售、转让以货币资金取得的长期股权投资，如果按规定将投资收益纳入单位预算管理，财务会计按照实际取得的价款，借记“银行存款”等科目，按照被处置长期股权投资的账面余额，贷记“长期股权投资”科目，按照尚未领取的现金股利或利润，贷记“应收股利”科目，按照发生的相关税费等支出，贷记“银行存款”等科目，按照借贷方差额，借记或贷记“投资收益”科目；预算会计按照实际取得的价款扣除相关税费后的差额，借记“资金结存——货币资金”科目，按照取得投资时“投资支出”科目的发生额，贷记“投资支出”[本年度取得投资]、“其他结余”[以前年度取得投资]科目，按照其差额，贷记或借记“投资预算收益”科目。如果按规定将投资收益上缴财政，在应收或收到上述有关款项时不确认投资收益，应通过“应缴财政款”科目核算；预算会计不做账。

相关举例参见第四章“短期投资”“长期股权投资”“长期债券投资”科目。

（2）年末结转

年末，预算会计将“投资支出”科目本年发生额转入其他结余，借记“其他结余”科目，贷记“投资支出”科目；财务会计不做账。相关举例参见第六章“其他结余”科目【例6-21】。

（二）债务还本支出

1.债务还本支出的确认和计量

债务还本支出，是指事业单位偿还自身承担的纳入预算管理的从金融机构举借的债务本金的现金流出。债务还本支出应当在偿还各项借款时确认，并按照偿还的借款本金计量。

2.债务还本支出核算的会计科目设置

预算会计系统下，事业单位应设置“债务还本支出”科目核算偿还自身承担的纳入预算管理的从金融机构举借的债务本金的现金流出。本科目应当按照贷款单位、贷款种类、《政府收支分类科目》中“支出功能分类科目”的项级科目和“部门预算支出经济分类科目”的款级科目等进行明细核算。年末结转后，本科目应无余额。

财务会计系统下，与“债务还本支出”科目对应的是“短期借款”“长期借款”科目。

3.债务还本支出的主要账务处理

（1）确认支出

事业单位偿还各项短期或长期借款时，按照偿还的借款本金，财务会计借记“短期借款”“长期借款”科目，贷记“银行存款”科目；预算会计借记“债务还本支出”科目，贷记“资金结存——货币资金”科目。

相关举例参见“短期借款”和“长期借款”科目。

（2）年末结转

年末，预算会计将“债务还本支出”科目本年发生额转入其他结余，借记“其他结余”科目，贷记“债务还本支出”科目；财务会计不做账。相关举例参见第六章“其他结余”科目【例6-21】。

四、资产处置费用和所得税费用

（一）资产处置费用

1.资产处置和资产处置费用定义

资产处置，是指事业单位资产产权的转移及核销，包括各类资产的无偿转让、出售、置换、报损、报废等。资产处置的主要形式包括无偿调拨、出售、出让、转让、置换、对外捐赠、报废、毁损以及货币性资产损失核销等。

资产处置费用，是指事业单位经批准处置资产时发生的费用，包括转销的被处置资产价值，以及在处置过程中发生的相关费用或者处置收入小于相关费用形成的净支出。

2.资产处置费用核算的会计科目设置

财务会计系统下，事业单位应设置“资产处置费用”科目核算经批准处置资产时发生的费用。事业单位在资产清查中查明的资产盘亏、毁损以及资产报废等，应当先通过“待处理财产损溢”科目进行核算，再将处理资产价值和处理净支出记入本科目。短期投资、长期股权投资、长期债券投资的处置，按照相关资产科目的规定进行账务处理。本科目应当按照处置资产的类别、资产处置的形式等进行明细核算。期末结转后，本科目应无余额。

预算会计系统下，与“资产处置费用”科目对应的主要是“其他支出”科目。

3.资产处置费用的主要账务处理

（1）不通过“待处理财产损溢”科目核算的资产处置

事业单位按照规定报经批准处置资产时，财务会计按照处置资产的账面价值，借记“资产处置费用”科目［处置固定资产、无形资产、公共基础设施、保障性住房的，还应借记“固定资产累计折旧”“无形资产累计摊销”“公共基础设施累计折旧（摊销）”“保障性住房累计折旧”科目］，按照处置资产的账面余额，贷记“库存物品”“固定资产”“无形资产”“公共基础设施”“政府储备物资”“文物文化资产”“保障性住房”“其他应收款”“在建工程”等科目；预算会计不做账。

处置资产过程中仅发生相关费用的，财务会计按照实际发生金额，借记“资产处置费用”科目，贷记“银行存款”“库存现金”等科目；处置资产过程中取得收入的，按照取得的价款，借记“库存现金”“银行存款”等科目，按照处置资产过程中发生的相关费用，贷记“银行存款”“库存现金”等科目，按照其差额，借记“资产处置费用”科目或贷记“应缴财政款”等科目（涉及增值税业务的，相关账务处理参见“应交增值税”科目）。预算会计按照实际支付的相关税费借记“其他支出”科目，贷记“资金结存——货币资金”科目。

（2）通过“待处理财产损溢”科目核算的资产处置

事业单位账款核对中发现的现金短缺，属于无法查明原因的，报经批准核销时，财务会计借记“资产处置费用”科目，贷记“待处理财产损溢”科目；预算会计不做账。

事业单位资产清查过程中盘亏或者毁损、报废的存货、固定资产、无形资产、公共基础设施、政府储备物资、文物文化资产、保障性住房等，报经批准处理时，财务会计按照处理资产价值，借记“资产处置费用”科目，贷记“待处理财产损溢”科目；预算会计不做账。处理收支结清时，处理过程中所取得收入小于所发生相关费用的，按照相关费用减去处理收入后的净支出，财务会计借记“资产处置费用”科目，贷记“待处理财产损溢”科目；预算会计借记“其他支出”科目，贷记“资金结存——货币资金”科目。

上述业务核算的相关举例参见第四章存货、固定资产、无形资产、公共基础设施、政府储备物资、文物文化资产、保障性住房等资产的核算。

（3）期末结转

期末，财务会计将“资产处置费用”科目本期发生额转入本期盈余，借记“本期盈余”科目，贷记“资产处置费用”科目；预算会计不做账。相关举例参见第六章“本期盈余”科目【例6-1】。

(二)所得税费用

1.所得税费用的确认和计量

所得税费用，是指有企业所得税缴纳义务的事业单位按规定缴纳企业所得税所形成的费用。

所得税费用应当在按照税法规定计算应交税金数额时确认，并按照应交税额计量。

2.所得税费用核算的会计科目设置

财务会计系统下，事业单位应设置“所得税费用”科目核算按照规定缴纳的企业所得税。年末结转后，本科目应无余额。

预算会计系统下，事业单位计提应交所得税时，不进行会计核算。

3.所得税费用的主要账务处理

(1)确认所得税费用

事业单位发生企业所得税纳税义务的，财务会计按照税法规定计算的应交税金数额，借记“所得税费用”科目，贷记“其他应交税费”科目。实际缴纳时，按照缴纳金额，财务会计借记“其他应交税费”科目，贷记“银行存款”科目；预算会计借记“非财政拨款结余”科目，贷记“资金结存——货币资金”科目。

【例3-11】某事业单位年末按照税法规定计算出本年度应纳税所得额为20 000元，适用所得税税率为25%，应交所得税税额为5 000元。该事业单位的账务处理如下：

财务会计		预算会计
借：所得税费用	5 000	—
贷：其他应交税费——单位应交所得税	5 000	

该事业单位以银行存款缴纳5 000元所得税时，

财务会计		预算会计	
借：其他应交税费——单位应交所得税	5 000	借：非财政拨款结余——累计结余	5 000
贷：银行存款	5 000	贷：资金结存——货币资金	5 000

(2)年末结转

年末，财务会计将“所得税费用”科目本年发生额转入本期盈余，借记“本期盈余”科目，贷记“所得税费用”科目；预算会计不做账。

五、其他费用和其他支出

(一)其他费用和其他支出的确认和计量

其他费用，是指事业单位发生的除业务活动费用、单位管理费用、经营费用、资产处置费用、上缴上级费用、附属单位补助费用、所得税费用以外的各项费用，包括利息费用、坏账损失、罚没支出、现金资产捐赠支出以及相关税费、运输费等。其他费用应当在发生时确认，并按照应付或实付金额计量。

其他支出，是指事业单位除事业支出、经营支出、上缴上级支出、对附属单位补助支出、投资支出、债务还本支出以外的各项现金流出，包括利息支出、对外捐赠现金支出、现金盘亏损失、接受捐赠（调入）和对外捐赠（调出）非现金资产发生的税费支出、资产置换过程中发生的相关税费支出、罚没支出等。其他支出的分类参照事业支出。其他支出应当在实际发生现金流出时确认，并按照实际支付金额计量。

（二）其他费用和其他支出核算的会计科目设置

财务会计系统下，事业单位应设置“其他费用”科目核算其他费用。本科目应当按照其他费用的类别等进行明细核算；发生的利息费用较多的单位，可以单独设置“利息费用”科目。期末结转后，本科目应无余额。

预算会计系统下，事业单位应设置“其他支出”科目核算其他支出。本科目应当按照其他支出的类别，“财政拨款支出”、“非财政专项资金支出”和“其他资金支出”，《政府收支分类科目》中“支出功能分类科目”的项级科目和“部门预算支出经济分类科目”的款级科目等进行明细核算。其他支出中如有专项资金支出，还应按照具体项目进行明细核算。有一般公共预算财政拨款、政府性基金预算财政拨款等两种或两种以上财政拨款的事业单位，还应当在“财政拨款支出”明细科目下按照财政拨款的种类进行明细核算。单位发生利息支出、捐赠支出等其他支出金额较大或业务较多的，可单独设置“利息支出”“捐赠支出”等科目。年末结转后，本科目应无余额。

其他支出的会计科目设置见表3-3。

表3-3　**其他支出的会计科目设置**

<table>
<tr><th>总账科目</th><th>一级明细科目</th><th>二级明细科目</th><th>三级明细科目</th><th>四级明细科目</th><th>五级明细科目</th><th>六级明细科目</th></tr>
<tr><td rowspan="6">其他支出</td><td rowspan="3">财政拨款支出</td><td rowspan="2">一般公共预算财政拨款</td><td rowspan="2">支出功能分类科目项级科目</td><td>基本支出</td><td rowspan="2">部门预算支出经济分类科目款级科目</td><td></td></tr>
<tr><td>项目支出</td><td>××项目</td></tr>
<tr><td>政府性基金预算财政拨款</td><td>同上</td><td>同上</td><td>同上</td><td></td></tr>
<tr><td>非财政专项资金支出</td><td>支出功能分类科目项级科目</td><td>项目支出</td><td>部门预算支出经济分类科目款级科目</td><td>××项目</td><td></td></tr>
<tr><td rowspan="2">其他资金支出</td><td rowspan="2">同上</td><td>基本支出</td><td rowspan="2">同上</td><td></td><td></td></tr>
<tr><td>项目支出</td><td>××项目</td><td></td></tr>
</table>

（三）其他费用和其他支出的主要账务处理

1.确认费用和支出

（1）利息费用

相关账务处理和举例参见第五章“短期借款”“长期借款”科目。

（2）坏账损失

相关账务处理和举例参见第四章“坏账准备”科目。

（3）罚没支出

事业单位发生罚没支出的，财务会计按照实际缴纳或应当缴纳的金额，借记“其他费用”科目，贷记“银行存款”“库存现金”“其他应付款”等科目；预算会计按照实际支付金额，借记“其他支出”科目，贷记“资金结存——货币资金”科目。

【例3-12】某事业单位因欠缴应纳税款，被税务机关处以2 000元罚款。罚款已通过银行转账支付。该事业单位的账务处理如下：

财务会计			预算会计		
借：其他费用——税收罚款	2 000		借：其他支出——税收罚款	2 000	
贷：银行存款		2 000	贷：资金结存——货币资金		2 000

（4）现金资产捐赠

事业单位对外捐赠现金资产的，按照实际捐赠的金额，财务会计借记“其他费用”科目，贷记“银行存款”“库存现金”等科目；预算会计借记“其他支出”科目，贷记“资金结存”科目。

【例3-13】某事业单位向地震灾区捐赠现金50 000元，已通过银行转账汇往灾区。该事业单位的账务处理如下：

财务会计			预算会计		
借：其他费用——现金资产捐赠	50 000		借：其他支出——现金资产捐赠	50 000	
贷：银行存款		50 000	贷：资金结存——货币资金		50 000

（5）其他相关费用

事业单位接受捐赠（或无偿调入）以名义金额计量的存货、固定资产、无形资产，以及成本无法可靠取得的公共基础设施、文物文化资产等发生的相关税费、运输费等，按照实际支付的金额，财务会计借记“其他费用”科目，贷记“财政拨款收入”“零余额账户用款额度”“银行存款”“库存现金”等科目；预算会计借记“其他支出”科目，贷记“资金结存——零余额账户用款额度、货币资金”科目。发生的与受托代理资产相关的税费、运输费、保管费等，财务会计按照实际支付或应付的金额，借记“其他费用”科目，贷记“零余额账户用款额度”“银行存款”“库存现金”“其他应付款”等科目；预算会计按照实际支付金额，借记“其他支出”科目，贷记“资金结存——零余额账户用款额度、货币资金”科目。

相关举例参见第四章存货、固定资产、无形资产、公共基础设施、文物文化资产等资产的核算。

2.期末和年末结转

期末，财务会计将“其他费用”科目本期发生额转入本期盈余，借记“本期盈余”科目，贷记“其他费用”科目；预算会计不做账。相关举例参见第六章“本期盈余”科目【例6-1】。

年末，预算会计将“其他支出”科目本年发生额中的财政拨款支出转入财政拨款结转，借记“财政拨款结转——本年收支结转”科目，贷记“其他支出”科目下各财政拨款支出明细科目；将“其他支出”科目本年发生额中的非财政专项资金支出转入非财政拨款结转，借记“非财政拨款结转——本年收支结转”科目，贷记“其他支出”科目下各非财政专项资金支出明细科目；将“其他支出”科目本年发生额中的其他资金支出（非财政非专项资金支出）转入其他结余，借记“其他结余”科目，贷记“其他支出”科目下各其他资金支出明细科目。财务会计不做账。相关举例参见第六章“其他结余”和“非财政拨款结转”科目【例6-21】和【例6-24】。

第四章

事业单位资产的核算①

第一节 资产概述

一、资产的定义和分类

（一）资产定义

资产是指由事业单位过去的经济业务或者事项形成的，由事业单位控制的，预期能够产生服务潜力或者带来经济利益流入的经济资源。其中，服务潜力是指事业单位利用资产提供公共产品和服务以履行政府职能的潜在能力；经济利益流入表现为现金及现金等价物的流入，或者现金及现金等价物流出的减少。资产是事业单位财务会计要素之一。

（二）资产分类

1.按照流动性，事业单位的资产分为流动资产和非流动资产

流动资产是指预计在1年内（含1年）耗用或者可以变现的资产，包括货币资金、短期投资、应收及预付款项、存货等。其中，应收及预付款项是事业单位在开展业务活动中形成的各项债权，包括财政应返还额度、应收票据、应收账款、预付账款、应收股利、应收利息、其他应收款等。

非流动资产是指流动资产以外的资产，包括长期投资、固定资产、在建工程、无形资产、公共基础设施、政府储备资产、文物文化资产、保障性住房和自然资源资产等。

2.按照占用、使用、监管不同，事业单位资产分为自用资产、经（监）管类资产和受托代理资产

自用资产是事业单位为提供公共产品和服务以履行政府职能而取得、占有和使用的

① 本章各项资产核算的举例涉及增值税的均以小规模纳税人事业单位为会计主体，例题中不再明示。一般纳税人事业单位的相关举例参见第五章“应交增值税”科目。

资产。大量资产项目均属于此类。

经（监）管类资产是事业单位购建、维护、储存并依法占有和管理，但单位并不使用，而由社会公众使用的资产，包括政府储备物资、公共基础设施、文物文化资产、保障性住房。该类资产是由于事业单位接受政府委托而形成的。

受托代理资产是事业单位对该资产不拥有占有权和支配权，只是暂时代管，将来要么归还委托人，要么交付委托人指定的受赠人。该类资产在形成的同时形成受托代理负债。

二、资产的确认和计量

1.资产确认条件

符合资产定义的经济资源，在同时满足以下条件时，确认为资产：（1）与该经济资源相关的服务潜力很可能实现或者经济利益很可能流入事业单位；（2）该经济资源的成本或者价值能够可靠地计量。

符合资产定义和资产确认条件的项目，应当列入事业单位资产负债表。

2.资产计量属性

资产计量，包括初始计量和后续计量。

资产的初始计量是资产初始确认时入账金额的确定；资产的后续计量是资产存续期间的各期末对资产账面价值的重新计价。

事业单位资产的计量属性主要包括历史成本、重置成本、现值、公允价值和名义金额。

在历史成本计量下，资产按照取得时支付的现金金额或者支付对价的公允价值计量。

在重置成本计量下，资产按照现在购买相同或者相似资产所需支付的现金金额计量。

在现值计量下，资产按照预计从其持续使用和最终处置中所产生的未来净现金流入量的折现金额计量。

在公允价值计量下，资产按照市场参与者在计量日发生的有序交易中出售资产所能收到的价格计量。

无法采用上述计量属性的，采用名义金额（即人民币1元）计量。

事业单位在对资产进行计量时，一般应当采用历史成本。采用重置成本、现值、公允价值计量的，应当保证所确定的资产金额能够持续、可靠计量。

三、资产类的会计科目及其核算内容

事业单位资产类会计科目有35个，各资产类会计科目及其核算内容见表4-1。

表4-1　　事业单位资产类科目及其核算内容

科目名称	科目核算内容
财务会计——资产类	
库存现金	核算事业单位的库存现金
银行存款	核算事业单位存入银行及其他金融机构的各种存款
零余额账户用款额度	核算实行国库集中支付的事业单位根据财政部门批复的用款计划收到和支用的零余额账户用款额度
其他货币资金	核算事业单位的外埠存款、银行本票存款、银行汇票存款、信用卡存款等各种其他货币资金
短期投资	核算事业单位按照规定取得的，持有时间不超过1年（含1年）的投资
财政应返还额度	核算实行国库集中支付的事业单位应收财政返还的资金额度
应收票据	核算事业单位因开展经营活动销售产品、提供有偿服务等而收到的商业汇票，包括银行承兑汇票和商业承兑汇票
应收账款	核算事业单位提供服务、销售产品等应收取的款项，以及单位因出租资产、出售物资等应收取的款项
预付账款	核算事业单位按照购货、服务合同或协议规定预付给供应单位（或个人）的款项，以及按照合同规定向承包工程的施工企业预付的备料款和工程款
应收股利	核算事业单位持有长期股权投资应当收取的现金股利或应当分得的利润
应收利息	核算事业单位长期债券投资应当收取的利息
其他应收款	核算事业单位除财政应返还额度、应收票据、应收账款、预付账款、应收股利、应收利息以外的其他各项应收及暂付款项，如职工预借的差旅费、已经偿还银行尚未报销的本单位公务卡欠款、拨付给内部有关部门的备用金、应向职工收取的各种垫付款项、支付的可以收回的订金或押金、应收的上级补助和附属单位上缴款项等
坏账准备	核算事业单位对收回后不需上缴财政的应收账款和其他应收款提取的坏账准备
在途物品	核算事业单位采购材料等物资时货款已付或已开出商业汇票但尚未验收入库的在途物品的采购成本
库存物品	核算事业单位在开展业务活动及其他活动中为耗用或出售而储存的各种材料、产品、包装物、低值易耗品，以及达不到固定资产标准的用具、装具、动植物等的成本
加工物品	核算事业单位自制或委托外单位加工的各种物品的实际成本，未完成的测绘、地质勘察、设计成果的实际成本，也通过本科目核算

续表

科目名称	科目核算内容
待摊费用	核算事业单位已经支付，但应当由本期和以后各期分别负担的分摊期在1年以内（含1年）的各项费用，如预付航空保险费、预付租金等
长期股权投资	核算事业单位按照规定取得的，持有时间超过1年（不含1年）的股权性质的投资
长期债券投资	核算事业单位按照规定取得的，持有时间超过1年（不含1年）的债券投资
固定资产	核算事业单位固定资产的原值
固定资产累计折旧	核算事业单位的固定资产累计折旧
工程物资	核算事业单位为在建工程准备的各种物资的成本，包括工程用材料、设备等
在建工程	核算事业单位在建的建设项目工程的实际成本
无形资产	核算事业单位无形资产的原值
无形资产累计摊销	核算事业单位对使用年限有限的无形资产计提的累计摊销
研发支出	核算事业单位自行研究开发项目研究阶段和开发阶段发生的各项支出
公共基础设施	核算事业单位控制的公共基础设施的原值
公共基础设施累计折旧（摊销）	核算事业单位计提的公共基础设施累计折旧和累计摊销
政府储备物资	核算事业单位控制的政府储备物资的成本
文物文化资产	核算事业单位为满足社会公共需求而控制的文物文化资产的成本
保障性住房	核算事业单位为满足社会公共需求而控制的保障性住房的原值
保障性住房累计折旧	核算事业单位计提的保障性住房的累计折旧
受托代理资产	核算事业单位接受委托方委托管理的各项资产，包括受托指定转赠的物资、受托存储保管的物资等的成本，单位管理的罚没物资也应当通过本科目核算
长期待摊费用	核算事业单位已经支出，但应由本期和以后各期负担的分摊期限在1年以上（不含1年）的各项费用，如以经营租赁方式租入的固定资产发生的改良支出等
待处理财产损溢	核算事业单位在资产清查过程中查明的各种资产盘盈、盘亏和报废、毁损的价值

第二节　流动资产

一、货币资金

货币资金是流动性最强的资产，是可以立即投入流通的交换媒介。其最主要的特点是具有普遍可接受性，可以用于购买服务和商品、支付差旅费等。事业单位的货币资金包括库存现金、银行存款、零余额账户用款额度[①]和其他货币资金。

（一）库存现金

1.库存现金的确认和计量

库存现金是指事业单位存放在其财务部门的可以随时支用的现金。事业单位应当严格按照国家有关现金管理的规定收支现金，并按照《政府会计制度》规定核算现金的各项收支业务，以保证库存现金使用的合法性，保护库存现金的安全和完整。

库存现金应当在收到时进行确认，并按照实际收到的金额计量。

2.库存现金核算的会计科目设置

财务会计系统下，事业单位应设置“库存现金”科目核算存放在其财务部门的可以随时支用的现金。本科目应当设置“受托代理资产”明细科目，核算单位受托代理、代管的现金。本科目借方余额反映事业单位实际持有的库存现金。

预算会计系统下，与“库存现金”科目对应的是“资金结存——货币资金”科目。

3.库存现金的主要账务处理

（1）现金的提取和存入

事业单位从银行等金融机构、根据规定从单位零余额账户提取现金，按照实际提取的金额，财务会计借记“库存现金”科目，贷记“银行存款”“零余额账户用款额度”科目；从零余额账户提取现金时，预算会计借记“资金结存——货币资金”科目，贷记“资金结存——零余额账户用款额度”科目。

事业单位将现金存入银行等金融机构或退回单位零余额账户，按照实际存入金额、实际退回的金额，财务会计借记“银行存款”“零余额账户用款额度”科目，贷记“库存现金”科目；将现金退回单位零余额账户时，预算会计借记“资金结存——零余额账户用款额度”科目，贷记“资金结存——货币资金”科目。

【例4-1】某事业单位从单位零余额账户提取现金20 000元，从银行基本户提取现金5 000元。该事业单位的账务处理如下：

财务会计			预算会计		
借：库存现金	25 000		借：资金结存——货币资金	20 000	
贷：零余额账户用款额度		20 000	贷：资金结存——零余额账户用款额度		20 000
银行存款		5 000			

【例4-2】某事业单位将库存现金50 000元退回单位零余额账户。该事业单位账务处理如下：

① 虽然2022年1月7日财政部发布的《事业单位财务规则》（财政部令第108号）在流动资产类别中删除了零余额账户用款额度，以衔接《预算管理一体化规范（试行）》（财办〔2020〕13号）的要求。但是，与此相关的会计制度并未修订，由此本书仍按照现行的政府会计准则制度对“零余额账户用款额度”科目的规定阐述相关内容。

财务会计		预算会计	
借：零余额账户用款额度	50 000	借：资金结存——零余额账户用款额度	50 000
贷：库存现金	50 000	贷：资金结存——货币资金	50 000

（2）现金的借出

事业单位因支付内部职工出差等原因借出现金，财务会计按照实际借出的现金金额，借记“其他应收款”科目，贷记“库存现金”科目；预算会计不做账。

事业单位出差人员报销差旅费时，按照实际报销的金额，借记“业务活动费用”“单位管理费用”等科目，按照实际借出的现金金额，贷记“其他应收款”科目，按照其差额，借记或贷记“库存现金”科目。预算会计按照实际报销的金额，借记“事业支出”“经营支出”等科目，贷记“资金结存——货币资金”科目。

【例4–3】某事业单位从事专业活动的职工张某借现金5 000元作为差旅费。该事业单位的账务处理如下：

财务会计		预算会计
借：其他应收款	5 000	—
贷：库存现金	5 000	

【例4–4】【例4–3】中的张某出差回来报销差旅费，实际支出4 500元，退回现金500元。该事业单位的账务处理如下：

财务会计		预算会计	
借：业务活动费用	4 500	借：事业支出	4 500
库存现金	500	贷：资金结存——货币资金	4 500
贷：其他应收款	5 000		

（3）现金收支

事业单位因提供服务、物品或者其他事项收到现金，按照实际收到的金额，财务会计借记“库存现金”科目，贷记“事业收入”“应收账款”等相关科目；预算会计借记“资金结存——货币资金”科目，贷记“事业预算收入”“经营预算收入”等相关科目。

事业单位因购买服务、物品或者其他事项支付现金，按照实际支付的金额，财务会计借记“业务活动费用”“单位管理费用”“库存物品”等相关科目，贷记“库存现金”科目（涉及增值税业务的，相关账务处理参见“应交增值税”科目）；预算会计借记“事业支出”“经营支出”等相关科目，贷记“资金结存——货币资金”科目。

事业单位以库存现金对外捐赠，按照实际捐出的金额，财务会计借记“其他费用”科目，贷记“库存现金”科目；预算会计借记“其他支出”科目，贷记“资金结存——货币资金”科目。

【例4–5】某事业单位因开展非独立核算经营活动提供有偿服务，收取现金927元（含税）。该事业单位的账务处理如下：

财务会计			预算会计		
借：库存现金	927		借：资金结存——货币资金	927	
贷：经营收入		900	贷：经营预算收入		927
应交增值税		27			

【例4-6】某事业单位购买办公用品一批，价款928元，以现金支付。其中用于开展专业活动428元、开展行政及后勤管理活动400元、开展事业经营活动100元。该事业单位的账务处理如下：

财务会计			预算会计		
借：业务活动费用	428		借：事业支出	828	
单位管理费用	400		经营支出	100	
经营费用	100		贷：资金结存——货币资金		928
贷：库存现金		928			

（4）受托代理的现金

事业单位收到受托代理、代管的现金，财务会计按照实际收到的金额，借记“库存现金——受托代理资产”科目，贷记“受托代理负债”科目；支付受托代理、代管的现金，按照实际支付的金额，借记“受托代理负债”科目，贷记“库存现金——受托代理资产”科目。预算会计不做账。

【例4-7】某事业单位收到职工交来的转赠地震灾区的捐款20 000元（现金）。该事业单位的账务处理如下：

财务会计			预算会计
借：库存现金——受托代理资产	20 000		—
贷：受托代理负债		20 000	

【例4-8】【例4-7】中单位将职工为地震灾区的捐款汇往灾区。该事业单位的账务处理如下：

财务会计			预算会计
借：受托代理负债	20 000		—
贷：库存现金——受托代理资产		20 000	

（5）外币业务

事业单位有外币现金的，应当分别按照人民币、外币种类设置“库存现金日记账”进行明细核算。有关外币现金业务的账务处理参见“银行存款”科目的相关规定。

（6）现金的盘点

为了加强库存现金的管理，事业单位应当设置“库存现金日记账”，由出纳人员根据收付款凭证，按照业务发生顺序逐笔登记。现金收入业务繁多、单独设有收款部门的单位，收款部门的收款员应当将每天所收现金连同收款凭据一并交财务部门核收记账，或者将每天所收现金直接送存开户银行后，将收款凭据及向银行送存现金的凭证等一并交财务部门核收记账。每日终了，事业单位应当计算当日的现金收入合计数、现金支出合计数和结余数，并将结余数与实际库存数相核对，做到账款相符。

事业单位每日账款核对中发现现金短缺或溢余，属于现金短缺的，按照实际短缺的金额，财务会计借记“待处理财产损溢”科目，贷记“库存现金”科目；预算会计借记“其他支出”科目，贷记“资金结存——货币资金”科目。属于应由责任人赔偿或向有关人员追回的，财务会计借记“其他应收款”科目，贷记“待处理财产损溢”科目；预算会计不做账。实际收到责任人赔偿金额时，财务会计借记“库存现金”科目，贷记“其他应收款”科目；预算会计借记“资金结存——货币资金”科目，贷记“其他支出”科目。属于无法查明原因的，报经批准核销时，财务会计借记“资产处置费用”科目，贷记“待处理财产损溢”科目；预算会计不做账。属于现金溢余的，按照实际溢余的金额，财务会计借记“库存现金”科目，贷记“待处理财产损溢”科目；预算会计借记“资金结存——货币资金”科目，贷记“其他预算收入”科目。属于应支付给有关人员或单位的，财务会计借记“待处理财产损溢”科目，贷记“其他应付款”科目；预算会计不做账。将现金支付给有关人员或单位的，按照实际支付的金额，财务会计借记“其他应付款”科目，贷记“库存现金”科目；预算会计借记“其他预算收入”科目，贷记“资金结存——货币资金”科目。属于无法查明原因的，报经批准后，财务会计借记“待处理财产损溢”科目，贷记“其他收入”科目；预算会计不做账。

【例4-9】某事业单位月末盘点现金，发现现金溢余100元。该事业单位的账务处理如下：

财务会计	预算会计
借：库存现金　100	借：资金结存——货币资金　100
贷：待处理财产损溢　100	贷：其他预算收入　100

• 如果经查明，现金溢余属于职工张某的报销尾款，则，

财务会计	预算会计
借：待处理财产损溢　100	—
贷：其他应付款　100	

• 支付职工张某的报销尾款100元时，

财务会计	预算会计
借：其他应付款　100	借：其他预算收入　100
贷：库存现金　100	贷：资金结存——货币资金　100

• 如果无法查明原因，报经批准后，则，

财务会计	预算会计
借：待处理财产损溢　100	—
贷：其他收入　100	

【例4-10】某事业单位年末盘点现金，发现短款50元。该事业单位的账务处理如下：

财务会计		预算会计	
借：待处理财产损溢	50	借：其他支出	50
贷：库存现金	50	贷：资金结存——货币资金	50

• 如果经查明，现金短款是由出纳人员工作失误造成的，应由其赔偿，则，

财务会计		预算会计
借：其他应收款	50	—
贷：待处理财产损溢	50	

• 出纳人员实际赔偿50元时，

财务会计		预算会计	
借：库存现金	50	借：资金结存——货币资金	50
贷：其他应收款	50	贷：其他支出	50

• 如果无法查明原因，报经批准核销时，则，

财务会计		预算会计
借：资产处置费用	50	—
贷：待处理财产损溢	50	

（二）银行存款

1.银行存款的确认和计量

银行存款，是事业单位存入银行或者其他金融机构的各种存款，包括活期存款和定期存款。事业单位应当严格按照国家有关支付结算办法的规定办理银行存款收支业务，并按照《政府会计制度》规定核算银行存款的各项收支业务，以保证银行存款的合法性，保护银行存款的安全和完整。

银行存款应当在收到时予以确认，并按照实际收到的金额计量。

2.银行存款核算的会计科目设置

财务会计系统下，事业单位应设置“银行存款”科目核算存入银行或者其他金融机构的各种存款。本科目应当设置“受托代理资产”明细科目，核算单位受托代理、代管的银行存款。本科目借方余额反映事业单位实际存放在银行或其他金融机构的款项。

预算会计系统下，与“银行存款”科目对应的是“资金结存——货币资金”科目。

3.银行存款的主要账务处理

（1）银行存款的存入

事业单位将款项存入银行或者其他金融机构，按照实际存入的金额，财务会计借记“银行存款”科目，贷记“库存现金”“应收账款”“事业收入”“经营收入”“其他收入”等相关科目（涉及增值税业务的，相关账务处理参见“应交增值税”科目）；预算会计借记“资金结存——货币资金”科目，贷记“事业预算收入”“经营预算收入”“其他预算收入”等相关科目。收到银行存款利息，按照实际收到的金额，财务会计借记“银行存款”科目，贷记“利息收入”科目；预算会计借记“资金结存——货币资金”科目，

贷记“其他预算收入”科目。

【例4-11】某事业单位将现金50 000元存入银行。该事业单位的账务处理如下：

财务会计			预算会计	
借：银行存款	50 000		—	
贷：库存现金		50 000		

【例4-12】某事业单位收到银行存款利息20 000元。该事业单位的账务处理如下：

财务会计			预算会计		
借：银行存款	20 000		借：资金结存——货币资金	20 000	
贷：利息收入		20 000	贷：其他预算收入		20 000

（2）银行存款的支取和支出

事业单位从银行等金融机构提取现金，按照实际提取的金额，财务会计借记“库存现金”科目，贷记“银行存款”科目；预算会计不做账。

以银行存款支付相关费用，按照实际支付的金额，财务会计借记“业务活动费用”“单位管理费用”“其他费用”等相关科目，贷记“银行存款”科目（涉及增值税业务的，相关账务处理参见“应交增值税”科目）；预算会计借记“事业支出”“经营支出”“其他支出”等科目，贷记“资金结存——货币资金”科目。

以银行存款对外捐赠，按照实际捐出的金额，财务会计借记“其他费用”科目，贷记“银行存款”科目；预算会计借记“其他支出”科目，贷记“资金结存——货币资金”科目。

【例4-13】某事业单位以银行存款支付专业活动部门保洁员工资20 000元，通过银行转账向地震灾区捐赠50 000元。该事业单位的账务处理如下：

财务会计			预算会计		
借：业务活动费用	20 000		借：事业支出	20 000	
其他费用	50 000		其他支出	50 000	
贷：银行存款		70 000	贷：资金结存——货币资金		70 000

（3）受托代理的银行存款

事业单位收到受托代理、代管的银行存款，财务会计按照实际收到的金额，借记“银行存款——受托代理资产”科目，贷记“受托代理负债”科目；支付受托代理、代管的银行存款，按照实际支付的金额，借记“受托代理负债”科目，贷记“银行存款——受托代理资产”科目。预算会计不做账。

【例4-14】某事业单位银行存款基本户收到A单位转赠贫困地区的捐款50 000元。该事业单位的账务处理如下：

财务会计			预算会计
借：银行存款——受托代理资产	50 000		—
贷：受托代理负债		50 000	

【例4-15】上例中单位将A单位转赠贫困地区的捐款50 000元通过银行汇往贫困地区。该事业单位的账务处理如下：

财务会计			预算会计
借：受托代理负债	50 000		—
贷：银行存款——受托代理资产		50 000	

（4）外币业务

事业单位发生外币业务的，应当按照业务发生当日的即期汇率，将外币金额折算为人民币金额记账，并登记外币金额和汇率。期末，各种外币账户的期末余额，应当按照期末的即期汇率折算为人民币，作为外币账户期末人民币余额。调整后的各种外币账户人民币余额与原账面余额的差额，作为汇兑损益计入当期费用。

事业单位以外币购买物资、设备等，财务会计按照购入当日的即期汇率将支付的外币或应支付的外币折算为人民币金额，借记"库存物品"等科目，贷记"银行存款""应付账款"等科目的外币账户（涉及增值税业务的，相关账务处理参见"应交增值税"科目）；预算会计按照购入当日的即期汇率将支付的外币折算为人民币金额，借记"事业支出"等科目，贷记"资金结存——货币资金"科目。

销售物品、提供服务以外币收取相关款项等，财务会计按照收入确认当日的即期汇率将收取的外币或应收取的外币折算为人民币金额，借记"银行存款""应收账款"等科目的外币账户，贷记"事业收入"等相关科目；预算会计按照收入确认当日的即期汇率将实际收取的外币折算为人民币金额，借记"资金结存——货币资金"科目，贷记"事业预算收入"等科目。

期末，根据各外币银行存款账户按照期末汇率调整后的人民币余额与原账面人民币余额的差额，作为汇兑损益，财务会计借记或贷记"银行存款"科目，贷记或借记"业务活动费用""单位管理费用"等科目；预算会计借记或贷记"资金结存——货币资金"科目，贷记或借记"事业支出"等科目。

"应收账款""应付账款"等科目有关外币账户期末汇率调整业务的账务处理参照"银行存款"科目。

【例4-16】某事业单位2×22年1月10日从美国采购技术设备一台，价值共计5 000美元，用于开展专业活动。假设购入设备当日美元对人民币的汇率为1美元=6.3762元人民币。该事业单位的账务处理如下：

财务会计			预算会计		
借：固定资产	31 881		借：事业支出	31 881	
贷：银行存款——人民币		31 881	贷：资金结存——货币资金		31 881

【例4-17】某事业单位2×22年1月20日收到国外某公益组织的捐款10 000美元，收到款项当日美元对人民币的汇率为1美元=6.3530元人民币。该事业单位的账务处理如下：

财务会计		预算会计	
借：银行存款——人民币	63 530	借：资金结存——货币资金	63 530
贷：捐赠收入	63 530	贷：其他预算收入	63 530

【例4-18】【例4-16】中的事业单位2×22年1月31日因专业活动形成的“银行存款——美元户”账面余额为20 000美元，合人民币127 518元。假设当日美元对人民币的汇率为1美元=6. 3614元人民币。该事业单位的账务处理如下：

汇兑损益=20 000×6.3614−127 518=−290（元）

财务会计		预算会计	
借：业务活动费用	290	借：事业支出	290
贷：银行存款——人民币	290	贷：资金结存——货币资金	290

（5）银行存款期末余额核对

为了加强对银行存款的管理，事业单位应当按照开户银行或其他金融机构、存款种类及币种等，分别设置“银行存款日记账”，由出纳人员根据收付款凭证，按照业务的发生顺序逐笔登记，每日终了应结出余额。“银行存款日记账”应定期与“银行对账单”核对，至少每月核对一次。月度终了，单位银行存款日记账账面余额与银行对账单余额之间如有差额，应当逐笔查明原因并进行处理，按月编制“银行存款余额调节表”，调节相符。

（三）零余额账户用款额度

1. 零余额账户用款额度的确认和计量

事业单位的零余额账户，是由同级财政部门为事业单位在商业银行开设的用于本单位财政授权支付的账户。通过该账户，事业单位可以办理转账、汇兑、委托收款和提取现金等支付结算业务，但单位的非财政性资金不得进入。单位零余额账户是一个过渡账户，而不是实存账户。

零余额账户用款额度，是指实行国库集中支付的事业单位根据财政部门批复的用款计划收到和支用的财政授权支付额度，具有与银行存款相同的支付结算功能。零余额账户用款额度应当在收到财政部门下达的财政授权支付额度时确认，并按照“财政授权支付额度到账通知书”所列金额计量。

2. 零余额账户用款额度核算的会计科目设置

财务会计系统下，事业单位应设置“零余额账户用款额度”科目核算实行国库集中支付的事业单位根据财政部门批复的用款计划收到和支用的零余额账户用款额度情况。本科目期末借方余额反映事业单位尚未支用的零余额账户用款额度。年度终了注销单位零余额账户用款额度后，本科目应无余额。

预算会计系统下，与“零余额账户用款额度”科目对应的是“资金结存——零余额账户用款额度”科目。

3.零余额账户用款额度核算的主要账务处理

（1）收到额度

事业单位收到“财政授权支付额度到账通知书”时，根据通知书所列数额，财务会计借记“零余额账户用款额度”科目，贷记“财政拨款收入”科目；预算会计借记“资金结存——零余额账户用款额度”科目，贷记“财政拨款预算收入”科目。

【例4-19】某事业单位收到“财政授权支付额度到账通知书”，列明本月授权支付额度为1 000 000元。该事业单位的账务处理如下：

财务会计			预算会计		
借：零余额账户用款额度	1 000 000		借：资金结存——零余额账户用款额度	1 000 000	
贷：财政拨款收入		1 000 000	贷：财政拨款预算收入		1 000 000

（2）支用额度

①事业单位支付日常活动费用时，按照支付的金额，财务会计借记“业务活动费用”“单位管理费用”等科目，贷记“零余额账户用款额度”科目；预算会计借记“事业支出”等科目，贷记“资金结存——零余额账户用款额度”科目。

②事业单位购买库存物品或购建固定资产时，财务会计按照实际发生的成本，借记“库存物品”“固定资产”“在建工程”等科目，按照实际支付或应付的金额，贷记“零余额账户用款额度”“应付账款”等科目（涉及增值税业务的，相关账务处理参见“应交增值税”科目）；预算会计按照实际支付金额，借记“事业支出”等科目，贷记“资金结存——零余额账户用款额度”科目。

③事业单位从零余额账户提取现金时，按照实际提取的金额，财务会计借记“库存现金”科目，贷记“零余额账户用款额度”科目；预算会计借记“资金结存——货币资金”科目，贷记“资金结存——零余额账户用款额度”科目。

④事业单位在某些特定情况下按规定从本单位零余额账户向本单位实有资金账户划转资金用于后续相关支出的，可在“银行存款”或“资金结存——货币资金”科目下设置“财政拨款资金”明细科目，或采用辅助核算等形式，核算反映按规定从本单位零余额账户转入实有资金账户的资金金额，并应当按照以下规定进行账务处理：

从本单位零余额账户向实有资金账户划转资金时，按照划转的资金金额，财务会计借记“银行存款”科目，贷记“零余额账户用款额度”科目；预算会计借记“资金结存——货币资金”科目，贷记“资金结存——零余额账户用款额度”科目。

将本单位实有资金账户中从零余额账户划转的资金用于相关支出时，按照实际支付的金额，财务会计借记“应付职工薪酬”“其他应交税费”等科目，贷记“银行存款”科目；预算会计借记“事业支出”等支出科目下的“财政拨款支出”明细科目，贷记“资金结存——货币资金”科目。

【例4-20】某事业单位购买计算机一台，价款13 560元，款项通过单位零余额账户支付，计算机直接交付使用。该事业单位的账务处理如下：

财务会计		预算会计	
借：固定资产	13 560	借：事业支出	13 560
贷：零余额账户用款额度	13 560	贷：资金结存——零余额账户用款额度	13 560

【例4-21】某事业单位通过财政授权支付方式，支付日常办公费50 000元。其中开展专业活动20 000元、开展行政及后勤管理活动30 000元。该事业单位的账务处理如下：

财务会计		预算会计	
借：业务活动费用	20 000	借：事业支出	50 000
单位管理费用	30 000	贷：资金结存——零余额账户用款额度	50 000
贷：零余额账户用款额度	50 000		

（3）购货退回

事业单位因购货退回等发生财政授权支付额度退回的，属于本年度支付的款项的，按照退回金额，财务会计借记“零余额账户用款额度”科目，贷记“库存物品”等科目；预算会计借记“资金结存——零余额账户用款额度”科目，贷记“事业支出”等科目。属于以前年度支付的款项，按照退回金额，财务会计借记“零余额账户用款额度”科目，贷记“以前年度盈余调整”“库存物品”等科目；预算会计借记“资金结存——零余额账户用款额度”科目，贷记“财政拨款结转”“财政拨款结余”科目。

【例4-22】某事业单位采用财政授权支付方式为专业活动采购的计算机耗材因质量问题予以退回，共计50 000元。其中，30 000元属于上年度支付的款项，20 000元属于本年度支付的款项。相关款项50 000元已退回单位零余额账户。该事业单位的账务处理如下：

财务会计		预算会计	
借：零余额账户用款额度	50 000	借：资金结存——零余额账户用款额度	50 000
贷：库存物品	50 000	贷：财政拨款结转——年初余额调整	30 000
		事业支出	20 000

【例4-23】某事业单位采用财政授权支付方式为专业活动采购的一批复印纸因质量问题予以退回，共计5 000元。其中，3 000元属于上年度支付的款项，2 000元属于本年度支付的款项。相关款项5 000元已退回单位零余额账户。该事业单位的账务处理如下：

财务会计		预算会计	
借：零余额账户用款额度	5 000	借：资金结存——零余额账户用款额度	5 000
贷：以前年度盈余调整	3 000	贷：财政拨款结转——年初余额调整	3 000
业务活动费用	2 000	事业支出	2 000

（4）年终结余

年末，事业单位根据代理银行提供的对账单注销额度的，财务会计借记“财政应返还额度”科目，贷记“零余额账户用款额度”科目；预算会计借记“资金结存——财政应返还额度”科目，贷记“资金结存——零余额账户用款额度”科目。根据本年度财政授权支付预算指标数大于零余额账户用款额度下达数的差额，财务会计借记“财政应返还额度”科目，贷记“财政拨款收入”科目；预算会计借记“资金结存——财政应返还额度”科目，贷记“财政拨款预算收入”科目。

下年初，事业单位根据代理银行提供的上年度注销额度恢复到账通知书作恢复额度的，财务会计借记“零余额账户用款额度”科目，贷记“财政应返还额度”科目；预算会计借记“资金结存——零余额账户用款额度”科目，贷记“资金结存——财政应返还额度”科目。收到财政部门批复的上年末下达零余额账户用款额度，财务会计借记“零余额账户用款额度”科目，贷记“财政应返还额度”科目；预算会计借记“资金结存——零余额账户用款额度”科目，贷记“资金结存——财政应返还额度”科目。

相关举例参见本章“财政应返还额度”科目【例4-29】和【例4-30】。

（四）其他货币资金

1.其他货币资金的确认和计量

其他货币资金是指事业单位除了库存现金、银行存款和零余额账户用款额度以外的各种其他货币资金，包括外埠存款、银行本票存款、银行汇票存款、信用卡存款等。其中，外埠存款是事业单位到外地进行临时零星采购时，汇往采购地银行开立采购专户的款项；银行本票存款是事业单位为取得银行本票按照规定存入银行的款项；银行汇票存款是事业单位为取得银行汇票按照规定存入银行的款项；信用卡存款是事业单位为取得信用卡按照规定存入银行的款项。

其他货币资金应当在将款项委托本地银行汇往异地开立的账户或将款项交存银行取得银行本票、银行汇票和信用卡时确认，并按照实际交存的款项金额计量。

2.其他货币资金核算的会计科目设置

财务会计系统下，事业单位应设置“其他货币资金”科目核算其他货币资金。本科目应当设置“外埠存款”“银行本票存款”“银行汇票存款”“信用卡存款”等明细科目，进行明细核算。事业单位通过支付宝、微信等方式取得相关收入的，对于尚未转入银行存款的支付宝、微信收付款等第三方支付平台账户的余额，应当通过本科目核算。本科目期末借方余额，反映单位实际持有的其他货币资金。

预算会计系统下，与“其他货币资金”科目对应的是“资金结存——货币资金”科目。

3.其他货币资金的主要账务处理

（1）外埠存款

事业单位按照有关规定需要在异地开立银行账户，将款项委托本地银行汇往异地开立账户时，财务会计借记“其他货币资金”科目，贷记“银行存款”科目；预算会计不做账。

收到采购员交来供应单位发票账单等报销凭证时，财务会计借记“库存物品”等科目，贷记“其他货币资金”科目；预算会计借记“事业支出”等科目，贷记“资金结存——货币资金”科目。

将多余的外埠存款转回本地银行时，根据银行的收账通知，财务会计借记“银行存款”科目，贷记“其他货币资金”科目；预算会计不做账。

（2）银行本票、银行汇票存款

事业单位将款项交存银行取得银行本票、银行汇票，财务会计按照取得的银行本票、银行汇票金额，借记“其他货币资金”科目，贷记“银行存款”科目；预算会计不做账。

使用银行本票、银行汇票购买库存物品等资产时，按照实际支付金额，财务会计借记“库存物品”等科目，贷记“其他货币资金”科目；预算会计借记“事业支出”等科目，贷记“资金结存——货币资金”科目。

如有余款或因本票、汇票超过付款期等原因而退回款项，按照退款金额，财务会计借记“银行存款”科目，贷记“其他货币资金”科目；预算会计不做账。

（3）信用卡存款

事业单位将款项交存银行取得信用卡，按照交存金额，财务会计借记“其他货币资金”科目，贷记“银行存款”科目；预算会计不做账。

用信用卡购物或支付有关费用，按照实际支付金额，财务会计借记“单位管理费用”“库存物品”等科目，贷记“其他货币资金”科目；预算会计借记“事业支出”等科目，贷记“资金结存——货币资金”科目。

信用卡在使用过程中，需向其账户续存资金的，按照续存金额，财务会计借记“其他货币资金”科目，贷记“银行存款”科目；预算会计不做账。

【例4-24】某事业单位地处B直辖市，拟到H省采购甲材料，按照有关规定需要在异地开立银行账户，将200 000元委托本地银行汇往该省开立账户。另外，将200 000元款项交存银行取得面额10 000元的银行本票10张和100 000元银行汇票，将200 000元交存银行取得信用卡。该事业单位的账务处理如下：

财务会计			预算会计
借：其他货币资金——外埠存款	200 000		
——银行本票存款	100 000		
——银行汇票存款	100 000		—
——信用卡存款	200 000		
贷：银行存款		600 000	

【例4-25】某事业单位使用外埠存款购买甲材料，收到采购员交来供应单位发票账单等报销凭证，标明甲材料价款130 000元，已验收入库，多余的20 000元外埠存款转回单位开户银行。该事业单位的账务处理如下：

财务会计		预算会计	
借：库存物品	130 000	借：事业支出	130 000
银行存款	20 000	贷：资金结存——货币资金	130 000
贷：其他货币资金——外埠存款	150 000		

事业单位应当加强对其他货币资金的管理，及时办理结算，对于逾期尚未办理结算的银行汇票、银行本票等，应当按照规定及时转回，并按照上述规定进行相应账务处理。

二、短期投资

（一）投资分类和管理

投资是指事业单位按规定以货币资金、实物资产、无形资产等方式形成的债权或股权投资。

事业单位投资按照收益形式，分为债权投资和股权投资。债权投资是事业单位持有的政府债券投资；股权投资是事业单位持有的企业股权投资。

事业单位投资按照持有时间，分为短期投资和长期投资。短期投资，是指事业单位按照规定取得的，持有时间不超过1年（含1年）的投资；长期投资[①]，是指事业单位取得的除短期投资以外的债权和股权性质的投资，分为长期股权投资和长期债券投资。

根据《事业单位财务规则》（财政部令第108号）和《财政部关于进一步规范和加强行政事业单位国有资产管理的指导意见》（财资〔2015〕90号）的规定，除国家另有规定外，各级事业单位不得使用财政拨款及其结余进行对外投资，不得买卖期货、股票，不得购买各种企业债券、各类投资基金和其他任何形式的金融衍生品或进行任何形式的金融风险投资，不得在国外贷款债务尚未清偿前利用该贷款形成的资产进行对外投资等。事业单位应当严格控制对外投资，对外投资必须严格履行审批程序，加强风险管控等。利用国有资产对外投资应当有利于事业发展和实现国有资产保值增值，符合国家有关规定，经可行性研究和集体决策，按照规定的权限和程序进行。事业单位应当明确对外投资形成的股权及其相关权益管理责任，按照国家有关规定将对外投资形成的股权纳入经营性国有资产集中统一监管体系。

（二）短期投资的确认和计量

短期投资的计量包括初始计量和后续计量。

短期投资在取得时，事业单位应当按照实际成本（包括购买价款和相关税费）作为初始投资成本，实际支付价款中包含的已到付息期但尚未领取的利息，应当于收到时冲减短期投资成本。期末，短期投资应当按照账面余额计量。

短期投资持有期间的利息，事业单位应当于实际收到时确认为投资收益；按规定出售或到期收回短期投资，应当将收到的价款扣除短期投资账面余额和相关税费后的差额计入投资损益。事业单位按规定出售或到期收回短期投资，应当将收到的价款扣除短期

① 长期投资的核算参见本章“长期股权投资”科目和“长期债券投资”科目。

投资账面余额和相关税费后的差额计入投资损益。

（三）短期投资核算的会计科目设置

财务会计系统下，事业单位应设置“短期投资”科目核算按照规定取得的，持有时间不超过1年（含1年）的投资。本科目应当按照投资的种类等进行明细核算。本科目期末借方余额，反映事业单位持有短期投资的成本。

预算会计系统下，与“短期投资”科目对应的是“投资支出”科目。

（四）短期投资的主要账务处理

1.取得短期投资

事业单位取得短期投资时，财务会计按照确定的投资成本，借记“短期投资”科目，贷记“银行存款”等科目；预算会计对以货币资金取得的短期投资按照投资金额和所支付的相关税费金额的合计数，借记“投资支出”科目，贷记“资金结存——货币资金”科目。收到取得投资时实际支付价款中包含的已到付息期但尚未领取的利息，按照实际收到的金额，财务会计借记“银行存款”科目，贷记“短期投资”科目；预算会计借记“资金结存——货币资金”科目，贷记“投资支出”科目。

2.收到短期投资持有期间利息

事业单位收到短期投资持有期间的利息，按照实际收到的金额，财务会计借记“银行存款”科目，贷记“投资收益”科目；预算会计借记“资金结存——货币资金”科目，贷记“投资预算收益”科目。

3.出售短期投资或到期收回短期投资本息

事业单位出售短期投资或到期收回短期投资本息时，按照实际收到的金额，财务会计借记“银行存款”科目，按照出售或收回短期投资的账面余额，贷记“短期投资”科目，按照其差额，借记或贷记“投资收益”科目（涉及增值税业务的，相关账务处理参见“应交增值税”科目）。预算会计对于出售、对外转让或到期收回本年度以货币资金取得的短期投资，按照实际取得价款或实际收到的本息金额，借记“资金结存——货币资金”科目，按照取得投资时“投资支出”科目的发生额，贷记“投资支出”科目，按照其差额，贷记或借记“投资预算收益”科目；对出售、对外转让或到期收回以前年度以货币资金取得的短期投资，按照实际取得价款或实际收到的本息金额，借记“资金结存——货币资金”科目，按照取得投资时“投资支出”科目的发生额，贷记“其他结余”科目，按照其差额，贷记或借记“投资预算收益”科目。

【例4-26】某事业单位2×22年7月1日以510 000元的价款（包含已到期但尚未领取的利息10 000元）购买将于2×23年7月1日到期的国债，该国债面值500 000元，年利率4%，每半年付息一次、到期还本。2×22年7月2日，收到包含在投资支付价款中已到期但尚未领取的利息10 000元。2×23年1月2日收到2×22年的下半年利息10 000元，7月2日收到2×23年的上半年利息10 000元和归还的本金500 000元。该事业单位的账务处理如下：

• 2×22年7月1日取得国债时，

财务会计		预算会计	
借：短期投资——国债投资	510 000	借：投资支出	510 000
贷：银行存款	510 000	贷：资金结存——货币资金	510 000

• 2×22年7月2日收到包含在投资支付价款中已到期但尚未领取的利息时，

财务会计		预算会计	
借：银行存款	10 000	借：资金结存——货币资金	10 000
贷：短期投资——国债投资	10 000	贷：投资支出	10 000

• 2×23年1月2日收到2×22年的下半年利息时，

财务会计		预算会计	
借：银行存款	10 000	借：资金结存——货币资金	10 000
贷：投资收益	10 000	贷：投资预算收益	10 000

• 2×23年7月2日收到2×23年的上半年利息和归还的本金时

财务会计		预算会计	
借：银行存款	510 000	借：资金结存——货币资金	510 000
贷：短期投资——国债投资	500 000	贷：其他结余	500 000
投资收益	10 000	投资预算收益	10 000

三、应收及预付款项

（一）财政应返还额度

1.财政应返还额度的确认和计量

财政应返还额度，是指实行国库集中支付的事业单位应收财政返还的资金额度，包括可以使用的以前年度财政直接支付资金额度和财政应返还的财政授权支付资金额度。

财政应返还额度应当按年末事业单位国库集中支付尚未使用的资金额度确认和计量。在财政直接支付方式下，年末国库集中支付尚未使用的资金额度是本年度财政直接支付预算指标数大于当年财政直接支付实际发生数的差额（未支用的支付额度）。在财政授权支付方式下，年末国库集中支付尚未使用的资金额度包括本年度财政授权支付预算指标数大于零余额账户用款额度下达数的差额（未下达的用款额度），以及本年度零余额账户用款额度下达数大于零余额账户用款额度支用数的差额（未支用的用款额度）。对于上述国库集中支付未支用的资金额度和尚未下达的用款额度，年末事业单位先返还财政部门，下年度初再由财政部门予以恢复或下达。

2.财政应返还额度核算的会计科目设置

财务会计系统下，事业单位应设置“财政应返还额度”科目核算实行国库集中支付的事业单位应收财政返还的资金额度。本科目应当设置“财政直接支付”“财政授权支付”两个明细科目进行明细核算。本科目期末借方余额反映行政事业单位应收财政返还的资金额度。

预算会计系统下，与“财政应返还额度”科目对应的是“资金结存——财政应返还额度”科目。

3.财政应返还额度的主要账务处理①

（1）财政直接支付

年末，事业单位根据本年度财政直接支付预算指标数大于当年财政直接支付实际发生数的差额，财务会计借记“财政应返还额度——财政直接支付”科目，贷记“财政拨款收入”科目；预算会计借记“资金结存——财政应返还额度”科目，贷记“财政拨款预算收入”科目。

下年度，事业单位使用以前年度财政直接支付额度支付款项时，财务会计借记“业务活动费用”“单位管理费用”等科目，贷记“财政应返还额度——财政直接支付”科目；预算会计借记“事业支出”等科目，贷记“资金结存——财政应返还额度”科目。

【例4-27】某实行国库集中支付的中央级事业单位，年末通过对账确认本年度财政直接支付预算指标数为1 000 000元，当年财政直接支付实际发生数为900 000元，该事业单位的账务处理如下：

财务会计		预算会计	
借：财政应返还额度——财政直接支付	100 000	借：资金结存——财政应返还额度	100 000
贷：财政拨款收入	100 000	贷：财政拨款预算收入	100 000

【例4-28】【例4-27】中的事业单位下年度初收到代理银行转来的“财政直接支付入账通知书”，使用上年尚未使用的财政直接支付额度支付款项100 000元购买办公用笔记本电脑10台，已直接交付使用。该事业单位的账务处理如下：

财务会计		预算会计	
借：固定资产	100 000	借：事业支出	100 000
贷：财政应返还额度——财政直接支付	100 000	贷：资金结存——财政应返还额度	100 000

（2）财政授权支付

年末，事业单位根据代理银行提供的对账单作注销额度的相关账务处理，财务会计借记“财政应返还额度——财政授权支付”科目，贷记“零余额账户用款额度”科目；预算会计借记“资金结存——财政应返还额度”科目，贷记“资金结存——零余额账户用款额度”科目。年末，事业单位本年度财政授权支付预算指标数大于零余额账户用款额度下达数的，根据未下达的用款额度，财务会计借记“财政应返还额度——财政授权支付”科目，贷记“财政拨款收入”科目；预算会计借记“资金结存——财政应返还额度”科目，贷记“财政拨款预算收入”科目。

下年初，事业单位根据代理银行提供的上年度注销额度恢复到账通知书作恢复额度的以及收到财政部门批复的上年未下达零余额账户用款额度，财务会计借记“零余额账户用款额度”科目，贷记“财政应返还额度——财政授权支付”科目；预算会计借记

① 按照《国务院关于进一步深化预算管理制度改革的意见》（国发〔2021〕5号）和《政府会计准则制度解释第4号》规定，市县级财政国库集中支付结余不再按权责发生制列支，相关政府单位年末不再进行会计处理。中央级和省级单位根据同级财政部门规范国库集中支付结余权责发生制列支的规定，相应进行会计处理。

“资金结存——零余额账户用款额度”科目，贷记“资金结存——财政应返还额度”科目。

【例4-29】某实行国库集中支付的省级事业单位，年末通过对账确认本年度财政授权支付预算指标数为500 000元，零余额账户用款额度下达数400 000元，零余额账户用款额度支用数350 000元。该事业单位的账务处理如下：

财务会计		预算会计	
借：财政应返还额度——财政授权支付	150 000	借：资金结存——财政应返还额度	150 000
贷：零余额账户用款额度	50 000	贷：资金结存——零余额账户用款额度	50 000
财政拨款收入	100 000	财政拨款预算收入	100 000

【例4-30】【例4-29】中的事业单位下年度初收到代理银行转来的50 000元财政授权支付额度恢复到账通知书和财政部门批复的上年度未下达零余额账户用款额度100 000元。该事业单位的账务处理如下：

财务会计		预算会计	
借：零余额账户用款额度	150 000	借：资金结存——零余额账户用款额度	150 000
贷：财政应返还额度——财政授权支付	150 000	贷：资金结存——财政应返还额度	150 000

（二）应收票据

1.应收票据的确认和计量

应收票据，是事业单位因开展经营活动销售产品、提供有偿服务等而收到的商业汇票，包括商业承兑汇票和银行承兑汇票。

应收票据应当在产品已经售出或服务已经提供且收到商业汇票时确认，并按照商业汇票的票面金额计量。

2.应收票据核算的会计科目设置

财务会计系统下，事业单位应设置“应收票据”科目核算因开展经营活动销售产品、提供有偿服务等而收到的商业汇票。本科目应当按照开出、承兑商业汇票的单位等进行明细核算。本科目期末借方余额，反映事业单位持有的商业汇票票面金额。

预算会计系统下，与“应收票据”科目对应的是“经营预算收入”等科目。

3.应收票据的主要账务处理

（1）收到商业汇票

事业单位因销售产品、提供服务等收到商业汇票，财务会计按照商业汇票的票面金额，借记“应收票据”科目，按照确认的收入金额，贷记“经营收入”等科目（涉及增值税业务的，相关账务处理参见“应交增值税”科目）；预算会计不做账。

【例4-31】某事业单位的非独立核算部门从事经营活动销售产品而收到A公司不带息的承兑期2个月的商业承兑汇票一张，该商业承兑汇票的面值为5 150元。该事业单位的账务处理如下：

财务会计			预算会计	
借：应收票据——A公司	5 150		—	
贷：经营收入		5 000		
应交增值税		150		

（2）商业汇票贴现

事业单位持未到期的商业汇票向银行贴现，按照实际收到的金额（即扣除贴现息后的净额），财务会计借记“银行存款”科目，按照贴现息金额，借记“经营费用”等科目，按照商业汇票的票面金额，贷记“应收票据”科目（无追索权）或“短期借款”科目（有追索权）；预算会计借记“资金结存——货币资金”科目，贷记“经营预算收入”科目。

附追索权的商业汇票到期未发生追索事项的，按照商业汇票的票面金额，财务会计借记“短期借款”科目，贷记“应收票据”科目；预算会计不做账。

【例4-32】某事业单位持有1个月之前因从事经营活动销售产品而收到的A公司1张2个月到期的商业承兑汇票（无追索权）到银行贴现。该汇票票面金额为5 150元，银行贴现率为12%。该事业单位的账务处理如下：

贴现息=5 150×12%×1÷12=51.50（元）

扣除贴现息后的净额=5 150−51.50=5 098.50（元）

财务会计			预算会计		
借：银行存款	5 098.50		借：资金结存——货币资金	5 098.50	
经营费用	51.50		贷：经营预算收入		5 098.50
贷：应收票据——A公司		5 150			

（3）商业汇票背书转让

事业单位将持有的商业汇票背书转让以取得所需物资时，财务会计按照取得物资的成本，借记“库存物品”等科目，按照商业汇票的票面金额，贷记“应收票据”科目，如有差额，借记或贷记“银行存款”等科目（涉及增值税业务的，相关账务处理参见“应交增值税”科目）。预算会计按照实际收到或实际支付的金额，借记或贷记“资金结存——货币资金”科目，贷记“经营预算收入”科目或借记“经营支出”科目。

【例4-33】某事业单位2×22年9月10日将6月1日因销售商品收到的一张A公司的面值为10 000元、付款期限为6个月的无息商业承兑汇票背书转让给B公司购买一批材料，取得B公司提供的增值税专用发票上记载的金额为10 000元，税额为1 300元，材料已验收入库。材料价款和票据金额的差额以银行存款支付，另以现金支付运输费515元。该事业单位的账务处理如下：

财务会计			预算会计		
借：库存物品	11 815		借：经营支出	1 815	
贷：应收票据——A公司		10 000	贷：资金结存——货币资金		1 815
银行存款		1 300			
库存现金		515			

（4）商业汇票到期

商业汇票到期时，事业单位应当分别以下情况处理：收回票款时，按照实际收到的商业汇票票面金额，财务会计借记“银行存款”科目，贷记“应收票据”科目；预算会计借记“资金结存——货币资金”科目，贷记“经营预算收入”科目。因付款人无力支付票款，收到银行退回的商业承兑汇票、委托收款凭证、未付票款通知书或拒付款证明等，财务会计按照商业汇票的票面金额，借记“应收账款”科目，贷记“应收票据”科目；预算会计不做账。

【例4-34】【例4-31】中的事业单位收到的商业承兑汇票到期，通过银行存款基本户收到票据款项5 150元。该事业单位的账务处理如下：

财务会计			预算会计		
借：银行存款	5 150		借：资金结存——货币资金	5 150	
贷：应收票据——A公司		5 150	贷：经营预算收入		5 150

【例4-35】如果【例4-31】中的事业单位在商业承兑汇票到期时，因A公司无力支付票款而收到银行退回的商业承兑汇票，则该事业单位的账务处理如下：

财务会计			预算会计
借：应收账款	5 150		—
贷：应收票据——A公司		5 150	

为了加强应收票据管理，事业单位应当设置“应收票据备查簿”，逐笔登记每一应收票据的种类、号数、出票日期、到期日、票面金额、交易合同号和付款人、承兑人、背书人姓名或单位名称、背书转让日、贴现日期、贴现率和贴现净额、收款日期、收回金额和退票情况等。

（三）应收账款

1.应收账款的确认和计量

应收账款，是事业单位提供服务、销售产品等应收取的款项，以及因出租资产、出售物资等应收取的款项。按照现行事业单位国有资产管理的相关规定，事业单位国有资产出租取得的收入纳入单位预算管理，而出售资产取得的收入需要上缴财政。由此，事业单位的应收账款分为收回后不需要上缴财政的应收账款和收回后需要上缴财政的应收账款。

应收账款应当在产品已经售出或服务已经提供且尚未收到款项时确认，并按照应收未收的金额计量。

2.应收账款核算的会计科目设置

财务会计系统下，事业单位应设置“应收账款”科目核算应收未收的款项。本科目应当按照债务单位（或个人）进行明细核算。本科目期末借方余额，反映单位尚未收回的应收账款。

预算会计系统下，对收回后需要上缴财政的应收账款不进行会计核算；对收回后不需要上缴财政的应收账款，与“应收账款”科目对应的是“事业预算收入”“经营预算收入”“其他预算收入”等科目。

3.应收账款的主要账务处理

（1）应收账款收回后不需上缴财政

事业单位因提供服务、销售产品以及因出租资产发生应收账款时，财务会计按照应收未收金额，借记“应收账款”科目，贷记“事业收入”“经营收入”“租金收入”“其他收入”等科目（涉及增值税业务的，相关账务处理参见“应交增值税”科目）；预算会计不做账。收回应收账款时，按照实际收到的金额，财务会计借记“银行存款”等科目，贷记“应收账款”科目；预算会计借记“资金结存——货币资金”科目，贷记“事业预算收入”“经营预算收入”“其他预算收入”等科目。

【例4-36】某事业单位的非独立核算部门向B公司销售产品取得收入10 300元，款项尚未收到。该事业单位的账务处理如下：

财务会计			预算会计
借：应收账款——B公司	10 300		
贷：经营收入		10 000	—
应交增值税		300	

【例4-37】【例4-36】中的事业单位通过银行收到向B公司销售产品的款项10 300元。该事业单位的账务处理如下：

财务会计			预算会计		
借：银行存款	10 300		借：资金结存——货币资金	10 300	
贷：应收账款——B公司		10 300	贷：经营预算收入		10 300

（2）应收账款收回后需上缴财政

事业单位因出售物资发生应收未收款项时，财务会计按照应收未收金额，借记“应收账款”科目，贷记“应缴财政款”科目；收回应收账款时，按照实际收到的金额，借记“银行存款”等科目，贷记“应收账款”科目（涉及增值税业务的，相关账务处理参见“应交增值税”科目）。预算会计不做账。相关举例参见本章“库存物品”“固定资产”等资产处置核算。

（四）预付账款

1.预付账款的确认和计量

预付账款，是事业单位按照购货、服务合同或协议规定预付给供应单位（或个人）的款项，以及按照合同规定向承包工程的施工企业预付的备料款和工程款。

预付账款应当在已经支付款项且尚未收到物资或服务时确认，并按照实际支付金额计量。

2.预付账款核算的会计科目设置

财务会计系统下，事业单位应设置“预付账款”科目核算单位按照购货、服务合同或协议规定预付给供应单位（或个人）的款项，以及按照合同规定向承包工程的施工企业预付的备料款和工程款。本科目应当按照供应单位（或个人）及具体项目进行明细核算；对于基本建设项目发生的预付账款，还应当在本科目所属基建项目明细科目下设置“预付备料款”“预付工程款”“其他预付款”等明细科目，进行明细核算。本科目期末借方余额，反映单位实际预付但尚未结算的款项。

预算会计系统下，与“预付账款”科目对应的是“事业支出”等科目。

3. 预付账款的主要账务处理

（1）发生预付账款

事业单位根据购货、服务合同或协议规定预付款项时，按照预付金额，财务会计借记“预付账款”科目，贷记“财政拨款收入”“零余额账户用款额度”“银行存款”等科目；预算会计借记“事业支出”等科目，贷记“财政拨款预算收入”“资金结存——零余额账户用款额度、货币资金”等科目。

【例4-38】某事业单位向D公司采购大巴1辆用于开展专业活动，价值400 000元。按照合同规定预付货款50%，货到后结算其余货款。该单位通过财政部门零余额账户预付50%货款200 000元时，该事业单位的账务处理如下：

财务会计			预算会计		
借：预付账款——D公司	200 000		借：事业支出	200 000	
贷：财政拨款收入		200 000	贷：财政拨款预算收入		200 000

（2）收到所购资产或服务

收到所购资产或服务时，财务会计按照购入资产或服务的成本，借记“库存物品”“固定资产”“无形资产”“业务活动费用”等相关科目，按照相关预付账款的账面余额，贷记“预付账款”科目，按照实际补付的金额，贷记“财政拨款收入”“零余额账户用款额度”“银行存款”等科目（涉及增值税业务的，相关账务处理参见“应交增值税”科目）。预算会计按照实际补付的金额，借记“事业支出”等科目，贷记“财政拨款预算收入”“资金结存——零余额账户用款额度、货币资金”等科目。

【例4-39】【例4-38】中的事业单位收到大巴1辆，且通过财政部门零余额账户补付货款200 000元。该事业单位的账务处理如下：

财务会计			预算会计		
借：固定资产	400 000		借：事业支出	200 000	
贷：预付账款——D公司		200 000	贷：财政拨款预算收入		200 000
财政拨款收入		200 000			

（3）结算工程价款及备料款

根据工程进度结算工程价款及备料款时，财务会计按照结算金额，借记“在建工程”科目，按照相关预付账款的账面余额，贷记“预付账款”科目，按照实际补付的金额，贷记“财政拨款收入”“零余额账户用款额度”“银行存款”等科目。预算会计按照实际补付的金额，借记“事业支出”等科目，贷记“财政拨款预算收入”“资金结存——零余额账户用款额度、货币资金”等科目。

（4）预付账款退回

事业单位发生预付账款退回的，按照实际退回金额，财务会计借记“财政拨款收入”［本年直接支付］、“财政应返还额度”［以前年度直接支付］、“零余额账户用款额度”、“银行存款”等科目，贷记“预付账款”科目；预算会计借记“财政拨款预算收入”“资金结存——财政应返还额度、零余额账户用款额度、货币资金”科目，贷记“事业支出”等科目［当年退回］，“财政拨款结转”“财政拨款结余”等科目［以前年度退回］。

【例4-40】某事业单位2×21年11月1日将办公楼的建筑安装发包给A施工企业，工期6个月，总价款400 000元。按合同规定，2×21年11月1日和2×22年2月1日分别通过财政部门零余额账户和单位零余额账户各预付200 000元（其中，建筑工程款140 000元和备料款60 000元）。2×22年4月1日工程完工，A施工企业转来“工程价款结算账单”，应结算工程款共计380 000元。2×22年4月10日收到A施工企业退回的2×21年和2×22年的预付账款各10 000元，已退回相关账户。该事业单位的账务处理如下：

• 2×21年11月1日预付款项时，

财务会计			预算会计		
借：预付账款——A施工企业	200 000		借：事业支出	200 000	
贷：财政拨款收入		200 000	贷：财政拨款预算收入		200 000

• 2×22年2月1日预付款项时，

财务会计			预算会计		
借：预付账款——A施工企业	200 000		借：事业支出	200 000	
贷：零余额账户用款额度		200 000	贷：资金结存——零余额账户用款额度		200 000

• 2×22年4月1日工程完工时，

财务会计			预算会计
借：在建工程	380 000		—
贷：预付账款——A施工企业		380 000	

• 2×22年4月10日收到A施工企业退回预付款项时，

财务会计			预算会计		
借：财政应返还额度	10 000		借：资金结存——财政应返还额度	10 000	
零余额账户用款额度	10 000		——零余额账户用款额度	10 000	
贷：预付账款——A施工企业		20 000	贷：财政拨款结转——年初余额调整		10 000
			事业支出		10 000

（五）应收股利和应收利息

1.应收股利和应收利息的确认和计量

应收股利，是事业单位持有长期股权投资应当收取的现金股利或应当分得的利润。

应收股利应当在计算收取的现金股利或应分得的利润时确认，且按照收取的或应分得的金额计量。

应收利息，是事业单位长期债券投资应当收取的利息。应收利息应当在计算应收取利息时确认，且按照应收取金额计量。

2.应收股利和应收利息核算的会计科目设置

财务会计系统下，事业单位应设置“应收股利”和“应收利息”科目。

“应收股利”科目，核算事业单位持有长期股权投资应当收取的现金股利或应当分得的利润。本科目应当按照被投资单位等进行明细核算。本科目期末借方余额，反映事业单位应当收取但尚未收到的现金股利或利润。

“应收利息”科目，核算长期债券投资应当收取的利息。事业单位购入的到期一次还本付息的长期债券投资持有期间的利息，应当通过“长期债券投资——应计利息”科目核算，不通过本科目核算。本科目应当按照被投资单位等进行明细核算。本科目期末借方余额，反映事业单位应收未收的长期债券投资利息。

预算会计系统下，与“应收股利”和“应收利息”科目对应的是“投资支出”“投资预算收益”科目。

3.应收股利和应收利息的账务处理

（1）应收股利

事业单位取得长期股权投资，财务会计按照支付的价款中所包含的已宣告但尚未发放的现金股利，借记“应收股利”科目，按照确定的长期股权投资成本，借记“长期股权投资”科目，按照实际支付的金额，贷记“银行存款”等科目；预算会计按照取得投资支付的全部价款借记“投资支出”科目，贷记“资金结存——货币资金”科目。收到取得投资时实际支付价款中所包含的已宣告但尚未发放的现金股利时，按照收到的金额，财务会计借记“银行存款”科目，贷记“应收股利”科目；预算会计借记“资金结存——货币资金”科目，贷记“投资支出”科目。

事业单位长期股权投资持有期间，被投资单位宣告发放现金股利或利润的，财务会计按照应享有的份额，借记“应收股利”科目，贷记“投资收益”（成本法下）或“长期股权投资”（权益法下）科目；预算会计不做账。

事业单位实际收到现金股利或利润时，按照收到的金额，财务会计借记“银行存款”等科目，贷记“应收股利”科目；预算会计借记“资金结存——货币资金”科目，贷记“投资预算收益”科目。

相关举例参见本章“长期股权投资”科目。

（2）应收利息

事业单位取得长期债券投资，财务会计按照确定的投资成本，借记“长期债券投资”科目，按照支付的价款中包含的已到付息期但尚未领取的利息，借记“应收利息”科目，按照实际支付的金额，贷记“银行存款”等科目；预算会计按照取得投资支付的全部价款借记“投资支出”科目，贷记“资金结存——货币资金”科目。收到取得投资时实际支付价款中所包含的已到付息期但尚未领取的利息时，按照收到的金额，财务会计借记“银行存款”等科目，贷记“应收利息”科目；预算会计借记“资金结存——货币资金”科目，贷记“投资支出”科目。

事业单位按期计算确认长期债券投资利息收入时，对于分期付息、一次还本的长期债券投资，按照以票面金额和票面利率计算确定的应收未收利息金额，财务会计借记“应收利息”科目，贷记“投资收益”科目；预算会计不做账。

事业单位实际收到应收利息时，按照收到的金额，财务会计借记“银行存款”等科目，贷记“应收利息”科目；预算会计借记“资金结存——货币资金”科目，贷记“投资预算收益”科目。

相关举例参见本章“短期投资”和“长期债券投资”科目。

（六）其他应收款

1.其他应收款的确认和计量

其他应收款，是事业单位除财政应返还额度、应收票据、应收账款、预付账款、应收股利、应收利息以外的其他各项应收及暂付款项，如职工预借的差旅费、已经偿还银行尚未报销的本单位公务卡欠款、拨付给内部有关部门的备用金、应向职工收取的各种垫付款项、支付的可以收回的订金或押金、应收的上级补助和附属单位上缴款项等。

其他应收款应当在发生时确认，并按照实际发生额计量。

2.其他应收款核算的会计科目设置

财务会计系统下，事业单位应设置“其他应收款”科目核算除财政应返还额度、应收票据、应收账款、预付账款、应收股利、应收利息以外的其他各项应收及暂付款项。本科目应当按照其他应收款的类别以及债务单位（或个人）进行明细核算。本科目期末借方余额，反映事业单位尚未收回的其他应收款。

预算会计系统下，与“其他应收款”科目对应的是“上级补助预算收入”“附属单位上缴预算收入”“其他预算收入”等科目。

3.其他应收款的主要账务处理

（1）发生其他应收款

事业单位发生其他各种应收及暂付款项时，按照实际发生金额，财务会计借记“其他应收款”科目，贷记“零余额账户用款额度”“银行存款”“库存现金”“上级补助收入”“附属单位上缴收入”等科目（涉及增值税业务的，相关账务处理参见“应交增值税”科目）；预算会计不做账。

（2）收回其他应收款

事业单位收回其他各种应收及暂付款项时，按照收回的金额，财务会计借记“库存现金”“银行存款”等科目，贷记“其他应收款”科目；预算会计借记“资金结存——货币资金”科目，贷记“上级补助预算收入”“附属单位上缴预算收入”“其他预算收入”等科目。

【例4-41】某事业单位2×22年3月1日以银行存款为本单位职工代垫水电费50 000

元；3月5日从本单位职工工资中扣回垫付的水电费50 000元。该事业单位的账务处理如下：

• 2×22年3月1日为本单位职工代垫水电费时，

财务会计			预算会计
借：其他应收款——代垫水电费	50 000		—
贷：银行存款		50 000	

• 2×22年3月5日从本单位职工工资中扣回垫付的水电费时，

财务会计			预算会计
借：银行存款	50 000		—
贷：其他应收款——代垫水电费		50 000	

更多相关举例参见第二章“上级补助收入”“附属单位上缴收入”等科目。

（3）备用金

事业单位内部实行备用金制度的，有关部门使用备用金以后应当及时到财务部门报销并补足备用金。

财务部门核定并发放备用金时，财务会计按照实际发放金额，借记“其他应收款”科目，贷记“库存现金”等科目；预算会计不做账。根据报销金额用现金补足备用金定额时，财务会计借记“业务活动费用”“单位管理费用”等科目，贷记“库存现金”等科目（报销数和拨补数都不再通过“其他应收款”科目核算）；预算会计借记“事业支出”等科目，贷记“资金结存——货币资金”科目。

【例4-42】某事业单位内部实行备用金制度，其财务部门以库存现金发放备用金20 000元。该事业单位的账务处理如下：

财务会计			预算会计
借：其他应收款——备用金	20 000		—
贷：库存现金		20 000	

【例4-43】某事业单位内部实行备用金制度，财务部门根据专业活动部门报销数用现金补足备用金定额50 000元。该事业单位的账务处理如下：

财务会计			预算会计		
借：业务活动费用	50 000		借：事业支出	50 000	
贷：库存现金		50 000	贷：资金结存——货币资金		50 000

（4）偿还尚未报销的公务卡欠款

事业单位偿还尚未报销的本单位公务卡欠款时，财务会计按照偿还的款项，借记“其他应收款”科目，贷记“零余额账户用款额度”“银行存款”等科目；预算会计不做账。持卡人报销时，按照实际报销金额，财务会计借记“业务活动费用”“单位管理费用”等科目，贷记“其他应收款”科目；预算会计借记“事业支出”等科目，贷记“资金结存——零余额账户用款额度、货币资金”科目。

【例4-44】某事业单位2×22年8月1日通过单位零余额账户偿还但持卡人尚未报销的公务卡欠款200 000元；8月20日，单位公务卡持卡人持有关票据报销因开展专业活动发生的相关费用200 000元。该事业单位的账务处理如下：

• 2×22年8月1日偿还公务卡款时，

财务会计	预算会计
借：其他应收款——公务卡欠款　200 000 　贷：零余额账户用款额度　　　　200 000	—

• 2×22年8月20日持卡人报销时，

财务会计	预算会计
借：业务活动费用　　　　200 000 　贷：其他应收款——公务卡欠款　　200 000	借：事业支出　　　　200 000 　贷：资金结存——零余额账户用款额度 200 000

（5）年末暂付非财政资金

年末结账前，事业单位应当对暂付款项进行全面清理，并对于纳入本年度部门预算管理的暂付款项进行预算会计处理，确认相关预算收支，确保预算会计信息能够完整反映本年度部门预算收支执行情况。

①对于纳入本年度部门预算管理的暂付款项，事业单位在支付款项时，财务会计按照暂付的金额，借记“其他应收款”科目，贷记“银行存款”等科目；预算会计可不做账。待结算或报销时，财务会计按照之前暂付的款项金额，借记有关费用科目，贷记“其他应收款”科目，按照退回或补付的金额，借记或贷记“银行存款”等科目；预算会计按照结算或报销的金额，借记相关预算支出科目，贷记“资金结存——货币资金”科目。但是，在年末结账前，对于尚未结算或报销的暂付款项，事业单位应当按照暂付的金额，预算会计借记相关预算支出科目，贷记“资金结存——货币资金”科目。以后年度，实际结算或报销金额与已计入预算支出的金额不一致的，事业单位应当通过相关预算结转结余科目“年初余额调整”明细科目进行处理。

②对于应当纳入下一年度部门预算管理的暂付款项，事业单位在付出款项时，财务会计借记“其他应收款”科目，贷记“银行存款”等科目，本年度预算会计不做账。待下一年实际结算或报销时，财务会计按照实际结算或报销的金额，借记有关费用科目，按照之前暂付的款项金额，贷记“其他应收款”科目，按照退回或补付的金额，借记或贷记“银行存款”等科目；预算会计按照实际结算或报销的金额，借记有关支出科目，贷记“资金结存——货币资金”科目。下一年度内尚未结算或报销的，按照上述①中的规定处理。

③对于不纳入部门预算管理的暂收暂付款项（如应上缴、应转拨或应退回的资金），事业单位应当按照《政府会计制度》规定，仅作财务会计处理，不做预算会计处理。

【例4-45】某事业单位2×22年年末结转前，对本年12月5日以银行存款已偿还但公务卡持卡人尚未报销公务卡欠款200 000元确认预算支出。该事业单位的账务处理如下：

财务会计	预算会计
—	借：事业支出　200 000 　贷：资金结存——货币资金　200 000

（6）归垫资金

事业单位按规定报经财政部门审核批准，在财政授权支付用款额度或财政直接支付用款计划下达之前，用本单位实有资金账户资金垫付相关支出，再通过财政授权支付方式或财政直接支付方式将资金归还原垫付资金账户的，应当按照以下规定进行账务处理：

①用本单位实有资金账户资金垫付相关支出时，财务会计按照垫付的资金金额，借记“其他应收款”科目，贷记“银行存款”科目；预算会计不做账。

②通过财政直接支付方式或授权支付方式将资金归还原垫付资金账户时，财务会计按照归垫的资金金额，借记“银行存款”科目，贷记“财政拨款收入”科目，并按照相同的金额，借记“业务活动费用”等科目，贷记“其他应收款”科目；预算会计按照相同的金额，借记“事业支出”等科目，贷记“财政拨款预算收入”科目。

【例4-46】某事业单位2×22年1月10日尚未收到同级财政部门下达的财政直接支付用款计划，报经同级财政部门审核批准，用本单位实有资金账户资金垫付开展专业活动所需的日常办公费用500 000元。1月25日收到财政直接支付用款计划，通过财政直接支付方式归还原垫付日常办公费用的实有资金账户500 000元。该事业单位的账务处理如下：

• 2×22年1月10日用本单位实有资金账户资金垫付办公费用时，

财务会计	预算会计
借：其他应收款　500 000 　贷：银行存款　500 000	—

• 2×22年1月25日将资金归还原垫付资金账户时，

财务会计	预算会计
借：银行存款　500 000 　贷：财政拨款收入　500 000 借：业务活动费用　500 000 　贷：其他应收款　500 000	借：事业支出　500 000 　贷：财政拨款预算收入　500 000

（七）坏账

1.坏账的确认

坏账，是事业单位无法收回的应收账款、预付账款和其他应收款。事业单位应当于每年年末，对应收账款、预付账款和其他应收款进行全面检查，根据检查结果分别不同情况进行处理：对于超过规定年限、确认无法收回的应收账款和其他应收款，按照规定报经批准后予以核销，核销的应收账款和其他应收款应当在备查簿中保留登记；对于有确凿证据表明预付账款不再符合预付款项性质，或者因供应单位破产、撤销等原因可能无法收到所购货物、服务的，应当先将其转入其他应收款，再按照规定进行处理。

2.坏账准备

坏账准备是事业单位对收回后不需上缴财政的应收账款和其他应收款提取的坏账损失。事业单位对坏账损失的核算，采用备抵法。在备抵法下，事业单位应当于每年年末，对收回后不需上缴财政的应收账款和其他应收款进行全面检查，如发现不能收回的迹象，应当计提坏账准备、确认坏账损失。

事业单位可以采用应收款项余额百分比法、账龄分析法、个别认定法等方法计提坏账准备。坏账准备计提方法一经确定，不得随意变更；如需变更，应当按照规定报经批准，并在财务报表附注中予以说明。

当期应补提或冲减的坏账准备金额的计算公式如下：

$$\text{当期应补提或冲减的坏账准备}=\text{按照期末应收账款和其他应收款计算应计提的坏账准备}-\text{坏账准备科目期末贷方余额}\left(\text{或}+\text{坏账准备科目期末借方余额}\right)$$

3.坏账核算的会计科目设置

财务会计系统下，事业单位应设置“坏账准备”科目核算对收回后不需上缴财政的应收账款和其他应收款提取的坏账准备。本科目应当分别应收账款和其他应收款进行明细核算。本科目期末贷方余额，反映事业单位提取的坏账准备金额。

预算会计系统下，对坏账不进行会计核算。

4.应收账款和其他应收款的坏账的主要账务处理

（1）收回后需要上缴财政的应收账款坏账

事业单位对收回后应当上缴财政的应收账款，如发生账龄超过规定年限、确认无法收回的，按照规定报经批准后予以核销。财务会计按照核销金额，借记“应缴财政款”科目，贷记“应收账款”科目；已核销的应收账款在以后期间又收回的，按照实际收回金额，借记“银行存款”等科目，贷记“应缴财政款”科目。核销的应收账款应当在备查簿中保留登记。预算会计不做账。

【例4-47】某事业单位年末经核查确认三年前出售存货应收未收款51 500元因购买单位陷入财务困境确实无法收回，按照规定报经批准后予以核销。该事业单位的账务处理如下：

财务会计			预算会计
借：应缴财政款	51 500		—
贷：应收账款		51 500	

假如第二年购买单位财务状况恢复良好，上述事业单位收回51 500元，则，

财务会计			预算会计
借：银行存款	51 500		—
贷：应缴财政款		51 500	

（2）收回后不需上缴财政的应收账款和其他应收款的坏账

事业单位对收回后不需上缴财政的应收账款和其他应收款，如发生不能收回的迹象，应当计提坏账准备，其财务会计的账务处理如下：

①提取坏账准备时，借记“其他费用”科目，贷记“坏账准备”科目；冲减坏账准备时，借记“坏账准备”科目，贷记“其他费用”科目。

②对于账龄超过规定年限并确认无法收回的应收账款和其他应收款，应当按照有关规定报经批准予以核销，按照无法收回的金额（核销金额），借记“坏账准备”科目，贷记“应收账款”“其他应收款”科目。

③已核销的应收账款和其他应收款在以后期间又收回的，按照实际收回金额，借记“应收账款”“其他应收款”科目，贷记“坏账准备”科目；同时，借记“银行存款”等科目，贷记“应收账款”“其他应收款”科目。

预算会计对已核销的应收账款和其他应收款在以后期间又收回的，按照实际收回金额，借记“资金结存——货币资金”科目，贷记“非财政拨款结余”等科目。

【例4-48】某事业单位采用应收款项余额百分比法计提坏账准备。2×20年年末收回后不需上缴财政的应收账款和其他应收款余额共计200 000元，估计坏账准备计提比例为1%。2×21年发生坏账8 000元（全部为应收账款），该年末应收账款和其他应收款余额300 000元。2×22年发生坏账损失3 000元（全部为其他应收款），上年冲销的应收账款中有6 000元本年度又收回，该年度末应收账款余额450 000元。假设坏账准备科目在2×20年年初余额为0。该事业单位各年提取的坏账准备和账务处理如下：

■2×20年应提坏账准备=200 000×1%=2 000（元），应编制会计分录：

财务会计			预算会计
借：其他费用	2 000		—
贷：坏账准备		2 000	

■2×21年发生坏账损失时，应编制会计分录：

财务会计			预算会计
借：坏账准备	8 000		—
贷：应收账款		8 000	

• 2×21年年末坏账准备的贷方余额应为300 000×1%=3 000（元），则2×21年应补提坏账准备=3 000+6 000=9 000（元）。据此应编制会计分录：

财务会计			预算会计
借：其他费用	9 000		—
贷：坏账准备		9 000	

■2×22年发生坏账损失时，应编制会计分录：

财务会计			预算会计
借：坏账准备	3 000		—
贷：其他应收款		3 000	

• 2×22年收回已冲销的应收账款时，应编制会计分录：

财务会计			预算会计		
借：应收账款	6 000		借：资金结存——货币资金	6 000	
贷：坏账准备		6 000	贷：非财政拨款结余		6 000
借：银行存款	6 000				
贷：应收账款		6 000			

• 2×22年年末坏账准备的贷方余额应为450 000×1%=4 500（元），则2×22年应冲减坏账准备=4 500−6 000=−1 500（元）。据此应编制会计分录：

财务会计			预算会计
借：坏账准备	1 500		—
贷：其他费用		1 500	

（3）预付账款坏账

事业单位若发生有确凿证据表明预付账款不再符合预付款项性质，或者因供应单位破产、撤销等原因可能无法收到所购货物、服务的，应当先将其转入其他应收款，再按照规定进行处理。将预付账款账面余额转入其他应收款时，财务会计借记“其他应收款”科目，贷记“预付账款”科目；预算会计不做账。

【例4-49】某事业单位经核查确认，4年前向E公司预付的采购技术设备款200 000元因E公司被撤销已无望再收到所购物资，也确实无法收回预付账款。该事业单位账务处理如下：

财务会计			预算会计
借：其他应收款	200 000		—
贷：预付账款——E公司		200 000	

四、存货

（一）存货的确认和计量

存货，是指事业单位在开展业务活动及其他活动中为耗用或出售而储存的资产，如材料、产品、包装物和低值易耗品等，以及未达到固定资产标准的用具、装具、动植物等。存货同时满足下列条件的，应当予以确认：（1）与该存货相关的服务潜力很可能实现或者经济利益很可能流入事业单位；（2）该存货的成本或者价值能够可靠地计量。

存货的计量包括初始计量和后续计量。

存货在取得时应当按照成本进行初始计量。存货成本包括采购成本、加工成本和其他成本。不同方式取得的存货的成本确定参见库存物品取得的核算。存货的后续计量是存货发出的计量，具体计量方法参见库存物品发出的核算。

（二）存货核算的会计科目设置

财务会计系统下，事业单位应当设置“在途物品”、“库存物品”和“加工物品”科目，以核算存货的实际成本。

1.在途物品

“在途物品”科目，核算事业单位采购材料等物资时货款已付或已开出商业汇票但尚未验收入库的在途物品的采购成本。本科目可按照供应单位和物品种类进行明细核算。本科目期末借方余额，反映单位在途物品的采购成本。

2.库存物品

“库存物品”科目，核算事业单位在开展业务活动及其他活动中为耗用或出售而储存的各种材料、产品、包装物、低值易耗品，以及达不到固定资产标准的用具、装具、动植物等的成本。已完成的测绘、地质勘察、设计成果等的成本，也通过本科目核算。本科目应当按照库存物品的种类、规格、保管地点等进行明细核算。事业单位储存的低值易耗品、包装物较多的，可以在本科目（低值易耗品、包装物）下按照“在库”、“在用”和“摊销”等进行明细核算。本科目期末借方余额，反映事业单位库存物品的实际成本。

不通过“库存物品”科目核算的物资包括：（1）事业单位随买随用的零星办公用品，可以在购进时直接列作费用；（2）事业单位控制的政府储备物资，应当通过“政府储备物资”科目核算；（3）事业单位受托存储保管的物资和受托转赠的物资，应当通过“受托代理资产”科目核算；（4）事业单位为在建工程购买和使用的材料物资，应当通过“工程物资”科目核算。

3.加工物品

“加工物品”科目，核算事业单位自制或委托外单位加工的各种物品的实际成本。未完成的测绘、地质勘察、设计成果的实际成本，也通过本科目核算。本科目应当设置“自制物品”“委托加工物品”两个一级明细科目，并按照物品类别、品种、项目等设置明细账，进行明细核算。本科目“自制物品”一级明细科目下应当设置“直接材料”“直接人工”“其他直接费用”等二级明细科目归集自制物品发生的直接材料、直接人工（专门从事物品制造人员的人工费）等直接费用；对于自制物品发生的间接费用，应当在本科目“自制物品”一级明细科目下单独设置“间接费用”二级明细科目予以归集，期末，再按照一定的分配标准和方法，分配计入有关物品的成本。本科目期末借方余额，反映事业单位自制或委托外单位加工但尚未完工的各种物品的实际成本。

预算会计系统下，与“在途物品”“库存物品”“加工物品”科目对应的是“事业支出”“经营支出”“其他支出”等科目。

（三）存货的主要账务处理

1.存货的取得

事业单位取得存货的方式主要包括：外购、自制、委托加工、接受捐赠、无偿调入、置换换入等。事业单位在取得存货时，应当按照其实际成本入账。

（1）外购的存货

事业单位购入的存货，其成本包括购买价款、相关税费、运输费、装卸费、保险费以及使存货达到目前场所和状态所发生的归属于存货成本的其他支出。其中，购买价款是指事业单位购入存货的发票账单上列明的价款，但不包括按规定可以抵扣的增值税税额。相关税费，是指事业单位购买存货所发生的消费税、资源税和不能从增值税销项税额中抵扣的进项税额等。归属于存货采购成本的其他支出，主要是指在存货采购过程中发生的仓储费、包装费、运输途中的合理损耗、入库前的挑选整理费用等。

①事业单位购入材料等物资时货款已付或已开出商业汇票但尚未验收入库的物品，财务会计按照确定的物品采购成本的金额，借记“在途物品”科目，按照实际支付的金额，贷记“财政拨款收入”“零余额账户用款额度”“银行存款”等科目（涉及增值税业务的，相关账务处理参见“应交增值税”科目）；预算会计按照实际支付的金额，借记“事业支出”“经营支出”等科目，贷记“财政拨款预算收入”“资金结存——零余额账户用款额度、货币资金”科目。

所购材料等物品到达验收入库，财务会计按照确定的库存物品成本金额，借记“库存物品”科目，按照物品采购成本金额，贷记“在途物品”科目，按照使入库物品达到目前场所和状态所发生的其他支出，贷记“银行存款”等科目；预算会计按照实际支付的其他支出，借记“事业支出”“经营支出”等科目，贷记“资金结存——货币资金”等科目。

②事业单位外购的库存物品验收入库时，财务会计按照确定的成本，借记“库存物品”科目，贷记“财政拨款收入”“零余额账户用款额度”“银行存款”“应付账款”“在途物品”等科目（涉及增值税业务的相关账务处理参见“应交增值税”科目）；预算会计按照实际支付的金额，借记“事业支出”“经营支出”等科目，贷记“财政拨款预算收入”“资金结存——零余额账户用款额度、货币资金”等科目。

【例4-50】某事业单位购入专业活动用甲材料一批，取得的增值税专用发票上记载的金额为100 000元，税额为13 000元。该事业单位的账务处理如下：

• 假定材料货款已通过单位零余额账户支付但材料尚未运到时，

财务会计			预算会计		
借：在途物品——甲材料	113 000		借：事业支出	113 000	
贷：零余额账户用款额度		113 000	贷：资金结存——零余额账户用款额度		113 000

上述甲材料入库时，

财务会计			预算会计
借：库存物品——甲材料	113 000		—
贷：在途物品——甲材料		113 000	

• 假定材料已运到并验收入库，材料货款通过财政部门零余额账户支付。另外，以银行存款支付运输费1 526元时，

财务会计			预算会计		
借：库存物品——甲材料	114 526		借：事业支出	114 526	
贷：财政拨款收入		113 000	贷：财政拨款预算收入		113 000
银行存款		1 526	资金结存——货币资金		1 526

（2）自制的存货

事业单位自行加工的存货，其成本包括耗用的直接材料费用、发生的直接人工费用和按照一定方法分配的与存货加工有关的间接费用。

①为自制物品领用材料等，按照材料成本，财务会计借记“加工物品——自制物品——直接材料”科目，贷记“库存物品”科目；预算会计不做账。

②专门从事物品制造的人员发生的直接人工费用，按照实际发生的金额，财务会计借记“加工物品——自制物品——直接人工”科目，贷记“应付职工薪酬”科目；预算会计不做账。

③为自制物品发生的其他直接费用，按照实际发生的金额，财务会计借记“加工物品——自制物品——其他直接费用”科目，贷记“零余额账户用款额度”“银行存款”等科目；预算会计借记“事业支出”“经营支出”等科目，贷记“资金结存——零余额账户用款额度、货币资金”等科目。

④为自制物品发生的间接费用，财务会计按照实际发生的金额，借记“加工物品——自制物品——间接费用”科目，贷记“零余额账户用款额度”“银行存款”“应付职工薪酬”“固定资产累计折旧”“无形资产累计摊销”等科目；预算会计按照实际支付的金额，借记“事业支出”“经营支出”等科目，贷记“资金结存——零余额账户用款额度、货币资金”等科目。

间接费用一般按照生产人员工资、生产人员工时、机器工时、耗用材料的数量或成本、直接费用（直接材料和直接人工）或产品产量等进行分配。单位可根据具体情况自行选择间接费用的分配方法。分配方法一经确定，不得随意变更。

⑤已经制造完成并验收入库的物品，财务会计按照所发生的实际成本（包括耗用的直接材料费用、直接人工费用、其他直接费用和分配的间接费用），借记“库存物品”科目，贷记“加工物品——自制物品”科目；预算会计不做账。

【例4-51】某事业单位自行加工专业活动用D材料，领用本单位自制的A材料10 000元，发生人工费4 000元，以银行存款支付间接费用3 000元。假定当月投产当月完工，验收合格并入库。该事业单位的账务处理如下：

• 领用A材料时，

财务会计			预算会计
借：加工物品——自制物品——直接材料	10 000		—
贷：库存物品——A材料		10 000	

• 发生人工费时，

财务会计			预算会计
借：加工物品——自制物品——直接人工	4 000		—
贷：应付职工薪酬		4 000	

• 支付间接费用时，

财务会计		预算会计	
借：加工物品——自制物品——间接费用	3 000	借：事业支出	3 000
贷：银行存款	3 000	贷：资金结存——货币资金	3 000

• 加工完成验收入库时，

财务会计		预算会计
借：库存物品——D材料	17 000	—
贷：加工物品——自制物品	17 000	

（3）委托加工的存货

事业单位委托加工的存货，其成本包括委托加工前存货成本、委托加工的成本（如委托加工费以及按规定应计入委托加工存货成本的相关税费等）以及使存货达到目前场所和状态所发生的归属于存货成本的其他支出。下列各项应当在发生时确认为当期费用，不计入存货成本：非正常消耗的直接材料、直接人工和间接费用；仓储费用（不包括在加工过程中为达到下一个加工阶段所必需的费用）；不能归属于使存货达到目前场所和状态所发生的其他支出。

①发给外单位加工的材料等，财务会计按照其实际成本，借记“加工物品——委托加工物品”科目，贷记“库存物品”科目；预算会计不做账。

②支付加工费、运输费等费用，按照实际支付的金额，财务会计借记“加工物品——委托加工物品”科目，贷记“零余额账户用款额度”“银行存款”等科目（涉及增值税业务的，相关账务处理参见“应交增值税”科目）；预算会计借记“事业支出”“经营支出”等科目，贷记“资金结存——零余额账户用款额度、货币资金”等科目。

③委托加工完成的材料等验收入库，财务会计按照加工前发出材料的成本和加工、运输成本等，借记“库存物品”等科目，贷记“加工物品——委托加工物品”科目；预算会计不做账。

【例4-52】某事业单位使用乙材料委托甲公司加工成C专用材料，领用的乙材料的实际成本为5 000元，通过单位零余额账户支付加工费和运输费3 390元。假定C专用材料当月委托加工当月完成并已验收入库。该事业单位的账务处理如下：

• 发给甲公司乙材料时，

财务会计		预算会计
借：加工物品——委托加工物品	5 000	—
贷：库存物品——乙材料	5 000	

• 支付加工费和运输费时，

财务会计		预算会计	
借：加工物品——委托加工物品	3 390	借：事业支出	3 390
贷：零余额账户用款额度	3 390	贷：资金结存——零余额账户用款额度	3 390

• 加工完成验收入库时，

财务会计			预算会计
借：库存物品——C材料	8 390		—
贷：加工物品——委托加工物品		8 390	

（4）接受捐赠的存货

事业单位接受捐赠的存货，其成本按照有关凭据注明的金额加上相关税费、运输费等确定；没有相关凭据可供取得，但按规定经过资产评估的，其成本按照评估价值加上相关税费、运输费等确定；没有相关凭据可供取得，也未经资产评估的，其成本比照同类或类似资产的市场价格加上相关税费、运输费等确定；没有相关凭据且未经资产评估、同类或类似资产的市场价格也无法可靠取得的，按照名义金额入账，相关税费、运输费等计入当期费用。其中，"凭据"，包括发票、报关单、有关协议等。有确凿证据表明凭据上注明的金额高于受赠资产同类或类似资产的市场价格30%或达不到其70%的，则应当以同类或类似资产的市场价格确定成本。"同类或类似资产的市场价格"，一般指取得资产当日捐赠方自产物资的出厂价、所销售物资的销售价、非自产或销售物资在知名大型电商平台同类或类似商品价格等。如果存在政府指导价或政府定价的，应符合其规定。

事业单位接受捐赠的库存物品验收入库，财务会计按照确定的成本，借记"库存物品"科目，按照发生的相关税费、运输费等，贷记"银行存款"等科目，按照其差额，贷记"捐赠收入"科目；接受捐赠的库存物品按照名义金额入账的，按照名义金额，借记"库存物品"科目，贷记"捐赠收入"科目；同时，按照发生的相关税费、运输费等，借记"其他费用"科目，贷记"银行存款"等科目。预算会计按照实际支付的相关税费、运输费，借记"其他支出"科目，贷记"资金结存——零余额账户用款额度、货币资金"等科目。

【例4-53】某事业单位接受一公司捐赠的M材料一批，取得的增值税专用发票上记载的金额50 000元，税额6 500元；另以现金支付运输费515元（含税）。该事业单位的账务处理如下：

财务会计			预算会计		
借：库存物品——M材料	57 015		借：其他支出	515	
贷：库存现金		515	贷：资金结存——货币资金		515
捐赠收入		56 500			

如果上述接受捐赠的M材料按照名义金额入账，则，

财务会计			预算会计		
借：库存物品——M材料	1		借：其他支出	515	
贷：捐赠收入		1	贷：资金结存——货币资金		515
借：其他费用	515				
贷：库存现金		515			

（5）无偿调入的存货

事业单位无偿调入的存货，其成本按照调出方账面价值加上相关税费、运输费等确定。但是，无偿调入资产在调出方的账面余额为名义金额的，应当将调入过程中其承担的相关税费计入当期费用，不计入调入资产的初始入账成本。

事业单位无偿调入的库存物品验收入库，财务会计按照确定的成本，借记“库存物品”科目，按照发生的相关税费、运输费等，贷记“银行存款”等科目，按照其差额，贷记“无偿调拨净资产”科目；预算会计按照实际支付的相关税费、运输费，借记“其他支出”科目，贷记“资金结存——零余额账户用款额度、货币资金”等科目。

无偿调入库存物品在调出方的账面余额为名义金额的，财务会计按照名义金额，借记“库存物品”科目，贷记“无偿调拨净资产”科目；按照支付的相关税费，借记“其他费用”科目，贷记“零余额账户用款额度”“银行存款”等科目。预算会计按照支付的相关税费，借记“其他支出”科目，贷记“资金结存——零余额账户用款额度、货币资金”科目。

【例4-54】某事业单位从其他单位无偿调入M材料，调出单位的该材料账面价值50 000元，发生相关税费2 000元，以银行存款付讫。该事业单位的账务处理如下：

财务会计			预算会计		
借：库存物品——M材料	52 000		借：其他支出	2 000	
贷：银行存款		2 000	贷：资金结存——货币资金		2 000
无偿调拨净资产		50 000			

如果上述无偿调入M材料在调出单位的账面价值为名义金额，则

财务会计			预算会计		
借：库存物品——M材料	1		借：其他支出	2 000	
贷：无偿调拨净资产		1	贷：资金结存——货币资金		2 000
借：其他费用	2 000				
贷：银行存款		2 000			

（6）置换换入的存货

事业单位通过置换取得的存货，其成本按照换出资产的评估价值，加上支付的补价或减去收到的补价，加上为换入存货发生的其他相关支出确定。

事业单位置换换入的库存物品验收入库，财务会计做如下账务处理：按照确定的成本，借记“库存物品”科目，按照换出资产的账面余额，贷记相关资产科目（换出资产为固定资产、无形资产的，还应当借记“固定资产累计折旧”“无形资产累计摊销”科目），按照置换过程中发生的其他相关支出，贷记“银行存款”等科目，按照借贷方差额，借记“资产处置费用”科目或贷记“其他收入”科目。

涉及补价的，分别以下情况处理：

①支付补价的，按照确定的成本，借记“库存物品”科目，按照换出资产的账面余额，贷记相关资产科目（换出资产为固定资产、无形资产的，还应当借记“固定资产累

计折旧”“无形资产累计摊销”科目），按照支付的补价和置换过程中发生的其他相关支出，贷记“银行存款”等科目，按照借贷方差额，借记“资产处置费用”科目或贷记“其他收入”科目。

②收到补价的，按照确定的成本，借记“库存物品”科目，按照收到的补价，借记“银行存款”等科目，按照换出资产的账面余额，贷记相关资产科目（换出资产为固定资产、无形资产的，还应当借记“固定资产累计折旧”“无形资产累计摊销”科目），按照置换过程中发生的其他相关支出，贷记“银行存款”等科目，按照补价扣减其他相关支出后的净收入，贷记“应缴财政款”科目，按照借贷方差额，借记“资产处置费用”科目或贷记“其他收入”科目。

预算会计按照实际支付的补价款和置换过程中发生的其他相关支出，借记“其他支出”科目，贷记“资金结存——零余额账户用款额度、货币资金”等科目。

【例4-55】某事业单位经批准以账面余额50 000元、评估价值40 000元的甲材料置换F单位的丙材料。另外，通过银行存款向F单位支付补价款5 000元，以现金支付运杂费800元。该事业单位的账务处理如下：

财务会计			预算会计		
借：库存物品——丙材料	45 800		借：其他支出	5 800	
资产处置费用	10 000		贷：资金结存——货币资金		5 800
贷：库存物品——甲材料		50 000			
银行存款		5 000			
库存现金		800			

假定上述置换过程中甲材料的评估价值为60 000元，收到了F单位支付给本单位的补价款5 000元，其他条件不变，则账务处理如下：

财务会计			预算会计
借：库存物品——丙材料	55 800		
银行存款	5 000		
贷：库存物品——甲材料		50 000	—
库存现金		800	
应缴财政款		4 200	
其他收入		5 800	

2. 发出存货

事业单位发出存货的方式主要包括领用、对外销售、对外捐赠、无偿调出、置换换出等。后四种方式属于存货处置。

（1）发出存货的计价方法

事业单位发出存货按照实际成本核算。事业单位应当根据实际情况采用先进先出法、加权平均法或者个别计价法确定发出材料、产品等存货的实际成本。计价方法一经确定，不得随意变更。对于性质和用途相似的存货，应当采用相同的成本计价方法确定发出存货的成本。对于不能替代使用的存货、为特定项目专门购入或加工的存货，通常采用个别计价法确定发出存货的成本。

先进先出法，是假定先购入的存货先发出，并按照这一假定确定发出存货和期末存货实际成本的方法。采用这种方法，先购入的存货成本在后购入存货成本之前转出。

加权平均法，是以当月全部购进存货数量加上月初存货数量，除当月全部购进存货成本加上月初存货成本，计算出存货的加权平均单位成本，以此为基础计算当月发出存货的成本和期末存货的成本的一种方法。

$$加权平均单位成本=\frac{月初结存存货实际成本+本月购进存货实际成本}{月初结存存货数量+本月购进存货数量}$$

本月发出存货实际成本=本月发出存货数量×加权平均单位成本

月末结存存货实际成本=月末结存存货数量×加权平均单位成本

个别计价法，是假设存货的成本流转与实物流转相一致，按照各种存货逐一辨认各批发出存货和期末存货所属的购进批别或生产批别，分别以购入或生产时所确定的单位成本作为计算各批发出存货和期末存货成本的方法，即把每一种存货的实际成本作为计算发出存货成本和期末存货成本的基础。

事业单位对于已发出的存货，应当将其成本结转为当期费用或者计入相关资产成本。

事业单位应当采用一次转销法或者五五摊销法对低值易耗品、包装物进行摊销，将其成本计入当期费用或者相关资产成本。

（2）发出存货的主要账务处理

事业单位发出存货时的财务会计账务处理如下：开展业务活动等领用、按照规定自主出售发出或加工发出库存物品，按照领用、出售等发出物品的实际成本，借记“业务活动费用”“单位管理费用”“经营费用”“加工物品”等科目，贷记“库存物品”科目。采用一次转销法摊销低值易耗品、包装物的，在首次领用时将其账面余额一次性摊销计入有关成本费用，借记有关科目，贷记“库存物品”科目。采用五五摊销法摊销低值易耗品、包装物的，首次领用时，将其账面余额的50%摊销计入有关成本费用，借记有关科目，贷记“库存物品”科目；使用完时，将剩余的账面余额转销计入有关成本费用，借记有关科目，贷记“库存物品”科目。

事业单位发出存货时，预算会计不做账。

【例4-56】某事业单位开展活动领用甲材料，实际成本200 000元，其中用于专业活动100 000元、用于行政部门管理活动30 000元、用于后勤管理活动50 000元、用于经营活动20 000元。该事业单位的账务处理如下：

财务会计			预算会计
借：业务活动费用	100 000		
单位管理费用	80 000		—
经营费用	20 000		
贷：库存物品——甲材料		200 000	

3. 存货处置

存货处置主要包括对外出售、对外捐赠、无偿调出、置换换出、盘亏、报废、毁损等。

（1）对外出售的存货

事业单位经批准对外出售的库存物品（不含可自主出售的库存物品）发出时，财务会计按照库存物品的账面余额，借记“资产处置费用”科目，贷记“库存物品”科目；同时，按照收到的价款，借记“银行存款”等科目，按照处置过程中发生的相关费用，贷记“银行存款”等科目，按照其差额，贷记“应缴财政款”科目。预算会计不做账。

【例4-57】某事业单位经上级批准将不需用的C材料出售，该材料的账面余额为10 000元，出售价款为5 150元，款项已存入银行。该事业单位的账务处理如下：

财务会计			预算会计
借：资产处置费用	10 000		
贷：库存物品——C材料		10 000	
借：银行存款	5 150		—
贷：应交增值税		150	
其他应交税费		18	
应缴财政款		4 982	

（2）对外捐赠的存货

事业单位按规定报经批准对外捐赠的存货，应当将其账面余额予以转销，对外捐赠中发生的归属于捐出方的相关费用应当计入当期费用。

事业单位经批准对外捐赠的库存物品发出时，财务会计按照库存物品的账面余额和对外捐赠过程中发生的归属于捐出方的相关费用合计数，借记“资产处置费用”科目，按照库存物品账面余额，贷记“库存物品”科目，按照对外捐赠过程中发生的归属于捐出方的相关费用，贷记“银行存款”等科目。预算会计按照实际支付的归属于捐出方的相关费用，借记“其他支出”科目，贷记“资金结存——零余额账户用款额度、货币资金”等科目。

【例4-58】某事业单位经批准向地震灾区捐赠B材料一批，该材料账面余额为56 500元，承担并支付运输费2 180元，以银行存款付讫。该事业单位的账务处理如下：

财务会计			预算会计		
借：资产处置费用	58 680		借：其他支出	2 180	
贷：库存物品——B材料		56 500	贷：资金结存——货币资金		2 180
银行存款		2 180			

（3）无偿调出的存货

事业单位按规定报经批准无偿调出的存货，应当将其账面余额予以转销，无偿调出中发生的归属于调出方的相关费用应当计入当期费用。

事业单位经批准无偿调出的库存物品发出时，财务会计按照库存物品的账面余额，借记“无偿调拨净资产”科目，贷记“库存物品”科目；同时，按照无偿调出过程中发生的归属于调出方的相关费用，借记“资产处置费用”科目，贷记“银行存款”等科目。预算会计按照实际支付的归属于调出方的相关费用，借记“其他支出”科目，贷记“资金结存——零余额账户用款额度、货币资金”等科目。

【例4-59】某事业单位经批准将一批E材料无偿调给兄弟单位，该材料账面余额为56 500元，承担并支付运输费2 180元，以银行存款付讫。该事业单位的账务处理如下：

财务会计			预算会计		
借：无偿调拨净资产	56 500		借：其他支出	2 180	
资产处置费用	2 180		贷：资金结存——货币资金		2 180
贷：库存物品——E材料		56 500			
银行存款		2 180			

（4）置换换出的存货

事业单位经批准置换换出的库存物品，参照“库存物品”科目有关置换换入库存物品的规定进行账务处理。相关举例参见【例4-55】。

4.存货盘点

事业单位应当定期对存货进行清查盘点，每年至少盘点一次。对于发生的存货盘盈、盘亏或者报废、毁损，应当先记入“待处理财产损溢”科目，按照规定报经批准后及时进行后续账务处理。

（1）盘盈的存货

事业单位盘盈的存货，其成本按照有关凭据注明的金额确定；没有相关凭据但按照规定经过资产评估的，其成本按照评估价值确定；没有相关凭据也未经过评估的，其成本按照重置成本确定。如无法采用上述方法确定盘盈的库存物品成本的，按照名义金额入账。

盘盈的存货，财务会计按照确定的入账成本，借记“库存物品”科目，贷记“待处理财产损溢——待处理财产价值”科目；按照规定报经批准后处理时，借记“待处理财产损溢——待处理财产价值”科目，贷记“单位管理费用”科目。预算会计不做账。

（2）盘亏或者毁损、报废的存货

存货盘亏造成的损失，按规定报经批准后应当计入当期费用。对于发生的存货毁损，应当将存货账面余额转销计入当期费用，并将毁损存货处置收入扣除相关处置税费后的差额按规定作应缴款项处理（差额为净收益时）或计入当期费用（差额为净损失时）。

盘亏或者毁损、报废的存货，财务会计按照待处理库存物品的账面余额，借记“待处理财产损溢——待处理财产价值”科目，贷记“库存物品”科目；属于增值税一般纳税人的事业单位，若因非正常原因导致库存物品盘亏或毁损，还应当将与该库存物品相关的增值税进项税额转出，按照其增值税进项税额，借记“待处理财产损溢”科目，贷记“应交增值税——应交税金——进项税额转出”科目；报经批准处理时，借记“资产处置费用”科目，贷记“待处理财产损溢——待处理财产价值”科目。预算会计不做账。

处理毁损、报废存货过程中取得的残值或残值变价收入、保险理赔和过失人赔偿等，财务会计借记“库存现金”“银行存款”“其他应收款”等科目，贷记“待处理财产损溢——处理净收入”科目；处理毁损、报废过程中发生的相关费用，借记“待处理财产损溢——处理净收入”科目，贷记“库存现金”“银行存款”等科目。处理收支结清，如果处理收入大于相关费用的，按照处理收入减去相关费用后的净收入，借记“待处理财产损溢——处理净收入”科目，贷记“应缴财政款”等科目；如果处理收入小于相关费用的，按照相关费用减去处理收入后的净支出，借记“资产处置费用”科目，贷记“待处理财产损溢——处理净收入”科目。预算会计对处理的净支出，借记“其他支出”科目，贷记“资金结存——货币资金”科目。

【例4-60】某事业单位在年终清理中盘点存货，发现用于专业活动的甲材料溢余尚未入账，有关凭据注明的金额为20 000元；用于管理活动的乙材料短缺，账面余额2 000元。该事业单位的账务处理如下：

- 转入待处理资产时，

财务会计	预算会计
借：库存物品——甲材料　20 000 贷：待处理财产损溢——待处理财产价值　20 000 借：待处理财产损溢——待处理财产价值　2 000 贷：库存物品——乙材料　2 000	—

- 上述盘盈的甲材料和盘亏的乙材料报经批准予以处理时，

财务会计	预算会计
借：待处理财产损溢——待处理财产价值　20 000 贷：单位管理费用　20 000 借：资产处置费用　2 000 贷：待处理财产损溢——待处理财产价值　2 000	—

【例4-61】某事业单位在年终清理中盘点存货，发现用于专业活动的丙材料质量已经不能满足业务需要予以报废。丙材料的账面余额为50 000元，取得变价收入2 000元，已存入银行。另以现金支付清理费用500元。假设不考虑相关税费，该事业单位的账务处理如下：

- 转入待处理财产损溢时，

财务会计	预算会计
借：待处理财产损溢——待处理财产价值　50 000 贷：库存物品——丙材料　50 000	—

• 报经批准处理时，

财务会计			预算会计
借：资产处置费用	50 000		—
贷：待处理财产损溢——待处理财产价值		50 000	

• 取得变价收入时，

财务会计			预算会计
借：银行存款	2 000		—
贷：待处理财产损溢——处理净收入		2 000	

• 支付清理费用时，

财务会计			预算会计
借：待处理财产损溢——处理净收入	500		—
贷：库存现金		500	

• 处理处置净收入时，

财务会计			预算会计
借：待处理财产损溢——处理净收入	1 500		—
贷：应缴财政款		1 500	

五、待摊费用

（一）待摊费用的确认和计量

待摊费用是指事业单位已经支付，但应当由本期和以后各期分别负担的分摊期在1年以内（含1年）的各项费用，如预付航空保险费、预付租金等。

待摊费用应当在其受益期限内分期平均摊销，如预付航空保险费应在保险期的有效期内、预付租金应在租赁期内分期平均摊销，计入当期费用。

（二）待摊费用核算的会计科目设置

财务会计系统下，事业单位应设置“待摊费用”科目核算已经支付，但应当由本期和以后各期分别负担的分摊期在1年以内（含1年）的各项费用。本科目应当按照待摊费用的种类进行明细核算。本科目期末借方余额，反映事业单位各种已支付但尚未摊销的分摊期在1年以内（含1年）的费用。摊销期限在1年以上的租入固定资产改良支出和其他费用，应当通过“长期待摊费用”科目核算，不通过本科目核算。

预算会计系统下，与“待摊费用”科目对应的是“事业支出”等科目。

（三）待摊费用的主要账务处理

1.发生待摊费用

事业单位发生待摊费用时，按照实际预付的金额，财务会计借记“待摊费用”科目，贷记“财政拨款收入”“零余额账户用款额度”“银行存款”等科目；预算会计借记“事业支出”等科目，贷记“财政拨款预算收入”“资金结存——零余额账户用款额度、货币资金”等科目。

2. 待摊费用摊销

事业单位按照受益期限分期平均摊销时，按照摊销金额，财务会计借记“业务活动费用”“单位管理费用”“经营费用”等科目，贷记“待摊费用”科目。如果某项待摊费用已经不能使事业单位受益，应当将其摊余金额一次全部转入当期费用。按照摊销金额，借记“业务活动费用”“单位管理费用”“经营费用”等科目，贷记“待摊费用”科目。预算会计不做账。

【例4-62】某事业单位因开展经营活动需要租借某企业的一台技术设备，租期半年，租金采用在设备租入时一次性支付方式，共计6 000元。该事业单位的账务处理如下：

- 支付租金6 000元时，

财务会计			预算会计		
借：待摊费用	6 000		借：经营支出	6 000	
贷：银行存款		6 000	贷：资金结存——货币资金		6 000

- 确认6个月内每月分摊1 000元时，

财务会计			预算会计
借：经营费用	1 000		—
贷：待摊费用		1 000	

第三节 非流动资产

一、长期股权投资

（一）长期股权投资的确认和计量

长期股权投资是事业单位按照规定取得的，持有时间超过1年（不含1年）的股权性质的投资。

长期股权投资的计量包括初始计量和后续计量。

长期股权投资的初始计量是指长期股权投资在取得时，应当以实际成本作为初始投资成本。不同方式取得的长期投资各自实际成本的确定参见长期投资取得的账务处理。

长期股权投资的后续计量包括持有期间成本法和权益法及其转换、长期股权投资处置。具体参见长期股权投资的成本法和权益法及其转换与长期股权投资处置的核算。

（二）长期股权投资核算的会计科目设置

财务会计系统下，事业单位应设置“长期股权投资”科目核算事业单位按照规定取得的，持有时间超过1年（不含1年）的股权性质的投资。本科目应当按照被投资单位和长期股权投资取得的方式等进行明细核算。长期股权投资采用权益法核算的，还应当按照“成本”“损益调整”“其他权益变动”设置明细科目，进行明细核算。本科目期末借方余额，反映事业单位持有的长期股权投资的价值。

预算会计系统下，与“长期股权投资”科目对应的是“投资支出”科目。

（三）长期股权投资的主要账务处理

1.长期股权投资的取得

长期股权投资在取得时，应当以实际成本作为初始投资成本。

（1）以现金取得的长期股权投资

事业单位以支付现金取得的长期股权投资，以实际支付的全部价款（包括购买价款和相关税费）作为实际成本。实际支付价款中包含的已宣告但尚未发放的现金股利，应当单独确认为应收股利，不计入长期股权投资初始投资成本。

事业单位以现金取得的长期股权投资，财务会计按照确定的投资成本，借记“长期股权投资”科目或“长期股权投资——成本”科目，按照支付的价款中包含的已宣告但尚未发放的现金股利，借记“应收股利”科目，按照实际支付的全部价款，贷记“银行存款”等科目；预算会计按照实际支付的全部价款，借记“投资支出”科目，贷记“资金结存——货币资金”科目。实际收到取得投资时所支付价款中包含的已宣告但尚未发放的现金股利时，财务会计借记“银行存款”科目，贷记“应收股利”科目；预算会计借记“资金结存——货币资金”科目，贷记“投资支出”科目。相关举例参见【例4-66】和【例4-67】。

（2）以现金以外的其他资产置换取得的长期股权投资

事业单位以现金以外的其他资产置换取得的长期股权投资，其成本按照换出资产的评估价值加上支付的补价或减去收到的补价，加上换入长期股权投资发生的其他相关支出确定。

以现金以外的其他资产置换取得的长期股权投资，参照“库存物品”科目中置换取得库存物品的相关规定进行账务处理。

【例4-63】某事业单位2×22年2月1日经批准以账面余额为500 000元、评估价值为400 000元的甲材料置换取得F有限责任公司5%的股权。另外，以银行存款向F公司支付补价款50 000元，以现金支付运杂费800元。该事业单位持有5%股权期间采用成本法核算。假设不考虑增值税，该事业单位的账务处理如下：

财务会计			预算会计		
借：长期股权投资——F公司	450 800		借：其他支出	50 800	
资产处置费用	100 000		贷：资金结存——货币资金		50 800
贷：库存物品——甲材料		500 000			
银行存款		50 000			
库存现金		800			

（3）以未入账的无形资产取得的长期股权投资

事业单位以未入账的无形资产取得的长期股权投资，按照评估价值加相关税费作为投资成本，财务会计借记“长期股权投资”科目，按照发生的相关税费，贷记“银行存款”“其他应交税费”等科目，按其差额，贷记“其他收入”科目；预算会计按照实际支付的相关税费借记“其他支出”科目，贷记“资金结存——货币资金”科目。相关举例参见【例4-70】。

（4）以持有的科技成果取得的长期股权投资

事业单位以持有的科技成果取得的长期股权投资，应当按照评估价值加相关税费作为投资成本。事业单位按规定通过协议定价、在技术交易市场挂牌交易、拍卖等方式确定价格的，应当按照以上方式确定的价格加相关税费作为投资成本。其账务处理尚未规定。相关举例参见【例4-71】。

（5）接受捐赠的长期股权投资

事业单位接受捐赠的长期股权投资，其成本按照有关凭据注明的金额加上相关税费确定；没有相关凭据可供取得，但按规定经过资产评估的，其成本按照评估价值加上相关税费确定；没有相关凭据可供取得，也未经资产评估的，其成本比照同类或类似资产的市场价格加上相关税费确定。

事业单位接受捐赠的长期股权投资，财务会计按照确定的投资成本，借记“长期股权投资”科目或“长期股权投资——成本”科目；按照发生的相关税费，贷记“银行存款”等科目；按照其差额，贷记“捐赠收入”科目。预算会计按照实际支付的相关税费，借记“其他支出”科目，贷记“资金结存——货币资金”科目。

【例4-64】某事业单位2×22年6月1日接受B有限责任公司捐赠的2%的股权，该股权没有相关凭据可供取得，也未经资产评估，该股权同类资产的市场价值为300 000元，以银行存款支付相关税费5 000元。该事业单位持有2%股权期间采用成本法核算，该事业单位的账务处理如下：

财务会计			预算会计		
借：长期股权投资——B公司	305 000		借：其他支出	5 000	
贷：捐赠收入		300 000	贷：资金结存——货币资金		5 000
银行存款		5 000			

（6）无偿调入的长期股权投资

事业单位无偿调入的长期股权投资，其成本按照调出方账面价值加上相关税费确定。

无偿调入的长期股权投资，财务会计按照确定的投资成本，借记“长期股权投资”科目或“长期股权投资——成本”科目，按照发生的相关税费，贷记“银行存款”等科目；按照其差额，贷记“无偿调拨净资产”科目。预算会计按照实际支付的相关税费，借记“其他支出”科目，贷记“资金结存——货币资金”科目。

【例4-65】某事业单位2×22年6月1日无偿调入某兄弟单位所拥有的D有限责任公司2%的股权，该股权在D公司的账面价值为300 000元，以银行存款支付相关税费10 000元。该事业单位持有2%股权期间采用成本法核算，该事业单位的账务处理如下：

财务会计			预算会计		
借：长期股权投资——D公司	310 000		借：其他支出	10 000	
贷：无偿调拨净资产		300 000	贷：资金结存——货币资金		10 000
银行存款		10 000			

2. 长期股权投资持有期间的成本法和权益法

长期股权持有期间，事业单位应当按照规定采用成本法或权益法进行核算。

（1）成本法

①成本法适用情形

成本法，是指投资按照投资成本计量的方法。长期股权投资在持有期间，通常应当采用权益法进行核算。但是，如果事业单位无权决定被投资单位的财务和经营政策或无权参与被投资单位的财务和经营政策决策的，应当采用成本法进行核算。

②成本法下的会计处理原则

在成本法下，长期股权投资的账面余额通常保持不变，但追加或收回投资时，应当相应调整其账面余额。长期股权投资持有期间，被投资单位宣告分派现金股利或利润，事业单位应当按照宣告分派的现金股利或利润中属于事业单位应享有的份额确认为投资收益。

③成本法下的主要账务处理

被投资单位宣告发放现金股利或利润时，财务会计按照应收的金额，借记“应收股利”科目，贷记“投资收益”科目；预算会计不做账。

事业单位收到现金股利或利润时，按照实际收到的金额，财务会计借记“银行存款”等科目，贷记“应收股利”科目；预算会计借记“资金结存——货币资金”科目，贷记“投资预算收益”科目。

事业单位收到现金股利或利润时，如果持有期间取得的投资收益上缴本级财政，财务会计借记“银行存款”等科目，贷记“应缴财政款”科目，同时按照此前确定的应收股利金额，借记“投资收益”科目，贷记“应收股利”科目；将取得的现金股利或利润上缴财政时，借记“应缴财政款”科目，贷记“银行存款”等科目。预算会计不做账。

举例参见【例4-66】。

（2）权益法

①权益法适用情形

权益法，是指投资最初以投资成本计量，以后根据事业单位在被投资单位所享有的所有者权益份额的变动对投资的账面余额进行调整的方法。事业单位有权决定被投资单位的财务和经营政策或有权参与被投资单位的财务和经营政策决策的，应当采用权益法进行核算。

②权益法下会计处理的原则

权益法下，事业单位取得长期股权投资后，对于被投资单位所有者权益的变动，应当按照下列规定进行处理：

其一，按照应享有或应分担的被投资单位实现的净损益的份额，确认为投资损益，同时调整长期股权投资的账面余额；按照被投资单位宣告分派的现金股利或利润计算应享有的份额，确认为应收股利，同时减少长期股权投资的账面余额；按照被投资单位除净损益和利润分配以外的所有者权益变动的份额，确认为净资产，同时调整长期股权投资的账面余额。

其二，事业单位确认被投资单位发生的净亏损，应当以长期股权投资的账面余额减记至零为限，事业单位负有承担额外损失义务的除外。被投资单位发生净亏损，但以后年度又实现净利润的，事业单位应当在其收益分享额弥补未确认的亏损分担额等后，恢复确认投资收益。

其三，事业单位采用权益法核算长期股权投资、且被投资单位编制合并财务报表的，在持有投资期间，应当以被投资单位合并财务报表中归属于母公司的净利润和其他所有者权益变动为基础，计算确定应当调整长期股权投资账面余额的金额，并进行相关会计处理。

③权益法下的主要账务处理

被投资单位实现净利润的，财务会计按照应享有的份额，借记“长期股权投资——损益调整”科目，贷记“投资收益”科目。被投资单位发生净亏损的，按照应分担的份额，借记“投资收益”科目，贷记“长期股权投资——损益调整”科目，但以“长期股权投资”科目的账面余额减记至零为限。发生亏损的被投资单位以后年度又实现净利润的，按照收益分享额弥补未确认的亏损分担额等后的金额，借记“长期股权投资——损益调整”科目，贷记“投资收益”科目。预算会计不做账。

被投资单位宣告分派现金股利或利润的，财务会计按照应享有的份额，借记“应收股利”科目，贷记“长期股权投资——损益调整”科目；预算会计不做账。

事业单位收到被投资单位分派的现金股利或利润时，如果持有期间取得的投资收益纳入本单位预算管理，按照实际收到的金额，财务会计借记“银行存款”等科目，贷记“应收股利”科目；预算会计借记“资金结存——货币资金”科目，贷记“投资预算收益”科目。

事业单位收到被投资单位分派的现金股利或利润时，如果持有期间取得的投资收益上缴本级财政，收到现金股利或利润时，财务会计借记“银行存款”等科目，贷记“应缴财政款”科目，同时按照此前确定的应收股利金额，借记“投资收益”科目，贷记“应收股利”科目；将取得的现金股利或利润上缴财政时，借记“应缴财政款”科目，贷记“银行存款”等科目。预算会计不做账。

被投资单位发生除净损益和利润分配以外的所有者权益变动的，财务会计按照应享有或应分担的份额，借记或贷记“权益法调整”科目，贷记或借记“长期股权投资——其他权益变动”科目；预算会计不做账。

举例参见【例4-67】。

（3）成本法和权益法的转换

①权益法改为成本法

事业单位因处置部分长期股权投资等原因无权再决定被投资单位的财务和经营政策或者参与被投资单位的财务和经营政策决策的，应当对处置后的剩余股权投资改按成本法核算，并以该剩余股权投资在权益法下的账面余额作为按成本法核算的初始投资成本。由此，财务会计应当按照权益法下“长期股权投资”科目账面余额作为成本法下“长期股权投资——初始投资成本”科目账面余额。其后，被投资单位宣告分派现金股利或利润时，属于单位已计入投资账面余额的部分（作为成本法下长期股权投资成本的收回，冲减长期股权投资的账面余额），财务会计按照应分得的现金股利或利润份额，借记“应收股利”科目，贷记“长期股权投资”科目。预算会计不做账。相关举例参见【例4-67】。

②成本法改为权益法

事业单位因追加投资等原因对长期股权投资的核算从成本法改为权益法的，应当自有权决定被投资单位的财务和经营政策或者参与被投资单位的财务和经营政策决策时，按成本法下长期股权投资的账面余额加上追加投资的成本作为按照权益法核算的初始投资成本。由此，财务会计应当按照成本法下“长期股权投资”科目账面余额与追加投资成本的合计金额，财务会计借记“长期股权投资——成本”科目，按照成本法下“长期股权投资”科目账面余额，贷记“长期股权投资”科目，按照追加投资的成本，贷记“银行存款”等科目；预算会计按照实际支付的追加投资金额借记“投资支出”科目，贷记“资金结存——货币资金”科目。相关举例参见【例4-66】。

【例4-66】某事业单位有关资料如下：

（1）2×21年6月1日以银行存款1 000 000元购入E有限责任公司20%的股权，在购买过程中支付相关税费100 000元。该单位在取得E公司的股权后，未以任何方式参与该公司的财务和生产经营决策，故持有20%股权期间采用成本法核算。

（2）2×21年5月1日E公司宣告2×20年利润分配方案，分配利润1 000 000元；2×21年6月10日向股东实际支付分配的利润。

（3）2×22年5月1日E公司宣告2×21年利润分配方案，分配利润1 500 000元；2×22年6月10日向股东实际支付分配的利润。

（4）2×22年8月1日该单位又以2 500 000元取得E公司40%的股权，追加投资后按照E公司的章程规定，该单位参与E公司的财务和生产经营决策，对持有的60%股权转为权益法核算。

假设不考虑其他因素，该事业单位的账务处理如下：

■2×21年6月1日取得投资时，

财务会计			预算会计		
借：长期股权投资——E公司	900 000		借：投资支出	1 100 000	
应收股利——E公司	200 000		贷：资金结存——货币资金		1 100 000
贷：银行存款		1 100 000			

■2×21年6月10日收到E公司分配的利润时，

财务会计		预算会计	
借：银行存款	200 000	借：资金结存——货币资金	200 000
贷：应收股利——E公司	200 000	贷：投资支出	200 000

■2×22年5月1日确认从E公司分得利润时，

财务会计		预算会计
借：应收股利——E公司	300 000	—
贷：投资收益	300 000	

■2×22年6月10日实际收到E公司分配的利润时，

• 如果持有期间取得的投资收益纳入本单位预算管理，

财务会计		预算会计	
借：银行存款	300 000	借：资金结存——货币资金	300 000
贷：应收股利——E公司	300 000	贷：投资预算收益	300 000

• 如果该事业单位持有期间取得的投资收益按规定上缴本级财政，

财务会计		预算会计
借：银行存款	300 000	—
贷：应缴财政款	300 000	
借：投资收益	300 000	
贷：应收股利——E公司	300 000	

■2×22年8月1日追加投资后转为权益法时，

财务会计		预算会计	
借：长期股权投资——E公司——成本	3 400 000	借：投资支出	2 500 000
贷：长期股权投资——E公司	900 000	贷：资金结存——货币资金	2 500 000
银行存款	2 500 000		

3. 长期股权投资处置

事业单位按规定报经批准处置长期股权投资，应当冲减长期股权投资的账面余额，并按规定将处置价款扣除相关税费后的余额作应缴款项处理，或者按规定将处置价款扣除相关税费后的余额与长期股权投资账面余额的差额计入当期投资损益。采用权益法核算的长期股权投资，因被投资单位除净损益和利润分配以外的所有者权益变动而将应享有的份额计入净资产的，处置该项投资时，还应当将原计入净资产的相应部分转入当期投资损益。

（1）事业单位按照规定报经批准出售（转让）长期股权投资时，应当区分长期股权投资取得的方式分别进行处理：

①处置以现金取得的长期股权投资。处置以现金取得的长期股权投资，财务会计按照实际取得的价款，借记“银行存款”等科目，按照被处置长期股权投资的账面余额，贷记“长期股权投资”科目，按照尚未领取的现金股利或利润，贷记“应收股利”科目，按照发生的相关税费等支出，贷记“银行存款”等科目，按照借贷方差额，借记或

贷记“投资收益”科目；预算会计按照实际取得的价款扣除相关税费后的差额，借记“资金结存——货币资金”科目，按照取得投资时“投资支出”科目的发生额，贷记“投资支出”[本年度取得投资]、“其他结余”[以前年度取得投资]科目，按照其差额，贷记或借记“投资预算收益”科目。相关举例参见【例4-67】。

按照规定以现金取得的长期股权投资处置时取得的净收入（处置价款扣除投资本金和相关税费后的净额）上缴本级财政并纳入一般公共预算管理的，在应收或收到上述有关款项时不确认投资收益，应通过“应缴财政款”科目核算。预算会计不做账。

②处置以现金以外的其他资产取得的长期股权投资。处置以现金以外的其他资产取得的长期股权投资，如果按规定处置净收入上缴财政的，财务会计按照被处置长期股权投资的账面余额，借记“资产处置费用”科目，贷记“长期股权投资”科目；同时，按照实际取得的价款，借记“银行存款”等科目，按照尚未领取的现金股利或利润，贷记“应收股利”科目，按照发生的相关税费等支出，贷记“银行存款”等科目，按照贷方差额，贷记“应缴财政款”科目。预算会计不做账。

如果按照规定将处置时取得的投资收益纳入本单位预算管理的，财务会计应当按照所取得价款大于被处置长期股权投资账面余额、应收股利账面余额和相关税费支出合计的差额，贷记“投资收益”科目；预算会计按照实际取得价款扣除支付的相关税费和应缴财政款后的余额，借记“资金结存——货币资金”科目，贷记“投资预算收益”科目。

权益法下，事业单位处置以现金以外的其他资产取得的（不含科技成果转化形成的）长期股权投资时，按规定将取得的投资收益（此处的投资收益，是指长期股权投资处置价款扣除长期股权投资成本和相关税费后的差额）纳入本单位预算管理的，分别以下两种情况处理：

第一，长期股权投资的账面余额大于其投资成本的，财务会计应当按照被处置长期股权投资的成本，借记“资产处置费用”科目，贷记“长期股权投资——成本”科目；同时，按照实际取得的价款，借记“银行存款”等科目，按照尚未领取的现金股利或利润，贷记“应收股利”科目，按照发生的相关税费等支出，贷记“银行存款”等科目，按照长期股权投资的账面余额减去其投资成本的差额，贷记“长期股权投资——损益调整、其他权益变动”科目（以上明细科目为贷方余额的，借记相关明细科目），按照实际取得的价款与被处置长期股权投资账面余额、应收股利账面余额和相关税费支出合计数的差额，贷记或借记“投资收益”科目，按照贷方差额，贷记“应缴财政款”科目。预算会计按照取得价款减去投资成本和相关税费后的金额借记“资金结存——货币资金”科目，贷记“投资预算收益”科目。相关举例参见【例4-68】。

第二，长期股权投资的账面余额小于或等于其投资成本的，财务会计应当按照被处置长期股权投资的账面余额，借记“资产处置费用”科目，按照长期股权投资各明细科目的余额，贷记“长期股权投资——成本”科目，贷记或借记“长期股权投资——损益调整、其他权益变动”科目；同时，按照实际取得的价款，借记“银行存款”等科目，按照尚未领取的现金股利或利润，贷记“应收股利”科目，按照发生的相关税费等支出，贷记“银行存款”等科目，按照实际取得的价款大于被处置长期股权投资成本、应收股利账面余额和相关税费支出合计数的差额，贷记“投资收益”科目，按照贷方差额，贷记“应缴财政款”科目。预算会计按照取得价款减去投资成本和相关税费后的金额借记“资金结存——货币资金”科目，贷记“投资预算收益”科目。相关举例参见【例4–69】。

（2）处置以科技成果转化形成的长期股权投资，按规定所取得的收入全部留归本单位的，财务会计应当按照实际取得的价款，借记“银行存款”等科目，按照被处置长期股权投资的账面余额，贷记“长期股权投资”科目，按照尚未领取的现金股利或利润，贷记“应收股利”科目，按照发生的相关税费等支出，贷记“银行存款”等科目，按照借贷方差额，借记或贷记“投资收益”科目。预算会计按照实际取得的价款，借记“资金结存——货币资金”科目，按照处置时确认的投资收益金额，贷记“投资预算收益”科目，按照贷方差额，贷记“其他预算收入”科目。相关举例参见【例4–71】。

（3）因被投资单位破产清算等原因，有确凿证据表明长期股权投资发生损失，财务会计按照规定报经批准后予以核销时，按照予以核销的长期股权投资的账面余额，借记“资产处置费用”科目，贷记“长期股权投资”科目；预算会计不做账。

（4）报经批准置换转出长期股权投资时，参照“库存物品”科目中置换换入库存物品的规定进行账务处理。

（5）采用权益法核算的长期股权投资的处置，除进行上述账务处理外，还应结转原来直接计入净资产的相关金额，财务会计借记或贷记“权益法调整”科目，贷记或借记“投资收益”科目；预算会计不做账。相关举例参见【例4–67】。

【例4–67】某事业单位有关资料如下：

（1）2×21年1月2日以银行存款720万元购入F有限责任公司60%的股权（F公司注册资本1 200万元），因能够参与F公司的财务和生产经营决策，故持有60%股权期间采用权益法核算。

（2）2×21年F公司实现净利润1 000万元，除净利润之外的其他所有者权益增加额为100万元。

（3）2×22年4月1日F公司宣告发放现金股利900万元；6月1日实际支付现金股利。

（4）2×22年F公司发生年度净亏损1 500万元。

（5）2×23年F公司实现净利润500万元。

（6）2×24年1月1日该单位将持有F公司50%股权对外出售，取得出售价款500万元，支付相关税费50万元。按照规定该事业单位长期股权投资处置时取得的净收入纳入本单位预算管理。

（7）因出售50%股权后该事业单位将无法再参与F公司的财务和生产经营决策，故剩余的10%股权转为成本法核算。

假设不考虑其他因素，该事业单位的账务处理如下：

• 2×21年1月2日购入60%股权时，

财务会计	预算会计
借：长期股权投资——F公司——成本　7 200 000 　贷：银行存款　7 200 000	借：投资支出　7 200 000 　贷：资金结存——货币资金　7 200 000

• 2×21年12月31日按照F公司净利润和其他所有者权益确认享有的份额时，

财务会计	预算会计
借：长期股权投资——F公司——损益调整　6 000 000 　贷：投资收益　6 000 000 借：长期股权投资——F公司——其他权益变动　600 000 　贷：权益法调整　600 000	—

• 2×22年4月1日确认应收现金股利时，

财务会计	预算会计
借：应收股利　5 400 000 　贷：长期股权投资——F公司——损益调整　5 400 000	—

• 2×22年12月31日按F公司年度净亏损确认承担的份额时，

2×22年4月1日确认应收现金股利后，"长期股权投资——F公司"科目账面余额为840万元，此金额为本年度因F公司发生亏损减少的"长期股权投资——F公司"科目的金额；未确认的亏损分担额金额为60万元（1 500×60%-840）。

财务会计	预算会计
借：投资收益　8 400 000 　贷：长期股权投资——F公司——损益调整　8 400 000	—

• 2×23年12月31日按F公司实现净利润确认享有的份额时，

2×23年12月31日可恢复的"长期股权投资——F公司"科目账面余额为240万元（500×60%-60）。

财务会计	预算会计
借：长期股权投资——损益调整　2 400 000 　贷：投资收益　2 400 000	—

• 2×24年1月1日出售股权时，

财务会计	预算会计
借：银行存款　5 000 000 　长期股权投资——F公司——损益调整　4 500 000 　贷：银行存款　500 000 　　长期股权投资——F公司——成本　6 000 000 　　　　　　　　　　——其他权益变动　500 000 　　投资收益　2 500 000 借：权益法调整　500 000 　贷：投资收益　500 000	借：资金结存——货币资金　4 500 000 　投资预算收益　1 500 000 　贷：其他结余　6 000 000

• 2×24年1月1日权益法转换为成本法时，

财务会计			预算会计
借：长期股权投资——F公司	400 000		
长期股权投资——F公司——损益调整	900 000		—
贷：长期股权投资——F公司——成本		1 200 000	
——其他权益变动		100 000	

【例4-68】某事业单位有关资料如下：

（1）2×21年1月1日经批准以办公楼一幢出资取得G有限责任公司60%的股权（G公司注册资本1 000万元）。该办公楼的账面余额为500万元、累计折旧50万元、评估价值600万元。

（2）2×21年G公司实现净利润1 000万元，除了净利润外没有其他所有者权益变动。

（3）2×22年6月1日，G公司宣告发放现金股利500万元。

（4）2×22年7月30日经批准将拥有G公司60%的股权转让，实际取得价款700万元，发生相关税费50万元。

（5）该事业单位持有60%股权期间采用权益法核算。

假设不考虑其他因素，该事业单位的账务处理如下：

• 2×21年1月1日取得60%股权时，

财务会计			预算会计
借：长期股权投资——G公司——成本	6 000 000		
固定资产累计折旧	500 000		
贷：固定资产		5 000 000	—
其他收入		1 500 000	

• 2×21年12月31日按G公司净利润确认应享有的份额时，

财务会计			预算会计
借：长期股权投资——G公司——损益调整	6 000 000		—
贷：投资收益		6 000 000	

• 2×22年6月1日确认应收现金股利时，

财务会计			预算会计
借：应收股利	3 000 000		—
贷：长期股权投资——G公司——损益调整		3 000 000	

• 2×22年7月30日转让股权时（长期股权投资账面余额大于其投资成本），

财务会计			预算会计		
借：资产处置费用	6 000 000		借：资金结存——货币资金	500 000	
贷：长期股权投资——G公司——成本		6 000 000	贷：投资预算收益		500 000
借：银行存款	7 000 000				
投资收益	5 500 000				
贷：应收股利		3 000 000			
银行存款		500 000			
长期股权投资——G公司——损益调整		3 000 000			
应缴财政款		6 000 000			

【例4-69】某事业单位有关资料如下：

（1）2×21年1月1日经批准以办公楼一幢出资取得H有限责任公司60%的股权（H公司注册资本1 000万元）。该办公楼的账面余额为500万元、累计折旧50万元、评估价值600万元。

（2）2×21年H公司亏损200万元，除了净利润外没有其他所有者权益变动。

（3）2×22年6月1日经批准将拥有H公司60%的股权转让，实际取得价款680万元，发生相关税费50万元。

（4）该事业单位持有60%股权期间采用权益法核算。

假设不考虑其他因素，该事业单位的账务处理如下：

• 2×21年1月1日取得60%股权时，

财务会计			预算会计		
借：长期股权投资——H公司——成本	6 000 000		借：资金结存——货币资金	500 000	
固定资产累计折旧	500 000		贷：投资预算收益		500 000
贷：固定资产		5 000 000			
其他收入		1 500 000			

• 2×21年12月31日按H公司亏损确认应承担的份额时，

财务会计			预算会计
借：投资收益	1 200 000		—
贷：长期股权投资——H公司——损益调整		1 200 000	

• 2×22年6月1日转让股权时（长期股权投资账面余额小于其投资成本），

财务会计			预算会计		
借：资产处置费用	4 800 000		借：资金结存——货币资金	300 000	
长期股权投资——H公司——损益调整	1 200 000		贷：投资预算收益		300 000
贷：长期股权投资——H公司——成本		6 000 000			
借：银行存款	6 800 000				
贷：银行存款		500 000			
投资收益		300 000			
应缴财政款		6 000 000			

【例4-70】某事业单位有关资料如下：

（1）2×21年1月1日以未入账的专利权取得M有限责任公司10%的股权。该专利权的评估价值为200 000元，支付评估费5 000元。

（2）2×21年12月10日经批准将拥有M公司10%的股权转让，实际取得价款250 000元，发生相关税费50 000元。

（3）2×21年M公司未发生利润分配。

（4）该事业单位持有10%股权期间采用成本法核算。

（5）该事业单位按规定长期股权投资处置净收入上缴财政。

假设不考虑其他因素，该事业单位的账务处理如下：

• 2×21年1月1日取得股权时，

财务会计			预算会计		
借：长期股权投资——M公司	200 000		借：其他支出	5 000	
贷：银行存款		5 000	贷：资金结存——货币资金		5 000
其他收入		195 000			

• 2×21年12月10日转让股权时，

财务会计			预算会计
借：资产处置费用	200 000		
贷：长期股权投资——M公司		200 000	
借：银行存款	250 000		—
贷：银行存款		50 000	
应缴财政款		200 000	

【例4-71】某事业单位有关资料如下：

（1）2×21年1月1日经批准以持有的环保型材料科技成果取得N环保公司10%的股权，按规定该科技成果的双方协议价格为200 000元，支付相关税费20 000元。

（2）2×21年12月10日以250 000元将N公司10%的股权转让，支付相关税费5 000元。

（3）2×21年N公司未发生利润分配。

（4）该事业单位持有10%股权期间采用成本法核算。

（5）按规定处置以科技成果转化形成的长期股权投资所取得的收入全部留归本单位。

假设不考虑其他因素，该事业单位的账务处理如下：

• 2×21年1月1日取得股权时，

财务会计			预算会计		
借：长期股权投资——N公司	220 000		借：其他支出	20 000	
贷：银行存款		20 000	贷：资金结存——货币资金		20 000
其他收入		200 000			

• 2×21年12月10日转让股权时，

财务会计		预算会计	
借：银行存款	250 000	借：资金结存——货币资金	245 000
贷：长期股权投资——N公司	220 000	贷：投资预算收益	25 000
银行存款	5 000	其他预算收入	220 000
投资收益	25 000		

二、长期债券投资

（一）长期债券投资的确认和计量

长期债券投资是指事业单位按照规定取得的，持有时间超过1年（不含1年）的债券投资。长期债券投资的计量包括初始计量和后续计量。

长期债券投资的初始计量是指长期债券投资在取得时，应当按照实际成本作为初始投资成本。实际支付价款中包含的已到付息期但尚未领取的债券利息，应当单独确认为应收利息，不计入长期债券投资初始投资成本。

长期债券投资的后续计量是指长期债券投资持有期间，应当按期以票面金额与票面利率计算确认利息收入。对于分期付息、一次还本的长期债券投资，应当将计算确定的应收未收利息确认为应收利息，计入投资收益；对于一次还本付息的长期债券投资，应当将计算确定的应收未收利息计入投资收益，并增加长期债券投资的账面余额。

（二）长期债券投资核算的会计科目设置

财务会计系统下，事业单位应设置“长期债券投资”科目核算事业单位按照规定取得的，持有时间超过1年（不含1年）的债券投资。本科目应当设置“成本”和“应计利息”明细科目，并按照债券投资的种类进行明细核算。本科目期末借方余额，反映事业单位持有的长期债券投资的价值。

预算会计系统下，与“长期债券投资”对应的是“投资支出”科目。

（三）长期债券投资的主要账务处理

1. 长期债券投资的取得

事业单位取得的长期债券投资，财务会计按照确定的投资成本，借记“长期债券投资——成本”科目，按照支付的价款中包含的已到付息期但尚未领取的利息，借记“应收利息”科目，按照实际支付的金额，贷记“银行存款”等科目；预算会计按照实际支付价款，借记“投资支出”科目，贷记“资金结存——货币资金”科目。

实际收到取得债券时所支付价款中包含的已到付息期但尚未领取的利息时，财务会计借记“银行存款”科目，贷记“应收利息”科目；预算会计借记“资金结存——货币资金”科目，贷记“投资预算收益”科目。

2. 长期债券投资持有期间利息

长期债券投资持有期间，按期以债券票面金额与票面利率计算确认利息收入时，如为到期一次还本付息的债券投资，财务会计借记“长期债券投资——应计利息”科目，贷记“投资收益”科目；如为分期付息、到期一次还本的债券投资，财务会计借记“应收利息”科目，贷记“投资收益”科目。预算会计不做账。

实际收到利息时，按照实收的金额，财务会计借记“银行存款”等科目，贷记“应收利息”科目；预算会计借记“资金结存——货币资金”科目，贷记“投资预算收益”科目。

3.长期债券投资的到期收回

事业单位到期收回长期债券投资，财务会计按照实际收到的金额，借记“银行存款”科目，按照长期债券投资的账面余额，贷记“长期债券投资”科目，按照相关应收利息金额，贷记“应收利息”科目，按照其差额，贷记“投资收益”科目；预算会计按照实际收到的金额，借记“资金结存——货币资金”科目，按照取得债券时“投资支出”科目的发生额，贷记“投资支出”［本年取得投资］、“其他结余”［以前年度取得投资］科目，按照其差额，借记或贷记“投资预算收益”科目。

4.长期债券投资的对外出售

事业单位按规定出售或到期收回长期债券投资，应当将实际收到的价款扣除长期债券投资账面余额和相关税费后的差额计入投资损益。

事业单位对外出售长期债券投资，财务会计按照实际收到的金额，借记“银行存款”科目，按照长期债券投资的账面余额，贷记“长期债券投资”科目，按照已记入“应收利息”科目但尚未收取的金额，贷记“应收利息”科目，按照其差额，贷记或借记“投资收益”科目（涉及增值税业务的，相关账务处理参见“应交增值税”科目）；预算会计按照实际收到的金额，借记“资金结存——货币资金”科目，按照取得债券时“投资支出”科目的发生额，贷记“投资支出”［本年取得投资］、“其他结余”［以前年度取得投资］科目，按照其差额，借记或贷记“投资预算收益”科目。相关举例参见【例5-12】。

【例4-72】某事业单位于2×22年1月2日购入3年期的国库券，实际支付价款600 000元。该国库券票面利率为4%，每年1月2日支付利息，到期一次还本。该事业单位的账务处理如下：

•取得国库券时，

财务会计			预算会计		
借：长期债券投资——成本	600 000		借：投资支出	600 000	
贷：银行存款		600 000	贷：资金结存——货币资金		600 000

•持有期间每月确认利息收入时，

年利息=600 000×4%=24 000（元）

每月利息=24 000÷12=2 000（元）

财务会计			预算会计
借：应收利息	2 000		—
贷：投资收益		2 000	

• 每年1月2日收到利息收入时，

财务会计			预算会计		
借：银行存款	24 000		借：资金结存——货币资金	24 000	
贷：应收利息		24 000	贷：投资预算收益		24 000

• 2×25年1月2日国库券到期，收回本金600 000元、利息24 000元时，

财务会计			预算会计		
借：银行存款	624 000		借：资金结存——货币资金	624 000	
贷：长期债券投资——成本		600 000	贷：其他结余		600 000
应收利息		24 000	投资预算收益		24 000

【例4-73】某事业单位于2×22年1月2日购入3年期的国库券，实际支付价款600 000元。该国库券票面利率为4%，到期一次还本付息。该事业单位的账务处理如下：

• 取得国库券时，

财务会计			预算会计		
借：长期债券投资——成本	600 000		借：投资支出	600 000	
贷：银行存款		600 000	贷：资金结存——货币资金		600 000

• 持有期间每月确认利息收入时，

年利息=600 000×4%=24 000（元）

每月利息=24 000÷12=2 000（元）

财务会计			预算会计		
借：长期债券投资——应计利息	2 000		—		
贷：投资收益		2 000			

• 2×25年1月2日国库券到期，收回本金600 000元、利息72 000元时，

财务会计			预算会计		
借：银行存款	672 000		借：资金结存——货币资金	672 000	
贷：长期债券投资——成本		600 000	贷：其他结余		600 000
——应计利息		72 000	投资预算收益		72 000

三、固定资产

（一）固定资产的概念和分类

1.固定资产的概念

固定资产是指事业单位为满足自身开展业务活动或其他活动的需要而控制的，使用年限超过1年（不含1年）、单位价值在规定标准以上，并在使用过程中基本保持原有物质形态的资产。单位价值虽未达到规定标准，但是使用年限超过1年（不含1年）的大批同类物资，如图书、家具、用具、装具等，应当确认为固定资产。

按《事业单位财务规则》（财政部令第108号）规定，事业单位固定资产的单位价

值标准为1 000元以上。

2.固定资产的分类

事业单位的固定资产可分为以下六类：

（1）房屋及建筑物。指事业单位占有和使用的房屋、建筑物及其附属设施。其中，房屋包括办公用房、生产经营用房、仓库、职工生产用房、食堂用房、锅炉房等；建筑物包括道路、围墙、水塔、雕塑等；附属设施包括房屋、建筑物内的电梯、通信线路、输电线路、水气管道等。

（2）专用设备。指事业单位根据业务活动的实际需要购置的各种具有专门性能和专门用途的设备。

（3）通用设备。指事业单位用于业务活动的办公和事务用的通用性设备、交通工具、通信工具等。

（4）文物和陈列品。指事业单位占有和使用的古玩、字画、纪念品、装饰品、展品、藏品等。

（5）图书、档案。指事业单位的图书馆（室）、阅览室的图书、资料以及档案馆（室）的档案等。

（6）家具、用具、装具及动植物。

（二）固定资产的确认

1.固定资产的确认条件

固定资产同时满足下列条件的，应当予以确认：

（1）与该固定资产相关的服务潜力很可能实现或者经济利益很可能流入事业单位；

（2）该固定资产的成本或者价值能够可靠地计量。

通常情况下，购入、换入、接受捐赠、无偿调入不需安装的固定资产，在固定资产验收合格时确认；购入、换入、接受捐赠、无偿调入需要安装的固定资产，在固定资产安装完成交付使用时确认；自行建造、改建、扩建的固定资产，在建造完成交付使用时确认。

2.固定资产确认应当考虑的特殊情况

（1）固定资产的各组成部分具有不同使用年限或者以不同方式为事业单位实现服务潜力或提供经济利益，适用不同折旧率或折旧方法且可以分别确定各自原价的，应当分别将各组成部分确认为单项固定资产。

（2）应用软件构成相关硬件不可缺少的组成部分的，应当将该软件的价值包括在所属的硬件价值中，一并确认为固定资产；不构成相关硬件不可缺少的组成部分的，应当将该软件确认为无形资产。

（3）购建房屋及构筑物时，不能分清购建成本中的房屋及构筑物部分与土地使用权部分的，应当全部确认为固定资产；能够分清购建成本中的房屋及构筑物部分与土地使用权部分的，应当将其中的房屋及构筑物部分确认为固定资产，其中的土地使用权部分确认为无形资产。

固定资产在使用过程中发生的后续支出，符合固定资产确认条件的，应当计入固定资产成本；不符合固定资产确认条件的，应当在发生时计入当期费用或者相关资产成本。将发生的固定资产后续支出计入固定资产成本的，应当同时从固定资产账面价值中扣除被替换部分的账面价值。

（三）固定资产的计量

固定资产在取得时应当按照成本进行初始计量。不同方式取得的固定资产的成本确定参见固定资产取得的核算。

固定资产的后续计量包括固定资产的折旧和处置，具体计量方法参见固定资产折旧和处置的核算。

（四）固定资产核算的会计科目设置

财务会计系统下，事业单位应设置“固定资产”科目核算各类固定资产的原值。本科目应当按照固定资产类别和项目进行明细核算。本科目期末借方余额，反映事业单位固定资产的原值。

预算会计系统下，与“固定资产”科目对应的是“事业支出”“经营支出”“其他支出”等科目。

“固定资产”科目的使用，应当考虑以下情况：

（1）购入需要安装的固定资产，应当先通过“在建工程”科目核算，安装完毕交付使用时再转入“固定资产”科目核算。

（2）以借入、经营租赁租入方式取得的固定资产，不通过“固定资产”科目核算，应当设置备查簿进行登记。

（3）采用融资租入方式取得的固定资产，通过“固定资产”科目核算，并在“固定资产”科目下设置“融资租入固定资产”明细科目。

（4）经批准在境外购买具有所有权的土地，作为固定资产，通过“固定资产”科目核算；事业单位应当在“固定资产”科目下设置“境外土地”明细科目，进行相应的明细核算。

（五）固定资产的主要账务处理

1.固定资产的取得

事业单位固定资产取得的方式主要有：外购、自行建造、融资租赁、接受捐赠、无偿调入和置换取得等。

固定资产取得时涉及增值税业务的，相关账务处理参见“应交增值税”科目。

（1）外购的固定资产

事业单位外购的固定资产，其成本包括购买价款、相关税费以及固定资产交付使用前所发生的可归属于该项资产的运输费、装卸费、安装费和专业人员服务费等。以一笔款项购入多项没有单独标价的固定资产，应当按照各项固定资产同类或类似资产市场价格的比例对总成本进行分配，分别确定各项固定资产的成本。

购入不需安装的固定资产验收合格时，财务会计按照确定的固定资产成本，借记

"固定资产"科目，贷记"财政拨款收入""零余额账户用款额度""应付账款""银行存款"等科目；预算会计按照实际支付的金额借记"事业支出""经营支出"等科目，贷记"财政拨款预算收入""资金结存——财政应返还额度、零余额账户用款额度、货币资金"等科目。

购入需要安装的固定资产，在安装完毕交付使用前通过"在建工程"科目核算，安装完毕交付使用时再转入"固定资产"科目。相关举例参见【例4-92】。

购入固定资产扣留质量保证金的，应当在取得固定资产时，财务会计按照确定的固定资产成本，借记"固定资产"科目［不需安装］或"在建工程"科目［需要安装］，按照实际支付或应付的金额，贷记"财政拨款收入"、"零余额账户用款额度"、"应付账款"［不含质量保证金］、"银行存款"等科目，按照扣留的质量保证金数额，贷记"其他应付款"［扣留期在1年以内（含1年）］或"长期应付款"［扣留期超过1年］科目。质保期满支付质量保证金时，借记"其他应付款""长期应付款"科目，贷记"财政拨款收入""零余额账户用款额度""银行存款"等科目。预算会计按照实际支付的金额借记"事业支出""经营支出"等科目，贷记"财政拨款预算收入""资金结存——财政应返还额度、零余额账户用款额度、货币资金"等科目。

【例4-74】某事业单位购买办公用计算机一批，取得的增值税专用发票上记载金额为500 000元，税额65 000元，支付运输费5 450元（含税），款项实行财政授权支付。计算机直接交付使用。该事业单位的账务处理如下：

财务会计			预算会计		
借：固定资产——通用设备	570 450		借：事业支出	570 450	
贷：零余额账户用款额度		570 450	贷：资金结存——零余额账户用款额度		570 450

事业单位购入需要安装的固定资产的核算举例参见【例4-92】。

【例4-75】某事业单位购入行政管理用汽车一辆，取得的增值税专用发票上记载金额为200 000元，税额26 000元，款项以银行存款支付。汽车直接交付使用。该事业单位账务处理如下：

财务会计			预算会计		
借：固定资产——通用设备	226 000		借：事业支出	226 000	
贷：银行存款		226 000	贷：资金结存——货币资金		226 000

【例4-76】假设【例4-74】中购买计算机需要按照价款的10%扣留质量保证金50 000元，半年后无质量问题再返还质量保证金。该事业单位的账务处理如下：

财务会计			预算会计		
借：固定资产——通用设备	570 450		借：事业支出	520 450	
贷：零余额账户用款额度		520 450	贷：资金结存——零余额账户用款额度		520 450
其他应付款		50 000			

半年后无质量问题再返还质量保证金时，

财务会计		预算会计	
借：其他应付款	50 000	借：事业支出	50 000
贷：零余额账户用款额度	50 000	贷：资金结存——零余额账户用款额度	50 000

（2）自行建造的固定资产

事业单位自行建造的固定资产，其成本包括该项资产至交付使用前所发生的全部必要支出。在原有固定资产基础上进行改建、扩建、修缮后的固定资产，其成本按照原固定资产账面价值加上改建、扩建、修缮发生的支出，再扣除固定资产被替换部分的账面价值后的金额确定（被替换部分的账面价值难以确定的，事业单位可以采用合理的分配方法计算确定，或组织专家参照资产评估方法进行估价；事业单位确定被替换部分的账面价值不切实可行或不符合成本效益原则的，可以不予扣除，但应当在报表附注中予以披露）。为建造固定资产借入的专门借款的利息，属于建设期间发生的，计入在建工程成本；不属于建设期间发生的，计入当期费用。已交付使用但尚未办理竣工决算手续的固定资产，应当按照估计价值入账，待办理竣工决算后再按实际成本调整原来的暂估价值。其中，估计价值是指在办理竣工财务决算前，事业单位在建的建设项目工程的实际成本，包括项目建设资金安排的各项支出，以及应付未付的工程价款、职工薪酬等，应当根据“在建工程”科目相关明细科目的账面余额确定。对于建设周期长、建设内容多的大型项目，单项工程已交付使用但尚未办理竣工财务决算手续的，事业单位应当先按照估计价值将单项工程转为固定资产。对于一项在建工程涉及多项固定资产的，在建工程按照估计价值转固定资产时，事业单位应当分别确定各项固定资产的估计价值。在建工程按照估计价值转固定资产之后、办理竣工财务决算之前，发生调整已确认的应付工程价款等影响估计价值的事项，单位应当先通过“在建工程”科目进行会计处理，再由在建工程转入固定资产。在建工程按照估计价值转固定资产时，事业单位应当将该项目的工程竣工结算书、各项费用归集表或交付使用资产明细表等材料作为原始凭证。事业单位应当在报表附注中披露按照估计价值入账的固定资产的金额。

事业单位自行建造的固定资产交付使用时，财务会计按照在建工程成本，借记“固定资产”科目，贷记“在建工程”科目；预算会计不做账。

已交付使用但尚未办理竣工决算手续的固定资产，按照估计价值入账，待办理竣工决算后再按照实际成本调整原来的暂估价值。事业单位办理竣工财务决算后，按实际成本调整资产暂估价值时，应当将实际成本与暂估价值的差额计入净资产，借记或贷记“固定资产”科目，贷记或借记“以前年度盈余调整”科目。经上述调整后，应将“以前年度盈余调整”科目的余额转入“累计盈余”科目。

【例4–77】某事业单位以出包方式自行建造的办公楼工程完工交付使用。该办公楼在自行建造过程中共发生实际支出5 000 000元。该事业单位的账务处理如下：

财务会计		预算会计	
借：固定资产——房屋及建筑物	5 000 000	—	
贷：在建工程	5 000 000		

在原有固定资产基础上进行改建、扩建、修缮后的固定资产核算的相关举例参见【例4-90】。为建造固定资产借入的专门借款的利息核算相关举例参见【例5-28】和【例5-29】。

（3）融资租入的固定资产

事业单位融资租赁取得的固定资产，其成本按照租赁协议或者合同确定的租赁价款、相关税费以及固定资产交付使用前所发生的可归属于该项资产的运输费、途中保险费、安装调试费等确定。

事业单位融资租入的固定资产，财务会计按照确定的成本，借记“固定资产”科目［不需安装］或“在建工程”科目［需安装］，按照租赁协议或者合同确定的租赁付款额，贷记“长期应付款”科目，按照支付的运输费、途中保险费、安装调试费等金额，贷记“财政拨款收入”“零余额账户用款额度”“银行存款”等科目。预算会计按照实际支付的运输费、途中保险费、安装调试费等金额借记“事业支出”“经营支出”等科目，贷记“财政拨款预算收入”“资金结存——零余额账户用款额度、货币资金”等科目。

定期支付租金时，按照实际支付金额，财务会计借记“长期应付款”科目，贷记“财政拨款收入”“零余额账户用款额度”“银行存款”等科目；预算会计借记“事业支出”“经营支出”等科目，贷记“财政拨款预算收入”“资金结存——零余额账户用款额度、货币资金”等科目。

【例4-78】某事业单位以融资租赁方式从租赁公司租入不需要安装的生产用设备一台。按照租赁协议确定的租赁价款为100 000元，租赁期4年，年利率为10%，采用年平均分摊法计算每年年末支付的租金（包括设备价款、利息）。另外，支付手续费、运输费、途中保险费等10 000元。该事业单位的账务处理如下：

- 租入设备时，

财务会计			预算会计	
借：固定资产——专用设备	110 000		借：经营支出	10 000
贷：长期应付款		100 000	贷：资金结存——货币资金	10 000
银行存款		10 000		

- 第1年到第4年各年末租金的计算与支付如下，

4年利息总额=10×（1+10%）^{4}−10=10×1.464−10=4.64（万元）

每年支付租金=（10+4.64）÷4=3.66（万元）

每年支付的租金3.66万元中包括本金2.5万元，利息1.16万元。

财务会计			预算会计	
借：长期应付款	25 000		借：经营支出	36 600
经营费用	11 600		贷：资金结存——货币资金	36 600
贷：银行存款		36 600		

（4）跨年度分期付款购入的固定资产

按照规定跨年度分期付款购入固定资产的账务处理，参照融资租入固定资产进行核算。

（5）接受捐赠的固定资产

事业单位接受捐赠的固定资产，其成本按照有关凭据注明的金额加上相关税费、运输费等确定；没有相关凭据可供取得，但按规定经过资产评估的，其成本按照评估价值加上相关税费、运输费等确定；没有相关凭据可供取得，也未经资产评估的，其成本比照同类或类似资产的市场价格加上相关税费、运输费等确定；没有相关凭据且未经资产评估、同类或类似资产的市场价格也无法可靠取得的，按照名义金额入账，相关税费、运输费等计入当期费用。如受赠的系旧的固定资产，在确定其初始入账成本时应当考虑该项资产的新旧程度。其中，"凭据"和"同类或类似资产的市场价格"含义参照存货相关规定。

事业单位接受捐赠的固定资产，财务会计按照确定的固定资产成本，借记"固定资产"科目［不需安装］或"在建工程"科目［需安装］，按照发生的相关税费、运输费等，贷记"零余额账户用款额度""银行存款"等科目，按照其差额，贷记"捐赠收入"科目。接受捐赠的固定资产按照名义金额入账的，财务会计按照名义金额，借记"固定资产"科目，贷记"捐赠收入"科目；按照发生的相关税费、运输费等，借记"其他费用"科目，贷记"零余额账户用款额度""银行存款"等科目。预算会计按照实际支付的相关税费、运输费等金额借记"其他支出"科目，贷记"资金结存——零余额账户用款额度、货币资金"等科目。

【例4-79】某事业单位接受外单位捐赠专用设备一台，发票注明金额257 500元（含税），支付运输费2 060元（含税），以银行存款付讫。设备直接交付使用。该事业单位的账务处理如下：

财务会计			预算会计	
借：固定资产——专用设备	259 560		借：其他支出	2 060
贷：银行存款		2 060	贷：资金结存——货币资金	2 060
捐赠收入		257 500		

上述接受捐赠的固定资产如果按照名义金额入账，则：

财务会计			预算会计	
借：固定资产	1		借：其他支出	2 060
贷：捐赠收入		1	贷：资金结存——货币资金	2 060
借：其他费用	2 060			
贷：银行存款		2 060		

（6）无偿调入的固定资产

事业单位无偿调入的固定资产，其成本按照调出方账面价值加上相关税费、运输费等确定。但是，无偿调入的固定资产在调出方的账面价值为零（即已经按制度规定提足折旧）或账面余额为名义金额的，应当将调入过程中其承担的相关税费计入当期费用，不计入调入资产的初始入账成本。

事业单位无偿调入的固定资产，财务会计按照确定的固定资产成本，借记“固定资产”科目［不需安装］或“在建工程”科目［需安装］，按照发生的相关税费、运输费等，贷记“零余额账户用款额度”“银行存款”等科目，按照其差额，贷记“无偿调拨净资产”科目。预算会计按照实际支付的相关税费、运输费等金额借记“其他支出”科目，贷记“资金结存——零余额账户用款额度、货币资金”等科目。

无偿调入固定资产在调出方的账面价值为零的，财务会计按照该项资产在调出方的账面余额，借记“固定资产”科目，按照该项资产在调出方已经计提的折旧金额（与资产账面余额相等），贷记“固定资产累计折旧”科目；按照支付的相关税费，借记“其他费用”科目，贷记“零余额账户用款额度”“银行存款”等科目。预算会计按照支付的相关税费，借记“其他支出”科目，贷记“资金结存——零余额账户用款额度、货币资金”科目。

无偿调入固定资产在调出方的账面余额为名义金额的，财务会计按照名义金额，借记“固定资产”科目，贷记“无偿调拨净资产”科目；按照支付的相关税费，借记“其他费用”科目，贷记“零余额账户用款额度”“银行存款”等科目。预算会计按照支付的相关税费，借记“其他支出”科目，贷记“资金结存——零余额账户用款额度、货币资金”科目。

【例4-80】某事业单位经批准从上级单位无偿调入图书一批，该批图书调出方账面价值为160 000元，该事业单位签发现金支票支付运输费515元（含税）。该事业单位的账务处理如下：

财务会计			预算会计		
借：固定资产——图书	160 515		借：其他支出	515	
贷：银行存款		515	贷：资金结存——货币资金		515
无偿调拨净资产		160 000			

【例4-81】如果【例4-80】中的无偿调入的图书在调出单位的账面余额为名义金额，以现金支付运输费515元。该事业单位的账务处理如下：

财务会计			预算会计		
借：固定资产——图书	1		借：其他支出	515	
贷：无偿调拨净资产		1	贷：资金结存——货币资金		515
借：其他费用	515				
贷：库存现金		515			

【例4-82】某事业单位经批准从兄弟单位无偿调入专用设备一台，该设备在调出单

位的账面价值为零，账面余额和已经计提的折旧金额均为50 000元；签发现金支票支付运输费515元。该事业单位的账务处理如下：

财务会计			预算会计		
借：固定资产——专用设备	50 000		借：其他支出	515	
贷：固定资产累计折旧		50 000	贷：资金结存——货币资金		515
借：其他费用	515				
贷：银行存款		515			

（7）置换取得的固定资产

事业单位通过置换取得的固定资产，其成本按照换出资产的评估价值加上支付的补价或减去收到的补价，加上换入固定资产发生的其他相关支出确定。

置换取得的固定资产，参照“库存物品”科目中置换取得库存物品的相关规定进行账务处理。

【例4-83】某事业单位以账面价值100 000元、已计提折旧100 000元的汽车置换甲单位的通信设备。汽车的评估价值为80 000元，以零余额账户用款额度支付补价款40 000元。通信设备直接交付使用。假设不考虑相关税费，该事业单位的账务处理如下：

财务会计			预算会计		
借：固定资产——通用设备——通信设备	120 000		借：其他支出	40 000	
固定资产累计折旧	100 000		贷：资金结存——零余额账户用款额度		40 000
资产处置费用	20 000				
贷：零余额账户用款额度		40 000			
固定资产——通用设备——汽车		200 000			

2. 与固定资产有关的后续支出

（1）后续支出资本化和费用化的划分

固定资产在使用过程中发生的后续支出，符合资产确认条件的，应当予以资本化计入固定资产成本；不符合资产确认条件的，应当在发生时计入当期费用或者其他相关资产成本。

通常情况下，为增加使用效能或延长使用年限而发生的改建、扩建、大型维修改造等后续支出，应当计入相关资产成本；为维护正常使用而发生的日常维修、养护等后续支出，应当计入当期费用。列入部门预算支出经济分类科目中资本性支出的后续支出，应当予以资本化。

事业单位应当根据上述原则，结合有关行业主管部门对维修养护、改建扩建等的规定以及本单位实际，确定本单位固定资产、公共基础设施后续支出资本化和费用化划分的具体会计政策。

事业单位对于租入等不由本单位入账核算但实际使用的固定资产，发生的符合资产确认条件的后续支出，应当按照《政府会计制度》中“长期待摊费用”科目相关规定进行会计处理。

（2）与固定资产有关的后续支出的主要账务处理

①符合固定资产确认条件的后续支出

通常情况下，将固定资产转入改建、扩建时，财务会计按照固定资产的账面价值，借记“在建工程”科目，按照固定资产已计提折旧，借记“固定资产累计折旧”科目，按照固定资产的账面余额，贷记“固定资产”科目。

为增加固定资产使用效能或延长其使用年限而发生的改建、扩建等后续支出，财务会计借记“在建工程”科目，贷记“财政拨款收入”“零余额账户用款额度”“银行存款”等科目；固定资产改建、扩建等完成交付使用时，按照在建工程成本，借记“固定资产”科目，贷记“在建工程”科目。预算会计按照实际支付的后续支出金额，借记“事业支出”“经营支出”等科目，贷记“财政拨款预算收入”“资金结存——零余额账户用款额度、货币资金”等科目。相关举例参见【例4-90】。

②不符合固定资产确认条件的后续支出

为保证固定资产正常使用发生的日常维修等支出，按照实际支付的日常维修金额，财务会计借记“业务活动费用”“单位管理费用”等科目，贷记“财政拨款收入”“零余额账户用款额度”“银行存款”等科目；预算会计借记“事业支出”“经营支出”等科目，贷记“财政拨款预算收入”“资金结存——零余额账户用款额度、货币资金”等科目。

【例4-84】某事业单位对现有的办公用固定资产进行日常维护，使用财政授权支付方式支付日常维修费用20 000元。该事业单位的账务处理如下：

财务会计			预算会计		
借：业务活动费用	20 000		借：事业支出	20 000	
贷：零余额账户用款额度		20 000	贷：资金结存——零余额账户用款额度		20 000

3.固定资产折旧

（1）固定资产折旧的含义

折旧，是指在固定资产的预计使用年限内，按照确定的方法对应计的折旧额进行系统分摊。固定资产应计的折旧额为其成本，计提固定资产折旧时不考虑预计净残值。事业单位应当对暂估入账的固定资产计提折旧，实际成本确定后不需调整原已计提的折旧额；按实际成本调整暂估价值后，应当以相关资产的账面价值（实际成本减去已提折旧后的金额）作为应计提折旧额，在规定的折旧年限扣除已计提折旧年限的剩余年限内计提折旧。

（2）固定资产折旧范围

事业单位应当对固定资产计提折旧，但文物和陈列品、动植物、图书、档案、单独计价入账的土地、以名义金额计量的固定资产除外。

（3）固定资产折旧方法

事业单位一般应当采用年限平均法或者工作量法计提固定资产折旧。在确定固定资产的折旧方法时，应当考虑与固定资产相关的服务潜力或经济利益的预期实现方式。固定资产折旧方法一经确定，不得随意变更。

①年限平均法

年限平均法又称直线法，是指将固定资产的应计折旧金额均衡地分摊到其预计使用年限内的方法。采用这种方法计算的每期应计折旧额相等。其计算公式如下：

年折旧额=固定资产原值÷预计使用年限

月折旧额=固定资产年折旧额÷12

②工作量法

工作量法是根据实际工作量计算每期应计折旧额的一种方法。其计算公式为：

单位工作量折旧额=固定资产原值÷预计总工作量

某项固定资产月折旧额=该项固定资产当月工作量×单位工作量折旧额

事业单位应当根据《〈政府会计准则第3号——固定资产〉应用指南》等相关规定以及固定资产的性质和使用情况，合理确定固定资产的使用年限（见表4-2）。固定资产的使用年限一经确定，不得随意变更。事业单位确定固定资产使用年限，应当考虑下列三个因素：一是预计实现服务潜力或提供经济利益的期限；二是预计有形损耗和无形损耗；三是法律或者类似规定对资产使用的限制。

表4-2　　**事业单位固定资产折旧年限表**

固定资产类别	内容		折旧年限（年）
房屋及构筑物	业务及管理用房	钢结构	不低于50
		钢筋混凝土结构	不低于50
		砖混结构	不低于30
		砖木结构	不低于30
	简易房		不低于8
	房屋附属设施		不低于8
	构筑物		不低于8
通用设备	计算机设备		不低于6
	办公设备		不低于6
	车辆		不低于8
	图书档案设备		不低于5
	机械设备		不低于10
	电气设备		不低于5
	雷达、无线电和卫星导航设备		不低于10
	通信设备		不低于5
	广播、电视、电影设备		不低于5
	仪器仪表		不低于5
	电子和通信测量设备		不低于5
	计量标准器具及量具、衡器		不低于5

续表

固定资产类别	内容	折旧年限（年）
专用设备	探矿、采矿、选矿和造块设备	10—15
	石油天然气开采专用设备	10—15
	石油和化学工业专用设备	10—15
	炼焦和金属冶炼轧制设备	10—15
	电力工业专用设备	20—30
	非金属矿物制品工业专用设备	10—20
	核工业专用设备	20—30
	航空航天工业专用设备	20—30
	工程机械	10—15
	农业和林业机械	10—15
	木材采集和加工设备	10—15
	食品加工专用设备	10—15
	饮料加工设备	10—15
	烟草加工设备	10—15
	粮油作物和饲料加工设备	10—15
	纺织设备	10—15
	缝纫、服饰、制革和毛皮加工设备	10—15
	造纸和印刷机械	10—20
	化学药品和中药专用设备	5—10
	医疗设备	5—10
	电工、电子专用生产设备	5—10
	安全生产设备	10—20
	邮政专用设备	10—15
	环境污染防治设备	10—20
	公安专用设备	3—10
	水工机械	10—20
	殡葬设备及用品	5—10
	铁路运输设备	10—20
	水上交通运输设备	10—20
	航空器及其配套设备	10—20
	专用仪器仪表	5—10
	文艺设备	5—15
	体育设备	5—15
	娱乐设备	5—15
家具、用具及装具	家具	不低于15
	用具、装具	不低于5

固定资产因改建、扩建或修缮等原因而延长其使用年限的，应当按照重新确定的固定资产的成本以及重新确定的折旧年限计算折旧额。事业单位盘盈、无偿调入、接受捐赠以及置换的固定资产，应当考虑该项资产的新旧程度，按照其尚可使用的年限计提折旧。

（4）固定资产折旧计提时点

固定资产应当按月计提折旧，并根据用途计入当期费用或者相关资产成本。当月增加的固定资产，当月开始计提折旧；当月减少的固定资产，当月不再计提折旧。固定资产提足折旧后，无论能否继续使用，均不再计提折旧；提前报废的固定资产，也不再补提折旧。已提足折旧的固定资产，可以继续使用的，应当继续使用，规范实物管理。

事业单位计提融资租入固定资产折旧时，应当采用与自有固定资产相一致的折旧政策。能够合理确定租赁期届满时将会取得租入固定资产所有权的，应当在租入固定资产尚可使用年限内计提折旧；无法合理确定租赁期届满时能够取得租入固定资产所有权的，应当在租赁期与租入固定资产尚可使用年限两者中较短的期间内计提折旧。

（5）固定资产折旧核算的会计科目设置

财务会计系统下，事业单位应设置“固定资产累计折旧”科目核算固定资产的累计折旧。本科目应当按照所对应固定资产的明细分类进行明细核算。本科目期末贷方余额，反映单位计提的固定资产折旧累计数。

预算会计系统下，事业单位对固定资产折旧不进行会计核算。

（6）固定资产折旧的主要账务处理

事业单位按月计提固定资产折旧时，按照应计提折旧金额，财务会计借记“业务活动费用”“单位管理费用”“经营费用”“加工物品”“在建工程”等科目，贷记“固定资产累计折旧”科目；预算会计不做账。

事业单位经批准处置或处理固定资产时，财务会计按照所处置或处理固定资产的账面价值，借记“资产处置费用”“无偿调拨净资产”“待处理财产损溢”等科目，按照已计提折旧，借记“固定资产累计折旧”科目，按照固定资产的账面余额，贷记“固定资产”科目；预算会计不做账。相关举例参见固定资产处置的核算。

【例4-85】某事业单位采用年限平均法计提固定资产折旧，各部门固定资产按月计提折旧额见表4-3。

表4-3　**某事业单位各部门固定资产按月计提折旧额**　单位：元

部门类别	月折旧额
从事专业活动部门	48 000
行政管理部门	8 000
后勤部门	4 000
从事经营活动部门	3 000

假设无记入“加工物品”和“在建工程”科目的折旧，该事业单位账务处理如下：

财务会计	借方	贷方	预算会计
借：业务活动费用	48 000		
单位管理费用	12 000		—
经营费用	3 000		
贷：固定资产累计折旧		63 000	

4.固定资产的处置

事业单位固定资产的处置方式主要包括出售或转让、对外捐赠、无偿调出、置换换出、盘亏、报废或毁损等。固定资产处置时涉及增值税业务的，相关账务处理参见“应交增值税”科目。

（1）出售、转让的固定资产

事业单位按规定报经批准出售、转让固定资产的，应当将固定资产账面价值转销计入当期费用，并将处置收入扣除相关处置税费后的差额按规定作应缴款项处理（差额为净收益时）或计入当期费用（差额为净损失时）。

事业单位报经批准出售、转让固定资产，财务会计按照被出售、转让固定资产的账面价值，借记“资产处置费用”科目，按照固定资产已计提的折旧，借记“固定资产累计折旧”科目，按照固定资产账面余额，贷记“固定资产”科目；同时，按照收到的价款，借记“银行存款”等科目，按照处置过程中发生的相关费用，贷记“银行存款”等科目，按照其差额，贷记“应缴财政款”科目。预算会计不做账。

【例4-86】某事业单位经上级批准将不需用的一台专用设备出售，其账面价值为40 000元，已计提折旧30 000元，取得设备出售价款51 500元，款项已存入银行。该事业单位账务处理如下：

财务会计	借方	贷方	预算会计
借：资产处置费用	40 000		
固定资产累计折旧	30 000		
贷：固定资产——专用设备		70 000	
借：银行存款	51 500		—
贷：应交增值税		1 000[①]	
其他应交税费		120	
应缴财政款		50 380	

（2）对外捐赠、无偿调出的固定资产

事业单位按规定报经批准对外捐赠、无偿调出固定资产的，应当将固定资产的账面价值予以转销，对外捐赠、无偿调出过程中发生的归属于捐出方、调出方的相关费用应当计入当期费用。

① 增值税=51 500÷（1+3%）×2%=1 000（元）；城市维护建设税=1 000×7%=70（元）；教育费附加=1 000×3%=30（元）；地方教育费附加=1 000×2%=20（元）。其他类似举例中的税费计算原理同上。

事业单位报经批准对外捐赠固定资产，财务会计按照固定资产已计提的折旧，借记“固定资产累计折旧”科目，按照被处置固定资产账面余额，贷记“固定资产”科目，按照捐赠过程中发生的归属于捐出方的相关费用，贷记“银行存款”等科目，按照其差额，借记“资产处置费用”科目。预算会计按照归属于捐出方的相关费用，借记“其他支出”科目，贷记“资金结存——零余额账户用款额度、货币资金”等科目。

事业单位报经批准无偿调出固定资产，财务会计按照固定资产已计提的折旧，借记“固定资产累计折旧”科目，按照被处置固定资产账面余额，贷记“固定资产”科目，按照其差额，借记“无偿调拨净资产”科目；同时，按照无偿调出过程中发生的归属于调出方的相关费用，借记“资产处置费用”科目，贷记“银行存款”等科目。预算会计按照归属于调出方的相关费用，借记“其他支出”科目，贷记“资金结存——零余额账户用款额度、货币资金”等科目。

【例4-87】某事业单位将不需用的一批计算机捐赠给希望工程，计算机账面余额为40 000元，已计提折旧10 000元，以现金支付运费981元。假设不考虑相关税费。该事业单位的账务处理如下：

财务会计			预算会计		
借：固定资产累计折旧	10 000		借：其他支出	981	
资产处置费用	30 981		贷：资金结存——货币资金		981
贷：固定资产——通用设备		40 000			
库存现金		981			

上述计算机如果是无偿调出给兄弟单位，则账务处理如下：

财务会计			预算会计		
借：固定资产累计折旧	10 000		借：其他支出	981	
无偿调拨净资产	30 000		贷：资金结存——货币资金		981
资产处置费用	981				
贷：固定资产——通用设备		40 000			
库存现金		981			

（3）置换换出的固定资产

事业单位报经批准置换换出固定资产，参照“库存物品”中置换换入库存物品的规定进行账务处理。举例参见【例4-83】。

（4）对外投资的固定资产

事业单位按规定报经批准以固定资产对外投资的，应当将该固定资产的账面价值予以转销，并将固定资产在对外投资时的评估价值与其账面价值的差额计入当期收入或费用。相关账务处理及举例参见本章“长期股权投资”科目。

5.固定资产的盘点

事业单位应当定期对固定资产进行清查盘点，每年至少盘点一次。对于发生的固定资产盘盈、盘亏或毁损、报废，应当先记入“待处理财产损溢”科目，按照规定报经批准后及时进行后续账务处理。

（1）盘盈的固定资产

盘盈的固定资产，其成本按照有关凭据注明的金额确定；没有相关凭据，但按照规定经过资产评估的，其成本按照评估价值确定；没有相关凭据，也未经过评估的，其成本按照重置成本确定。如无法采用上述方法确定盘盈固定资产成本的，按照名义金额（人民币1元）入账。

盘盈的固定资产，转入待处理财产时，财务会计按照确定的入账成本，借记“固定资产”科目，贷记“待处理财产损溢——待处理财产价值”科目；预算会计不做账。按照规定报经批准后处理时，如属于本年度取得的，财务会计和预算会计均按照当年新取得固定资产进行账务处理；如属于以前年度取得的，财务会计按照前期差错处理，借记“待处理财产损溢——待处理财产价值”科目，贷记“以前年度盈余调整”科目，预算会计不做账。

（2）盘亏、毁损或报废的固定资产

事业单位固定资产盘亏造成的损失，按规定报经批准后应当计入当期费用。按规定报经批准固定资产报废、毁损的，应当将固定资产账面价值转销计入当期费用，并将处置收入扣除相关处置税费后的差额按规定作应缴款项处理（差额为净收益时）或计入当期费用（差额为净损失时）。

盘亏、毁损或报废的固定资产，转入待处理财产时，财务会计按照待处理固定资产的账面价值，借记“待处理财产损溢——待处理财产价值”科目，按照已计提折旧，借记“固定资产累计折旧”科目，按照固定资产的账面余额，贷记“固定资产”科目；报经批准处理时，借记“资产处置费用”科目，贷记“待处理财产损溢——待处理财产价值”科目。预算会计不做账。

处理毁损、报废过程中取得的残值或残值变价收入、保险理赔和过失人赔偿等，财务会计借记“库存现金”“银行存款”“其他应收款”等科目，贷记“待处理财产损溢——处理净收入”科目；处理毁损、报废过程中发生的相关费用，借记“待处理财产损溢——处理净收入”科目，贷记“库存现金”“银行存款”等科目。处理收支结清，如果处理收入大于相关费用的，财务会计按照处理收入减去相关费用后的净收入，借记“待处理财产损溢——处理净收入”科目，贷记“应缴财政款”等科目；如果处理收入小于相关费用的，按照相关费用减去处理收入后的净支出，借记“资产处置费用”科目，贷记“待处理财产损溢——处理净收入”科目。预算会计对于支付的处理净支出，借记“其他支出”科目，贷记“资金结存——货币资金”科目。

【例4-88】某事业单位在年终固定资产清查过程中，发现去年取得的一台专业活动用计算机没有入账，增值税专用发票上记载金额为12 000元、税额1 560元；今年取得的10本图书没有入账，增值税专用发票上记载金额为2 000元、税额260元，款项以银行存款支付。该事业单位的账务处理如下：

• 转入待处理财产损溢时，

财务会计			预算会计	
借：固定资产——通用设备	13 560			
——图书	2 260		—	
贷：待处理财产损溢——待处理财产价值		15 820		

• 报经批准予以处理时，

财务会计			预算会计		
借：待处理财产损溢——待处理财产价值	15 820		借：事业支出	2 260	
贷：以前年度盈余调整		13 560	贷：资金结存——货币资金		2 260
银行存款		2 260			

【例4-89】某事业单位在年终固定资产清查过程中报废一批办公用计算机，其账面余额为500 000元，已计提折旧400 000元，取得残值变价收入2 060元，已存入银行；以现金支付清理费用500元。该事业单位的账务处理如下：

• 转入待处理财产损溢时，

财务会计			预算会计
借：待处理财产损溢——待处理财产价值	100 000		
固定资产累计折旧	400 000		—
贷：固定资产——通用设备		500 000	

• 报经批准后处理时，

财务会计			预算会计
借：资产处置费用	100 000		—
贷：待处理财产损溢——待处理财产价值		100 000	

• 取得残值变价收入时，

财务会计			预算会计
借：银行存款	2 060		—
贷：待处理财产损溢——处理净收入		2 060	

• 计提相关税费时，

财务会计			预算会计
借：待处理财产损溢——处理净收入	44.80		
贷：应交增值税		40	—
其他应交税费		4.80	

• 支付清理费用时，

财务会计			预算会计
借：待处理财产损溢——处理净收入	500		—
贷：库存现金		500	

• 处理处置净收入时，

财务会计			预算会计
借：待处理财产损溢——处理净收入	1 515.20		—
贷：应缴财政款		1 515.20	

四、工程物资

（一）工程物资的确认和计量

工程物资是指事业单位为在建工程准备的各种物资，包括工程用材料、设备等。工程物资在发生时确认，按照确定的成本计量。

（二）工程物资核算的会计科目设置

财务会计系统下，事业单位应设置“工程物资”科目核算为在建工程准备的各种物资的成本。本科目可按照“库存材料”“库存设备”等工程物资类别进行明细核算。本科目期末借方余额，反映单位为在建工程准备的各种物资的成本。

预算会计系统下，与“工程物资”科目对应的是 “事业支出”“经营支出”等科目。

（三）工程物资的主要账务处理

1.购入为工程准备的物资，财务会计按照确定的物资成本，借记“工程物资”科目，贷记“财政拨款收入”“零余额账户用款额度”“银行存款”“应付账款”等科目；预算会计按照实际支付的金额借记“事业支出”等科目，贷记“财政拨款预算收入”“资金结存——零余额账户用款额度、货币资金”等科目。

2.领用工程物资，财务会计按照物资成本，借记“在建工程”科目，贷记“工程物资”科目。工程完工后将领出的剩余物资退库时做相反的会计分录。

3.工程完工后将剩余的工程物资转作本单位存货等的，财务会计按照物资成本，借记“库存物品”等科目，贷记“工程物资”科目。

工程物资涉及增值税业务的，相关账务处理参见“应交增值税”科目。

工程物资账务处理的相关举例参见【例4-91】。

五、在建工程

（一）在建工程的确认和计量

在建工程是指事业单位已经发生必要支出，但尚未达到交付使用状态的在建的建设项目工程，包括各种建筑（包括新建、改建、扩建、修缮等）、设备安装工程等。在建工程完工以后，转为固定资产、无形资产、公共基础设施、保障性住房等。

按照《事业单位财务规则》（财政部令第108号）规定，在建工程达到交付使用状态时，应当按照规定办理工程竣工财务决算和资产交付使用，期限最长不得超过1年。按照《基本建设财务规则》（财政部令第81号）规定，政府单位的基本建设是指以新增工程效益或者扩大生产能力为主要目的的新建、续建、改扩建、迁建、大型维修改造工程及相关工作；建设资金是指为满足项目建设需要筹集和使用的资金，按照来源分为财政资金和自筹资金。按照《政府会计制度》规定，政府单位对基本建设投资应当按照该制度规定统一进行会计核算，不再单独建账，但是应当按项目单独核算，并保证项目资料完整。

在建工程在发生时确认，按照确定的成本计量。

（二）在建工程核算的会计科目设置

财务会计系统下，事业单位应设置“在建工程”科目核算在建的建设项目工程的实际成本。本科目期末借方余额，反映事业单位尚未完工的建设项目工程发生的实际成本。事业单位在建的信息系统项目工程、公共基础设施项目工程、保障性住房项目工程的实际成本，也通过本科目核算。

本科目应当设置“建筑安装工程投资”“设备投资”“待摊投资”“其他投资”“待核销基建支出”“基建转出投资”等明细科目，并按照具体项目进行明细核算。

1.“建筑安装工程投资”明细科目，核算事业单位发生的构成建设项目实际支出的建筑工程和安装工程的实际成本，不包括被安装设备本身的价值以及按照合同规定支付给施工单位的预付备料款和预付工程款。本明细科目应当设置“建筑工程”和“安装工程”两个明细科目进行明细核算。

2.“设备投资”明细科目，核算事业单位发生的构成建设项目实际支出的各种设备的实际成本。

3.“待摊投资”明细科目，核算事业单位发生的构成建设项目实际支出的、按照规定应当分摊计入有关工程成本和设备成本的各项间接费用和税费支出。本明细科目应当按照上述费用项目进行明细核算，其中有些费用（如项目建设管理费等），还应当按照更为具体的费用项目进行明细核算。

本明细科目的具体核算内容包括以下方面：

（1）勘察费、设计费、研究试验费、可行性研究费及项目其他前期费用。

（2）土地征用及迁移补偿费、土地复垦及补偿费、森林植被恢复费及其他为取得土地使用权、租用权而发生的费用。

（3）土地使用税、耕地占用税、契税、车船税、印花税及按照规定缴纳的其他税费。

（4）项目建设管理费、代建管理费、临时设施费、监理费、招投标费、社会中介审计（审查）费及其他管理性质的费用。项目建设管理费是指项目建设单位从项目筹建之日起至办理竣工财务决算之日止发生的管理性质的支出，包括不在原单位发工资的工作人员工资及相关费用、办公费、办公场地租用费、差旅交通费、劳动保护费、工具用具使用费、固定资产使用费、招募生产工人费、技术图书资料费（含软件）、业务招待费、施工现场津贴、竣工验收费等。

（5）项目建设期间发生的各类专门借款利息支出或融资费用。

（6）工程检测费、设备检验费、负荷联合试车费及其他检验检测类费用。

（7）固定资产损失、器材处理亏损、设备盘亏及毁损、单项工程或单位工程报废、毁损净损失及其他损失。

(8) 系统集成等信息工程的费用支出。

(9) 其他待摊性质支出。

4.“其他投资”明细科目，核算事业单位发生的构成建设项目实际支出的房屋购置支出，基本畜禽、林木等购置、饲养、培育支出，办公生活用家具、器具购置支出，软件研发和不能计入设备投资的软件购置等支出。单位为进行可行性研究而购置的固定资产，以及取得土地使用权支付的土地出让金，也通过本明细科目核算。本明细科目应当设置“房屋购置”“基本畜禽支出”“林木支出”“办公生活用家具、器具购置”“可行性研究固定资产购置”“无形资产”等明细科目。

5.“待核销基建支出”明细科目，核算建设项目发生的江河清障、航道清淤、飞播造林、补助群众造林、水土保持、城市绿化、取消项目的可行性研究费以及项目整体报废等不能形成资产部分的基建投资支出。本明细科目应按照待核销基建支出的类别进行明细核算。

6.“基建转出投资”明细科目，核算为建设项目配套而建成的、产权不归属本单位的专用设施的实际成本。本明细科目应按照转出投资的类别进行明细核算。

预算会计系统下，与“在建工程”科目对应的是 “事业支出”“经营支出”等科目。

(三) 基本建设项目的会计核算主体确定

基本建设项目应当由负责编报基本建设项目预决算的单位(即建设单位)作为会计核算主体。建设单位应当按照《政府会计制度》规定在相关会计科目下分项目对基本建设项目进行明细核算。

基本建设项目管理涉及多个主体难以明确识别会计核算主体的，项目主管部门应当按照《基本建设财务规则》相关规定确定建设单位。

建设项目按照规定实行代建制的，代建单位应当配合建设单位做好项目会计核算和财务管理的基础工作。

(四) 在建工程的主要账务处理

1.建筑安装工程投资

(1) 建筑工程转入

事业单位将固定资产等资产转入改建、扩建等时，财务会计按照固定资产等资产的账面价值，借记“在建工程——建筑安装工程投资”科目，按照已计提的折旧或摊销，借记“固定资产累计折旧”等科目，按照固定资产等资产的账面价值，贷记“固定资产”等科目；预算会计不做账。

固定资产等资产改建、扩建过程中涉及替换(或拆除)原资产的某些组成部分的，财务会计按照被替换(或拆除)部分的账面价值，借记“待处理财产损溢”科目，贷记“在建工程——建筑安装工程投资”；预算会计不做账。

（2）工程款的结算

事业单位对于发包建筑安装工程，财务会计根据建筑安装工程价款结算账单与施工企业结算工程价款时，按照应承付的工程价款，借记“在建工程——建筑安装工程投资”，按照预付工程款余额，贷记“预付账款”科目，按照其差额，贷记“财政拨款收入”“零余额账户用款额度”“银行存款”“应付账款”等科目；预算会计按照实际支付的金额借记“事业支出”等科目，贷记“财政拨款预算收入”“资金结存——零余额账户用款额度、货币资金”等科目。相关举例参见【例4-95】。

事业单位自行施工的小型建筑安装工程，财务会计按照发生的各项支出金额，借记“在建工程——建筑安装工程投资”，贷记“工程物资”“零余额账户用款额度”“银行存款”“应付职工薪酬”等科目；预算会计按照实际支付的金额借记“事业支出”等科目，贷记“资金结存——零余额账户用款额度、货币资金”等科目。

（3）工程完工

工程竣工，办妥竣工验收交接手续交付使用时，财务会计按照建筑安装工程成本（含应分摊的待摊投资），借记“固定资产”等科目，贷记“在建工程——建筑安装工程投资”科目；预算会计不做账。

【例4-90】某事业单位2×22年7月开始对一幢办公楼进行扩建，该办公楼账面余额8 000 000元，已计提折旧6 000 000元。7月至8月，工程先后支付施工单位工程价款1 000 000元，全部实行财政直接支付。8月底办公楼扩建完工后直接交付使用。该事业单位的账务处理如下：

• 7月开始转入扩建时，

财务会计			预算会计		
借：在建工程——建筑安装工程投资	2 000 000				
固定资产累计折旧	6 000 000		—		
贷：固定资产		8 000 000			

• 7月至8月支付工程价款时，

财务会计			预算会计		
借：在建工程——建筑安装工程投资	1 000 000		借：事业支出	1 000 000	
贷：财政拨款收入		1 000 000	贷：财政拨款预算收入		1 000 000

• 8月底扩建完工后直接交付使用时，

财务会计			预算会计		
借：固定资产	3 000 000				
贷：在建工程——建筑安装工程投资		3 000 000	—		

【例4-91】某事业单位2×22年5月开始使用非财政拨款自行建造职工活动室，为此购入工程物资一批，取得的增值税专用发票上记载的金额为80 000元、税额10 400元，款项以银行存款支付。5月至6月，工程先后领用工程物资87 000元（含税），剩余工程

物资转为该单位的存货；应支付工程人员薪酬50 000元。6月底，工程完工并交付使用。该事业单位的账务处理如下：

• 购入工程物资时，

财务会计			预算会计		
借：工程物资	90 400		借：事业支出	90 400	
贷：银行存款		90 400	贷：资金结存——货币资金		90 400

• 工程领用物资时，

财务会计			预算会计
借：在建工程——建筑安装工程投资	87 000		—
贷：工程物资		87 000	

• 计提工程人员薪酬时，

财务会计			预算会计
借：在建工程——建筑安装工程投资	50 000		—
贷：应付职工薪酬		50 000	

• 工程完工交付使用时，

财务会计			预算会计
借：固定资产	137 000		—
贷：在建工程——建筑安装工程投资		137 000	

• 剩余工程物资转为存货时，

财务会计			预算会计
借：库存物品	3 400		—
贷：工程物资		3 400	

2. 设备投资

（1）事业单位购入设备时，财务会计按照购入成本，借记“在建工程——设备投资”科目，贷记“财政拨款收入”“零余额账户用款额度”“银行存款”等科目；预算会计按照实际支付的金额借记“事业支出”等科目，贷记“财政拨款预算收入”“资金结存——零余额账户用款额度、货币资金”等科目。

采用预付款方式购入设备的，有关预付款的账务处理参照“在建工程”科目“建筑安装工程投资”明细科目的规定。

（2）设备安装完毕，办妥竣工验收交接手续交付使用时，财务会计按照设备投资成本（含设备安装工程成本和分摊的待摊投资），借记“固定资产”等科目，贷记“在建工程——设备投资、建筑安装工程投资——安装工程”科目。将不需要安装的设备和达不到固定资产标准的工具、器具交付使用时，按照相关设备、工具、器具的实际成本，借记“固定资产”“库存物品”科目，贷记“在建工程——设备投资”科目。预算会计不做账。

【例4-92】某事业单位购入一批需要安装的用于专业活动的技术设备，取得的增值税专用发票上记载的金额为200 000元、税额26 000元，支付运输费10 900元（含税），款项通过单位零余额账户支付；安装设备时，以银行存款支付安装费用10 900元（含税）。该事业单位的账务处理如下：

● 支付设备价款和税费时，

财务会计			预算会计		
借：在建工程——设备投资	236 900		借：事业支出	236 900	
贷：零余额账户用款额度		236 900	贷：资金结存——零余额账户用款额度		236 900

● 支付安装费用时，

财务会计			预算会计		
借：在建工程——设备投资	10 900		借：事业支出	10 900	
贷：银行存款		10 900	贷：资金结存——货币资金		10 900

● 设备安装完工交付使用时，

财务会计			预算会计
借：固定资产	247 800		—
贷：在建工程——设备投资		247 800	

3.待摊投资

事业单位建设工程发生的构成建设项目实际支出的，按照规定应当分摊计入有关工程成本和设备成本的各项间接费用和税费支出，先在本明细科目中归集；建设工程办妥竣工验收手续交付使用时，按照合理的分配方法，摊入相关工程成本、在安装设备成本等。

（1）事业单位发生的构成待摊投资的各类费用，财务会计按照实际发生金额，借记“在建工程——待摊投资”科目，贷记“财政拨款收入”“零余额账户用款额度”“银行存款”“应付利息”“长期借款”“其他应交税费”“固定资产累计折旧”“无形资产累计摊销”等科目；预算会计按照实际支付的金额借记“事业支出”等科目，贷记“财政拨款预算收入”“资金结存——零余额账户用款额度、货币资金”等科目。

（2）对于建设过程中试生产、设备调试等产生的收入，财务会计按照取得的收入金额，借记“银行存款”等科目，按照依据有关规定应当冲减建设工程成本的部分，贷记“在建工程——待摊投资”科目，按照其差额贷记“应缴财政款”或“其他收入”科目；预算会计对不上缴财政的，按照其差额借记“资金结存——货币资金”科目，贷记“其他预算收入”科目。

（3）由于自然灾害、管理不善等原因造成的单项工程或单位工程报废或毁损，扣除残料价值和过失人或保险公司等赔款后的净损失，报经批准后计入继续施工的工程成本的，财务会计按照工程成本扣除残料价值和过失人或保险公司等赔款后的净损失，借记“在建工程——待摊投资”科目，按照残料变价收入、过失人或保险公司赔款等，借记

“银行存款”“其他应收款”等科目，按照报废或毁损的工程成本，贷记“在建工程——建筑安装工程投资”科目；预算会计不做账。

（4）工程交付使用时，按照合理的分配方法分配待摊投资，财务会计借记“在建工程——建筑安装工程投资、设备投资”科目，贷记“在建工程——待摊投资”科目；待摊投资中有按规定应当分摊计入转出投资价值和待核销基建支出的，借记“在建工程——待核销基建支出、基建转出投资”科目，贷记“在建工程——待摊投资”科日。预算会计不做账。

待摊投资的分配，可按照下列方法进行：

①按照实际分配率分配。适用于建设工期较短、整个项目的所有单项工程一次竣工的建设项目。

$$\text{实际分配率}=\text{待摊投资明细科目余额}\div(\text{建筑工程明细科目余额}+\text{安装工程明细科目余额}+\text{设备投资明细科目余额})\times100\%$$

②按照概算分配率分配。适用于建设工期长、单项工程分期分批建成投入使用的建设项目。

$$\text{概算分配率}=(\text{概算中各待摊投资项目的合计数}-\text{其中可直接分配部分})\div\text{概算中建筑工程、安装工程和设备投资合计}\times100\%$$

③某项固定资产应分配的待摊投资的计算。

$$\text{某项固定资产应分配的待摊投资}=\text{该项固定资产的建筑工程成本或该项固定资产（设备）的采购成本和安装成本合计}\times\text{分配率}$$

相关举例参见本章【例4–95】。

4.其他投资

（1）事业单位为建设工程发生的房屋购置支出，基本畜禽、林木等的购置、饲养、培育支出，办公生活用家具、器具购置支出，软件研发和不能计入设备投资的软件购置等支出，按照实际发生金额，财务会计借记“在建工程——其他投资”科目，贷记“财政拨款收入”“零余额账户用款额度”“银行存款”等科目；预算会计按照实际支付的金额借记“事业支出”等科目，贷记“财政拨款预算收入”“资金结存——零余额账户用款额度、货币资金”等科目。

（2）工程完成将形成的房屋、基本畜禽、林木等各种财产以及无形资产交付使用时，按照其实际成本，财务会计借记“固定资产”“无形资产”等科目，贷记“在建工程——其他投资”科目；预算会计不做账。

5.待核销基建支出

（1）建设项目发生的江河清障、航道清淤、飞播造林、补助群众造林、水土保持、城市绿化等不能形成资产的各类待核销基建支出，按照实际发生金额，财务会计借记“在建工程——待核销基建支出”科目，贷记“财政拨款收入”“零余额账户用款额度”“银行存款”等科目；预算会计按照实际支付金额借记“事业支出”等科目，贷记“财政拨款预算收入”“资金结存——零余额账户用款额度、货币资金”等科目。

（2）取消的建设项目发生的可行性研究费，按照实际发生金额，财务会计借记“在建工程——待核销基建支出”科目，贷记“在建工程——待摊投资”科目；预算会计不做账。

（3）由于自然灾害等原因发生的建设项目整体报废所形成的净损失，报经批准后转入待核销基建支出，财务会计按照项目整体报废所形成的净损失，借记“在建工程——待核销基建支出”科目，按照报废工程回收的残料变价收入、保险公司赔款等，借记“银行存款”“其他应收款”等科目，按照报废的工程成本，贷记“在建工程——建筑安装工程投资”等科目；预算会计不做账。

（4）建设项目竣工验收交付使用时，对发生的待核销基建支出进行冲销，财务会计借记“资产处置费用”科目，贷记“在建工程——待核销基建支出”科目；预算会计不做账。

【例4-93】某事业单位2×22年4月1日进行安装中的一批专用设备因为水灾造成整体报废，该安装工程的成本为500 000元，报废设备回收的残料变价收入50 000元，报废所形成的净损失共计450 000元，报经批准后转入待核销基建支出。4月10日对发生的待核销基建支出进行冲销。该事业单位的账务处理如下：

• 2×22年4月1日将报废所形成的净损失转入待核销基建支出时，

财务会计			预算会计
借：在建工程——待核销基建支出	450 000		
银行存款	50 000		—
贷：在建工程——建筑安装工程投资		500 000	

• 2×22年4月10日对发生的待核销基建支出进行冲销时，

财务会计			预算会计
借：资产处置费用	450 000		—
贷：在建工程——待核销基建支出		450 000	

6.基建转出投资

事业单位为建设项目配套而建成的、产权不归属本单位的专用设施，在项目竣工验收交付使用时，财务会计按照转出的专用设施的成本，借记“在建工程——基建转出投资”科目，贷记“在建工程——建筑安装工程投资”科目；同时，借记“无偿调拨净资产”科目，贷记“在建工程——基建转出投资”科目。预算会计不做账。

如果建设项目竣工验收交付使用时，按规定先转入建设单位、再无偿划拨给其他会计主体的，建设单位应当按照《政府会计制度》规定，先将在建工程转入“固定资产”“公共基础设施”等科目，再按照无偿调拨资产相关规定进行账务处理。

建设单位与资产调入方应当按规定做好资产核算工作的衔接和相关会计资料的交接，确保交付使用资产在记账上不重复、不遗漏。

【例4-94】某事业单位2×22年6月1日将建设完工的一幢实验楼交付使用，实验楼中的配套专用设施450 000元不属于该事业单位的产权，将其转出。该事业单位的账务处理如下：

财务会计			预算会计
借：在建工程——基建转出投资	450 000		
贷：在建工程——建筑安装工程投资		450 000	—
借：无偿调拨净资产	450 000		
贷：在建工程——基建转出投资		450 000	

如果配套专用设施450 000元按规定先转入建设单位、再无偿划拨给产权单位，则

财务会计			预算会计
借：固定资产	450 000		
贷：在建工程——建筑安装工程投资		450 000	—
借：无偿调拨净资产	450 000		
贷：固定资产		450 000	

（五）代建制项目的账务处理

事业单位的建设项目实行代建制的（事业单位为建设单位），建设单位应当要求代建单位通过工程结算或年终对账确认在建工程成本的方式，提供项目明细支出、建设工程进度和项目建设成本等资料，归集“在建工程”成本，及时核算所形成的“在建工程”资产，全面核算项目建设成本等情况。有关账务处理如下：

1.建设单位的账务处理

（1）拨付代建单位工程款时，财务会计按照拨付的款项金额，借记“预付账款——预付工程款”科目，贷记“财政拨款收入”“零余额账户用款额度”“银行存款”等科目；预算会计借记“行政支出”“事业支出”等科目，贷记“财政拨款预算收入”“资金结存”科目。

（2）按照工程进度结算工程款或年终代建单位对账确认在建工程成本时，财务会计按照确定的金额，借记“在建工程——建筑安装工程投资、设备投资”科目，贷记“预付账款——预付工程款”等科目。

（3）确认代建管理费时，财务会计按照确定的金额，借记“在建工程——待摊投资”科目，贷记“预付账款——预付工程款”等科目。

（4）项目完工交付使用资产时，财务会计按照代建单位转来在建工程成本中尚未确认入账的金额，借记“在建工程——建筑安装工程投资、设备投资”科目，贷记“预付账款——预付工程款”等科目；同时，按照在建工程成本，借记“固定资产”“公共基础设施”等科目，贷记“在建工程”科目。工程结算、确认代建费或竣工决算时涉及补付资金的，应当在确认在建工程的同时，按照补付的金额，贷记“财政拨款收入”“零余额账户用款额度”“银行存款”等科目；同时在预算会计中进行相应的账务处理。

【例4-95】某事业单位经批准新建信息中心大楼，包括建造信息大楼、安装计算机设备系统和安装空调设备系统等三个工程。2×22年2月1日，该单位与甲建筑公司签订

合同，将信息大楼工程出包给甲公司（建设项目实行代建制）。双方约定，建造信息大楼的价款60 000 000元，安装计算机设备系统的价款7 000 000元，安装空调设备系统的价款5 000 000元。其他有关资料如下：

（1）2×22年2月1日，单位向甲公司预付信息大楼工程价款30 000 000元，款项采用财政直接支付方式支付。

（2）2×22年6月9日，单位购入需要安装的计算机设备，价款总计8 000 000元，款项采用财政直接支付方式支付。

（3）2×22年7月1日，单位向甲公司预付信息大楼工程价款30 000 000元，款项采用财政直接支付方式支付。

（4）2×22年10月20日，单位购入需要安装的空调设备，价款总计2 000 000元，款项采用财政授权支付方式支付。

（5）2×22年11月15日，单位将采购的计算机和空调设备运抵现场，交付甲公司安装。

（6）工程项目发生管理费用、设计费、监理费、招投标费共计164 000元，款项以银行存款支付。

（7）2×22年12月26日，所有工程完成，单位收到甲公司的有关工程结算单据后，补付剩余工程款，采用财政直接支付方式支付。

该事业单位的账务处理如下：

• 2×22年2月1日，预付信息大楼工程款，

财务会计			预算会计		
借：预付账款——预付工程款	30 000 000		借：事业支出	30 000 000	
贷：财政拨款收入		30 000 000	贷：财政拨款预算收入		30 000 000

• 2×22年6月9日，购入计算机设备，

财务会计			预算会计		
借：工程物资——计算机设备	8 000 000		借：事业支出	8 000 000	
贷：财政拨款收入		8 000 000	贷：财政拨款预算收入		8 000 000

• 2×22年7月1日，预付信息大楼工程款，

财务会计			预算会计		
借：预付账款——预付工程款	30 000 000		借：事业支出	30 000 000	
贷：财政拨款收入		30 000 000	贷：财政拨款预算收入		30 000 000

• 2×22年10月20日，购入空调设备，

财务会计			预算会计		
借：工程物资——空调设备	2 000 000		借：事业支出	2 000 000	
贷：零余额账户用款额度		2 000 000	贷：资金结存——零余额账户用款额度		2 000 000

• 2×22年11月15日，将计算机和空调交付安装，

财务会计			预算会计
借：在建工程——设备投资	10 000 000		—
贷：工程物资——计算机设备		8 000 000	
——空调设备		2 000 000	

• 支付工程项目发生的管理费用、设计费、监理费、招投标费，

财务会计			预算会计		
借：在建工程——待摊投资	164 000		借：事业支出	164 000	
贷：银行存款		164 000	贷：资金结存——货币资金		164 000

• 2×22年12月26日，结算工程余款，

财务会计			预算会计		
借：在建工程——建筑安装工程投资——信息大楼	60 000 000		借：事业支出	12 000 000	
——计算机设备安装	7 000 000		贷：财政拨款预算收入		12 000 000
——空调设备安装	5 000 000				
贷：财政拨款收入		12 000 000			
预付账款——预付工程款		60 000 000			

• 分摊待摊投资，

待摊投资分配率=164 000÷（60 000 000+7 000 000+ 5 000 000+10 000 000）×100%=0.2%

信息大楼应分摊的待摊投资=60 000 000×0.2%=120 000（元）

计算机设备安装应分摊的待摊投资=7 000 000×0.2%=14 000（元）

空调设备安装应分摊的待摊投资=5 000 000×0.2%=10 000（元）

计算机设备应分摊的待摊投资=8 000 000×0.2%=16 000（元）

空调设备应分摊的待摊投资=2 000 000×0.2%=4 000（元）

财务会计			预算会计
借：在建工程——建筑安装工程投资——信息大楼	120 000		—
——计算机设备安装	14 000		
——空调设备安装	10 000		
——设备投资——计算机设备	16 000		
——空调设备	4 000		
贷：在建工程——待摊投资		164 000	

• 结转固定资产，

财务会计			预算会计
借：固定资产	82 164 000		—
贷：在建工程——建筑安装工程投资——信息大楼		60 120 000	
——计算机设备安装		7 014 000	
——空调设备安装		5 010 000	
——设备投资——计算机设备		8 016 000	
——空调设备		2 004 000	

2.代建单位的账务处理

代建单位为事业单位的，应当设置“1615代建项目”一级科目，并与建设单位相对应，按照工程性质和类型设置“建筑安装工程投资”“设备投资”“待摊投资”“其他投资”“待核销基建支出”“基建转出投资”等明细科目，对所承担的代建项目建设成本进行会计核算，全面反映工程的资金资源消耗情况；同时，在“代建项目”科目下设置“代建项目转出”明细科目，通过工程结算或年终对账确认在建工程成本的方式，将代建项目的成本转出，体现在建设单位相应“在建工程”账上。年末，“代建项目”科目应无余额。有关账务处理规定如下：

（1）收到建设单位拨付的建设项目资金时，财务会计按照收到的款项金额，借记“银行存款”等科目，贷记“预收账款——预收工程款”科目。预算会计不做账。

（2）工程项目使用资金或发生其他耗费时，财务会计按照确定的金额，借记“代建项目——建筑安装工程投资、设备投资”科目，贷记“银行存款”“应付职工薪酬”“工程物资”“固定资产累计折旧”等科目；预算会计不做账。

（3）按工程进度与建设单位结算工程款或年终与建设单位对账确认在建工程成本并转出时，财务会计按照确定的金额，借记“代建项目——代建项目转出”科目，贷记“代建项目——建筑安装工程投资、设备投资”科目，同时，借记“预收账款——预收工程款”等科目，贷记“代建项目——代建项目转出”科目；预算会计不做账。

（4）确认代建费收入时，按照确定的金额，财务会计借记“预收账款——预收工程款”等科目，贷记有关收入科目；预算会计借记“资金结存”科目，贷记有关预算收入科目。

（5）项目完工交付使用资产时，财务会计按照代建项目未转出的在建工程成本，借记“代建项目——代建项目转出”科目，贷记“代建项目——建筑安装工程投资、设备投资”科目，同时，借记“预收账款——预收工程款”等科目，贷记“代建项目——代建项目转出”科目。工程竣工决算时收到补付资金的，财务会计按照补付的金额，借记“银行存款”等科目，贷记“预收账款——预收工程款”科目；预算会计不做账。

代建单位为企业的，按照企业类会计准则制度相关规定进行账务处理。

【例4-96】某事业单位2×22年6月1日承接甲行政单位一项建筑安装工程的代建制项目，根据合同约定，收到甲单位拨付的建设项目资金800 000元；6月2日购买代建制项目所需要的工程物资，价值400 000元；6月3日为该代建制项目使用一批价值400 000元的工程物资；6月10日确认代建费收入100 000元；6月30日支付与项目相关的建筑安装费用200 000元、计提相关职工薪酬150 000元。7月1日该代建制项目完工并交付使用，与甲单位办理工程竣工决算时，结算工程款750 000元，确认该代建项目未转出的在建工程成本750 000元；7月2日收到甲单位的补付金额50 000元。该事业单位的账务处理如下：

• 2×22年6月1日收到甲单位拨付的建设项目资金时，

财务会计			预算会计		
借：银行存款	800 000		—		
贷：预收账款——预收工程款		800 000			

• 2×22年6月2日购买代建制项目所需要的工程物资时，

财务会计			预算会计		
借：工程物资	400 000		—		
贷：银行存款		400 000			

• 2×22年6月3日为该代建制项目使用工程物资时，

财务会计			预算会计		
借：代建项目——建筑安装工程投资	400 000		—		
贷：工程物资		400 000			

• 2×22年6月10日确认代建费收入时，

财务会计			预算会计		
借：预收账款——预收工程款	100 000		借：资金结存——货币资金	100 000	
贷：事业收入		100 000	贷：事业预算收入		100 000

• 2×22年6月30日支付与项目相关的建筑安装费用、计提相关职工薪酬时，

财务会计			预算会计		
借：代建项目——建筑安装工程投资	350 000		—		
贷：银行存款		200 000			
应付职工薪酬		150 000			

• 2×22年7月1日项目完工交付使用时，

财务会计			预算会计		
借：代建项目——代建项目转出	750 000		—		
贷：代建项目——建筑安装工程投资		750 000			
借：预收账款——预收工程款	750 000				
贷：代建项目——代建项目转出		750 000			

• 2×22年7月2日收到甲单位的补付金额时，

财务会计			预算会计		
借：银行存款	50 000		—		
贷：预收账款——预收工程款		50 000			

六、无形资产

（一）无形资产的确认和计量

1. 无形资产的概念

无形资产，是指事业单位控制的，没有实物形态的可辨认非货币性资产，如专利

权、商标权、著作权、土地使用权、非专利技术等。

2.无形资产的确认条件

无形资产同时满足下列条件的，应当予以确认：（1）与该无形资产相关的服务潜力很可能实现或者经济利益很可能流入事业单位；（2）该无形资产的成本或者价值能够可靠地计量。事业单位在判断无形资产的服务潜力或经济利益是否很可能实现或流入时，应当对无形资产在预计使用年限内可能存在的各种社会、经济、科技因素作出合理估计，并且应当有确凿的证据支持。

事业单位购入的不构成相关硬件不可缺少组成部分的软件，应当确认为无形资产。

事业单位自创商誉及内部产生的品牌、报刊名等，不应确认为无形资产。

事业单位非大批量购入、单价小于1 000元的无形资产，可以于购买的当期将其成本直接计入当期费用，不确认无形资产。

3.无形资产的计量

无形资产在取得时应当按照成本进行初始计量。不同方式取得的无形资产的成本确定参见无形资产取得的核算。

无形资产的后续计量包括无形资产的摊销和处置。具体计量方法参见无形资产摊销和处置的核算。

（二）无形资产核算的会计科目设置

财务会计系统下，事业单位应设置“无形资产”和“研发支出”科目。

“无形资产”科目，核算无形资产的原值。本科目应当按照无形资产的类别、项目等进行明细核算。本科目期末借方余额，反映单位无形资产的成本。

“研发支出”科目，核算自行研究开发项目研究阶段和开发阶段发生的各项支出。建设项目中的软件研发支出，应当通过“在建工程”科目核算，不通过本科目核算。本科目应当按照自行研究开发项目，分别“研究支出”“开发支出”进行明细核算。本科目期末借方余额，反映单位预计能达到预定用途的研究开发项目在开发阶段发生的累计支出数。

预算会计系统下，与“无形资产”和“研发支出”科目对应的是“事业支出”“经营支出”等科目。

（三）无形资产的主要账务处理

1.无形资产取得

事业单位无形资产取得的方式主要包括外购、委托开发、自行研究开发、接受捐赠、无偿调入、置换取得。

无形资产取得时涉及增值税业务的，相关账务处理参见“应交增值税”科目。

（1）外购的无形资产

事业单位外购的无形资产，其成本包括购买价款、相关税费以及可归属于该项资产达到预定用途前所发生的其他支出。

事业单位外购的无形资产，财务会计按照确定的成本，借记“无形资产”科目，贷记“财政拨款收入”“零余额账户用款额度”“应付账款”“银行存款”等科目；预算会计按照实际支付的金额借记“事业支出”“经营支出”等科目，贷记“财政拨款预算收入”“资金结存——零余额账户用款额度、货币资金”科目。

【例4-97】某事业单位通过单位零余额账户支用款项购买专利权一项用于专业活动，价值200 000元。该事业单位的账务处理如下：

财务会计			预算会计		
借：无形资产——专利权	200 000		借：事业支出	200 000	
贷：零余额账户用款额度		200 000	贷：资金结存——零余额账户用款额度		200 000

【例4-98】某事业单位经批准取得500平方米的土地使用权用于办公楼的建设，价值2 000 000元，款项尚未支付。该事业单位的账务处理如下：

财务会计			预算会计
借：无形资产——土地使用权	2 000 000		—
贷：应付账款		2 000 000	

（2）委托开发的无形资产

事业单位委托软件公司开发的软件，视同外购无形资产确定其成本并进行账务处理。

合同中约定预付开发费用的，财务会计按照预付金额，借记“预付账款”科目，贷记“财政拨款收入”“零余额账户用款额度”“银行存款”等科目；软件开发完成交付使用并支付剩余或全部软件开发费用时，按照软件开发费用总额，借记“无形资产”科目，按照相关预付账款金额，贷记“预付账款”科目，按照支付的剩余金额，贷记“财政拨款收入”“零余额账户用款额度”“银行存款”等科目。预算会计按照实际支付的金额借记“事业支出”“经营支出”等科目，贷记“财政拨款预算收入”“资金结存——零余额账户用款额度、货币资金”科目。

【例4-99】某事业单位委托软件公司开发财务软件用于管理活动，双方合同确定的开发费用总额为200 000元。按照合同约定，开发前预付开发费用100 000元，开发完成并交付使用时再付100 000元。全部款项采用财政直接支付。该事业单位的账务处理如下：

• 预付开发费用时，

财务会计			预算会计		
借：预付账款	100 000		借：事业支出	100 000	
贷：财政拨款收入		100 000	贷：财政拨款预算收入		100 000

• 软件开发完成交付使用并支付剩余开发费用时，

财务会计			预算会计		
借：无形资产——财务软件	200 000		借：事业支出	100 000	
贷：财政拨款收入		100 000	贷：财政拨款预算收入		100 000
预付账款		100 000			

（3）自行开发的无形资产

事业单位自行研究开发项目形成的无形资产，其成本包括自该项目进入开发阶段后至达到预定用途前所发生的支出总额。

①自行研究开发项目的识别

自行研究开发项目，应当同时满足以下条件：第一，该项目以科技成果创造和运用为目的，预期形成至少一项科技成果。科技成果是指通过科学研究与技术开发所产生的具有实用价值的成果。第二，该项目的研发活动起点可以明确。例如，利用财政资金等单位外部资金设立的科研项目，可以将立项之日作为起点；利用单位自有资金设立的科研项目，可以将单位决策机构批准同意立项之日，或科研人员将研发计划书提交单位科研管理部门审核通过之日作为起点。

②自行研究开发项目研究阶段和开发阶段的划分

事业单位自行研究开发项目的支出，应当区分研究阶段支出与开发阶段支出。

自行研究开发项目的支出，包括从事研究开发及其辅助活动人员计提的薪酬，研究开发及其辅助活动领用的库存物品，研究开发及其辅助活动使用的固定资产和无形资产计提的折旧和摊销，为研究开发及其辅助活动支付的其他各类费用等。其中，计提的薪酬根据《政府会计制度》，包括基本工资、国家统一规定的津贴补贴、规范津贴补贴（绩效工资）、改革性补贴、社会保险费、住房公积金等；为研究开发及其辅助活动支付的其他各类费用包括业务费、劳务费、水电气暖费用等。

研究是指为获取并理解新的科学或技术知识而进行的独创性的有计划调查。事业单位自行研究开发项目研究阶段的支出，应当于发生时计入当期费用。

开发是指在进行生产或使用前，将研究成果或其他知识应用于某项计划或设计，以生产出新的或具有实质性改进的材料、装置、产品等。事业单位自行研究开发项目开发阶段的支出，先按合理方法进行归集，如果最终形成无形资产的，应当确认为无形资产；如果最终未形成无形资产的，应当计入当期费用。事业单位自行研究开发项目尚未进入开发阶段，或者确实无法区分研究阶段支出和开发阶段支出，但按法律程序已申请取得无形资产的，应当将依法取得时发生的注册费、聘请律师费等费用确认为无形资产。

当事业单位自行研究开发项目预期形成的无形资产同时满足以下条件时，可以认定该自行研究开发项目进入开发阶段：第一，事业单位预期完成该无形资产以使其能够使用或出售在技术上具有可行性。第二，事业单位具有完成该无形资产并使用或出售的意图。第三，事业单位预期该无形资产能够为单位带来经济利益或服务潜能。该无形资产自身或运用该无形资产生产的产品存在市场，或者该无形资产在内部使用具有有用性。第四，事业单位具有足够的技术、财务资源和其他资源支持，以完成该无形资产的开发，并有能力使用或出售该无形资产。第五，归属于该无形资产开发阶段的支出能够可靠地计量。通常情况下，事业单位可以将样品样机试制成功、可行性研究报告通过评审等作为自行研究开发项目进入开发阶段的标志，但该时点不满足上述进入开发阶段五个条件的除外。

③自行研究开发项目研究阶段的支出的账务处理

自行研究开发项目研究阶段的支出，应当先在“研发支出”科目归集。按照从事研究及其辅助活动人员计提的薪酬，研究活动领用的库存物品，发生的与研究活动相关的管理费、间接费和其他各项费用，财务会计借记“研发支出——研究支出”科目，贷记“应付职工薪酬”“库存物品”“固定资产累计折旧”“无形资产累计摊销”“财政拨款收入”“零余额账户用款额度”“银行存款”“预提费用”等科目；预算会计按照实际支付的各项费用金额借记“事业支出”“经营支出”等科目，贷记“财政拨款预算收入”“资金结存——零余额账户用款额度、货币资金”科目。

期（月）末，应当将“研发支出”科目归集的研究阶段的支出金额转入当期费用，财务会计借记“业务活动费用”等科目，贷记“研发支出——研究支出”科目；预算会计不做账。

④自行研究开发项目开发阶段的支出的账务处理

自行研究开发项目开发阶段的支出，先通过“研发支出”科目进行归集。按照从事开发及其辅助活动人员计提的薪酬，开发活动领用的库存物品，发生的与开发活动相关的管理费、间接费和其他各项费用，财务会计借记“研发支出——开发支出”科目，贷记“应付职工薪酬”“库存物品”“固定资产累计折旧”“无形资产累计摊销”“财政拨款收入”“零余额账户用款额度”“银行存款”“预提费用”等科目。预算会计按照实际支付的各项费用金额借记“事业支出”“经营支出”等科目，贷记“财政拨款预算收入”“资金结存——零余额账户用款额度、货币资金”科目。

自行研究开发项目完成，达到预定用途形成无形资产的，按照“研发支出”科目归集的开发阶段的支出金额（研究开发项目进入开发阶段后至达到预定用途前所发生的支出总额），财务会计借记“无形资产”科目，贷记“研发支出——开发支出”科目；预算会计不做账。

自行研究开发项目尚未进入开发阶段，或者确实无法区分研究阶段支出和开发阶段支出，但按照法律程序已申请取得无形资产的，按照依法取得时发生的注册费、聘请律师费等费用，财务会计借记“无形资产”科目，贷记“财政拨款收入”“零余额账户用款额度”“银行存款”等科目；按照依法取得前所发生的研究开发支出，借记“业务活动费用”等科目，贷记“研发支出”科目。预算会计按照实际支付的注册费、聘请律师费等费用借记“事业支出”“经营支出”等科目，贷记“财政拨款预算收入”“资金结存——零余额账户用款额度、货币资金”科目。

事业单位应于每年年度终了，评估研究开发项目是否能达到预定用途，如预计不能达到预定用途（如无法最终完成开发项目并形成无形资产的），应当将已发生的开发支出金额全部转入当期费用，财务会计借记“业务活动费用”等科目，贷记“研发支出——开发支出”科目；预算会计不做账。自行研究开发项目涉及增值税业务的，相关账务处理参见“应交增值税”科目。

【例4-100】2×22年2月1日，某事业单位自行研究开发某项新智能产品非专利技术，在研究开发过程中发生材料费500 000元、人工工资100 000元、通过单位零余额账户支付其他费用200 000元，总计800 000元。其中属于开发阶段的支出600 000元。2×22年12月31日，该非专利技术开发完成，已经达到预定用途。该事业单位的账务处理如下：

● 2×22年2月1日发生研发支出时，

财务会计		预算会计	
借：研发支出——研究支出	200 000	借：事业支出	200 000
——开发支出	600 000	贷：资金结存——零余额账户用款额度	200 000
贷：库存物品	500 000		
应付职工薪酬	100 000		
零余额账户用款额度	200 000		

● 2×22年12月31日非专利技术开发完成达到预定用途时，

财务会计		预算会计
借：业务活动费用	200 000	—
无形资产——非专利技术	600 000	
贷：研发支出——研究支出	200 000	
——开发支出	600 000	

（4）接受捐赠的无形资产

事业单位接受捐赠的无形资产，其成本按照有关凭据注明的金额加上相关税费确定；没有相关凭据可供取得，但按规定经过资产评估的，其成本按照评估价值加上相关税费确定；没有相关凭据可供取得，也未经资产评估的，其成本比照同类或类似资产的市场价格加上相关税费确定；没有相关凭据且未经资产评估、同类或类似资产的市场价格也无法可靠取得的，按照名义金额入账，相关税费计入当期费用。确定接受捐赠无形资产的初始入账成本时，应当考虑该项资产尚可为事业单位带来服务潜力或经济利益的能力。其中，“凭据”和“同类或类似资产的市场价格”含义参照存货的相关规定。

事业单位接受捐赠的无形资产，财务会计按照确定的无形资产成本，借记“无形资产”科目，按照发生的相关税费等，贷记“零余额账户用款额度”“银行存款”等科目，按照其差额，贷记“捐赠收入”科目。接受捐赠的无形资产按照名义金额入账的，按照名义金额，借记“无形资产”科目，贷记“捐赠收入”科目；同时，按照发生的相关税费等，借记“其他费用”科目，贷记“零余额账户用款额度”“银行存款”等科目。预算会计按照实际支付的相关税费等借记“其他支出”科目，贷记“资金结存——零余额账户用款额度、货币资金”科目。

【例4-101】某事业单位获得一公司捐赠的一项专利权，价值700 000元，以银行存款支付相关税费5 000元。该事业单位的账务处理如下：

财务会计			预算会计		
借：无形资产——专利权	705 000		借：其他支出	5 000	
贷：捐赠收入		700 000	贷：资金结存——货币资金		5 000
银行存款		5 000			

上述接受捐赠的无形资产如果按照名义金额入账，则：

财务会计			预算会计		
借：无形资产	1		借：其他支出	5 000	
贷：捐赠收入		1	贷：资金结存——货币资金		5 000
借：其他费用	5 000				
贷：银行存款		5 000			

（5）无偿调入的无形资产

事业单位无偿调入的无形资产，其成本按照调出方账面价值加上相关税费确定。但是，无偿调入的无形资产在调出方的账面价值为零（即已经按制度规定提足摊销）或账面余额为名义金额的，应当将调入过程中其承担的相关税费计入当期费用，不计入调入资产的初始入账成本。

事业单位无偿调入的无形资产，财务会计按照确定的无形资产成本，借记“无形资产”科目，按照发生的相关税费等，贷记“零余额账户用款额度”“银行存款”等科目，按照其差额，贷记“无偿调拨净资产”科目。预算会计按照实际支付的相关税费等借记“其他支出”科目，贷记“资金结存——零余额账户用款额度、货币资金”科目。

无偿调入无形资产在调出方的账面价值为零的，财务会计按照该项资产在调出方的账面余额，借记“无形资产”科目，按照该项资产在调出方已经计提的摊销金额（与资产账面余额相等），贷记“无形资产累计摊销”科目；按照支付的相关税费，借记“其他费用”科目，贷记“零余额账户用款额度”“银行存款”等科目。预算会计按照支付的相关税费，借记“其他支出”科目，贷记“资金结存——零余额账户用款额度、货币资金”科目。

无偿调入资产在调出方的账面余额为名义金额的，财务会计按照名义金额，借记“无形资产”科目，贷记“无偿调拨净资产”科目；按照支付的相关税费，借记“其他费用”科目，贷记“零余额账户用款额度”“银行存款”等科目。预算会计按照支付的相关税费，借记“其他支出”科目，贷记“资金结存——零余额账户用款额度、货币资金”科目。

【例4-102】某事业单位获得政府无偿提供的5 000平方米的土地使用权，价格为每平方米7 000元。该事业单位的账务处理如下：

财务会计			预算会计
借：无形资产——土地使用权	35 000 000		—
贷：无偿调拨净资产		35 000 000	

【例4-103】某事业单位无偿调入的专利权，该专利权在调出单位的账面余额为名义金额。该事业单位的账务处理如下：

财务会计			预算会计
借：无形资产——专利权	1		—
贷：无偿调拨净资产		1	

【例4-104】某事业单位经批准从兄弟单位无偿调入一项著作权，该著作权在调出单位的账面价值为零，账面余额和已经计提的摊销金额均为50 000元。该事业单位的账务处理如下：

财务会计			预算会计
借：无形资产——著作权	50 000		—
贷：无形资产累计摊销		50 000	

（6）置换取得的无形资产

事业单位通过置换取得的无形资产，其成本按照换出资产的评估价值加上支付的补价或减去收到的补价，加上换入无形资产发生的其他相关支出确定。

事业单位置换取得的无形资产，参照“库存物品”科目中置换取得库存物品的相关规定进行账务处理。

2. 与无形资产有关的后续支出

与无形资产有关的后续支出，符合无形资产的确认条件的，应当计入无形资产成本；不符合无形资产的确认条件的，应当在发生时计入当期费用或者相关资产成本。

（1）符合无形资产确认条件的后续支出

事业单位为增加无形资产的使用效能对其进行升级改造或扩展其功能时，需暂停对无形资产进行摊销的，按照无形资产的账面价值，财务会计借记“在建工程”科目，按照无形资产已摊销金额，借记“无形资产累计摊销”科目，按照无形资产的账面余额，贷记“无形资产”科目；预算会计不做账。

无形资产后续支出符合无形资产确认条件的，财务会计按照支出的金额，借记“无形资产”科目［无需暂停摊销的］或“在建工程”科目［需暂停摊销的］，贷记“财政拨款收入”“零余额账户用款额度”“银行存款”等科目；预算会计按照实际支付金额借记“事业支出”等科目，贷记“财政拨款预算收入”“资金结存——零余额账户用款额度、货币资金”科目。

暂停摊销的无形资产升级改造或扩展功能等完成交付使用时，按照在建工程成本，财务会计借记“无形资产”科目，贷记“在建工程”科目；预算会计不做账。

（2）不符合无形资产确认条件的后续支出

为保证无形资产正常使用发生的日常维护等支出，财务会计借记“业务活动费用”“单位管理费用”等科目，贷记“财政拨款收入”“零余额账户用款额度”“银行存款”等科目；预算会计借记“事业支出”等科目，贷记“财政拨款预算收入”“资金结存——零余额账户用款额度、货币资金”科目。

（3）专利权维护费

事业单位应当按照《政府会计准则第4号——无形资产》规定，将依法取得的专利权确认为无形资产，并进行后续摊销。在以后年度，单位按照相关规定发生的专利权维护费，应当在发生时计入当期费用，原确定的无形资产摊销年限不据此调整。

【例4-105】某事业单位2×22年6月1日开始对原有的财务软件系统进行升级改造，该无形资产账面余额500 000元，已摊销金额250 000元；6月2日通过单位零余额账户支付升级改造款项200 000元；该财务软件于7月30日升级改造完成并交付使用。2×22年12月10日对财务软件系统进行日常维护，以银行存款支付维护费3 000元。该事业单位的账务处理如下：

• 2×22年6月1日财务软件系统转入升级改造时，

财务会计			预算会计		
借：在建工程	250 000		—		
无形资产累计摊销	250 000				
贷：无形资产——财务软件		500 000			

• 2×22年6月2日支付财务软件系统升级改造款时，

财务会计			预算会计		
借：在建工程	200 000		借：事业支出	200 000	
贷：零余额账户用款额度		200 000	贷：资金结存——零余额账户用款额度		200 000

• 2×22年7月30日财务软件系统升级改造完成时，

财务会计			预算会计		
借：无形资产——财务软件	450 000		—		
贷：在建工程		450 000			

• 2×22年12月10日支付财务软件系统日常维护费时，

财务会计			预算会计		
借：单位管理费用	3 000		借：事业支出	3 000	
贷：银行存款		3 000	贷：资金结存——货币资金		3 000

3.无形资产摊销

（1）无形资产摊销范围

无形资产摊销是指在无形资产使用年限内，按照确定的方法对应摊销金额进行系统分摊。

事业单位应当对使用年限有限的无形资产进行摊销，但已摊销完毕仍继续使用的无形资产和以名义金额计量的无形资产除外。

（2）无形资产使用年限的确定

事业单位应当于取得或形成无形资产时合理确定其使用年限。无形资产的使用年限有限的，应当估计该使用年限；无法预见无形资产为事业单位提供服务潜力或者带来经济利益期限的，应当视为使用年限不确定的无形资产。

对于使用年限有限的无形资产，事业单位应当按照以下原则确定无形资产的摊销年限：①法律规定了有效年限的，按照法律规定的有效年限作为摊销年限；②法律没有规定有效年限的，按照相关合同或单位申请书中的受益年限作为摊销年限；③法律没有规定有效年限、相关合同或单位申请书也没有规定受益年限的，应根据无形资产为事业单位带来服务潜力或经济利益的实际情况，预计其使用年限；④非大批量购入、单价小于1 000元的无形资产，可以于购买的当期将其成本一次性全部转销。

（3）无形资产摊销的方法

事业单位应当按月对使用年限有限的无形资产进行摊销，并根据用途计入当期费用或者相关资产成本。使用年限不确定的无形资产不应摊销。

事业单位应当采用年限平均法或者工作量法对无形资产进行摊销，应摊销金额为其成本，不考虑预计残值。

年限平均法是指将无形资产的应摊销金额均衡地分摊到无形资产有限年限内的一种方法。采用这种方法计算的每期摊销金额相等。其计算公式如下：

年摊销额=无形资产原值÷预计使用年限

月摊销额=无形资产年摊销额÷12

工作量法是根据实际工作量计算每期应计提摊销额的一种方法。其计算公式如下：

单位工作量摊销额=无形资产原值÷预计总工作量

某项无形资产月摊销额=该项无形资产当月工作量×单位工作量摊销额

（4）无形资产摊销计提时点

事业单位应当自无形资产取得当月起，按月计提摊销；无形资产减少的当月，不再计提摊销。无形资产提足摊销后，无论能否继续带来服务潜力或经济利益，均不再计提摊销；核销的无形资产，如果未提足摊销，也不再补提摊销。因发生后续支出而增加无形资产成本的，应当按照重新确定的无形资产成本，重新计算摊销额。

事业单位因发生后续支出而增加无形资产成本的，对于使用年限有限的无形资产，应当按照重新确定的无形资产成本以及重新确定的摊销年限计算摊销额。

（5）无形资产摊销核算的会计科目设置

财务会计系统下，事业单位应设置“无形资产累计摊销”科目，核算对使用年限有限的无形资产计提的累计摊销。本科目应当按照所对应无形资产的明细分类进行明细核算。本科目期末贷方余额，反映事业单位计提的无形资产摊销累计数。

预算会计系统下，事业单位对无形资产摊销不进行会计核算。

（6）无形资产摊销的主要账务处理

事业单位按月对无形资产进行摊销时，财务会计按照应摊销金额，借记“业务活动费用”“单位管理费用”“加工物品”“在建工程”等科目，贷记“无形资产累计摊销”科目；预算会计不做账。

事业单位经批准处置无形资产时，财务会计按照所处置无形资产的账面价值，借记“资产处置费用”“无偿调拨净资产”“待处理财产损溢”等科目，按照已计提摊销，借记“无形资产累计摊销”科目，按照无形资产的账面余额，贷记“无形资产”科目；预算会计不做账。相关举例参见无形资产处置的核算。

【例4-106】某事业单位采用年限平均法计提无形资产摊销额，各部门无形资产按月计提摊销额见表4-4。

表4-4　**某事业单位各部门无形资产按月计提摊销额**　单位：元

部门类别	月摊销额
从事专业活动部门	48 000
行政管理部门	8 000
后勤部门	4 000
从事经营活动部门	3 000

假设无记入“加工物品”“在建工程”科目的无形资产摊销，该事业单位账务处理如下：

财务会计			预算会计
借：业务活动费用	48 000		
单位管理费用	12 000		—
经营费用	3 000		
贷：无形资产累计摊销		63 000	

4. 无形资产处置的核算

事业单位无形资产处置的方式主要包括出售、转让、对外捐赠、无偿调出、置换换出、对外投资、核销等。

无形资产处置时涉及增值税业务的，相关账务处理参见“应交增值税”科目。

（1）出售、转让的无形资产

事业单位按规定报经批准出售无形资产，应当将无形资产账面价值转销计入当期费用，并将处置收入大于相关处置税费后的差额按规定计入当期收入或者作应缴款项处理，将处置收入小于相关处置税费后的差额计入当期费用。

事业单位报经批准出售、转让无形资产，财务会计按照被出售、转让无形资产的账面价值，借记“资产处置费用”科目，按照无形资产已计提的摊销，借记“无形资产累计摊销”科目，按照无形资产账面余额，贷记“无形资产”科目；同时，按照收到的价款，借记“银行存款”等科目，按照处置过程中发生的相关费用，贷记“银行存款”等科目，按照其差额，贷记“应缴财政款”［按照规定应上缴无形资产转让净收入的］或“其他收入”［按照规定将无形资产转让收入纳入本单位预算管理的］科目。对于转让收入纳入本单位预算管理的，预算会计按照实际收到价款扣减处置过程中发生的相关费用的差额，借记“资金结存——货币资金”科目，贷记“其他预算收入”科目。

【例4-107】某事业单位经批准出售一项专利权，该专利权的账面余额为200 000元，已计提摊销120 000元，取得出售价款92 700元，款项已存入银行。该事业单位账务处理如下：

- 假设按照规定无形资产转让净收入上缴财政，则：

财务会计			预算会计
借：资产处置费用	80 000		
无形资产累计摊销	120 000		
贷：无形资产——专利权		200 000	
借：银行存款	92 700		—
贷：应交增值税		2 700	
其他应交税费		324	
应缴财政款		89 676	

- 假设按照规定应将无形资产转让净收入纳入本单位预算管理，则，

财务会计			预算会计		
借：资产处置费用	80 000		借：资金结存——货币资金	89 676	
无形资产累计摊销	120 000		贷：其他预算收入		89 676
贷：无形资产——专利权		200 000			
借：银行存款	92 700				
贷：应交增值税		2 700			
其他应交税费		324			
其他收入		89 676			

（2）对外捐赠、无偿调出的无形资产

事业单位按规定报经批准对外捐赠、无偿调出无形资产的，应当将无形资产的账面价值予以转销，对外捐赠、无偿调出过程中发生的归属于捐出方、调出方的相关费用应当计入当期费用。

事业单位报经批准对外捐赠无形资产，财务会计按照无形资产已计提的摊销，借记“无形资产累计摊销”科目，按照被处置无形资产账面余额，贷记“无形资产”科目，按照捐赠过程中发生的归属于捐出方的相关费用，贷记“银行存款”等科目，按照其差额，借记“资产处置费用”科目。预算会计按照实际支付的归属于捐出方的相关费用，借记“其他支出”科目，贷记“资金结存——货币资金”科目。

事业单位报经批准无偿调出无形资产，财务会计按照无形资产已计提的摊销，借记“无形资产累计摊销”科目，按照被处置无形资产账面余额，贷记“无形资产”科目，按照其差额，借记“无偿调拨净资产”科目；同时，按照无偿调出过程中发生的归属于调出方的相关费用，借记“资产处置费用”科目，贷记“银行存款”等科目。预算会计按照实际支付的归属于调出方的相关费用，借记“其他支出”科目，贷记“资金结存——零余额账户用款额度、货币资金”科目。

【例4-108】某事业单位经批准将一项非专利技术无偿调给兄弟单位，该非专利技术的账面余额为80 000元，已计提摊销64 000元。假设不考虑相关税费，该事业单位的账务处理如下：

财务会计			预算会计
借：无偿调拨净资产	16 000		
无形资产累计摊销	64 000		—
贷：无形资产——非专利技术		80 000	

（3）置换换出的无形资产

事业单位报经批准置换换出无形资产，参照“库存物品”科目中置换换入库存物品的规定进行账务处理。

（4）对外投资的无形资产

事业单位按规定报经批准以无形资产对外投资的，应当将该无形资产的账面价值予以转销，并将无形资产在对外投资时的评估价值与其账面价值的差额计入当期收入或费用。其账务处理及举例参见长期股权投资的核算。

（5）核销的无形资产

无形资产预期不能为事业单位带来服务潜力或者经济利益的，应当在报经批准后将该无形资产的账面价值予以核销。

无形资产预期不能为事业单位带来服务潜力或经济利益，按照规定报经批准核销时，财务会计按照待核销无形资产的账面价值，借记“资产处置费用”科目，按照已计提摊销，借记“无形资产累计摊销”科目，按照无形资产的账面余额，贷记“无形资产”科目；预算会计不做账。

【例4-109】某事业单位经过调查研究及分析，预计6年前购入的一项专利权将不能再为该单位带来服务潜力，准备予以核销。该专利权的账面余额为300 000元，累计摊销180 000元。该事业单位的账务处理如下：

财务会计			预算会计
借：资产处置费用	120 000		
无形资产累计摊销	180 000		—
贷：无形资产——专利权		300 000	

5.无形资产盘点的核算

事业单位应当定期对无形资产进行清查盘点，每年至少盘点一次。事业单位资产清查盘点过程中发现的无形资产盘盈、盘亏等，参照“固定资产”科目相关规定进行账务处理。

七、公共基础设施

（一）公共基础设施的确认和计量

1.公共基础设施的概念

公共基础设施，是指事业单位为满足社会公共需求而控制的，同时具有以下特征的有形资产：

(1) 是一个有形资产系统或网络的组成部分；

(2) 具有特定用途；

(3) 一般不可移动。

公共基础设施主要包括市政基础设施（如城市道路、桥梁、隧道、公交场站、路灯、广场、公园绿地、室外公共健身器材，以及环卫、排水、供水、供电、供气、供热、污水处理、垃圾处理系统等）、交通基础设施（如公路、航道、港口等）、水利基础设施（如大坝、堤防、水闸、泵站、渠道等）和其他公共基础设施。

2. 公共基础设施的确认

(1) 公共基础设施确认的一般条件

公共基础设施同时满足下列条件的，应当予以确认：①与该公共基础设施相关的服务潜力很可能实现或者经济利益很可能流入事业单位；②该公共基础设施的成本或者价值能够可靠地计量。

(2) 公共基础设施的确认主体

①通常情况下，符合公共基础设施确认条件的公共基础设施，应当由按规定对其负有管理维护职责的事业单位予以确认。

②多个事业单位共同管理维护的公共基础设施，应当由对该资产负有主要管理维护职责或者承担后续主要支出责任的事业单位予以确认。

③分为多个组成部分由不同事业单位分别管理维护的公共基础设施，应当由各个事业单位分别对其负责管理维护的公共基础设施的相应部分予以确认。

④负有管理维护公共基础设施职责的事业单位通过政府购买服务方式委托企业或其他会计主体代为管理维护公共基础设施的，该公共基础设施应当由委托方予以确认。

(3) 公共基础设施确认的特殊情形

①通常情况下，对于自建或外购的公共基础设施，事业单位应当在该项公共基础设施验收合格并交付使用时确认；对于无偿调入、接受捐赠的公共基础设施，事业单位应当在开始承担该项公共基础设施管理维护职责时确认。

②事业单位应当根据公共基础设施提供公共产品或服务的性质或功能特征对其进行分类确认。

③公共基础设施的各组成部分具有不同使用年限或者以不同方式提供公共产品或服务，适用不同折旧率或折旧方法且可以分别确定各自原价的，应当分别将各组成部分确认为该类公共基础设施的一个单项公共基础设施。

④事业单位在购建公共基础设施时，能够分清购建成本中的构筑物部分与土地使用权部分的，应当将其中的构筑物部分和土地使用权部分分别确认为公共基础设施；不能分清购建成本中的构筑物部分与土地使用权部分的，应当整体确认为公共基础设施。

此外，独立于公共基础设施、不构成公共基础设施使用不可缺少组成部分的管理维护用房屋建筑物、设备、车辆等，属于文物文化资产的公共基础设施，以及采用政府和社会资本合作模式（即PPP模式）形成的公共基础设施，均不符合公共基础设施确认条件，不予确认为公共基础设施。

3.公共基础设施的计量

公共基础设施在取得时应当按照成本进行初始计量。不同取得方式下公共基础设施的成本的确定方法参见公共基础设施取得的核算。

公共基础设施的后续计量包括折旧（摊销）和处置，具体参见公共基础设施折旧（摊销）和公共基础设施处置的核算。

（二）公共基础设施核算的会计科目设置

财务会计系统下，事业单位应设置“公共基础设施”科目核算事业单位控制的公共基础设施的原值。本科目应当按照公共基础设施的类别、项目等进行明细核算。本科目期末借方余额，反映公共基础设施的原值。

预算会计系统下，与“公共基础设施”科目对应的是“事业支出”“其他支出”等科目。

事业单位应当根据行业主管部门对公共基础设施的分类规定，制定适合于本单位管理的公共基础设施目录、分类方法，作为进行公共基础设施核算的依据。

（三）公共基础设施的主要账务处理

1.公共基础设施取得

事业单位控制的公共基础设施的取得方式主要包括自行建造、无偿调入、接受捐赠、外购等。

（1）自行建造的公共基础设施

事业单位自行建造的公共基础设施，其成本包括完成批准的建设内容所发生的全部必要支出，包括建筑安装工程投资支出、设备投资支出、待摊投资支出和其他投资支出。在原有公共基础设施基础上进行改建、扩建等建造活动后的公共基础设施，其成本按照原公共基础设施账面价值加上改建、扩建等建造活动发生的支出，再扣除公共基础设施被替换部分的账面价值后的金额确定。为建造公共基础设施借入的专门借款的利息，属于建设期间发生的，计入该公共基础设施的在建工程成本；不属于建设期间发生的，计入当期费用。已交付使用但尚未办理竣工决算手续的公共基础设施，应当按照估计价值[①]入账，待办理竣工决算后再按照实际成本调整原来的暂估价值。

事业单位自行建造的公共基础设施完工交付使用时，财务会计按照在建工程的成本，借记“公共基础设施”科目，贷记“在建工程”科目；预算会计不做账。已交付使用但尚未办理竣工决算手续的公共基础设施，按照估计价值入账，待办理竣工决算后再按照实际成本调整原来的暂估价值。事业单位办理竣工财务决算后，财务会计按实际成本调整资产暂估价值时，应当将实际成本与暂估价值的差额计入净资产，借记或贷记“公共基础设施”科目，贷记或借记“以前年度盈余调整”科目；预算会计不做账。经

① 自行建造的公共基础设施的估计价值的确定和按实际成本调整暂估价值的会计处理，参照“固定资产”科目相关规定进行。

上述调整后，应将“以前年度盈余调整”科目的余额转入“累计盈余”科目。

【例4-110】某事业单位自行建造公共照明设施完工并交付使用，设施总造价200 000元。该事业单位的账务处理如下：

财务会计		预算会计
借：公共基础设施——公共照明设施	200 000	—
贷：在建工程	200 000	

（2）无偿调入的公共基础设施

事业单位接受其他会计主体无偿调入的公共基础设施，其成本按照该项公共基础设施在调出方的账面价值加上归属于调入方的相关费用确定。但是，无偿调入的公共基础设施在调出方的账面价值为零（即已经按制度规定提足折旧或摊销）的，应当将调入过程中其承担的相关税费计入当期费用，不计入调入公共基础设施的初始入账成本。

事业单位接受其他单位无偿调入的公共基础设施，财务会计按照确定的成本，借记“公共基础设施”科目，按照发生的归属于调入方的相关费用，贷记“财政拨款收入”“零余额账户用款额度”“银行存款”等科目，按照其差额，贷记“无偿调拨净资产”科目。无偿调入的公共基础设施成本无法可靠取得的，按照发生的相关税费、运输费等金额，借记“其他费用”科目，贷记“财政拨款收入”“零余额账户用款额度”“银行存款”等科目。预算会计按照实际支付的归属于调入方的相关费用，借记“其他支出”科目，贷记“财政拨款预算收入”“资金结存——零余额账户用款额度、货币资金”科目。

无偿调入公共基础设施在调出方的账面价值为零的，财务会计按照该项公共基础设施在调出方的账面余额，借记“公共基础设施”科目，按照该项公共基础设施在调出方已经计提的折旧或摊销金额（与资产账面余额相等），贷记“公共基础设施累计折旧（摊销）”科目；按照支付的相关税费，借记“其他费用”科目，贷记“零余额账户用款额度”“银行存款”等科目。预算会计按照支付的相关税费，借记“其他支出”科目，贷记“资金结存——零余额账户用款额度、货币资金”科目。

【例4-111】某事业单位从某社区无偿调入文化广场，该社区文化广场的账面价值为5 000 000元，以银行存款支付相关税费50 000元。该事业单位的账务处理如下：

财务会计		预算会计	
借：公共基础设施——文化广场	5 050 000	借：其他支出	50 000
贷：无偿调拨净资产	5 000 000	贷：资金结存——货币资金	50 000
银行存款	50 000		

【例4-112】如果【例4-111】中的事业单位无偿调入文化广场在调出单位的账面价值为零，账面余额和已经计提的折旧金额均为5 000 000元；以银行存款支付相关税费50 000元。该事业单位的账务处理如下：

财务会计		预算会计	
借：公共基础设施——文化广场	5 000 000	借：其他支出	50 000
贷：公共基础设施累计折旧（摊销）	5 000 000	贷：资金结存——货币资金	50 000
借：其他费用	50 000		
贷：银行存款	50 000		

（3）接受捐赠的公共基础设施

事业单位接受捐赠的公共基础设施，其成本按照有关凭据注明的金额加上相关费用确定；没有相关凭据可供取得，但按规定经过资产评估的，其成本按照评估价值加上相关费用确定；没有相关凭据可供取得，也未经资产评估的，其成本比照同类或类似资产的市场价格加上相关费用确定。如受赠的系旧的公共基础设施，在确定其初始入账成本时应当考虑该项资产的新旧程度。其中，“凭据”和“同类或类似资产的市场价格”含义参照存货的相关规定。

事业单位接受捐赠的公共基础设施，财务会计按照确定的成本，借记“公共基础设施”科目，按照发生的相关费用，贷记“财政拨款收入”“零余额账户用款额度”“银行存款”等科目，按照其差额，贷记“捐赠收入”科目。接受捐赠的公共基础设施成本无法可靠取得的，按照发生的相关税费等金额，借记“其他费用”科目，贷记“财政拨款收入”“零余额账户用款额度”“银行存款”等科目。预算会计按照实际支付的归属于捐入方的相关费用，借记“其他支出”科目，贷记“财政拨款预算收入”“资金结存——零余额账户用款额度、货币资金”科目。

【例4-113】如果【例4-111】中的文化广场为接受捐赠设施，该事业单位的账务处理应为：

财务会计		预算会计	
借：公共基础设施——文化广场	5 050 000	借：其他支出	50 000
贷：捐赠收入	5 000 000	贷：资金结存——货币资金	50 000
银行存款	50 000		

（4）外购的公共基础设施

事业单位外购的公共基础设施，其成本包括购买价款、相关税费以及公共基础设施交付使用前所发生的可归属于该项资产的运输费、装卸费、安装费和专业人员服务费等。

事业单位外购的公共基础设施，财务会计按照确定的成本，借记“公共基础设施”科目，贷记“财政拨款收入”“零余额账户用款额度”“银行存款”等科目；预算会计按照实际支付的金额，借记“事业支出”科目，贷记“财政拨款预算收入”“资金结存——零余额账户用款额度、货币资金”科目。

【例4-114】某事业单位购入室外公共健身器材一批，取得增值税专用发票上记载的金额为500 000元、税额65 000元，款项通过单位零余额账户支付。另以银行存款支付运输费用和安装费2 180元（含税）。该事业单位的账务处理如下：

财务会计		预算会计	
借：公共基础设施——室外公共健身器材	567 180	借：事业支出	567 180
贷：零余额账户用款额度	565 000	贷：资金结存——零余额账户用款额度	565 000
银行存款	2 180	——货币资金	2 180

（5）其他情况

对于包括不同组成部分的公共基础设施，其只有总成本、没有单项组成部分成本的，事业单位可以按照各单项组成部分同类或类似资产的成本或市场价格比例对总成本进行分配，分别确定公共基础设施中各单项组成部分的成本。

对于成本无法可靠取得的公共基础设施，事业单位应当设置备查簿进行登记，待成本能够可靠确定后按照规定及时入账。

2. 与公共基础设施相关的后续支出[①]

公共基础设施在使用过程中发生的后续支出，符合公共基础设施确认条件的，应当计入公共基础设施成本；不符合公共基础设施确认条件的，应当在发生时计入当期费用。通常情况下，为增加公共基础设施使用效能或延长其使用年限而发生的改建、扩建等后续支出，应当计入公共基础设施成本；为维护公共基础设施的正常使用而发生的日常维修、养护等后续支出，应当计入当期费用。

事业单位将公共基础设施转入改建、扩建时，财务会计按照公共基础设施的账面价值，借记“在建工程”科目，按照公共基础设施已计提折旧，借记“公共基础设施累计折旧（摊销）”科目，按照公共基础设施的账面余额，贷记“公共基础设施”科目；预算会计不做账。

为增加公共基础设施使用效能或延长其使用年限而发生的改建、扩建等后续支出，财务会计借记“在建工程”科目，贷记“财政拨款收入”“零余额账户用款额度”“银行存款”等科目。预算会计按照实际支付的改建、扩建等后续支出，借记“事业支出”科目，贷记“财政拨款预算收入”“资金结存——零余额账户用款额度、货币资金”科目。

公共基础设施改建、扩建完成，竣工验收交付使用时，财务会计按照在建工程成本，借记“公共基础设施”科目，贷记“在建工程”科目；预算会计不做账。

为保证公共基础设施正常使用发生的日常维修等支出，借记“业务活动费用”“单位管理费用”等科目，贷记“财政拨款收入”“零余额账户用款额度”“银行存款”等科目。预算会计按照实际支付的日常维修等支出，借记“事业支出”科目，贷记“财政拨款预算收入”“资金结存——零余额账户用款额度、货币资金”科目。

【例4-115】某事业单位2×22年6月1日开始对其维护管理的公交站场进行改建，该公交站场的账面余额5 000 000元，已摊销金额2 500 000元；6月10日通过单位零余额账户支付改建款200 000元；该公交站场于7月20日竣工验收完成并交付使用。2×22年

① 公共基础设施后续支出资本化和费用化的划分以及改建、扩建后资产成本的确定，参照“固定资产”科目相关规定进行处理。

12月10日对公交站场进行日常维护，以银行存款支付维护费30 000元。该事业单位的账务处理如下：

- 2×22年6月1日将公交站场转入改建时，

财务会计		预算会计	
借：在建工程	2 500 000		
公共基础设施累计折旧（摊销）	2 500 000	—	
贷：公共基础设施——公交站场	5 000 000		

- 2×22年6月10日支付改建款时，

财务会计		预算会计	
借：在建工程	200 000	借：事业支出	200 000
贷：零余额账户用款额度	200 000	贷：资金结存——零余额账户用款额度	200 000

- 2×22年7月20日竣工验收完成并交付使用时，

财务会计		预算会计	
借：公共基础设施——公交站场	2 700 000	—	
贷：在建工程	2 700 000		

- 2×22年12月10日支付日常维护费时，

财务会计		预算会计	
借：业务活动费用	30 000	借：事业支出	30 000
贷：银行存款	30 000	贷：资金结存——货币资金	30 000

3.公共基础设施折旧（摊销）

（1）公共基础设施折旧（摊销）的范围

事业单位应当对公共基础设施计提折旧，但事业单位持续进行良好的维护使得其性能得到永久维持的公共基础设施和确认为公共基础设施的单独计价入账的土地使用权除外。

对于确认为公共基础设施的单独计价入账的土地使用权，事业单位应当按照《政府会计准则第4号——无形资产》的相关规定进行摊销。

（2）公共基础设施折旧的计提方法

公共基础设施应计提的折旧总额为其成本，计提公共基础设施折旧时不考虑预计净残值。事业单位应当对暂估入账的公共基础设施计提折旧，实际成本确定后不需调整原已计提的折旧额。事业单位按实际成本调整暂估价值后，应当以相关公共基础设施的账面价值（实际成本减去已提折旧后的金额）作为应计提折旧额，在规定的折旧年限扣除已计提折旧年限的剩余年限内计提折旧。

事业单位一般应当采用年限平均法或者工作量法计提公共基础设施折旧。在确定公共基础设施的折旧方法时，应当考虑与公共基础设施相关的服务潜力或经济利益的预期实现方式。公共基础设施折旧方法一经确定，不得随意变更。

(3) 公共基础设施折旧年限的确定

事业单位应当根据公共基础设施的性质和使用情况，合理确定公共基础设施的折旧年限。

事业单位确定公共基础设施的折旧年限时应当考虑下列因素：①设计使用年限或设计基准期；②预计实现服务潜力或提供经济利益的期限；③预计有形损耗和无形损耗；④法律或者类似规定对资产使用的限制。公共基础设施的折旧年限一经确定，不得随意变更，但暂停计提折旧的处于改建和扩建等建造活动期间的公共基础设施、因改建和扩建等原因而延长使用年限重新计算折旧额的公共基础设施除外。

对于事业单位接受无偿调入、捐赠的公共基础设施，应当考虑该项公共基础设施的新旧程度，按照其尚可使用的年限计提折旧。

(4) 公共基础设施折旧计提时点

公共基础设施应当按月计提折旧，并计入当期费用。当月增加的公共基础设施，当月开始计提折旧；当月减少的公共基础设施，当月不再计提折旧。

处于改建、扩建等建造活动期间的公共基础设施，应当暂停计提折旧。因改建、扩建等原因而延长公共基础设施使用年限的，应当按照重新确定的公共基础设施的成本和重新确定的折旧年限计算折旧额，不需调整原已计提的折旧额。

公共基础设施提足折旧后，无论能否继续使用，均不再计提折旧；已提足折旧的公共基础设施，可以继续使用的，应当继续使用，并规范实物管理。提前报废的公共基础设施，不再补提折旧。

(5) 公共基础设施折旧（摊销）核算的会计科目设置

财务会计系统下，事业单位应设置“公共基础设施累计折旧（摊销）”科目核算计提的公共基础设施累计折旧和累计摊销。本科目应当按照所对应公共基础设施的明细分类进行明细核算。本科目期末贷方余额，反映单位提取的公共基础设施折旧和摊销的累计数。

预算会计系统下，事业单位对计提公共基础设施折旧（摊销）不进行会计核算。

(6) 公共基础设施折旧（摊销）的主要账务处理

按月计提公共基础设施折旧时，财务会计按照应计提的折旧额，借记“业务活动费用”科目，贷记“公共基础设施累计折旧（摊销）”科目；预算会计不做账。

按月对确认为公共基础设施的单独计价入账的土地使用权进行摊销时，财务会计按照应计提的摊销额，借记“业务活动费用”科目，贷记“公共基础设施累计折旧（摊销）”科目；预算会计不做账。

处置公共基础设施时，财务会计按照所处置公共基础设施的账面价值，借记“资产处置费用”“无偿调拨净资产”“待处理财产损溢”等科目，按照已提取的折旧和摊销额，借记“公共基础设施累计折旧（摊销）”科目，按照公共基础设施账面余额，贷记“公共基础设施”科目；预算会计不做账。相关举例参见公共基础设施处置的核算。

【例4-116】某事业单位采用年限平均法计提公共基础设施折旧和确认为公共基础设施的单独计价入账的土地使用权摊销，计算确定的本月应计提折旧额2 000 000元、摊销额500 000元。该事业单位的账务处理如下：

财务会计		预算会计
借：业务活动费用	2 500 000	
贷：公共基础设施累计折旧（摊销）——累计折旧	2 000 000	
——累计摊销	500 000	

4. 公共基础设施处置

事业单位公共基础设施处置的方式主要包括对外捐赠、无偿调出、盘亏、报废和毁损。

事业单位按规定报经批准无偿调出、对外捐赠公共基础设施的，应当将公共基础设施的账面价值予以转销，无偿调出、对外捐赠过程中发生的归属于调出方、捐出方的相关费用应当计入当期费用。

事业单位报经批准对外捐赠公共基础设施，财务会计按照公共基础设施已计提的折旧或摊销，借记“公共基础设施累计折旧（摊销）”科目，按照被处置公共基础设施账面余额，贷记“公共基础设施”科目，按照捐赠过程中发生的归属于捐出方的相关费用，贷记“银行存款”等科目，按照其差额，借记“资产处置费用”科目。预算会计按照实际支付的归属于捐出方的相关费用，借记“其他支出”科目，贷记“资金结存——零余额账户用款额度、货币资金”科目。

事业单位报经批准无偿调出公共基础设施，财务会计按照公共基础设施已计提的折旧或摊销，借记“公共基础设施累计折旧（摊销）”科目，按照被处置公共基础设施账面余额，贷记“公共基础设施”科目，按照其差额，借记“无偿调拨净资产”科目；同时，按照无偿调出过程中发生的归属于调出方的相关费用，借记“资产处置费用”科目，贷记“银行存款”等科目。预算会计按照实际支付的归属于调出方的相关费用，借记“其他支出”科目，贷记“资金结存——零余额账户用款额度、货币资金”科目。

【例4-117】某事业单位将一批室外健身器材捐赠给一社区，该批健身器材已计提折旧400 000元、账面余额600 000元，以现金支付运输费981元。该事业单位的账务处理如下：

财务会计		预算会计	
借：资产处置费用	200 981	借：其他支出	981
公共基础设施累计折旧（摊销）	400 000	贷：资金结存——货币资金	981
贷：公共基础设施——室外健身器材	600 000		
库存现金	981		

假定上述室外健身器材无偿调给社区，该事业单位账务处理如下：

财务会计		预算会计	
借：无偿调拨净资产	200 000	借：其他支出	981
公共基础设施累计折旧（摊销）	400 000	贷：资金结存——货币资金	981
贷：公共基础设施——室外健身器材	600 000		
借：资产处置费用	981		
贷：库存现金	981		

5. 公共基础设施盘点

事业单位应当定期对公共基础设施进行清查盘点。对于发生的公共基础设施盘盈、盘亏、毁损或报废，应当先记入“待处理财产损溢”科目，按照规定报经批准后及时进行后续账务处理。

（1）盘盈的公共基础设施

盘盈的公共基础设施，其成本按照有关凭据注明的金额确定；没有相关凭据，但按照规定经过资产评估的，其成本按照评估价值确定；没有相关凭据，也未经过评估的，其成本按照重置成本确定。盘盈的公共基础设施成本无法可靠取得的，单位应当设置备查簿进行登记，待成本确定后按照规定及时入账。

盘盈的公共基础设施，转入待处理财产时，财务会计按照确定的入账成本，借记“公共基础设施”科目，贷记“待处理财产损溢——待处理财产价值”科目；预算会计不做账。按照规定报经批准后处理时，如属于本年度取得的，财务会计和预算会计按照当年新取得公共基础设施进行账务处理；如属于以前年度取得的，按照前期差错处理，财务会计借记“待处理财产损溢——待处理财产价值”科目，贷记“以前年度盈余调整”科目，预算会计不做账。

【例4-118】某事业单位年终在公共基础设施清查过程中，发现有15盏路灯没有入账，其中去年取得10盏，有关凭据注明的金额为500 000元；今年取得的5盏路灯，有关凭据注明的金额为200 000元，款项通过财政支付方式支付。该事业单位的账务处理如下：

• 转入待处理财产损溢时，

财务会计		预算会计
借：公共基础设施——路灯	700 000	—
贷：待处理财产损溢——待处理财产价值	700 000	

• 报经批准予以处理时，

财务会计		预算会计	
借：待处理财产损溢——待处理财产价值	700 000	借：事业支出	200 000
贷：以前年度盈余调整	500 000	贷：财政拨款预算收入	200 000
财政拨款收入	200 000		

（2）盘亏、毁损或报废的公共基础设施

公共基础设施报废或遭受重大毁损的，事业单位应当在报经批准后将公共基础设施账面价值予以转销，并将报废、毁损过程中取得的残值变价收入扣除相关费用后的差额按规定作应缴款项处理（差额为净收益时）或计入当期费用（差额为净损失时）。

盘亏、毁损或报废的公共基础设施，转入待处理财产时，财务会计按照待处理公共基础设施的账面价值，借记“待处理财产损溢——待处理财产价值”科目，按照已计提折旧（摊销），借记“公共基础设施累计折旧（摊销）”科目，按照公共基础设施的账面余额，贷记“公共基础设施”科目。报经批准处理时，财务会计借记“资产处置费用”科目，贷记“待处理财产损溢——待处理财产价值”科目；预算会计不做账。

处理毁损、报废过程中取得的残值或残值变价收入、保险理赔和过失人赔偿等，财务会计借记“库存现金”“银行存款”“其他应收款”等科目，贷记“待处理财产损溢——处理净收入”科目；处理毁损、报废过程中发生的相关费用，财务会计借记“待处理财产损溢——处理净收入”科目，贷记“库存现金”“银行存款”等科目。处理收支结清，如果处理收入大于相关费用的，财务会计按照处理收入减去相关费用后的净收入，借记“待处理财产损溢——处理净收入”科目，贷记“应缴财政款”等科目；如果处理收入小于相关费用的，财务会计按照相关费用减去处理收入后的净支出，借记“资产处置费用”科目，贷记“待处理财产损溢——处理净收入”科目。预算会计对于支付的处理净支出，借记“其他支出”科目，贷记“资金结存——货币资金”科目。

【例4-119】某事业单位占有并直接负责维护管理的城市交通设施发生报废，该设施账面余额为5 000 000元，已计提折旧4 500 000元。在报废清理过程中发生变价收入80 000元，已存入银行；发生清理费用10 000元，以银行存款支付。假设不考虑相关税费，该事业单位的账务处理如下：

• 转入待处理财产损溢时，

财务会计			预算会计
借：待处理财产损溢——待处理财产价值	500 000		
公共基础设施累计折旧（摊销）	4 500 000		—
贷：公共基础设施——城市交通设施		5 000 000	

• 报经批准处理时，

财务会计			预算会计
借：资产处置费用	500 000		—
贷：待处理财产损溢——待处理财产价值		500 000	

• 取得变价收入时，

财务会计			预算会计
借：银行存款	80 000		—
贷：待处理财产损溢——处理净收入		80 000	

• 支付清理费用时，

财务会计			预算会计
借：待处理财产损溢——处理净收入	10 000		—
贷：银行存款		10 000	

• 处置净收入时，

财务会计			预算会计
借：待处理财产损溢——处理净收入	70 000		—
贷：应缴财政款		70 000	

八、政府储备物资

（一）政府储备物资的确认和计量

1.政府储备物资的概念

政府储备物资，是指事业单位为满足实施国家安全与发展战略、进行抗灾救灾、应对公共突发事件等特定公共需求而控制的，同时具有下列特征的有形资产：（1）在应对可能发生的特定事件或情形时动用；（2）其购入、存储保管、更新（轮换）、动用等由政府及相关部门发布的专门管理制度规范。

政府储备物资包括战略及能源物资、抢险抗灾救灾物资、农产品、医药物资和其他重要商品物资，通常情况下由事业单位委托承储单位存储。

2.政府储备物资的确认条件

政府储备物资同时满足下列条件的，应当予以确认：（1）与该政府储备物资相关的服务潜力很可能实现或者经济利益很可能流入事业单位；（2）该政府储备物资的成本或者价值能够可靠地计量。

通常情况下，符合政府储备物资确认条件的，应当由按规定对其负有行政管理职责的事业单位予以确认。其中行政管理职责主要指提出或拟定收储计划、更新（轮换）计划、动用方案等。相关行政管理职责由不同事业单位行使的政府储备物资，由负责提出收储计划的事业单位予以确认。

对政府储备物资不负有行政管理职责但接受委托具体负责执行其存储保管等工作的事业单位，应当将受托代储的政府储备物资作为受托代理资产核算。

3.政府储备物资的计量

政府储备物资在取得时应当按照成本进行初始计量。不同取得方式下政府储备物资的成本的确定方法参见政府储备物资取得的核算。

政府储备物资的后续计量是政府储备物资的发出，具体参见政府储备物资发出的核算。

（二）政府储备物资核算的会计科目设置

财务会计系统下，事业单位应设置“政府储备物资”科目核算控制的政府储备物资的成本。对政府储备物资不负有行政管理职责但接受委托具体负责执行其存储保管等工作的单位，其受托代储的政府储备物资应当通过“受托代理资产”科目核算，不通过本科目核算。本科目应当按照政府储备物资的种类、品种、存放地点等进行明细核算。事业单位根据需要，可在本科目下设置“在库”“发出”等明细科目进行明细核算。本科目期末借方余额，反映政府储备物资的成本。

预算会计系统下，与“政府储备物资”科目对应的是“事业支出”等科目。

（三）政府储备物资的主要账务处理

1.政府储备物资取得

事业单位政府储备物资取得的方式主要包括：购入、委托加工、接受捐赠、无偿调入。政府储备物资取得时，应当按照其成本入账。但是，下列各项不计入政府储备物资成本：仓储费用；日常维护费用；不能归属于使政府储备物资达到目前场所和状态所发生的其他支出。

（1）购入的政府储备物资

事业单位购入的政府储备物资，其成本包括购买价款和事业单位承担的相关税费、运输费、装卸费、保险费、检测费以及使政府储备物资达到目前场所和状态所发生的归属于政府储备物资成本的其他支出。

购入的政府储备物资验收入库，财务会计按照确定的成本，借记“政府储备物资”科目，贷记“财政拨款收入”“零余额账户用款额度”“银行存款”等科目；预算会计按照实际支付的金额，借记“事业支出”科目，贷记“财政拨款预算收入”“资金结存——零余额账户用款额度、货币资金”科目。

【例4-120】某事业单位为地震灾区购入帐篷一批，取得的增值税专用发票上记载的金额为500 000元、税额为65 000元，支付运输费5 450元，款项实行财政直接支付。帐篷已验收入库，该事业单位的账务处理如下：

财务会计			预算会计		
借：政府储备物资——救灾帐篷	570 450		借：事业支出	570 450	
贷：财政拨款收入		570 450	贷：财政拨款预算收入		570 450

（2）委托加工的政府储备物资

事业单位委托加工的政府储备物资，其成本包括委托加工前物料成本、委托加工成本（如委托加工费以及按规定应计入委托加工政府储备物资成本的相关税费等），以及事业单位承担的使政府储备物资达到目前场所和状态所发生的归属于政府储备物资成本的其他支出。

涉及委托加工政府储备物资业务的，相关账务处理参照“加工物品”科目。

（3）接受捐赠的政府储备物资

事业单位接受捐赠的政府储备物资，其成本按照有关凭据注明的金额加上事业单位承担的相关税费、运输费等确定；没有相关凭据可供取得，但按规定经过资产评估的，其成本按照评估价值加上事业单位承担的相关税费、运输费等确定；没有相关凭据可供取得，也未经资产评估的，其成本比照同类或类似资产的市场价格加上事业单位承担的相关税费、运输费等确定。其中，“凭据”和“同类或类似资产的市场价格”含义参照存货的相关规定。

事业单位接受捐赠的政府储备物资验收入库，财务会计按照确定的成本，借记“政府储备物资”科目，按照单位承担的相关税费、运输费等，贷记“零余额账户用款额度”“银行存款”等科目，按照其差额，贷记“捐赠收入”科目；预算会计按实际支付的相关税费、运输费等，借记“其他支出”科目，贷记“资金结存——零余额账户用款额度、货币资金”科目。

【例4-121】某事业单位收到某公司为地震灾区捐赠的大米1 000袋，每袋市场价格100元，通过单位零余额账户支付运输费545元。大米已验收入库，该事业单位的账务处理如下：

财务会计			预算会计	
借：政府储备物资——救灾大米	100 545		借：其他支出	545
贷：零余额账户用款额度		545	贷：资金结存——货币资金	545
捐赠收入		100 000		

（4）无偿调入的政府储备物资

事业单位接受无偿调入的政府储备物资，其成本按照调出方账面价值加上归属于事业单位的相关税费、运输费等确定。

事业单位接受无偿调入的政府储备物资验收入库，财务会计按照确定的成本，借记“政府储备物资”科目，按照单位承担的相关税费、运输费等，贷记“零余额账户用款额度”“银行存款”等科目，按照其差额，贷记“无偿调拨净资产”科目。预算会计按实际支付的相关税费、运输费等，借记“其他支出”科目，贷记“资金结存——零余额账户用款额度、货币资金”科目。

【例4-122】某事业单位收到无偿调入的医药物资一批，调出方账面价值为500 000元，以现金支付运输费545元。医药物资已验收入库，该事业单位的账务处理如下：

财务会计			预算会计	
借：政府储备物资——医药物资	500 545		借：其他支出	545
贷：库存现金		545	贷：资金结存——货币资金	545
无偿调拨净资产		500 000		

2.政府储备物资的发出

事业单位政府储备物资发出的方式主要包括：动用、无偿调出、对外销售等。其中后两种方式属于政府储备物资处置。

事业单位应当根据实际情况采用先进先出法、加权平均法或者个别计价法确定政府储备物资发出的成本。计价方法一经确定，不得随意变更。对于性质和用途相似的政府储备物资，事业单位应当采用相同的成本计价方法确定发出物资的成本。对于不能替代使用的政府储备物资、为特定项目专门购入或加工的政府储备物资，事业单位通常应采用个别计价法确定发出物资的成本。

（1）动用的政府储备物资

事业单位因动用而发出无需收回的政府储备物资的，事业单位应当在发出物资时将其账面余额予以转销，计入当期费用。因动用而发出需要收回或者预期可能收回的政府储备物资的，事业单位应当在按规定的质量验收标准收回物资时，将未收回物资的账面余额予以转销，计入当期费用。

事业单位因动用而发出无需收回的政府储备物资的，财务会计按照发出物资的账面余额，借记“业务活动费用”科目，贷记“政府储备物资”科目；预算会计不做账。

事业单位因动用而发出需要收回或者预期可能收回的政府储备物资的，在发出物资时，财务会计按照发出物资的账面余额，借记“政府储备物资——发出”科目，贷记“政府储备物资——在库”科目；按照规定的质量验收标准收回物资时，按照收回物资账面余额，借记“政府储备物资——在库”科目，按照未收回物资的原账面余额，借记“业务活动费用”科目，按照物资发出时登记在“政府储备物资”科目所属“发出”明细科目中的余额，贷记“政府储备物资——发出”科目。预算会计不做账。

【例4-123】某事业单位从本单位的仓库中发出一批防汛材料物资，该物资的账面余额为600 000元，发出后无需收回。该事业单位的账务处理如下：

财务会计			预算会计
借：业务活动费用	600 000		—
贷：政府储备物资——发出——防汛物资		600 000	

【例4-124】某事业单位从本单位的仓库中发出一批防汛车船设备物资，该物资账面余额为1 000 000元，发出后需要收回，假定收回时物资账面余额500 000元，该事业单位的账务处理如下：

• 发出时，

财务会计			预算会计
借：政府储备物资——发出——防汛物资	1 000 000		—
贷：政府储备物资——在库——防汛物资		1 000 000	

• 收回时，

财务会计			预算会计
借：政府储备物资——在库——防汛物资	500 000		
业务活动费用	500 000		—
贷：政府储备物资——发出——防汛物资		1 000 000	

（2）无偿调出的政府储备物资

事业单位因行政管理主体变动等原因而将政府储备物资调拨给其他主体的，事业单位应当在发出物资时将其账面余额予以转销。

事业单位因行政管理主体变动等原因而将政府储备物资调拨给其他主体的，财务会计按照无偿调出政府储备物资的账面余额，借记“无偿调拨净资产”科目，贷记“政府储备物资”科目；预算会计不做账。

【例4-125】某事业单位经批准无偿调出医疗器械一批，该物资的账面余额500 000元。该事业单位的账务处理如下：

财务会计			预算会计
借：无偿调拨净资产	500 000		—
贷：政府储备物资——医疗器械		500 000	

（3）对外销售的政府储备物资

事业单位对外销售政府储备物资的，应当在发出物资时将其账面余额转销计入当期费用，并按规定确认相关销售收入或将销售取得的价款大于所承担的相关税费后的差额作应缴款项处理。

事业单位对外销售政府储备物资并将销售收入纳入单位预算统一管理的，发出物资时，财务会计按照发出物资的账面余额，借记“业务活动费用”科目，贷记“政府储备物资”科目；实现销售收入时，按照确认的收入金额，借记“银行存款”“应收账款”等科目，贷记“事业收入”等科目。预算会计按实际收到的价款，借记“资金结存——货币资金”科目，贷记“事业预算收入”等科目。

事业单位对外销售政府储备物资并按照规定将销售净收入上缴财政的，发出物资时，财务会计按照发出物资的账面余额，借记“资产处置费用”科目，贷记“政府储备物资”科目；取得销售价款时，按照实际收到的款项金额，借记“银行存款”等科目，按照发生的相关税费，贷记“银行存款”等科目，按照销售价款大于所承担的相关税费后的差额，贷记“应缴财政款”科目。预算会计不做账。

【例4-126】某事业单位经批准将不需储备的救灾帐篷出售，该物资的账面余额为100 000元，出售价款92 700元。该事业单位的账务处理如下：

• 如果对外销售政府储备物资并将销售收入纳入单位预算统一管理，

财务会计			预算会计		
借：业务活动费用	100 000		借：资金结存——货币资金	92 700	
贷：政府储备物资——救灾帐篷		100 000	贷：事业预算收入		92 700
借：银行存款	92 700				
贷：事业收入		90 000			
应交增值税		2 700			

• 如果对外销售政府储备物资并按照规定将销售净收入上缴财政，

财务会计			预算会计
借：资产处置费用	100 000		
贷：政府储备物资——救灾帐篷		100 000	
借：银行存款	92 700		—
贷：应交增值税		2 700	
其他应交税费		324	
应缴财政款		89 676	

（4）更新（轮换）的政府储备物资

事业单位采取销售采购方式对政府储备物资进行更新（轮换）的，应当将物资轮出视为物资销售，按照对外销售政府储备物资处理；将物资轮入视为物资采购，按照购入的政府储备物资处理。

3.政府储备物资的盘点

事业单位应当定期对政府储备物资进行清查盘点，每年至少盘点一次。对于发生的政府储备物资盘盈、盘亏或者报废、毁损，应当先记入“待处理财产损溢”科目，按照规定报经批准后及时进行后续账务处理。

（1）盘盈的政府储备物资

事业单位盘盈的政府储备物资，其成本按照有关凭据注明的金额确定；没有相关凭据，但按规定经过资产评估的，其成本按照评估价值确定；没有相关凭据，也未经资产评估的，其成本按照重置成本确定。

盘盈的政府储备物资，转入待处理财产时，财务会计按照确定的入账成本，借记“政府储备物资”科目，贷记“待处理财产损溢——待处理财产价值”科目；预算会计不做账。按照规定报经批准后处理时，如属于本年度取得的，财务会计和预算会计均按照当年新取得相关资产进行账务处理；如属于以前年度取得的，按照前期差错处理，财务会计借记“待处理财产损溢——待处理财产价值”科目，贷记“以前年度盈余调整”科目，预算会计不做账。

【例4-127】某事业单位年终在政府储备物资清查过程中，发现今年取得的农产品物资没有入账，有关凭据注明的金额为1 200 000元，款项通过财政部门零余额账户支付；去年取得的救灾帐篷一批没有入账，有关凭据注明的金额为200 000元。该事业单位的账务处理如下：

• 转入待处理财产损溢时，

财务会计			预算会计
借：政府储备物资——农产品物资	1 200 000		
——救灾帐篷	200 000		—
贷：待处理财产损溢——待处理财产价值		1 400 000	

• 报经批准予以处理时，

财务会计			预算会计		
借：待处理财产损溢——待处理财产价值	1 400 000		借：事业支出	1 200 000	
贷：以前年度盈余调整		200 000	贷：财政拨款预算收入		1 200 000
财政拨款收入		1 200 000			

（2）盘亏或者毁损、报废的政府储备物资

政府储备物资盘亏的，事业单位应当按规定报经批准后将盘亏的政府储备物资的账面余额予以转销，确定追究相关赔偿责任的，确认应收款项；属于正常耗费或不可抗力因素造成的，计入当期费用。政府储备物资报废、毁损的，事业单位应当按规定报经批准后将报废、毁损的政府储备物资的账面余额予以转销，确认应收款项（确定追究相关赔偿责任的）或计入当期费用（因储存年限到期报废或非人为因素致使报废、毁损的）；同时，将报废、毁损过程中取得的残值变价收入扣除事业单位承担的相关费用后的差额按规定作应缴款项处理（差额为净收益时）或计入当期费用（差额为净损失时）。

盘亏、毁损或报废的政府储备物资，转入待处理财产时，财务会计按照待处理政府储备物资的账面余额，借记“待处理财产损溢——待处理财产价值”科目，贷记“政府储备物资”科目；报经批准处理时，借记“资产处置费用”科目，贷记“待处理财产损溢——待处理财产价值”科目。预算会计不做账。

处理毁损、报废过程中取得的残值或残值变价收入、保险理赔和过失人赔偿等，借记“库存现金”“银行存款”“其他应收款”等科目，贷记“待处理财产损溢——处理净收入”科目；处理毁损、报废过程中发生的相关费用，借记“待处理财产损溢——处理净收入”科目，贷记“库存现金”“银行存款”等科目。处理收支结清，如果处理收入大于相关费用的，按照处理收入减去相关费用后的净收入，借记“待处理财产损溢——处理净收入”科目，贷记“应缴财政款”等科目；如果处理收入小于相关费用的，按照相关费用减去处理收入后的净支出，借记“资产处置费用”科目，贷记“待处理财产损溢——处理净收入”科目。预算会计对于支付的处理净支出，借记“其他支出”科目，贷记“资金结存——货币资金”科目。

【例4-128】某事业单位在年终盘点政府储备物资时发现救灾医疗器械短缺一批，属于正常损耗，其账面余额为100 000元。该事业单位的账务处理如下：

• 转入待处理财产损溢时，

财务会计			预算会计
借：待处理财产损溢——待处理财产价值	100 000		—
贷：政府储备物资——医疗器械		100 000	

• 报经批准予以核销时，

财务会计			预算会计
借：资产处置费用	100 000		—
贷：待处理财产损溢——待处理财产价值		100 000	

【例4-129】某事业单位一批防汛设备因使用年限到期发生报废，该设备账面余额为500 000元，在报废清理过程中发生变价收入80 000元，已存入银行；发生清理费用10 000元，以银行存款支付。假设不考虑相关税费，该事业单位的账务处理如下：

• 转入待处理财产损溢时，

财务会计			预算会计
借：待处理财产损溢——待处理财产价值	500 000		—
贷：政府储备物资——防汛设备		500 000	

• 报经批准后处理时，

	财务会计		预算会计
借：资产处置费用	500 000		—
贷：待处理财产损溢——待处理财产价值		500 000	

• 取得变价收入时，

	财务会计		预算会计
借：银行存款	80 000		—
贷：待处理财产损溢——处理净收入		80 000	

• 支付清理费用时，

	财务会计		预算会计
借：待处理财产损溢——处理净收入	10 000		—
贷：银行存款		10 000	

• 处置净收入时，

	财务会计		预算会计
借：待处理财产损溢——处理净收入	70 000		—
贷：应缴财政款		70 000	

九、文物文化资产

（一）文物文化资产的确认和计量

通常情况下，文物文化资产是指用于展览、教育或研究等目的的历史文物、艺术品以及其他具有文化或历史价值并作长期或永久保存的典藏等。

根据现行的政府会计准则，事业单位核算的文物文化资产的概念、内容以及确认条件尚无规定；文物文化资产的计量则按照《政府会计制度》的规定执行。

（二）文物文化资产核算的会计科目设置

财务会计系统下，事业单位应设置“文物文化资产”科目核算为满足社会公共需求而控制的文物文化资产的成本。事业单位为满足自身开展业务活动或其他活动需要而控制的文物和陈列品，应当通过“固定资产”科目核算，不通过本科目核算。本科目应当按照文物文化资产的类别、项目等进行明细核算。本科目期末借方余额，反映文物文化资产的成本。

预算会计系统下，与“文物文化资产”科目对应的是“事业支出”“其他支出”等科目。

（三）文物文化资产的主要账务处理

1. 文物文化资产的取得

事业单位文物文化资产取得的主要方式包括：外购、无偿调入、接受捐赠。文物文化资产在取得时，应当按照其成本入账。对于成本无法可靠取得的文物文化资产，事业单位应当设置备查簿进行登记，待成本能够可靠确定后按照规定及时入账。

（1）外购的文物文化资产

事业单位外购的文物文化资产，其成本包括购买价款、相关税费以及可归属于该项资产达到预定用途前所发生的其他支出（如运输费、安装费、装卸费等）。

外购的文物文化资产，财务会计按照确定的成本，借记“文物文化资产”科目，贷记“财政拨款收入”“零余额账户用款额度”“银行存款”等科目。预算会计按照实际支付的金额，借记“事业支出”科目，贷记“财政拨款预算收入”“资金结存——零余额账户用款额度、货币资金”科目。

【例4-130】某事业单位从拍卖市场拍得佛教造像一尊用于研究，采用财政直接支付方式支付款项5 000 000元。通过单位零余额账户支付相关税费50 000元。该事业单位的账务处理如下：

财务会计			预算会计		
借：文物文化资产——佛教造像	5 050 000		借：事业支出	5 050 000	
贷：财政拨款收入		5 000 000	贷：财政拨款预算收入		5 000 000
零余额账户用款额度		50 000	资金结存——零余额账户用款额度		50 000

（2）无偿调入的文物文化资产

事业单位接受其他单位无偿调入的文物文化资产，其成本按照该项资产在调出方的账面价值加上归属于调入方的相关费用确定。

无偿调入的文物文化资产，财务会计按照确定的成本，借记“文物文化资产”科目，按照发生的归属于调入方的相关费用，贷记“零余额账户用款额度”“银行存款”等科目，按照其差额，贷记“无偿调拨净资产”科目；无偿调入的文物文化资产成本无法可靠取得的，按照发生的归属于调入方的相关费用，借记“其他费用”科目，贷记“零余额账户用款额度”“银行存款”等科目。预算会计按照实际支付的归属于调入方的相关费用，借记“其他支出”科目，贷记“资金结存——零余额账户用款额度、货币资金”科目。

【例4-131】某事业单位从某省级博物馆无偿调入用于展览古代兵器一批，调出方账面价值为500 000元，以现金支付运输费500元。该事业单位的账务处理如下：

财务会计			预算会计		
借：文物文化资产——兵器	500 500		借：其他支出	500	
贷：库存现金		500	贷：资金结存——货币资金		500
无偿调拨净资产		500 000			

（3）接受捐赠的文物文化资产

事业单位接受捐赠的文物文化资产，其成本按照有关凭据注明的金额加上相关费用确定；没有相关凭据可供取得，但按照规定经过资产评估的，其成本按照评估价值加上相关费用确定；没有相关凭据可供取得，也未经评估的，其成本比照同类或类似资产的市场价格加上相关费用确定。其中，“凭据”和“同类或类似资产的市场价格”含义参照存货的相关规定。

接受捐赠的文物文化资产，财务会计按照确定的成本，借记“文物文化资产”科目，按照发生的相关税费、运输费等金额，贷记“零余额账户用款额度”“银行存款”等科目，按照其差额，贷记“捐赠收入”科目。接受捐赠的文物文化资产成本无法可靠取得的，按照发生的相关税费、运输费等金额，借记“其他费用”科目，贷记“零余额账户用款额度”“银行存款”等科目。预算会计按照实际支付的相关税费、运输费等，借记“其他支出”科目，贷记“资金结存——零余额账户用款额度、货币资金”科目。

【例4-132】某事业单位收到一位民间收藏家捐赠的一幅宋代名画，该名画经过资产评估机构的资产评估价值为1 500 000元。通过单位零余额账户支付评估费2 000元。该事业单位的账务处理如下：

财务会计			预算会计		
借：文物文化资产——书画	1 502 000		借：其他支出	2 000	
贷：零余额账户用款额度		2 000	贷：资金结存——货币资金		2 000
捐赠收入		1 500 000			

2. 与文物文化资产有关的后续支出

事业单位与文物文化资产有关的后续支出，参照“公共基础设施”科目相关规定进行处理。

3. 文物文化资产的处置

事业单位文物文化资产的处置方式主要包括：对外捐赠、无偿调出、盘亏、报废和毁损。

（1）对外捐赠文物文化资产

事业单位报经批准对外捐赠文物文化资产，财务会计按照被处置文物文化资产账面余额和捐赠过程中发生的归属于捐出方的相关费用合计数，借记“资产处置费用”科目，按照被处置文物文化资产账面余额，贷记“文物文化资产”科目，按照捐赠过程中发生的归属于捐出方的相关费用，贷记“银行存款”等科目。预算会计按照实际支付的归属于捐出方的相关费用，借记“其他支出”科目，贷记“资金结存——零余额账户用款额度、货币资金”科目。

（2）无偿调出文物文化资产

事业单位报经批准无偿调出文物文化资产，财务会计按照被处置文物文化资产账面余额，借记“无偿调拨净资产”科目，贷记“文物文化资产”科目；同时，按照无偿调出过程中发生的归属于调出方的相关费用，借记“资产处置费用”科目，贷记“银行存款”等科目。预算会计按照实际支付的归属于调出方的相关费用，借记“其他支出”科目，贷记“资金结存——零余额账户用款额度、货币资金”科目。

【例4-133】某事业单位经批准将一批体现某省地方古代生产方式的文物捐赠给该省博物馆，该批文物的账面余额为500 000元。假设不考虑相关税费，该事业单位的账务处理如下：

财务会计			预算会计
借：资产处置费用	500 000		—
贷：文物文化资产——生产工具		500 000	

如果上述文物是无偿调拨给省博物馆的，则：

财务会计			预算会计
借：无偿调拨净资产	500 000		—
贷：文物文化资产——生产工具		500 000	

4.文物文化资产的盘点

事业单位应当定期对文物文化资产进行清查盘点，每年至少盘点一次。对于发生的文物文化资产盘盈、盘亏、毁损或报废等，参照“公共基础设施”科目相关规定进行账务处理。

十、保障性住房

（一）保障性住房的确认和计量

保障性住房是事业单位为满足社会公共需要而控制的住房，主要指地方政府住房保障主管部门持有全部或部分产权份额、纳入城镇住房保障规划和年度计划、向符合条件的保障对象提供的住房。

根据目前已发布的政府会计准则制度，有关保障性住房确认条件尚无规定；其计量则按照《政府会计制度》规定执行。

（二）保障性住房核算的会计科目设置

财务会计系统下，事业单位应设置“保障性住房”科目核算为满足社会公共需求而控制的保障性住房的原值。本科目应当按照保障性住房的类别、项目等进行明细核算。本科目期末借方余额，反映保障性住房的原值。

预算会计系统下，与“保障性住房”科目对应的是“事业支出”“其他支出”等科目。

（三）保障性住房的主要账务处理

1.保障性住房的取得

事业单位保障性住房取得的主要方式包括：外购、自行建造、无偿调入、接受捐赠、融资租赁等。保障性住房在取得时，应当按其成本入账。

（1）外购的保障性住房

事业单位外购的保障性住房，其成本包括购买价款、相关税费以及可归属于该项资产达到预定用途前所发生的其他支出。

外购的保障性住房，财务会计按照确定的成本，借记“保障性住房”科目，贷记“财政拨款收入”“零余额账户用款额度”“银行存款”等科目。预算会计按照实际支付的金额，借记“事业支出”科目，贷记“财政拨款预算收入”“资金结存——零余额账户用款额度、货币资金”科目。

【例4-134】某事业单位为职工购入保障性廉租住房1栋，价值2 000万元，发生相关税费80万元，款项实行财政直接支付。该事业单位的账务处理如下：

财务会计			预算会计		
借：保障性住房——廉租住房	20 800 000		借：事业支出	20 800 000	
贷：财政拨款收入		20 800 000	贷：财政拨款预算收入		20 800 000

（2）自行建造的保障性住房

自行建造的保障性住房交付使用时，按照在建工程成本，借记“保障性住房”科目，贷记“在建工程”科目。已交付使用但尚未办理竣工决算手续的保障性住房，按照估计价值[①]入账，待办理竣工决算后再按照实际成本调整原来的暂估价值。

【例4-135】某事业单位以出包方式自行建造的定向安置房工程完工交付使用。在自行建造该定向安置房的过程中共发生实际支出50 000 000元。该事业单位的账务处理如下：

财务会计			预算会计
借：保障性住房——定向安置房	50 000 000		—
贷：在建工程		50 000 000	

（3）无偿调入的保障性住房

事业单位接受其他单位无偿调入的保障性住房，其成本按照该项资产在调出方的账面价值加上归属于调入方的相关费用确定。但是，无偿调入的保障性住房在调出方的账面价值为零（即已经按制度规定提足折旧）的，应当将调入过程中其承担的相关税费计入当期费用，不计入调入保障性住房的初始入账成本。

无偿调入的保障性住房，财务会计按照确定的成本，借记“保障性住房”科目，按照发生的归属于调入方的相关费用，贷记“零余额账户用款额度”“银行存款”等科目，按照其差额，贷记“无偿调拨净资产”科目。预算会计按照实际支付的归属于调入方的相关费用，借记“其他支出”科目，贷记“资金结存——零余额账户用款额度、货币资金”科目。

无偿调入保障性住房在调出方的账面价值为零的，财务会计按照该项资产在调出方的账面余额，借记“保障性住房”科目，按照该项资产在调出方已经计提的折旧金额（与资产账面余额相等），贷记“保障性住房累计折旧”科目；按照支付的相关税费，借记“其他费用”科目，贷记“零余额账户用款额度”“银行存款”等科目。预算会计按照支付的相关税费，借记“其他支出”科目，贷记“资金结存——零余额账户用款额度、货币资金”科目。

【例4-136】某事业单位经批准从其他单位无偿调入政策性租赁住房100套，该批政策性租赁住房调出方账面价值为1 200 000元，以银行存款支付相关费用5 000元。该事业单位的账务处理如下：

---

① 保障性住房的估计价值的确定和按实际成本调整暂估价值的会计处理，参照“固定资产”科目相关规定进行。

财务会计		预算会计	
借：保障性住房——政策性租赁住房	1 205 000	借：其他支出	5 000
贷：银行存款	5 000	贷：资金结存——货币资金	5 000
无偿调拨净资产	1 200 000		

【例4-137】某事业单位经批准从其他单位无偿调入政策性租赁住房120套，该批政策性租赁住房在调出单位的账面价值为零，账面余额和已经计提的折旧金额均为1 500 000元，以银行存款支付相关费用50 000元。该事业单位的账务处理如下：

财务会计		预算会计	
借：保障性住房——政策性租赁住房	1 500 000	借：其他支出	50 000
贷：保障性住房累计折旧	1 500 000	贷：资金结存——货币资金	50 000
借：其他费用	50 000		
贷：银行存款	50 000		

（4）接受捐赠、融资租赁取得的保障性住房

接受捐赠、融资租赁取得的保障性住房，参照“固定资产”科目相关规定进行处理。

2. 与保障性住房有关的后续支出

事业单位与保障性住房有关的后续支出，参照“固定资产”科目相关规定进行处理。

3. 保障性住房折旧

事业单位应当参照《政府会计准则第3号——固定资产》及其应用指南的相关规定，按月对其控制的保障性住房计提折旧。

（1）保障性住房折旧核算的会计科目设置

财务会计系统下，事业单位应设置“保障性住房累计折旧”科目核算计提的保障性住房的累计折旧。本科目应当按照所对应保障性住房的类别进行明细核算。本科目期末贷方余额，反映单位计提的保障性住房折旧累计数。

预算会计系统下，事业单位对保障性住房折旧不进行会计核算。

（2）保障性住房折旧的主要账务处理

按月计提保障性住房折旧时，按照应计提的折旧额，财务会计借记“业务活动费用”科目，贷记“保障性住房累计折旧”科目；预算会计不做账。

事业单位报经批准处置保障性住房时，财务会计按照所处置保障性住房的账面价值，借记“资产处置费用”“无偿调拨净资产”“待处理财产损溢”等科目，按照已计提折旧，借记“保障性住房累计折旧”科目，按照保障性住房的账面余额，贷记“保障性住房”科目；预算会计不做账。相关举例参见保障性住房处置的核算。

【例4-138】某事业单位采用年限平均法计提保障性住房折旧，本月计提折旧额为100 000元。该事业单位账务处理如下：

财务会计			预算会计
借：业务活动费用	100 000		—
贷：保障性住房累计折旧		100 000	

4.保障性住房的出租

事业单位按照规定出租保障性住房并将出租收入上缴同级财政，财务会计按照收取的租金金额，借“银行存款”等科目，贷记“应缴财政款”科目；预算会计不做账。

【例4-139】某事业单位按季度收取廉租住房租金105 000元。每个季度收到租金收入时，该事业单位账务处理如下：

财务会计			预算会计
借：银行存款	105 000		—
贷：应交增值税		5 000	
其他应交税费		600	
应缴财政款		99 400	

5.保障性住房的处置

事业单位保障性住房处置的主要方式包括：无偿调出、对外出售、盘亏、报废和毁损。

（1）无偿调出保障性住房

事业单位报经批准无偿调出保障性住房，财务会计按照保障性住房已计提的折旧，借记“保障性住房累计折旧”科目，按照被处置保障性住房账面余额，贷记“保障性住房”科目，按照其差额，借记“无偿调拨净资产”科目；同时，按照无偿调出过程中发生的归属于调出方的相关费用，借记“资产处置费用”科目，贷记“银行存款”等科目。预算会计按照实际支付的归属于调出方的相关费用，借记“其他支出”科目，贷记“资金结存——零余额账户用款额度、货币资金”科目。

【例4-140】某事业单位报经批准将20套不需用的廉租住房无偿调出给其他单位，该批廉租住房的账面余额为400 000元，已计提折旧100 000元。该事业单位的账务处理如下：

财务会计			预算会计
借：保障性住房累计折旧	100 000		—
无偿调拨净资产	300 000		
贷：保障性住房——廉租住房		400 000	

（2）对外出售的保障性住房

事业单位报经批准出售保障性住房，财务会计按照被出售保障性住房的账面价值，借记“资产处置费用”科目，按照保障性住房已计提的折旧，借记“保障性住房累计折旧”科目，按照保障性住房账面余额，贷记“保障性住房”科目；同时，按照收到的价款，借记“银行存款”等科目，按照出售过程中发生的相关费用，贷记“银行存款”等科目，按照其差额，贷记“应缴财政款”科目。预算会计不做账。

【例4-141】某事业单位经上级批准将2016年3月取得的30套政策性租赁住房出售，30套住房的账面价值为4 000 000元，已计提折旧3 000 000元，取得出售价款1 260 000元，款项已存入银行。另以银行存款支付相关费用20 000元。该事业单位的账务处理如下：

财务会计			预算会计
借：资产处置费用	4 000 000		
保障性住房累计折旧	3 000 000		
贷：保障性住房——政策性租赁住房		7 000 000	
借：银行存款	1 260 000		—
贷：应交增值税		60 000	
其他应交税费		7 200	
银行存款		20 000	
应缴财政款		1 172 800	

6. 保障性住房的盘点

事业单位应当定期对保障性住房进行清查盘点。对于发生的保障性住房盘盈、盘亏、毁损或报废等，参照“固定资产”科目相关规定进行账务处理。

十一、长期待摊费用

（一）长期待摊费用的确认和计量

长期待摊费用是指事业单位已经支出，但应由本期和以后各期负担的分摊期限在1年以上（不含1年）的各项费用，如以经营租赁方式租入的固定资产发生的改良支出等。

长期待摊费用在发生时确认，按照已经支出的金额计量。

（二）长期待摊费用核算的会计科目设置

财务会计系统下，事业单位应设置“长期待摊费用”科目，核算长期待摊费用。本科目应当按照费用项目进行明细核算。本科目期末借方余额，反映单位尚未摊销完毕的长期待摊费用。

预算会计系统下，与“长期待摊费用”科目对应的是“事业支出”“经营支出”等科目。

（三）长期待摊费用的主要账务处理

1. 发生长期待摊费用时，按照支出金额，财务会计借记“长期待摊费用”科目，贷记“财政拨款收入”“零余额账户用款额度”“银行存款”等科目；预算会计借记“事业支出”等科目，贷记“财政拨款预算收入”“资金结存——零余额账户用款额度、货币资金”科目。

2. 按照受益期间摊销长期待摊费用时，财务会计按照摊销金额，借记“业务活动费用”“单位管理费用”“经营费用”等科目，贷记“长期待摊费用”科目；预算会计不做账。

3.如果某项长期待摊费用已经不能使单位受益，应当将其摊余金额一次全部转入当期费用。财务会计按照摊销金额，借记“业务活动费用”“单位管理费用”“经营费用”等科目，贷记“长期待摊费用”科目；预算会计不做账。

【例4-142】某事业单位因开展专业活动租入办公用房，租期两年，该单位只在协议规定的期限内拥有对该办公用房的使用权。在使用前，该单位对办公用房进行了装修，共计支出24 000元，款项通过单位零余额账户支付。该事业单位账务处理如下：

• 发生装修费用时，

财务会计			预算会计		
借：长期待摊费用	24 000		借：事业支出	24 000	
贷：零余额账户用款额度		24 000	贷：资金结存——零余额账户用款额度		24 000

• 2年内每月平均分摊装修费时，

财务会计			预算会计
借：业务活动费用	1 000		—
贷：长期待摊费用		1 000	

十二、资产清查

资产清查，是指事业单位对其控制的现金、实物资产和无形资产进行清查，以查明事业单位的资产盘盈、盘亏、报废和毁损等情况的行为。

（一）资产清查核算的会计科目设置

财务会计系统下，事业单位应设置“待处理财产损溢”科目以核算在资产清查过程中查明的各种资产盘盈、盘亏和报废、毁损的价值。本科目应当按照待处理的资产项目进行明细核算；对于在资产处理过程中取得收入或发生相关费用的项目，还应当设置“待处理财产价值”“处理净收入”明细科目，进行明细核算。本科目期末如为借方余额，反映尚未处理完毕的各种资产的净损失；期末如为贷方余额，反映尚未处理完毕的各种资产净溢余。年末，经批准处理后，本科目一般应无余额。

预算会计系统下，与“待处理财产损溢”科目对应的主要是“其他预算收入”“其他支出”科目。

（二）待处理财产损溢的主要账务处理

事业单位应当对现金、实物资产和无形资产等进行清查盘点，对于发生的资产盘盈、盘亏、报废和毁损，应当先记入“待处理财产损溢”科目，按照规定报经批准后及时进行后续的账务处理。年末结账前一般应处理完毕。

1.账款核对时发现的库存现金短缺或溢余

事业单位每日账款核对中发现现金短缺或溢余，属于现金短缺的，财务会计按照实际短缺的金额，借记“待处理财产损溢——待处理财产价值”科目，贷记“库存现金”科目；预算会计借记“其他支出”科目，贷记“资金结存——货币资金”科目。属于应由责任人赔偿或向有关人员追回的，财务会计借记“其他应收款”科目，贷记“待处理财产损溢——待处理财产价值”科目；预算会计不做账。属于无法查明原因的，报经批准核销时，财务会计借记“资产处置费用”科目，贷记“待处理财产损溢——待处理财产价值”科目；预算会计不做账。

属于现金溢余的，财务会计按照实际溢余的金额，借记“库存现金”科目，贷记“待处理财产损溢——待处理财产价值”科目；预算会计借记“资金结存——货币资金”科目，贷记“其他预算收入”科目。属于应支付给有关人员或单位的，财务会计借记“待处理财产损溢——待处理财产价值”科目，贷记“其他应付款”科目；预算会计不做账。属于无法查明原因的，报经批准后，财务会计借记“待处理财产损溢——待处理财产价值”科目，贷记“其他收入”科目；预算会计不做账。

2. 资产清查过程中发现的存货、固定资产、无形资产、公共基础设施、政府储备物资、文物文化资产、保障性住房等各种资产盘盈、盘亏或报废、毁损

（1）盘盈的各类资产

盘盈的各类资产转入待处理资产时，财务会计按照确定的成本，借记“库存物品”“固定资产”“无形资产”“公共基础设施”“政府储备物资”“文物文化资产”“保障性住房”等科目，贷记“待处理财产损溢——待处理财产价值”科目；预算会计不做账。

按照规定报经批准后处理时，对于盘盈的流动资产，财务会计借记“待处理财产损溢——待处理财产价值”科目，贷记“单位管理费用”科目；预算会计不做账。对于盘盈的非流动资产，如属于本年度取得的，财务会计和预算会计均按照当年新取得相关资产进行账务处理；如属于以前年度取得的，按照前期差错处理，借记“待处理财产损溢——待处理财产价值”科目，贷记“以前年度盈余调整”科目，预算会计不做账。

（2）盘亏或者毁损、报废的各类资产

财务会计下，盘亏或者毁损、报废的各类资产转入待处理资产时，借记“待处理财产损溢——待处理财产价值”科目［盘亏、毁损、报废固定资产、无形资产、公共基础设施、保障性住房的，还应借记“固定资产累计折旧”“无形资产累计摊销”“公共基础设施累计折旧（摊销）”“保障性住房累计折旧”科目］，贷记“库存物品”“固定资产”“无形资产”“公共基础设施”“政府储备物资”“文物文化资产”“保障性住房”“在建工程”等科目（涉及增值税业务的，相关账务处理参见“应交增值税”科目）。报经批准处理时，借记“资产处置费用”科目，贷记“待处理财产损溢——待处理财产价值”科目。处理毁损、报废实物资产过程中取得的残值或残值变价收入、保险理赔和过失人赔偿等，借记“库存现金”“银行存款”“库存物品”“其他应收款”等科目，贷记“待处理财产损溢——处理净收入”科目；处理毁损、报废实物

资产过程中发生的相关费用，借记“待处理财产损溢——处理净收入”科目，贷记“库存现金”“银行存款”等科目。处理收支结清，如果处理收入大于相关费用的，按照处理收入减去相关费用后的净收入，借记“待处理财产损溢——处理净收入”科目，贷记“应缴财政款”等科目；如果处理收入小于相关费用的，按照相关费用减去处理收入后的净支出，借记“资产处置费用”科目，贷记“待处理财产损溢——处理净收入”科目。

预算会计下，对盘亏或者毁损、报废的各类资产过程中支付的处理净支出，借记“其他支出”科目，贷记“资金结存——货币资金”科目；其他业务不做账。

上述业务的相关举例参见库存现金、存货、固定资产、无形资产、政府储备物资、公共基础设施、文物文化资产、保障性住房等资产盘盈、盘亏或报废毁损的核算。

第四节 受托代理资产

一、受托代理资产的概念和确认

受托代理资产是事业单位接受委托方委托管理的各项资产，包括受托指定转赠的物资、受托储存管理的物资等。受托代理资产应当在事业单位收到受托代理的资产时确认。

二、受托代理资产核算的会计科目设置

财务会计系统下，事业单位应设置“受托代理资产”科目核算接受委托方委托管理的各项资产。事业单位管理的罚没物资也应当通过本科目核算。事业单位收到的受托代理资产为现金和银行存款的，不通过本科目核算，应当通过“库存现金”“银行存款”科目进行核算。本科目应当按照资产的种类和委托人进行明细核算；属于转赠资产的，还应当按照受赠人进行明细核算。本科目期末借方余额，反映单位受托代理实物资产的成本。

预算会计系统下，事业单位对受托代理资产不进行会计核算。但是，如果事业单位作为受托方按照受托协议约定承担相关税费、运输费等的，将实际支付的相关税费、运输费等记入“其他支出”科目。

三、受托代理资产的主要账务处理

（一）受托转赠物资

1.事业单位接受委托人委托需要转赠给受赠人的物资，其成本按照有关凭据注明的金额确定。接受委托转赠的物资验收入库，财务会计按照确定的成本，借记“受托代理资产”科目，贷记“受托代理负债”科目；预算会计不做账。受托协议约定由受托方承担相关税费、运输费等的，按照实际支付的相关税费、运输费等金额，财务会计借记“其他费用”科目，贷记“银行存款”等科目；预算会计借记“其他支出”科目，贷记“资金结存——货币资金”等科目。

2.事业单位将受托转赠物资交付受赠人时，按照转赠物资的成本，财务会计借记

“受托代理负债”科目，贷记“受托代理资产”科目；预算会计不做账。

3.事业单位转赠物资的委托人取消了对捐赠物资的转赠要求，且不再收回捐赠物资的，应当将转赠物资转为单位的存货、固定资产等。按照转赠物资的成本，财务会计借记“受托代理负债”科目，贷记“受托代理资产”科目；同时，借记“库存物品”“固定资产”等科目，贷记“其他收入”科目。预算会计不做账。

【例4-143】某事业单位接受某基金会的委托，将一批地震灾区所需的药品转赠给地震灾区。该批药品有关凭据注明的金额为50 000元，并已验收入库。该事业单位的账务处理如下：

财务会计			预算会计
借：受托代理资产——救灾药品——某基金会	50 000		—
贷：受托代理负债		50 000	

该事业单位将上述药品交付受赠人时，则，

财务会计			预算会计
借：受托代理负债	50 000		—
贷：受托代理资产——救灾药品——某基金会		50 000	

如果上述基金会取消了转赠要求，且不再收回转赠物资，则，

财务会计			预算会计
借：受托代理负债	50 000		
贷：受托代理资产——救灾药品——某基金会		50 000	—
借：库存物品	50 000		
贷：其他收入		50 000	

（二）受托存储保管物资

1.事业单位接受委托人委托存储保管的物资，其成本按照有关凭据注明的金额确定。接受委托储存的物资验收入库，按照确定的成本，财务会计借记“受托代理资产”科目，贷记“受托代理负债”科目；预算会计不做账。

2.事业单位发生由受托单位承担的与受托存储保管的物资相关的运输费、保管费等费用时，按照实际发生的费用金额，财务会计借记“其他费用”等科目，贷记“银行存款”等科目；预算会计按照实际支付金额，借记“其他支出”科目，贷记“资金结存——货币资金”等科目。

3.事业单位根据委托人要求交付或发出受托存储保管的物资时，按照发出物资的成本，财务会计借记“受托代理负债”科目，贷记“受托代理资产”科目；预算会计不做账。

【例4-144】某事业单位接受上级单位的委托储存救灾物资，该物资发票金额为80 000元，并已验收入库。另外，以现金支付本单位承担的运输费981元。该事业单位的账务处理如下：

财务会计			预算会计		
借：受托代理资产——救灾物资	80 000		借：其他支出	981	
贷：受托代理负债		80 000	贷：资金结存——货币资金		981
借：其他费用	981				
贷：库存现金		981			

如果上级单位要求该单位交付受托储存管理的物资，则，

财务会计			预算会计
借：受托代理负债	80 000		—
贷：受托代理资产——救灾物资		80 000	

（三）罚没物资

1.事业单位取得罚没物资时，其成本按照有关凭据注明的金额确定。罚没物资验收（入库），按照确定的成本，财务会计借记“受托代理资产”科目，贷记“受托代理负债”科目；预算会计不做账。罚没物资成本无法可靠确定的，单位应当设置备查簿进行登记。

2.事业单位按照规定处置或移交罚没物资时，按照罚没物资的成本，财务会计借记“受托代理负债”科目，贷记“受托代理资产”科目；处置时取得款项的，按照实际取得的款项金额，借记“银行存款”等科目，贷记“应缴财政款”等科目。预算会计不做账。

【例4-145】某事业单位行政执法没收3辆汽车，有关凭据注明金额为500 000元。该事业单位的账务处理如下：

财务会计			预算会计
借：受托代理资产——罚没物资	500 000		—
贷：受托代理负债		500 000	

【例4-146】如果【例4-145】中的事业单位将没收的汽车进行拍卖，取得价款450 000元。假设不考虑相关税费，该事业单位的账务处理如下：

财务会计			预算会计
借：受托代理负债	500 000		
贷：受托代理资产		500 000	—
借：银行存款	450 000		
贷：应缴财政款		450 000	

（四）受托代理的其他实物资产

事业单位受托代理的其他实物资产，参照“受托代理资产”科目有关受托转赠物资、受托存储保管物资的规定进行账务处理。

第五章

事业单位负债的核算①

第一节 负债概述

一、负债的定义和分类

（一）负债定义

负债是指事业单位过去的经济业务或者事项形成的，预期会导致经济资源流出事业单位的现时义务。其中，现时义务，是指事业单位在现行条件下已承担的义务，未来发生的经济业务或者事项形成的义务不属于现时义务，不应当确认为负债。负债是事业单位财务会计要素之一。

《事业单位财务规则》（财政部令第108号）规定，事业单位应当对不同性质的负债分类管理，及时清理并按照规定办理结算，保证各项负债在规定期限内偿还。事业单位应当建立健全财务风险预警和控制机制，规范和加强借入款项管理，如实反映依法举借债务情况，严格执行审批程序，不得违反规定融资或者提供担保。

（二）负债分类

1.按照流动性，事业单位负债分为流动负债和非流动负债

流动负债是指预计在1年内（含1年）偿还的负债，包括短期借款、应付及预收款项、应缴财政款和预提费用。其中，应付及预收款项是事业单位在开展业务活动中形成的各种应付未付款项以及预收款项，包括应交增值税、其他应交税费、应付职工薪酬、应付票据、应付账款、应付利息、预收款项、其他应付款。

非流动负债是指流动负债以外的负债，包括长期借款、长期应付款和预计负债等。

① 本章各项负债的核算涉及增值税的，相关举例均以增值税一般纳税人的事业单位为会计主体，例题中不再明示（特别明示的例题除外）。事业单位为增值税小规模纳税人的相关举例参见第二章至第四章。

2.按照偿还时间与金额是否基本确定，事业单位负债分为偿还时间与金额基本确定的负债和由或有事项形成的预计负债

偿还时间与金额基本确定的负债按事业单位的业务性质及风险程度，分为融资活动形成的举借债务及其应付利息、运营活动形成的应付及预收款项和暂收性负债。举借债务是指事业单位通过融资活动借入的债务，包括短期借款和长期借款。应付及预收款项，是指事业单位在运营活动中形成的应当支付而尚未支付的款项及预先收到但尚未实现收入的款项，包括应付职工薪酬、应付票据、应付账款、预收款项、应交税费和其他应付未付款项。暂收性负债是指事业单位暂时收取，随后应做上缴、退回、转拨等处理的款项，主要包括应缴财政款和其他暂收款项（是指除应缴财政款以外的其他暂收性负债，包括事业单位暂时收取，随后应退还给其他方的押金或保证金等款项）。

预计负债是事业单位对因或有事项所产生的现时义务而确认的负债。

二、负债的确认和计量

1.负债确认条件

符合负债定义的义务，在同时满足以下条件时，确认为负债：（1）履行该义务很可能导致含有服务潜力或者经济利益的经济资源流出事业单位；（2）该义务的金额能够可靠地计量。

符合负债定义和负债确认条件的项目，应当列入事业单位资产负债表。

2.负债计量属性

事业单位负债的计量属性主要包括历史成本、现值和公允价值。

在历史成本计量下，负债按照因承担现时义务而实际收到的款项或者资产的金额，或者承担现时义务的合同金额，或者按照为偿还负债预期需要支付的现金计量。

在现值计量下，负债按照预计期限内需要偿还的未来净现金流出量的折现金额计量。

在公允价值计量下，负债按照市场参与者在计量日发生的有序交易中转移负债所需支付的价格计量。

事业单位在对负债进行计量时，一般应当采用历史成本。采用现值、公允价值计量的，应当保证所确定的负债金额能够持续、可靠计量。

三、负债类的会计科目及其核算内容

事业单位负债类会计科目有15个，各负债类会计科目及其核算内容见表5-1。

表5-1 **事业单位负债类科目及其核算内容**

科目名称	科目核算内容
财务会计——负债类	
短期借款	核算事业单位经批准向银行或其他金融机构等借入的期限在1年内（含1年）的各种借款

续表

科目名称	科目核算内容
应交增值税	核算事业单位按照税法规定计算应交纳的增值税
其他应交税费	核算事业单位按照税法等规定计算应交纳的除增值税以外的各种税费，包括城市维护建设税、教育费附加、地方教育费附加、车船税、房产税、城镇土地使用税和企业所得税等
应缴财政款	核算事业单位取得或应收的按照规定应当上缴财政的款项，包括应缴国库的款项和应缴财政专户的款项
应付职工薪酬	核算事业单位按照有关规定应付给职工（含长期聘用人员）及为职工支付的各种薪酬，包括基本工资、国家统一规定的津贴补贴、规范津贴补贴（绩效工资）、改革性补贴、社会保险费（如职工基本养老保险费、职业年金、基本医疗保险费等）、住房公积金等
应付票据	核算事业单位因购买材料、物资等而开出、承兑的商业汇票，包括银行承兑汇票和商业承兑汇票
应付账款	核算事业单位因购买物资、接受服务、开展工程建设等而应付的偿还期限在1年以内（含1年）的款项
应付利息	核算事业单位按照合同约定应支付的借款利息，包括短期借款、分期付息到期还本的长期借款等应支付的利息
预收账款	核算事业单位预先收取但尚未结算的款项
其他应付款	核算事业单位除应交增值税、其他应交税费、应缴财政款、应付职工薪酬、应付票据、应付账款、应付政府补贴款、应付利息、预收账款以外，其他各项偿还期限在1年内（含1年）的应付及暂收款项，如收取的押金、存入保证金、已经报销但尚未偿还银行的本单位公务卡欠款等
预提费用	核算事业单位预先提取的已经发生但尚未支付的费用，如预提租金费用等
长期借款	核算事业单位经批准向银行或其他金融机构等借入的期限超过1年（不含1年）的各种借款本息
长期应付款	核算事业单位发生的偿还期限超过1年（不含1年）的应付款项，如以融资租赁方式取得固定资产应付的租赁费等
预计负债	核算事业单位对因或有事项所产生的现时义务而确认的负债，如对未决诉讼等确认的负债
受托代理负债	核算事业单位接受委托取得受托代理资产时形成的负债

第二节 流动负债

一、短期借款

借款是事业单位经批准向银行或其他金融机构等借入的各种借款。它是事业单位开展业务活动中因资金周转不灵而借入的资金。

事业单位的借款按照偿还期限可分为短期借款和长期借款。

（一）短期借款的确认和计量

短期借款是指事业单位经批准向银行或其他金融机构等借入的期限在1年以内（含1年）的各种借款。

事业单位的短期借款应当在与债权人签订借款合同并取得举借资金时予以确认，并按照借款的实际发生额（借款本金）进行计量。

事业单位应当按照短期借款本金和合同或协议约定的利率按期计提借款利息，并将计算确定的应付未付利息计入应付利息。因举借短期借款发生的借款费用计入当期费用。

事业单位应当在偿还短期借款本金时，冲减相关短期借款的账面余额。

（二）短期借款核算的会计科目设置

财务会计系统下，事业单位应设置“短期借款”科目以核算经批准向银行或其他金融机构等借入的期限在1年以内（含1年）的各种借款。本科目应当按照债权人和借款种类进行明细核算。本科目期末贷方余额，反映事业单位尚未偿还的短期借款本金。

预算会计系统下，“短期借款”科目对应的是“债务预算收入”和“债务还本支出”科目。

（三）短期借款的主要账务处理

1.事业单位借入各种短期借款时，按照实际借入的金额，财务会计借记“银行存款”科目，贷记“短期借款”科目；预算会计借记“资金结存——货币资金”科目，贷记“债务预算收入”科目。

2.银行承兑汇票到期，本单位无力支付票款的，财务会计按照应付票据的账面余额，借记“应付票据”科目，贷记“短期借款”科目；预算会计借记“经营支出”等科目，贷记“债务预算收入”科目。相关举例参见“应付票据”科目【例5-19】。

3.按期计提利息费用时，财务会计按照计算确定的金额，借记“其他费用”科目，贷记“应付利息”科目；预算会计不做账。

4.实际支付应付利息时，按照支付的金额，财务会计借记“应付利息”科目，贷记“银行存款”等科目；预算会计借记“其他支出”等科目，贷记“资金结存——货币资金”科目。

5.归还短期借款本金时，财务会计借记“短期借款”科目，贷记“银行存款”科目；预算会计借记“债务还本支出”科目，贷记“资金结存——货币资金”科目。

【例5-1】某事业单位2×22年1月2日因开展专业活动资金周转困难向工商银行借入600 000元，期限1年，借款利率5%，到期一次还本付息。该事业单位的账务处理如下：

● 2×22年1月2日借入借款时，

财务会计			预算会计		
借：银行存款	600 000		借：资金结存——货币资金	600 000	
贷：短期借款——工商银行		600 000	贷：债务预算收入		600 000

● 按月预提利息费用2 500元时，

财务会计			预算会计		
借：其他费用	2 500		—		
贷：应付利息		2 500			

● 2×23年1月2日借款到期，偿还本金600 000元，支付利息30 000元时，

财务会计			预算会计		
借：短期借款——工商银行	600 000		借：债务还本支出	600 000	
应付利息	30 000		其他支出	30 000	
贷：银行存款		630 000	贷：资金结存——货币资金		630 000

二、应交增值税

（一）应交增值税的确认和计量

应交增值税是事业单位按照税法规定计算应交纳的增值税。

增值税是对销售货物或者提供应税劳务以及进口货物的单位和个人，按其实现的增值额征收的一种税。增值税的纳税人分为一般纳税人和小规模纳税人。一般纳税人实行凭增值税专用发票扣税的计征方法；小规模纳税人则实行按征收率计算应纳税额的简易办法，且不得抵扣进项税额。增值税的计税方法分为一般计税方法和简易计税方法。一般计税方法按照销项税额抵扣进项税额后的余额计算应纳税额。简易计税方法按照应税销售额和征收率计算应纳税额，不得抵扣进项税额。

应交增值税应当在事业单位发生纳税义务事项时确认，并按税法规定计算的应交增值税金额计量。

（二）应交增值税核算的会计科目设置

财务会计系统下，事业单位应设置“应交增值税”科目核算按照税法规定计算应交纳的增值税。本科目期末贷方余额，反映单位应交未交的增值税；期末如为借方余额，反映单位尚未抵扣或多交的增值税。

1. 属于增值税一般纳税人的事业单位

属于增值税一般纳税人的事业单位，应当在“应交增值税”科目下设置“应交税金”“未交税金”“预交税金”“待抵扣进项税额”“待认证进项税额”“待转销项税额”“简易计税”“转让金融商品应交增值税”“代扣代交增值税”等明细科目。

（1）“应交税金”明细账内应当设置“进项税额”“已交税金”“转出未交增值税”“减免税款”“销项税额”“进项税额转出”“转出多交增值税”等专栏。

其中：

①“进项税额”专栏，记录事业单位购进货物、加工修理修配劳务、服务、无形资产或不动产而支付或负担的、准予从当期销项税额中抵扣的增值税额；

②“已交税金”专栏，记录单位当月已交纳的应交增值税额；

③“转出未交增值税”和“转出多交增值税”专栏，分别记录一般纳税人月度终了转出当月应交未交或多交的增值税额；

④“减免税款”专栏，记录事业单位按照现行增值税制度规定准予减免的增值税额；

⑤“销项税额”专栏，记录事业单位销售货物、加工修理修配劳务、服务、无形资产或不动产应收取的增值税额；

⑥“进项税额转出”专栏，记录事业单位购进货物、加工修理修配劳务、服务、无形资产或不动产等发生非正常损失以及其他原因而不应从销项税额中抵扣、按照规定转出的进项税额。

（2）“未交税金”明细科目，核算事业单位月度终了从“应交税金”或“预交税金”明细科目转入当月应交未交、多交或预缴的增值税额，以及当月交纳以前期间未交的增值税额。

（3）“预交税金”明细科目，核算事业单位转让不动产、提供不动产经营租赁服务等，以及其他按照现行增值税制度规定应预缴的增值税额。

（4）“待抵扣进项税额”明细科目，核算事业单位已取得增值税扣税凭证并经税务机关认证，按照现行增值税制度规定准予以后期间从销项税额中抵扣的进项税额。

（5）“待认证进项税额”明细科目，核算事业单位由于未经税务机关认证而不得从当期销项税额中抵扣的进项税额。包括：一般纳税人已取得增值税扣税凭证并按规定准予从销项税额中抵扣，但尚未经税务机关认证的进项税额；一般纳税人已申请稽核但尚未取得稽核相符结果的海关缴款书进项税额。

（6）“待转销项税额”明细科目，核算事业单位销售货物、加工修理修配劳务、服务、无形资产或不动产，已确认相关收入（或利得）但尚未发生增值税纳税义务而需于以后期间确认为销项税额的增值税额。

（7）“简易计税”明细科目，核算事业单位采用简易计税方法发生的增值税计提、扣减、预缴、缴纳等业务。

（8）“转让金融商品应交增值税”明细科目，核算事业单位转让金融商品发生的增值税额。

（9）“代扣代交增值税”明细科目，核算事业单位购进在境内未设经营机构的境外单位或个人在境内的应税行为代扣代缴的增值税。

2.属于增值税小规模纳税人的事业单位

属于增值税小规模纳税人的事业单位，只需在“应交增值税”科目下设置“转让金融商品应交增值税”“代扣代交增值税”明细科目。

预算会计系统下，与“应交增值税”科目对应的是“事业支出”“经营支出”“事业预算收入”“经营预算收入”等科目。

（三）应交增值税的主要账务处理

1.取得资产或接受劳务等业务

（1）采购等业务进项税额允许抵扣

一般纳税人事业单位购买用于增值税应税项目的资产或服务等时，财务会计按照应计入相关成本费用或资产的金额，借记“业务活动费用”“在途物品”“库存物品”“工程物资”“在建工程”“固定资产”“无形资产”等科目，按照当月已认证的可抵扣增值税额，借记“应交增值税——应交税金——进项税额”科目，按照当月未认证的可抵扣增值税额，借记“应交增值税——待认证进项税额”科目，按照应付或实际支付的金额，贷记“应付账款”“应付票据”“银行存款”“零余额账户用款额度”等科目。预算会计按照实际支付的金额，借记“事业支出”“经营支出”等科目，贷记“资金结存——零余额账户用款额度、货币资金”等科目。发生退货的，如原增值税专用发票已做认证，应根据税务机关开具的红字增值税专用发票做相反的会计分录；如原增值税专用发票未做认证，应将发票退回并做相反的会计分录。

小规模纳税人事业单位购买资产或服务等时不能抵扣增值税，发生的增值税计入资产成本或相关成本费用。

【例5-2】某事业单位开展专业活动购买办公用计算机，取得的增值税专用发票上记载的金额为200 000元、税额为26 000元，款项实行财政授权支付。另以银行存款支付运输费用1 000元、税额90元。计算机直接交付使用。该事业单位的账务处理如下：

财务会计			预算会计	
借：固定资产	201 000		借：事业支出	227 090
应交增值税——应交税金——进项税额	26 090		贷：资金结存——零余额账户用款额度	227 090
贷：零余额账户用款额度		227 090		

【例5-3】某事业单位采购甲材料用于开展经营活动，取得的增值税专用发票上记载的金额为100 000元、税额13 000元，款项以银行存款付讫，材料已验收入库。该事业单位的账务处理如下：

财务会计			预算会计	
借：库存物品	100 000		借：经营支出	113 000
应交增值税——应交税金——进项税额	13 000		贷：资金结存——货币资金	113 000
贷：银行存款		113 000		

【例5-4】如果【例5-3】中的事业单位取得的增值税发票下月才得到认证。该事业单位的账务处理如下：

• 收到材料时，

财务会计		预算会计	
借：库存物品	100 000	借：经营支出	113 000
应交增值税——待认证进项税额	13 000	贷：资金结存——货币资金	113 000
贷：银行存款	113 000		

• 下月增值税发票得到认证后，

财务会计		预算会计
借：应交增值税——应交税金——进项税额	13 000	—
贷：应交增值税——待认证进项税额	13 000	

（2）采购等业务进项税额不得抵扣

一般纳税人事业单位购进资产或服务等，用于简易计税方法的计税项目、免征增值税项目、集体福利或个人消费等，其进项税额按照现行增值税制度规定不得从销项税额中抵扣的，取得增值税专用发票时，财务会计应按照增值税发票注明的金额，借记相关成本费用或资产科目，按照待认证的增值税进项税额，借记“应交增值税——待认证进项税额”科目，按照实际支付或应付的金额，贷记“银行存款”“应付账款”“零余额账户用款额度”等科目；预算会计按照实际支付的金额，借记“事业支出”“经营支出”等科目，贷记“资金结存——零余额账户用款额度、货币资金”等科目。

经税务机关认证为不可抵扣进项税时，财务会计借记“应交增值税——应交税金——进项税额”科目，贷记“应交增值税——待认证进项税额”科目，同时，将进项税额转出，借记相关成本费用科目，贷记“应交增值税——应交税金——进项税额转出”科目；预算会计不做账。

【例5-5】某事业单位使用职工福利基金为职工购买运动会服装，取得增值税专用发票，发票注明金额50 000元，税额6 500元，款项以银行存款支付。该事业单位的账务处理如下：

• 收到运动服时，

财务会计		预算会计	
借：专用基金	50 000	借：专用结余	56 500
应交增值税——待认证进项税额	6 500	贷：资金结存——货币资金	56 500
贷：银行存款	56 500		

• 经税务机关认证为不可抵扣进项税时，

财务会计		预算会计
借：应交增值税——应交税金——进项税额	6 500	—
贷：应交增值税——待认证进项税额	6 500	
借：专用基金	6 500	
贷：应交增值税——应交税金——进项税额转出	6 500	

（3）购进不动产或不动产在建工程按照规定进项税额抵扣[①]

一般纳税人事业单位取得应税项目为不动产或者不动产在建工程，财务会计应当按照取得成本，借记“固定资产”“在建工程”等科目，按照当月可抵扣的增值税额，借记“应交增值税——应交税金——进项税额”科目，按照当月未认证的可抵扣增值税额，借记“应交增值税——待认证进项税额”科目，按照应付或实际支付的金额，贷记“应付账款”“应付票据”“银行存款”“零余额账户用款额度”等科目；预算会计按照实际支付的金额，借记“事业支出”“经营支出”等科目，贷记“资金结存——零余额账户用款额度、货币资金”等科目。

尚未抵扣的进项税额待以后期间允许抵扣时，财务会计按照允许抵扣的金额，借记“应交增值税——应交税金——进项税额”科目，贷记“应交增值税——待抵扣进项税额”科目；预算会计不做账。

【例5-6】某事业单位2×22年6月购进专业活动用办公楼一栋，取得增值税专用发票上记载的金额为2 000万元，税额180万元，款项采用财政直接支付。该事业单位的账务处理如下：

财务会计			预算会计	
借：固定资产	20 000 000		借：事业支出	21 800 000
应交增值税——应交税金——进项税额	1 800 000		贷：财政拨款预算收入	21 800 000
贷：财政拨款收入		21 800 000		

（4）进项税额抵扣情况发生改变

一般纳税人事业单位因发生非正常损失或改变用途等，原已计入进项税额、待抵扣进项税额或待认证进项税额，但按照现行增值税制度规定不得从销项税额中抵扣的，财务会计借记“待处理财产损溢”“固定资产”“无形资产”等科目，贷记“应交增值税——应交税金——进项税额转出”“应交增值税——待抵扣进项税额、待认证进项税额”科目；原不得抵扣且未抵扣进项税额的固定资产、无形资产等，因改变用途等用于允许抵扣进项税额的应税项目的，应按照允许抵扣的进项税额，借记“应交增值税——应交税金——进项税额”科目，贷记“固定资产”“无形资产”等科目。预算会计不做账。固定资产、无形资产等经上述调整后，应按照调整后的账面价值在剩余尚可使用年限内计提折旧或摊销。

一般纳税人事业单位购进时已全额计入进项税额的货物或服务等转用于不动产在建工程的，对于结转以后期间的进项税额，财务会计借记“应交增值税——待抵扣进项税额”科目，贷记“应交增值税——应交税金——进项税额转出”科目；预算会计不做账。

【例5-7】某事业单位为生产产品购进的甲材料因火灾全部报废，该材料价款100 000元，进项税额13 000元。将甲材料转入待处理财产损溢时，该事业单位的账务处理

① 自2019年4月1日起，纳税人取得不动产或者不动产在建工程的进项税额不再分2年抵扣。

如下：

财务会计			预算会计
借：待处理财产损溢	113 000		
贷：库存物品		100 000	—
应交增值税——应交税金——进项税额转出		13 000	

（5）购买方作为扣缴义务人

按照现行增值税的制度规定，境外单位或个人在境内发生应税行为，在境内未设有经营机构的，以购买方为增值税扣缴义务人。境内一般纳税人购进服务或资产时，财务会计按照应计入相关成本费用或资产的金额，借记“业务活动费用”“在途物品”“库存物品”“工程物资”“在建工程”“固定资产”“无形资产”等科目，按照可抵扣的增值税额，借记“应交增值税——应交税金——进项税额”科目［小规模纳税人应借记相关成本费用或资产科目］，按照应付或实际支付的金额，贷记“银行存款”“应付账款”等科目，按照应代扣代缴的增值税额，贷记“应交增值税——代扣代交增值税”科目；预算会计按实际支付的金额借记“事业支出”“经营支出”等科目，贷记“资金结存——零余额账户用款额度、货币资金”等科目。

实际缴纳代扣代缴增值税时，财务会计按照代扣代缴的增值税额，借记“应交增值税——代扣代交增值税”科目，贷记“银行存款”“零余额账户用款额度”等科目。预算会计按照实际支付的金额，借记“事业支出”“经营支出”等科目，贷记“资金结存——零余额账户用款额度、货币资金”等科目。

【例5-8】某事业单位2×22年6月从国外公司进口一台专用技术设备，设备价款100 000元、可抵扣进项税额13 000元，款项以银行存款支付100 000元，设备直接交付使用。该国外公司在中国境内设有经营机构，按照规定该事业单位为增值税扣缴义务人，7月以银行存款代交增值税13 000元。该事业单位的账务处理如下：

• 6月收到设备时，

财务会计			预算会计		
借：固定资产	100 000		借：事业支出	100 000	
应交增值税——应交税金——进项税额	13 000		贷：资金结存——货币资金		100 000
贷：银行存款		100 000			
应交增值税——代扣代交增值税		13 000			

• 2×22年7月实际缴纳代扣代缴增值税时，

财务会计			预算会计		
借：应交增值税——代扣代交增值税	13 000		借：事业支出	13 000	
贷：银行存款		13 000	贷：资金结存——货币资金		13 000

2. 销售资产或提供服务等业务

（1）销售资产或提供服务业务

事业单位销售货物或提供服务，财务会计应当按照应收或已收的金额，借记“应收账款”“应收票据”“银行存款”等科目，按照确认的收入金额，贷记“经营收入”“事业收入”等科目，按照现行增值税制度规定计算的销项税额（或采用简易计税方法计算的应纳增值税额），贷记“应交增值税——应交税金——销项税额”科目或“应交增值税——简易计税”科目［小规模纳税人应贷记“应交增值税”科目］。预算会计按照实际收到的含税金额，借记“资金结存——货币资金”等科目，贷记“事业预算收入”“经营预算收入”等科目。发生销售退回的，应根据按照规定开具的红字增值税专用发票做相反的会计分录。

按照《政府会计制度》及相关政府会计准则确认收入的时点早于按照增值税制度确认增值税纳税义务发生时点的，应将相关销项税额记入“应交增值税”科目（待转销项税额），待实际发生纳税义务时再转入“应交增值税——应交税金——销项税额”科目或“应交增值税——简易计税”科目。按照增值税制度确认增值税纳税义务发生时点早于按照《政府会计制度》及相关政府会计准则确认收入的时点的，财务会计应按照应纳增值税额，借记“应收账款”科目，贷记“应交增值税——应交税金——销项税额”科目或“应交增值税——简易计税”科目；预算会计不做账。

【例5-9】某事业单位非独立核算部门销售产品取得收入5 000元（不含税），增值税税率为13%。该事业单位的账务处理如下：

• 如果款项收到已存入银行，

财务会计			预算会计		
借：银行存款	5 650		借：资金结存——货币资金	5 650	
贷：经营收入——销售收入		5 000	贷：经营预算收入		5 650
应交增值税——应交税金——销项税额		650			

• 如果款项尚未收到，

财务会计			预算会计
借：应收账款	5 650		
贷：经营收入——销售收入		5 000	—
应交增值税——应交税金——销项税额		650	

【例5-10】某事业单位为一般纳税人但实行简易计税，非独立核算部门销售产品，产品含税价款5 150元。增值税征收率为3%。该事业单位的账务处理如下：

• 如果款项收到已存入银行，

财务会计			预算会计		
借：银行存款	5 150		借：资金结存——货币资金	5 150	
贷：经营收入——销售收入		5 000	贷：经营预算收入		5 150
应交增值税——简易计税		150			

• 如果向卖方签发金额为5 150元的商业承兑汇票，则

财务会计			预算会计
借：应收票据	5 150		
贷：经营收入——销售收入		5 000	—
应交增值税——简易计税		150	

【例5-11】某事业单位将暂时闲置的汽车出租给一企业，租期为2×22年6月1日至9月1日，合同约定承租企业2×22年8月31日需要支付租金31 800元。该租金收入纳入事业单位预算管理，租赁期内每月末确认收入。该事业单位的账务处理如下：

• 2×22年6月末和7月末分别确认租金收入时，

财务会计			预算会计		
借：应收账款	10 600		—		
贷：租金收入		10 000			
应交增值税——待转销项税额		600			

• 2×22年8月31日收到租金时，

财务会计			预算会计		
借：银行存款	31 800		借：资金结存——货币资金	31 800	
贷：应收账款		21 200	贷：其他预算收入		31 800
租金收入		10 000			
应交增值税——应交税金——销项税额		600			
借：应交增值税——待转销项税额	1 200				
贷：应交增值税——应交税金——销项税额		1 200			

（2）金融商品转让按照规定以盈亏相抵后的余额作为销售额

金融商品实际转让月末，如产生转让收益，财务会计按照应纳税额，借记“投资收益”科目，贷记“应交增值税——转让金融商品应交增值税”科目；如产生转让损失，按照可结转下月抵扣税额，借记“应交增值税——转让金融商品应交增值税”科目，贷记“投资收益”科目。预算会计不做账。

交纳增值税时，财务会计应借记“应交增值税——转让金融商品应交增值税”科目，贷记“银行存款”等科目；预算会计借记“投资预算收益”等科目，贷记“资金结存——货币资金”等科目。

年末，“应交增值税——转让金融商品应交增值税”科目如有借方余额，财务会计借记“投资收益”科目，贷记“应交增值税——转让金融商品应交增值税”科目；预算会计不做账。

【例5-12】某事业单位2×22年发生的有关国库券的转让业务如下：

（1）2×22年7月31日将2×20年8月1日购买的国库券转让，取得转让价款201 200元。该国库券投资成本180 000元、期限3年、每年8月1日付息、到期一次还本、票面利率4%。

（2）2×22年8月6日以银行存款交纳7月份转让金融商品应交增值税。

（3）2×22年9月30日将本年8月1日购买的国库券转让，取得转让价款49 470元。该国库券期限3个月，贴现发行，投资成本50 000元。

（4）2×22年12月31日“应交增值税——转让金融商品应交增值税”科目借方余额30元。

该事业单位的账务处理如下：

• 2×22年7月31日转让2×20年8月1日购买的国库券时，

财务会计		预算会计	
借：银行存款	201 200	借：资金结存——货币资金	201 200
贷：长期债券投资——成本	180 000	贷：其他结余	180 000
应收利息	7 200	投资预算收益	21 200
投资收益	14 000		
借：投资收益	1 200		
贷：应交增值税——转让金融商品应交增值税	1 200		

• 2×22年8月6日交纳转让金融商品应交增值税时，

财务会计		预算会计	
借：应交增值税——转让金融商品应交增值税	1 200	借：投资预算收益	1 200
贷：银行存款	1 200	贷：资金结存——货币资金	1 200

• 2×22年9月30日转让本年8月1日购买的国库券时，

财务会计		预算会计	
借：银行存款	49 470	借：资金结存——货币资金	49 470
投资收益	530	投资预算收益	530
贷：长期债券投资——成本	50 000	贷：投资支出	50 000
借：应交增值税——转让金融商品应交增值税	30		
贷：投资收益	30		

• 2×22年12月31日结转“应交增值税——转让金融商品应交增值税”科目借方余额时，

财务会计		预算会计
借：投资收益	30	—
贷：应交增值税——转让金融商品应交增值税	30	

3. 月末转出多交增值税和未交增值税

月度终了，事业单位应当将当月应交未交或多交的增值税自“应交税金”明细科目转入“未交税金”明细科目。对于当月应交未交的增值税，财务会计借记“应交增值税——应交税金——转出未交增值税”科目，贷记“应交增值税——未交税金”科目；对于当月多交的增值税，借记“应交增值税——未交税金”科目，贷记“应交增值税——应交税金——转出多交增值税”科目。预算会计不做账。

【例5-13】某事业单位2×22年6月末“应交增值税——应交税金——销项税额”科目贷方余额5 000元，“应交增值税——应交税金——进项税额”科目借方余额3 000元。该事业单位账务处理如下：

财务会计		预算会计
借：应交增值税——应交税金——转出未交增值税	2 000	—
贷：应交增值税——未交税金	2 000	

4.交纳增值税

（1）交纳当月应交增值税

事业单位交纳当月应交的增值税，财务会计借记“应交增值税——应交税金——已交税金”科目［小规模纳税人借记“应交增值税”科目］，贷记“银行存款”等科目；预算会计借记“事业支出”“经营支出”等科目，贷记“资金结存——货币资金”等科目。

（2）交纳以前期间未交增值税

事业单位交纳以前期间未交的增值税，财务会计借记“应交增值税——未交税金”科目［小规模纳税人借记“应交增值税”科目］，贷记“银行存款”等科目；预算会计借记“事业支出”“经营支出”等科目，贷记“资金结存——货币资金”等科目。

（3）预交增值税

事业单位预交增值税时，财务会计借记“应交增值税——预交税金”科目，贷记“银行存款”等科目；预算会计借记“事业支出”“经营支出”等科目，贷记“资金结存——货币资金”等科目。

月末，事业单位应将“预交税金”明细科目余额转入“未交税金”明细科目，财务会计借记“应交增值税——未交税金”科目，贷记“应交增值税——预交税金”科目；预算会计不做账。

【例5-14】某事业单位经确认购进资产的增值税专用发票2×22年7月可以抵扣的进项税额是100 000元，进项税额转出金额10 000元，销项税额200 000元。由此确认本月实际应交纳增值税110 000元，其中专业活动发生增值税80 000元，经营活动发生增值税30 000元，以银行存款付讫。该事业单位的账务处理如下：

财务会计

借：应交增值税——应交税金——已交税金110 000
　贷：银行存款　　110 000

预算会计

借：事业支出　　80 000
　　经营支出　　30 000
　贷：资金结存——货币资金　　110 000

5.减免增值税

对于当期直接减免的增值税，财务会计借记“应交增值税——应交税金——减免税款”科目，贷记“业务活动费用”“经营费用”等科目。

按照现行增值税制度规定，事业单位初次购买增值税税控系统专用设备支付的费用以及缴纳的技术维护费允许在增值税应纳税额中全额抵减的，按照规定抵减的增值税应纳税额，财务会计借记“应交增值税——应交税金——减免税款”科目［小规模纳税人借记“应交增值税”科目］，贷记“业务活动费用”“经营费用”等科目；预算会计不做账。

【例5-15】某事业单位以银行存款支付初次购买增值税税控系统专用设备1 130元（含税价），购买打印机款2 260元，缴纳技术维护费530元，取得增值税专用发票上记载金额3 500元，税额420元。该事业单位的账务处理如下：

财务会计			预算会计		
借：单位管理费用	1 660		借：事业支出	3 920	
固定资产	2 260		贷：资金结存——货币资金		3 920
贷：银行存款		3 920			
借：应交增值税——应交税金——减免税款	1 130				
贷：单位管理费用		1 130			

三、其他应交税费

（一）其他应交税费的确认和计量

其他应交税费，是指事业单位按照税法等规定计算应交纳的除增值税以外的各种税费，包括城市维护建设税、教育费附加、地方教育费附加、车船税、房产税、城镇土地使用税和企业所得税等。其中城市维护建设税、教育费附加、地方教育费附加是对缴纳增值税、消费税的单位和个人，按其实际缴纳的增值税、消费税的税额征收的一种税费；车船税是对依法应当在车船登记管理部门登记的机动车辆和船舶以及依法不需要在车船登记管理部门登记的在单位内部场所行驶或者作业的机动车辆和船舶的所有人或者管理人，按规定的年税额征收的一种税；房产税是以房产为征税对象，按房产的计税价值或租金收入向产权所有人征收的一种税；城镇土地使用税是对在城市、县城、建制镇、工矿区范围内使用土地的单位和个人，以其实际占用的土地面积为计税依据并按规定税额征收的一种税；企业所得税是指对在中国境内的企业和其他取得收入的组织，就其生产经营所得和其他所得征收的一种税。

其他应交税费应当在事业单位发生纳税义务事项时，按照税法规定计算的应交税费金额予以确认和计量。

（二）其他应交税费核算的会计科目设置

财务会计系统下，事业单位应设置“其他应交税费”科目核算事业单位按照税法等规定计算应交纳的除增值税以外的各种税费。事业单位代扣代缴的个人所得税，也通过本科目核算。事业单位应交纳的印花税不需要预提应交税费，直接通过“业务活动费用”“单位管理费用”“经营费用”等科目核算，不通过本科目核算。本科目应当按照应交纳的税费种类进行明细核算。本科目期末贷方余额，反映单位应交未交的除增值税以外的税费金额；期末如为借方余额，反映单位多交纳的除增值税以外的税费金额。

预算会计系统下，与“其他应交税费”科目对应的是“事业支出”“经营支出”“非财政拨款结余”等科目。

（三）其他应交税费的主要账务处理

（1）发生城市维护建设税、教育费附加、地方教育费附加、车船税、房产税、城镇土地使用税等纳税义务的，财务会计按照税法规定计算的应缴税费金额，借记“业务活动费用”“单位管理费用”“经营费用”等科目，贷记“其他应交税费——应交城市维护建设税、应交教育费附加、应交地方教育费附加、应交车船税、应交房产税、应交城镇土地使用税”等科目；预算会计不做账。

（2）按照税法规定计算应代扣代缴职工（含长期聘用人员）的个人所得税，财务会计借记“应付职工薪酬”科目，贷记“其他应交税费——应交个人所得税”科目；按照税法规定计算应代扣代缴支付给职工（含长期聘用人员）以外人员劳务费的个人所得税，借记“业务活动费用”“单位管理费用”等科目，贷记“其他应交税费——应交个人所得税”科目。预算会计不做账。相关举例参见“应付职工薪酬”科目。

（3）发生企业所得税纳税义务的，财务会计按照税法规定计算的应交所得税额，借记“所得税费用”科目，贷记“其他应交税费——单位应交所得税”科目；预算会计不做账。相关举例参见“所得税费用”科目。

（4）事业单位实际交纳上述各种税费时，财务会计借记“其他应交税费——应交城市维护建设税、应交教育费附加、应交地方教育费附加、应交车船税、应交房产税、应交城镇土地使用税”等科目，贷记“财政拨款收入”“零余额账户用款额度”“银行存款”等科目；预算会计借记“事业支出”“经营支出”等科目，贷记“财政拨款预算收入”“资金结存——零余额账户用款额度、货币资金”科目。

【例5-16】某事业单位2×22年7月31日按规定计算出的各项税费见表5-2。

表5-2 **月末各项税费明细** 单位：元

税费种类	专业活动	管理活动	经营活动	合 计
城市维护建设税	700	350	280	1 330
教育费附加	300	150	120	570
地方教育费附加	200	100	80	380
车船税	50 000	40 000	5 000	95 000
房产税	100 000	80 000	10 000	190 000
城镇土地使用税	200 000	100 000	20 000	320 000
合 计	351 200	220 600	35 480	607 280

根据上述资料，该事业单位的账务处理如下：

• 2×22年7月31日计提各项税费时，

财务会计			预算会计
借：业务活动费用	351 200		
单位管理费用	220 600		
经营费用	35 480		
贷：其他应交税费——应交城市维护建设税		1 330	
——应交教育费附加		570	—
——应交地方教育费附加		380	
——应交车船税		95 000	
——应交房产税		190 000	
——应交城镇土地使用税		320 000	

• 2×22年8月6日上交各项税费时，

财务会计		预算会计	
借：其他应交税费——应交城市维护建设税	1 330	借：事业支出	571 800
——应交教育费附加	570	经营支出	35 480
——应交地方教育费附加	380	贷：资金结存——货币资金	607 280
——应交车船税	95 000		
——应交房产税	190 000		
——应交城镇土地使用税	320 000		
贷：银行存款	607 280		

四、应付职工薪酬

（一）应付职工薪酬的确认和计量

应付职工薪酬是指事业单位获得职工（含长期聘用人员）提供的服务而给予各种形式的报酬或因辞退等原因而给予职工的补偿。职工薪酬包括工资、津贴补贴、奖金、社会保险费等。事业单位支付的各种职工薪酬的确认，应分别不同情况处理：

（1）事业单位除根据职工提供服务的受益对象处理的职工薪酬外，确认为应付职工薪酬并计入当期费用的职工薪酬包括：除因辞退等原因给予职工的补偿外，单位应当在职工为其提供服务的会计期间应支付的职工薪酬；单位按照有关规定为职工缴纳的医疗保险费、养老保险费、职业年金等社会保险费和住房公积金，应当在职工为其提供服务的会计期间，根据有关规定加以计算的金额。

（2）事业单位因辞退等原因给予职工的补偿，应当于相关补偿金额报经批准时确认为应付职工薪酬，并计入当期费用。

（3）事业单位应当根据职工提供服务的受益对象分别不同情况处理的职工薪酬：①应由自制物品负担的职工薪酬，计入自制物品成本。②应由工程项目负担的职工薪酬，比照《政府会计准则第8号——负债》第十二条有关借款费用的处理原则计入工程成本或当期费用。③应由自行研发项目负担的职工薪酬，在研究阶段发生的，计入当期费用；在开发阶段发生并且最终形成无形资产的，计入无形资产成本。

应付职工薪酬应当在职工为其提供服务的会计期间按照有关规定将应付给职工（含长期聘用人员）及为职工支付的各种薪酬予以确认和计量。

（二）应付职工薪酬核算的会计科目设置

财务会计系统下，事业单位应设置“应付职工薪酬”科目。核算按照有关规定应付给职工及为职工支付的各种薪酬。本科目应当根据国家有关规定，按照“基本工资（含离退休费）”“国家统一规定的津贴补贴”“规范津贴补贴（绩效工资）”“改革性补贴”“社会保险费”“住房公积金”“其他个人收入”等进行明细核算。其中“社会保险费”和“住房公积金”明细科目核算内容包括单位从职工工资中代扣代缴的社会保险费、住房公积金，以及单位为职工计算缴纳的社会保险费、住房公积金。本科目期末贷方余额，反映单位应付未付的职工薪酬。

预算会计系统下，与“应付职工薪酬”科目对应的是“事业支出”“经营支出”等科目。

（三）应付职工薪酬的主要账务处理

1.应付职工薪酬的计提

事业单位计算确认当期应付职工薪酬（含单位为职工计算缴纳的社会保险费、住房公积金）时，财务会计账务处理如下：（1）计提从事专业及其辅助活动人员的职工薪酬，借记“业务活动费用”“单位管理费用”科目，贷记“应付职工薪酬”科目；（2）计提应由在建工程、加工物品、自行研发无形资产负担的职工薪酬，借记“在建工程”“加工物品”“研发支出”等科目，贷记“应付职工薪酬”科目；（3）计提从事专业及其辅助活动之外的经营活动人员的职工薪酬，借记“经营费用”科目，贷记“应付职工薪酬”科目；（4）因解除与职工的劳动关系而给予的补偿，借记“单位管理费用”等科目，贷记“应付职工薪酬”科目。预算会计不做账。

2.支付职工薪酬

事业单位向职工支付工资、津贴补贴等薪酬时，按照实际支付的金额，财务会计借记“应付职工薪酬”科目，贷记“财政拨款收入”“零余额账户用款额度”“银行存款”等科目；预算会计借记“事业支出”“经营支出”等科目，贷记“财政拨款预算收入”“资金结存——零余额账户用款额度、货币资金”等科目。

3.代扣各种款项

事业单位代扣各种款项时，财务会计账务处理如下：（1）按照税法规定代扣职工个人所得税时，借记“应付职工薪酬——基本工资”科目，贷记“其他应交税费——应交个人所得税”科目；（2）从应付职工薪酬中代扣为职工垫付的水电费、房租等费用时，按照实际扣除的金额，借记“应付职工薪酬——基本工资”科目，贷记“其他应收款”等科目；（3）从应付职工薪酬中代扣社会保险费和住房公积金，按照代扣的金额，借记“应付职工薪酬——基本工资”科目，贷记“应付职工薪酬——社会保险费、住房公积金”科目。预算会计不做账。

4.缴纳职工社会保险费和住房公积金

事业单位按照国家有关规定缴纳职工社会保险费和住房公积金时，按照实际支付的金额，财务会计借记“应付职工薪酬——社会保险费、住房公积金”科目，贷记“财政拨款收入”“零余额账户用款额度”“银行存款”等科目；预算会计借记“事业支出”“经营支出”等科目，贷记“财政拨款预算收入”“资金结存——零余额账户用款额度、货币资金”等科目。

5.支付其他款项

事业单位从应付职工薪酬中支付的其他款项，财务会计借记“应付职工薪酬”科目，贷记“零余额账户用款额度”“银行存款”等科目；预算会计借记“事业支出”“经营支出”等科目，贷记“资金结存——零余额账户用款额度、货币资金”等科目。

【例5-17】某事业单位2×22年6月1日计算出应付职工基本工资总额450 000元、津贴300 000元，应付离退休人员离退休费50 000元，其他个人收入25 000元。其中，代扣个人所得税150 000元，代扣由职工个人承担的住房公积金54 000元，单位配套补贴住房公积金54 000元。6月4日通过财政直接支付方式将应付职工薪酬款项分别转入个人工资账户、住房公积金账户和国库单一账户。该事业单位的账务处理如下：

• 2×22年6月1日计提职工薪酬时，

财务会计			预算会计
借：业务活动费用	879 000		—
贷：应付职工薪酬——基本工资（含离退休费）		500 000	
——国家统一规定的津贴补贴		300 000	
——其他个人收入		25 000	
——住房公积金		54 000	
借：应付职工薪酬——基本工资	204 000		
贷：应付职工薪酬——住房公积金		54 000	
其他应交税费——应交个人所得税		150 000	

• 2×22年6月4日实际支付职工薪酬时，

财务会计			预算会计
借：应付职工薪酬——基本工资（含离退休费）	296 000		借：事业支出　879 000
——国家统一规定的津贴补贴	300 000		贷：财政拨款预算收入　879 000
——其他个人收入	25 000		
其他应交税费——应交个人所得税	150 000		
应付职工薪酬——住房公积金	108 000		
贷：财政拨款收入		879 000	

五、应付票据

（一）应付票据的确认和计量

应付票据是指事业单位因购买材料、物资等而开出、承兑的商业汇票，包括银行承兑汇票和商业承兑汇票。

应付票据应当在取得资产、接受劳务，或外包工程完成规定进度时，按照应付未付款项的金额予以确认和计量。

（二）应付票据核算的会计科目设置

财务会计系统下，事业单位应设置“应付票据”科目以核算事业单位因购买材料、物资等而开出、承兑的商业汇票。本科目应当按照债权人进行明细核算。本科目期末贷方余额，反映事业单位开出、承兑的尚未到期的应付票据金额。

预算会计系统下，与“应付票据”科目对应的是“事业支出”“经营支出”等科目。

（三）应付票据的主要账务处理

1.开出、承兑商业汇票时，财务会计借记“库存物品”“固定资产”等科目，贷记“应付票据”科目（涉及增值税业务的，相关账务处理参见“应交增值税”科目）；以商业汇票抵付应付账款时，财务会计借记“应付账款”科目，贷记“应付票据”科目。预算会计不做账。

2.事业单位支付银行承兑汇票的手续费时，财务会计借记“业务活动费用”“经营费用”等科目，贷记“银行存款”“零余额账户用款额度”等科目；预算会计借记“事业支出”“经营支出”等科目，贷记“资金结存——零余额账户用款额度、货币资金”等科目。

3.商业汇票到期时，应当分别以下情况处理：

（1）收到银行支付到期票据的付款通知时，财务会计借记“应付票据”科目，贷记“银行存款”科目；预算会计借记“事业支出”“经营支出”等科目，贷记“资金结存——货币资金”科目。

（2）银行承兑汇票到期，单位无力支付票款的，按照应付票据账面余额，财务会计借记“应付票据”科目，贷记“短期借款”科目；预算会计借记“事业支出”“经营支出”等科目，贷记“债务预算收入”科目。

（3）商业承兑汇票到期，单位无力支付票款的，按照应付票据账面余额，财务会计借记“应付票据”科目，贷记“应付账款”科目；预算会计不做账。

【例5-18】某事业单位2×22年3月10日从A公司购买专业活动用材料一批，取得增值税专用发票上记载的金额为50 000元、税额6 500元。依此向A公司开出一张56 500元的商业承兑汇票，材料已验收入库。6月10日商业承兑汇票到期，收到开户银行向A公司付款56 500元的通知。该事业单位的账务处理如下：

• 2×22年3月10日签发商业承兑汇票时，

财务会计			预算会计		
借：库存物品	56 500		—		
贷：应付票据——A公司		56 500			

• 2×22年6月10日商业承兑汇票到期时，

财务会计			预算会计		
借：应付票据——A公司	56 500		借：事业支出	56 500	
贷：银行存款		56 500	贷：资金结存——货币资金		56 500

• 如果商业承兑汇票到期该事业单位却无力支付票款，则

财务会计			预算会计		
借：应付票据——A公司	56 500		—		
贷：应付账款		56 500			

【例5-19】某事业单位2×22年5月20日收到从B公司购买的开展专业活动用计算机一批，取得增值税专用发票上记载的金额为50 000元、税额6 500元。依此向B公司开出一张56 500元的银行承兑汇票，以银行存款支付手续费200元。6月10日银行承兑汇票到期，收到开户银行向B公司付款56 500元的通知。假设该事业单位为小规模纳税

人，其账务处理如下：

• 2×22年5月20日签发银行承兑汇票时，

财务会计			预算会计		
借：固定资产	56 500		借：事业支出	200	
贷：应付票据——B公司		56 500	贷：资金结存——货币资金		200
借：业务活动费用	200				
贷：银行存款		200			

• 2×22年6月10日银行承兑汇票到期时，

财务会计			预算会计		
借：应付票据——B公司	56 500		借：事业支出	56 500	
贷：银行存款		56 500	贷：资金结存——货币资金		56 500

• 如果银行承兑汇票到期该事业单位却无力支付票款，则

财务会计			预算会计		
借：应付票据——B公司	56 500		借：事业支出	56 500	
贷：短期借款		56 500	贷：债务预算收入		56 500

事业单位应当设置“应付票据备查簿”，详细登记每一应付票据的种类、号数、出票日期、到期日、票面金额、交易合同号、收款人姓名或单位名称，以及付款日期和金额等。应付票据到期结清票款后，应当在备查簿内逐笔注销。

六、应付账款

（一）应付账款的确认和计量

应付账款是事业单位因购买物资、接受服务、开展工程建设等而应付的偿还期限在1年以内（含1年）的款项。

应付账款应当在取得资产、接受劳务，或外包工程完成规定进度时，按照应付未付款项的金额予以确认和计量。

（二）应付账款核算的会计科目设置

财务会计系统下，事业单位应设置“应付账款”科目核算事业单位因购买物资、接受服务、开展工程建设等而应付的偿还期限在1年以内（含1年）的款项。本科目应当按照债权单位（或个人）进行明细核算。对于建设项目，还应设置“应付器材款”“应付工程款”等明细科目，并按照具体项目进行明细核算。本科目期末贷方余额，反映事业单位尚未支付的应付账款。

预算会计系统下，与“应付账款”科目对应的是“事业支出”“经营支出”等科目。

（三）应付账款的主要账务处理

（1）事业单位收到所购材料、物资、设备或服务以及确认完成工程进度但尚未付款时，根据发票及账单等有关凭证，财务会计按照应付未付款项的金额，借记“库存物品”“固定资产”“在建工程”等科目，贷记“应付账款”科目（涉及增值税业务的，相

关账务处理参见“应交增值税”科目）；预算会计不做账。

（2）事业单位偿付应付账款时，按照实际支付的金额，财务会计借记“应付账款”科目，贷记“财政拨款收入”“零余额账户用款额度”“银行存款”等科目；预算会计借记“事业支出”“经营支出”等科目，贷记“财政拨款预算收入”“资金结存——零余额账户用款额度、货币资金”等科目。

（3）事业单位开出、承兑商业汇票抵付应付账款时，财务会计借记“应付账款”科目，贷记“应付票据”科目；预算会计不做账。

（4）无法偿付或债权人豁免偿还的应付账款，应当按照规定报经批准后进行账务处理。经批准核销时，财务会计借记“应付账款”科目，贷记“其他收入”科目；预算会计不做账。核销的应付账款应在备查簿中保留登记。

【例5-20】某事业单位2×22年4月1日收到从甲公司采购的办公用计算机一批，取得的增值税专用发票上记载的金额为500 000元、税额为65 000元，款项在本年6月1日通过单位零余额账户支付。计算机直接交付使用。假设该事业单位为小规模纳税人，其账务处理如下：

• 2×22年4月1日收到计算机时，

财务会计			预算会计		
借：固定资产	565 000		—		
贷：应付账款——甲公司		565 000			

• 2×22年6月1日通过单位零余额账户支付货款时，

财务会计			预算会计		
借：应付账款——甲公司	565 000		借：事业支出	565 000	
贷：零余额账户用款额度		565 000	贷：资金结存——零余额账户用款额度		565 000

• 如果在付款期内甲公司对计算机采购款予以豁免，则

财务会计			预算会计		
借：应付账款——甲公司	565 000		—		
贷：其他收入		565 000			

七、应付利息

（一）应付利息的确认和计量

应付利息是指事业单位按照合同约定应支付的借款利息，包括短期借款、分期付息到期还本的长期借款等应支付的利息。

应付利息应当在事业单位按照合同约定预提应支付利息时，按照应付未付利息金额予以确认和计量。

（二）应付利息核算的会计科目设置

财务会计系统下，事业单位应设置“应付利息”科目，核算按照合同约定应支付的借款利息。本科目应当按照债权人等进行明细核算。本科目期末贷方余额，反映事业单

位应付未付的利息金额。

预算会计系统下，与“应付利息”科目对应的是“其他支出”科目。

（三）应付利息的主要账务处理

1. 事业单位为建造固定资产、公共基础设施等借入的专门借款的利息，属于建设期间发生的，按期计提利息费用时，财务会计按照计算确定的金额，借记“在建工程”科目，贷记“应付利息”科目；不属于建设期间发生的，按期计提利息费用时，按照计算确定的金额，借记“其他费用”科目，贷记“应付利息”科目。预算会计不做账。

2. 事业单位对于其他借款，按期计提利息费用时，财务会计按照计算确定的金额，借记“其他费用”科目，贷记“应付利息”科目；预算会计不做账。

3. 事业单位实际支付应付利息时，按照实际支付的金额，财务会计借记“应付利息”科目，贷记“银行存款”等科目；预算会计借记“其他支出”科目，贷记“资金结存——货币资金”等科目。

上述业务的相关举例参见“短期借款”和“长期借款”科目。

八、预收账款

（一）预收账款的确认和计量

预收账款是指事业单位按照货物、服务合同或协议或者相关规定，向接受货物或服务的主体预先收取但尚未结算的款项。

预收账款应当在收到预收款项时，按照实际收到款项的金额予以确认和计量。

（二）预收账款核算的会计科目设置

财务会计系统下，事业单位应设置“预收账款”科目核算预先收取但尚未结算的款项。本科目应当按照债权人进行明细核算。本科目期末贷方余额，反映事业单位预收但尚未结算的款项金额。

预算会计系统下，与“预收账款”科目对应的是 “事业预算收入”“经营预算收入”等科目。

（三）预收账款的主要账务处理

1. 事业单位从付款方预收款项时，按照实际预收的金额，财务会计借记“银行存款”等科目，贷记“预收账款”科目；预算会计借记“资金结存——货币资金”科目，贷记“事业预算收入”“经营预算收入”等科目。

2. 事业单位确认有关收入时，财务会计按照预收账款账面余额，借记“预收账款”科目，按照应确认的收入金额，贷记“事业收入”“经营收入”等科目（涉及增值税业务的，相关账务处理参见“应交增值税”科目），按照付款方补付或退回付款方的金额，借记或贷记“银行存款”等科目；预算会计按照实际收到的补付或退回付款方的金额借记或贷记“资金结存——货币资金”等科目，贷记或借记“事业预算收入”“经营预算收入”等科目。

3. 事业单位无法偿付或债权人豁免偿还的预收账款，应当按照规定报经批准后进行账务处理。经批准核销时，财务会计借记“预收账款”科目，贷记“其他收入”科目；

预算会计不做账。核销的预收账款应在备查簿中保留登记。

【例5-21】某事业单位非独立核算部门向甲单位销售产品，按照合同规定，合同签订时预收货款5 650元；合同签订10天后发货时，甲单位再补付货款5 650元。该事业单位的账务处理如下：

• 预收货款时，

财务会计		预算会计	
借：银行存款	5 650	借：资金结存——货币资金	5 650
贷：预收账款——甲单位	5 650	贷：经营预算收入	5 650

• 10天后发货，并收到甲单位补付货款时，

财务会计		预算会计	
借：预收账款——甲单位	5 650	借：资金结存——货币资金	5 650
银行存款	5 650	贷：经营预算收入	5 650
贷：经营收入	10 000		
应交增值税——应交税金——销项税额	1 300		

• 如果该事业单位10天后无力发货，甲单位对已经预付的货款予以豁免，

财务会计		预算会计	
借：预收账款——甲单位	5 650	—	
贷：其他收入	5 650		

九、其他应付款

（一）其他应付款的确认和计量

其他应付款是指事业单位除应交增值税、其他应交税费、应缴财政款、应付职工薪酬、应付票据、应付账款、应付利息、预收账款以外，其他各项偿还期限在1年内（含1年）的应付及暂收款项，如收取的押金、存入保证金、已经报销但尚未偿还银行的本单位公务卡欠款等。

其他应付款应当在相关义务满足负债的定义和确认条件时，按照确定应承担的负债金额予以确认和计量。

（二）其他应付款核算的会计科目设置

财务会计系统下，事业单位应设置“其他应付款”科目核算除应交增值税、其他应交税费、应缴财政款、应付职工薪酬、应付票据、应付账款、应付政府补贴款、应付利息、预收账款以外，其他各项偿还期限在1年内（含1年）的应付及暂收款项。同级政府财政部门预拨的下期预算款和没有纳入预算的暂付款项，以及采用实拨资金方式通过本单位转拨给下属单位的财政拨款，也通过本科目核算。本科目应当按照其他应付款的类别以及债权人等进行明细核算。本科目期末贷方余额，反映单位尚未支付的其他应付款金额。

预算会计系统下，与“其他应付款”科目对应的是“资金结存”“事业支出”等

科目。

（三）其他应付款的主要账务处理

1.事业单位发生其他应付及暂收款项时，财务会计借记“银行存款”等科目，贷记“其他应付款”科目；预算会计不做账。支付（或退回）其他应付及暂收款项时，财务会计借记“其他应付款”科目，贷记“银行存款”等科目。预算会计按实际支付的金额，借记相关支出科目，贷记“资金结存——货币资金”科目。相关举例参见相关费用和预算支出的核算。

事业单位将暂收款项转为收入时，财务会计借记“其他应付款”科目，贷记“事业收入”等科目；预算会计借记“资金结存——货币资金”科目，贷记“事业预算收入”等科目。

【例5-22】某事业单位开展专业活动收取申请者押金5 000元，款项已存入银行。一个月后，专业活动已经结束，因一直无法联系到部分申请者，其押金500元无法退还，报经批准后转为收入。该事业单位的账务处理如下：

• 收取押金时，

财务会计			预算会计		
借：银行存款	5 000		—		
贷：其他应付款——押金		5 000			

• 将无法退还的押金转为收入时，

财务会计			预算会计		
借：其他应付款——押金	500		借：资金结存——货币资金	500	
贷：事业收入		500	贷：事业预算收入		500

2.事业单位收到同级政府财政部门预拨的下期预算款和没有纳入预算的暂付款项，财务会计按照实际收到的金额，借记“银行存款”等科目，贷记“其他应付款”科目；当期预算会计不做账。待到下一预算期或批准纳入预算时，财务会计借记“其他应付款”科目，贷记“财政拨款收入”科目；预算会计借记“资金结存——货币资金”科目，贷记“财政拨款预算收入”科目。

事业单位收到应当纳入下一年度部门预算管理的暂收非财政资金款项，单位在收到款项时，财务会计借记“银行存款”等科目，贷记“其他应付款”科目；本年度预算会计不做账。待下一年初，单位应当按照上年暂收的款项金额，财务会计借记“其他应付款”科目，贷记有关收入科目；预算会计按照暂收款项的金额，借记“资金结存——货币资金”科目，贷记有关预算收入科目。

事业单位采用实拨资金方式通过本单位转拨给下属单位的财政拨款，财务会计按照实际收到的金额，借记“银行存款”科目，贷记“其他应付款”科目；向下属单位转拨财政拨款时，按照转拨的金额，借记“其他应付款”科目，贷记“银行存款”科目。预算会计不做账。

【例5-23】某事业单位2×22年12月收到同级政府财政部门预拨的下年度1月份预算

款100 000元，款项已存入银行。该事业单位的账务处理如下：

● 2×22年12月收到预拨款时，

财务会计	预算会计
借：银行存款 100 000 贷：其他应付款——同级财政部门 100 000	—

● 2×23年1月到预算期时，

财务会计	预算会计
借：其他应付款——同级财政部门 100 000 贷：财政拨款收入 100 000	借：资金结存——货币资金 100 000 贷：财政拨款预算收入 100 000

【例5-24】某事业单位属于主管会计单位，采用实拨资金方式通过本单位转拨给下属单位财政拨款，2×22年12月1日收到同级政府财政部门拨给下级单位的款项100 000元，12月2日将款项转拨给下级单位。该事业单位的账务处理如下：

● 2×22年12月1日收到拨款时，

财务会计	预算会计
借：银行存款 100 000 贷：其他应付款——同级财政部门 100 000	—

● 2×22年12月2日转拨款项时，

财务会计	预算会计
借：其他应付款——同级财政部门 100 000 贷：银行存款 100 000	—

3.事业单位公务卡持卡人报销时，按照审核报销的金额，财务会计借记“业务活动费用”“单位管理费用”等科目，贷记“其他应付款”科目；预算会计不做账。偿还公务卡欠款时，财务会计借记“其他应付款”科目，贷记“零余额账户用款额度”等科目；预算会计借记“事业支出”科目，贷记“资金结存——零余额账户用款额度”等科目。

【例5-25】某事业单位从事专业活动的职工持公务卡报销，经审核的报销金额共计为50 000元。该事业单位的账务处理如下：

财务会计	预算会计
借：业务活动费用 50 000 贷：其他应付款——公务卡 50 000	—

该事业单位通过单位零余额账户偿还公务卡欠款50 000元时，

财务会计	预算会计
借：其他应付款——公务卡 50 000 贷：零余额账户用款额度 50 000	借：事业支出 50 000 贷：资金结存——零余额账户用款额度 50 000

4.涉及质保金形成其他应付款的，相关账务处理参见“固定资产”科目。

5.无法偿付或债权人豁免偿还的其他应付款项，应当按照规定报经批准后进行账务处理。经批准核销时，财务会计借记“其他应付款”科目，贷记“其他收入”科目；预算会计按照核销金额借记“资金结存——货币资金”科目，贷记相关预算收入科目。核销的其他应付款应在备查簿中保留登记。相关举例参见【例5-22】。

十、应缴财政款

（一）应缴财政款的确认和计量

应缴财政款是指事业单位取得或应收的按照规定应当上缴财政的款项，包括应缴国库的款项和应缴财政专户的款项。

应缴国库的款项是指事业单位取得或应收的按照规定应当上缴国库的款项，比如国有资产处置收入、国有资产出租收入、单位取得捐赠的货币资金等需要按规定上缴财政的款项。

应缴财政专户的款项是指事业单位按规定应缴入财政专户的款项，比如事业单位按规定收取的尚未纳入预算管理但实行财政专户管理的教育收费。

应缴财政款应当在实际收到相关款项或取得相关应缴款的收款权利时，按照相关规定计算确定的上缴金额予以确认和计量。

（二）应缴财政款核算的会计科目设置

财务会计系统下，事业单位应设置“应缴财政款”科目核算事业单位取得或应收的按照规定应当上缴财政的款项。事业单位按照国家税法等的有关规定应当缴纳的各种税费，通过“应交增值税”“其他应交税费”科目核算，不在本科目核算。本科目应当按照应缴财政款项的类别进行明细核算。本科目贷方余额，反映事业单位应当上缴财政但尚未缴纳的款项。年终清缴后，本科目一般应无余额。

预算会计系统下，事业单位对应缴财政款不进行会计核算。

（三）应缴财政款的主要账务处理

事业单位取得或应收按照规定应缴财政的款项时，财务会计借记“银行存款”“应收账款”等科目，贷记“应缴财政款”科目；上缴应缴财政的款项时，按照实际上缴的金额，借记“应缴财政款”科目，贷记“银行存款”科目。预算会计不做账。相关举例参见“事业收入”等科目。

事业单位处置资产取得的应上缴财政的处置净收入的账务处理，参见“待处理财产损溢”等科目。相关举例参见“库存物品”“固定资产”“无形资产”等科目。

十一、预提费用

（一）预提费用的确认和计量

预提费用是指事业单位预先提取的已经发生但尚未支付的费用，如预提租金费用等。

预提费用按照预先提取的已经发生但尚未支付金额予以确认和计量。

（二）预提费用核算的会计科目设置

财务会计系统下，事业单位应设置“预提费用”科目核算预先提取的已经发生但尚未支付的费用。事业单位按规定从科研项目收入中提取的项目间接费用或管理费，也通过本科目核算。事业单位计提的借款利息费用，通过“应付利息”“长期借款”科目核算，不通过本科目核算。本科目应当按照预提费用的种类进行明细核算。对于提取的项目间接费用或管理费，应当在本科目下设置“项目间接费用或管理费”明细科目，并按项目进行明细核算。本科目期末贷方余额，反映单位已预提但尚未支付的各项费用。

预算会计系统下，与“预提费用”科目对应的是“非财政拨款结余”“事业支出”等科目。

（三）预提费用的主要账务处理

1.项目间接费用或管理费

按照《政府会计制度》的规定，事业单位按规定从科研项目收入中提取项目间接费用或管理费时，按照提取的金额，财务会计借记“单位管理费用”科目，贷记“预提费用——项目间接费用或管理费”科目；预算会计借记“非财政拨款结转——项目间接费用或管理费”科目，贷记“非财政拨款结余——项目间接费用或管理费”科目。实际使用计提的项目间接费用或管理费时，按照实际支付的金额，财务会计借记“预提费用——项目间接费用或管理费”科目，贷记“银行存款”“库存现金”等科目；预算会计借记“事业支出”等科目，贷记“资金结存——货币资金”等科目。相关举例参见“非财政拨款结转”科目【例6-24】。

按照《政府会计准则制度解释第2号》规定，事业单位按规定从财政科研项目中计提项目间接费用或管理费的，应当按照以下规定进行账务处理：（1）从财政科研项目中计提项目间接费用或管理费时，财务会计按照提取的金额，借记“业务活动费用”“单位管理费用”科目，贷记“预提费用——项目间接费用或管理费”科目；预算会计不做账。（2）事业单位使用从财政科研项目收入中计提的项目间接费用或管理费时，按照实际支付的金额，财务会计借记“预提费用——项目间接费用或管理费”科目，贷记“银行存款”“零余额账户用款额度”“财政拨款收入”等科目；使用计提的项目间接费用或管理费购买固定资产、无形资产的，按照固定资产、无形资产的成本金额，财务会计借记“固定资产”“无形资产”科目，贷记“银行存款”“零余额账户用款额度”“财政拨款收入”等科目；同时，按照相同的金额，借记“预提费用——项目间接费用或管理费”科目，贷记“累计盈余”科目。预算会计按照实际支付的金额，借记“事业支出”等支出科目下的“财政拨款支出”“非财政专项资金支出”等明细科目，贷记“资金结存——零余额账户用款额度、货币资金”“财政拨款预算收入”科目。

【例5-26】某事业单位按照专业活动部门的财政科研项目收入5 000 000元的3%提取项目管理费。该事业单位的账务处理如下：

• 该单位计提项目管理费时，

财务会计		预算会计
借：业务活动费用	150 000	
贷：预提费用——项目间接费用或管理费	150 000	—

• 若使用项目间接费用以银行存款支付水电费5 000元时，

财务会计		预算会计	
借：预提费用——项目间接费用或管理费	5 000	借：事业支出	5 000
贷：银行存款	5 000	贷：资金结存——货币资金	5 000

• 若使用项目间接费用通过单位零余额账户购买100 000元的办公设备时，

财务会计		预算会计	
借：固定资产	100 000	借：事业支出	100 000
贷：零余额账户用款额度	100 000	贷：资金结存——零余额账户用款额度	100 000
借：预提费用——项目间接费用或管理费	100 000		
贷：累计盈余	100 000		

2. 其他预提费用

事业单位按期预提租金等费用时，财务会计按照预提的金额，借记“业务活动费用”“单位管理费用”“经营费用”等科目，贷记“预提费用”科目；预算会计不做账。

事业单位实际支付款项时，按照支付金额，财务会计借记“预提费用”科目，贷记“零余额账户用款额度”“银行存款”等科目；预算会计借记“事业支出”等科目，贷记“资金结存——零余额账户用款额度、货币资金”科目。

【例5-27】某事业单位2×22年3月1日因专业活动业务需要租入一台技术设备，租期6个月，每月租金8 000元，租期满时一次性通过单位零余额账户支付。该事业单位的账务处理如下：

• 2×22年3月至8月每月预提租金时，

财务会计		预算会计	
借：业务活动费用	8 000	—	
贷：预提费用	8 000		

• 2×22年9月1日实际支付租金时，

财务会计		预算会计	
借：预提费用	48 000	借：事业支出	48 000
贷：零余额账户用款额度	48 000	贷：资金结存——零余额账户用款额度	48 000

第三节　非流动负债

一、长期借款

（一）长期借款的确认和计量

长期借款是指事业单位经批准向银行或其他金融机构等借入的期限超过1年（不含1年）的各种借款本息。

对于长期借款，事业单位应当在与债权人签订借款合同并取得举借资金时予以确认，并按照借款的实际发生额进行计量。

事业单位分期付息、一次还本的长期借款，应当将计算确定的应付未付利息计入应付利息；对于其他长期借款，应当将计算确定的应付未付利息确认为长期借款，计入长期借款的账面余额。

事业单位应当将为购建固定资产等工程项目借入专门借款和非专门借款发生的借款费用[①]分别计入工程成本或当期费用。事业单位为购建固定资产等工程项目借入专门借款的，对于发生的专门借款费用，应当按照借款费用减去尚未动用的借款资金产生的利息收入后的金额，属于工程项目建设期间发生的，计入工程成本；不属于工程项目建设期间发生的，计入当期费用。其中，工程项目建设期间是指自工程项目开始建造起至交付使用时止的期间。工程项目建设期间发生非正常中断且中断时间连续超过3个月（含3个月）的，事业单位应当将非正常中断期间的借款费用计入当期费用。如果中断是使工程项目达到交付使用所必需的程序，则中断期间所发生的借款费用仍应计入工程成本。事业单位的非专门借款所发生的借款费用应当计入当期费用。

事业单位应当在偿还长期借款本息时，冲减相关长期借款的账面余额。

（二）长期借款的主要账务处理

财务会计系统下，事业单位应设置“长期借款”科目核算事业单位经批准向银行或其他金融机构等借入的期限超过1年（不含1年）的各种借款本息。本科目应当设置“本金”和“应计利息”明细科目，并按照贷款单位和贷款种类进行明细核算。对于建设项目借款，还应按照具体项目进行明细核算。本科目期末贷方余额，反映事业单位尚未偿还的长期借款本息金额。

预算会计系统下，与“长期借款”科目对应的是“债务预算收入”“债务还本支出”“其他支出”科目。

（三）长期借款的主要账务处理

1.借入长期借款

事业单位借入各项长期借款时，按照实际借入的金额，财务会计借记“银行存款”科目，贷记“长期借款——本金”科目；预算会计借记“资金结存——货币资金”科目，贷记“债务预算收入”科目。

2.长期借款利息

事业单位为建造固定资产、公共基础设施等应支付的专门借款利息，按期计提利息时，财务会计分别以下情况处理：（1）属于工程项目建设期间发生的利息，计入工程成本，按照计算确定的应支付的利息金额，借记“在建工程”科目，贷记“应付利息”科目；（2）属于工程项目完工交付使用后发生的利息，计入当期费用，按照计算确定的应支付的利息金额，借记“其他费用”科目，贷记“应付利息”科目。预算会计不做账。

事业单位按期计提其他长期借款的利息时，按照计算确定的应支付的利息金额，财务

---

① 借款费用，是指事业单位因举借债务而发生的利息及其他相关费用，包括借款利息、辅助费用以及因外币借款而发生的汇兑差额等。其中，辅助费用是指事业单位在举借长期借款过程中发生的手续费、佣金等费用。

会计借记“其他费用”科目，贷记“应付利息”科目［分期付息、到期还本借款的利息］或“长期借款——应计利息”科目［到期一次还本付息借款的利息］；预算会计不做账。

3. 到期归还长期借款本息

事业单位到期归还长期借款本金、利息时，财务会计借记“长期借款——本金、应计利息”科目，贷记“银行存款”科目；预算会计借记“债务还本支出”（实际支付本金）、“其他支出”（实际支出利息），贷记“资金结存——货币资金”科目。

【例5-28】某事业单位为建造办公楼于2×22年1月2日向工商银行借入600 000元，期限3年，款项已存入银行。借款利率10%，每年末付息一次，期满后一次还清本金。2×22年1月以借款支付工程款300 000元，2×23年1月以借款支付工程款300 000元。该办公楼于2×23年12月底完工，并交付使用。该事业单位的账务处理如下：

• 2×22年1月2日取得借款时，

财务会计		预算会计	
借：银行存款	600 000	借：资金结存——货币资金	600 000
贷：长期借款——本金——工商银行	600 000	贷：债务预算收入	600 000

• 2×22年1月支付工程款时，

财务会计		预算会计	
借：在建工程	300 000	借：事业支出	300 000
贷：银行存款	300 000	贷：资金结存——货币资金	300 000

• 2×22年至2×23年每月计提利息时，

月借款利息=600 000×10%÷12=5 000（元）

财务会计		预算会计
借：在建工程	5 000	—
贷：应付利息	5 000	

• 2×24年每月计提利息时，

财务会计		预算会计
借：其他费用	5 000	—
贷：应付利息	5 000	

• 2×22年至2×24年每年末支付利息时，

财务会计		预算会计	
借：应付利息	60 000	借：其他支出	60 000
贷：银行存款	60 000	贷：资金结存——货币资金	60 000

• 2×23年1月支付工程款时，

财务会计		预算会计	
借：在建工程	300 000	借：事业支出	300 000
贷：银行存款	300 000	贷：资金结存——货币资金	300 000

• 2×23年12月底办公楼交付使用时，

财务会计		预算会计	
借：固定资产	720 000	—	
贷：在建工程	720 000		

• 2×25年1月2日到期还本时，

财务会计		预算会计	
借：长期借款——本金——工商银行	600 000	借：债务还本支出	600 000
贷：银行存款	600 000	贷：资金结存——货币资金	600 000

【例5-29】如果【例5-28】中的事业单位2×22年1月2日向工商银行借入的借款，是到期一次还本付息的，其他条件不变。该事业单位的账务处理如下：

• 收到借款时，

财务会计		预算会计	
借：银行存款	600 000	借：资金结存——货币资金	600 000
贷：长期借款——本金——工商银行	600 000	贷：债务预算收入	600 000

• 2×22年1月支付工程款时，

财务会计		预算会计	
借：在建工程	300 000	借：事业支出	300 000
贷：银行存款	300 000	贷：资金结存——货币资金	300 000

• 2×22年至2×23年每月计提利息时，

月借款利息=600 000×10%÷12=5 000（元）

财务会计		预算会计	
借：在建工程	5 000	—	
贷：长期借款——应计利息——工商银行	5 000		

• 2×24年每月计提利息时，

财务会计		预算会计	
借：其他费用	5 000	—	
贷：长期借款——应计利息——工商银行	5 000		

• 2×23年1月支付工程款时，

财务会计		预算会计	
借：在建工程	300 000	借：事业支出	300 000
贷：银行存款	300 000	贷：资金结存——货币资金	300 000

• 2×23年12月底办公楼交付使用时，

财务会计		预算会计	
借：固定资产	720 000	—	
贷：在建工程	720 000		

• 2×25年1月2日到期还本付息时，

财务会计		预算会计	
借：长期借款——本金——工商银行	600 000	借：债务还本支出	600 000
——应计利息——工商银行	180 000	其他支出	180 000
贷：银行存款	780 000	贷：资金结存——货币资金	780 000

二、长期应付款

（一）长期应付款的确认和计量

长期应付款是指事业单位发生的偿还期限超过1年（不含1年）的应付款项，如以融资租赁方式取得固定资产应付的租赁费等。

长期应付款应当在取得资产、接受劳务，或外包工程完成规定进度时，按照应付未付款项的金额予以确认和计量。

（二）长期应付款核算的会计科目设置

财务会计系统下，事业单位应设置“长期应付款”科目核算事业单位发生的偿还期限超过1年（不含1年）的应付款项，如以融资租赁方式取得固定资产应付的租赁费等。本科目应当按照长期应付款的类别以及债权人进行明细核算。本科目期末贷方余额，反映单位尚未支付的长期应付款金额。

预算会计系统下，与“长期应付款”科目对应的是“事业支出”“经营支出”等科目。

（三）长期应付款的主要账务处理

1. 事业单位发生长期应付款时，财务会计借记“固定资产”“在建工程”等科目，贷记“长期应付款”科目；预算会计不做账。

2. 事业单位支付长期应付款时，按照实际支付的金额，财务会计借记“长期应付款”科目，贷记“财政拨款收入”“零余额账户用款额度”“银行存款”等科目（涉及增值税业务的，相关账务处理参见“应交增值税”科目）；预算会计借记“事业支出”“经营支出”等科目，贷记“财政拨款预算收入”“资金结存——零余额账户用款额度、货币资金”等科目。

3. 事业单位无法偿付或债权人豁免偿还的长期应付款，应当按照规定报经批准后进行账务处理。经批准核销时，财务会计借记“长期应付款”科目，贷记“其他收入”科目；预算会计不做账。核销的长期应付款应在备查簿中保留登记。

4. 涉及质保金形成长期应付款的，相关账务处理参见“固定资产”科目。

【例5-30】某事业单位2×22年9月30日购入专业活动用办公设备一批，取得增值税专用发票上记载的金额为500 000元、税额65 000元。与供货方约定设备货款分三次支付，每半年支付一次。采用财政直接支付方式分别于2×22年9月30日（收到设备）支付货款50%，于2×23年3月30日支付货款40%。2×23年9月30日之后几经努力无法联系到供货商，剩余10%货款56 500元无法偿付。2×23年10月报经批准后予以核销。该事业单位的账务处理如下：

- 2×22年9月30日收到专用设备并支付50%的货款时，

财务会计			预算会计	
借：固定资产	565 000		借：事业支出	282 500
贷：财政拨款收入		282 500	贷：财政拨款预算收入	282 500
长期应付款		282 500		

- 2×23年3月30日支付40%货款时，

财务会计			预算会计	
借：长期应付款	226 000		借：事业支出	226 000
贷：财政拨款收入		226 000	贷：财政拨款预算收入	226 000

- 2×23年10月报经批准后核销10%货款时，

财务会计			预算会计
借：长期应付款	56 500		—
贷：其他收入		56 500	

三、预计负债

（一）预计负债的确认和计量

预计负债是指事业单位对因或有事项所产生的现时义务而确认的负债。其中，或有事项，是指由过去的经济业务或者事项形成的，其结果须由某些未来事项的发生或不发生才能决定的不确定事项。未来事项是否发生不在事业单位控制范围内。事业单位常见的或有事项主要是未决诉讼或未决仲裁。

预计负债应当按照履行相关现时义务所需支出的最佳估计数进行初始计量。所需支出存在一个连续范围，且该范围内各种结果发生的可能性相同的，最佳估计数应当按照该范围内的中间值确定。

在其他情形下，最佳估计数应当分别下列情况确定：（1）或有事项涉及单个项目的，按照最可能发生金额确定。（2）或有事项涉及多个项目的，按照各种可能结果及相关概率计算确定。事业单位在确定最佳估计数时，一般应当综合考虑与或有事项有关的风险、不确定性等因素。

事业单位清偿预计负债所需支出预期全部或部分由第三方补偿的，补偿金额只有在基本确定能够收到时才能作为资产单独确认。确认的补偿金额不应当超过预计负债的账面余额。事业单位应当在报告日对预计负债的账面余额进行复核。有确凿证据表明该账面余额不能真实反映当前最佳估计数的，应当按照当前最佳估计数对该账面余额进行调整。履行该预计负债的相关义务不是很可能导致经济资源流出事业单位时，应当将该预计负债的账面余额予以转销。

（二）预计负债核算的会计科目设置

财务会计系统下，事业单位应设置“预计负债”科目核算事业单位对因或有事项所产生的现时义务而确认的负债。本科目应当按照预计负债的项目进行明细核算。本科目期末贷方余额，反映单位已确认但尚未支付的预计负债金额。

预算会计系统下，与“预计负债”科目对应的是“事业支出”“经营支出”“其他支出”等科目。

（三）预计负债的主要账务处理

1.事业单位确认预计负债时，财务会计按照预计的金额，借记“业务活动费用”“经营费用”“其他费用”等科目，贷记“预计负债”科目；预算会计不做账。

2.事业单位实际偿付预计负债时，按照偿付的金额，财务会计借记“预计负债”科目，贷记“银行存款”“零余额账户用款额度”等科目；预算会计借记“事业支出”“经营支出”“其他支出”科目，贷记“资金结存——零余额账户用款额度、货币资金”科目。

3.事业单位根据确凿证据需要对已确认的预计负债账面余额进行调整的，财务会计按照调整增加的金额，借记有关科目，贷记“预计负债”科目；按照调整减少的金额，借记“预计负债”科目，贷记有关科目。预算会计不做账。

【例5-31】某事业单位2×22年3月1日在依法履职时因侵犯人身权被受害人起诉，12月31日法院尚未做出判决。根据单位法律顾问的职业判断，单位败诉的可能性为90%。如果败诉，单位需要赔偿20万元。该事业单位的账务处理如下：

财务会计			预算会计		
借：业务活动费用	200 000		—		
贷：预计负债		200 000			

假定2×23年2月1日法院做出判决，单位败诉，赔偿受害人20万元，以银行存款付讫，则，

财务会计			预算会计		
借：预计负债	200 000		借：事业支出	200 000	
贷：银行存款		200 000	贷：资金结存——货币资金		200 000

第四节 受托代理负债

受托代理负债是指事业单位接受委托取得受托代理资产时形成的负债。

财务会计系统下，事业单位应设置“受托代理负债”科目核算接受委托取得受托代理资产时形成的负债。本科目期末贷方余额，反映事业单位尚未交付或发出受托代理资产时形成的负债金额。

预算会计系统下，事业单位对受托代理负债不进行会计核算。

“受托代理负债”科目的主要账务处理及举例参照“库存现金”“银行存款”“受托代理资产”科目。

第六章

事业单位净资产和预算结余的核算

第一节 净资产和预算结余概述

一、净资产

（一）净资产的定义和内容

净资产，是事业单位资产扣除负债后的净额。净资产是事业单位财务会计要素之一。

事业单位净资产包括本期盈余、本年盈余分配、无偿调拨净资产、以前年度盈余调整、专用基金、累计盈余、权益法调整等。

年末，由于“本年盈余分配”、“以前年度盈余调整”和“无偿调拨净资产”科目的年末余额均转入“累计盈余”科目，所以，事业单位净资产总额等于累计盈余、专用基金和权益法调整余额合计数。

（二）净资产的确认和计量

事业单位净资产金额取决于资产和负债的计量。

净资产项目应当列入事业单位资产负债表。

（三）净资产类的会计科目及其核算内容

事业单位净资产类会计科目有7个，各净资产类会计科目及其核算内容见表6-1。

二、预算结余

（一）预算结余的定义和内容

预算结余，是指事业单位预算年度内预算收入扣除预算支出后的资金余额，以及历年滚存的资金余额。预算结余是事业单位预算会计要素之一。

预算结余分为结转资金和结余资金。结转资金是指预算安排项目的支出年终尚未执行完毕或者因故未执行，且下年需要按原用途继续使用的资金。结余资金是指年度预算执行终了，预算收入实际完成数扣除预算支出和结转资金后剩余的资金以及连续两年未

表6-1　　事业单位净资产类科目及其核算内容

科目名称	科目核算内容
财务会计——净资产类	
累计盈余	核算事业单位历年实现的盈余扣除盈余分配后滚存的金额，以及因无偿调入调出资产产生的净资产变动额
专用基金	核算事业单位按照规定提取或设置的具有专门用途的净资产，主要包括职工福利基金、科技成果转化基金等
权益法调整	核算事业单位持有的长期股权投资采用权益法核算时，按照被投资单位除净损益和利润分配以外的所有者权益变动份额调整长期股权投资账面余额而计入净资产的金额
本期盈余	核算事业单位本期各项收入、费用相抵后的余额
本年盈余分配	核算事业单位本年度盈余分配的情况和结果
无偿调拨净资产	核算事业单位无偿调入或调出非现金资产所引起的净资产变动金额
以前年度盈余调整	核算事业单位本年度发生的调整以前年度盈余的事项，包括本年度发生的重要前期差错，更正涉及调整以前年度盈余的事项

用完的结转资金（预算安排项目的支出在下一年度终了时仍未用完的资金）[①]。

预算结余包括财政拨款结转结余、非财政拨款结转结余、专用结余、经营结余。其中，财政拨款结转结余包括财政拨款结转和财政拨款结余，非财政拨款结转结余包括非财政拨款结转和非财政拨款结余。

（二）预算结余的确认和计量

预算结余的确认主要依赖于预算收入和预算支出的确认。

符合预算结余定义及其确认条件的项目应当列入预算会计预算结转结余变动报表。

（三）预算结余类的会计科目及其核算内容

事业单位预算结余类会计科目有9个，各预算结余类会计科目及其核算内容见表6-2。

表6-2　　事业单位预算结余类科目及其核算内容

科目名称	科目核算内容
预算会计——预算结余类	
资金结存	核算事业单位纳入部门预算管理的资金的流入、流出、调整和滚存等情况
财政拨款结转	核算事业单位取得的同级财政拨款结转资金的调整、结转和滚存情况
财政拨款结余	核算事业单位取得的同级财政拨款项目支出结余资金的调整、结转和滚存情况
非财政拨款结转	核算事业单位除财政拨款收支、经营收支以外各非同级财政拨款专项资金的调整、结转和滚存情况
非财政拨款结余	核算事业单位历年滚存的非限定用途的非同级财政拨款结余资金，主要为非财政拨款结余扣除结余分配后滚存的金额
专用结余	核算事业单位按照规定从非财政拨款结余中提取的具有专门用途的资金的变动和滚存情况
经营结余	核算事业单位本年度经营活动收支相抵后余额弥补以前年度经营亏损后的余额
其他结余	核算事业单位本年度除财政拨款收支、非同级财政专项资金收支和经营收支以外各项收支相抵后的余额
非财政拨款结余分配	核算事业单位本年度非财政拨款结余分配的情况和结果

① 参见《预算法实施条例》第50条。《事业单位财务规则》（财政部令第108号）规定：结余资金是指当年预算工作目标已完成，或者因故终止，当年剩余的资金。

第二节 净资产

一、本期盈余

（一）本期盈余的定义

本期盈余是本期各项收入与费用相抵后的余额，其计算公式如下：

本期盈余=本期收入-本期费用

本期收入=财政拨款收入+事业收入+上级补助收入+附属单位上缴收入+经营收入+非同级财政拨款收入+投资收益+捐赠收入+利息收入+租金收入+其他收入

本期费用=业务活动费用+单位管理费用+经营费用+资产处置费用+上缴上级费用+对附属单位补助费用+所得税费用+其他费用

（二）本期盈余核算的会计科目设置

财务会计系统下，事业单位应设置“本期盈余”科目核算本期各项收入和费用相抵后的余额。本科目期末如为贷方余额，反映单位自年初至当期期末累计实现的盈余；如为借方余额，反映单位自年初至当期期末累计发生的亏损。年末结账后，本科目应无余额。

预算会计系统下，事业单位对本期盈余不进行会计核算。

（三）本期盈余的主要账务处理

1.期末，财务会计将各类收入科目本期发生额转入本期盈余，借记“财政拨款收入”“事业收入”“上级补助收入”“附属单位上缴收入”“经营收入”“非同级财政拨款收入”“投资收益”“捐赠收入”“利息收入”“租金收入”“其他收入”科目，贷记“本期盈余”科目；各类费用科目本期发生额转入本期盈余，借记“本期盈余”科目，贷记“业务活动费用”“单位管理费用”“经营费用”“所得税费用”“资产处置费用”“上缴上级费用”“对附属单位补助费用”“其他费用”科目。预算会计不做账。

2.年末，完成上述结转后，财务会计将“本期盈余”科目余额转入“本年盈余分配”科目，借记或贷记“本期盈余”科目，贷记或借记“本年盈余分配”科目；预算会计不做账。

【例6-1】假设甲事业单位（免所得税）2×22年11月30日“本期盈余”科目贷方余额10 188 500元，同年12月各项收入和费用的本月发生额见表6-3。

表6-3 **12月各项收入和费用的本月发生额** 单位：元

收入科目名称	12月发生额	费用科目名称	12月发生额
财政拨款收入	710 000	业务活动费用	850 000
事业收入	600 000	单位管理费用	700 000
上级补助收入	50 000	经营费用	40 000
附属单位上缴收入	100 000	资产处置费用	10 000
经营收入	20 000	上缴上级费用	100 000
非同级财政拨款收入	150 000	对附属单位补助费用	150 000
投资收益	30 000	其他费用	15 000
捐赠收入	500 000		
利息收入	50 000		
租金收入	20 000		
其他收入	60 000		

根据上述资料，该事业单位的账务处理如下：

• 结转12月各项收入和费用时，

财务会计			预算会计
借：财政拨款收入	710 000		—
事业收入	600 000		
上级补助收入	50 000		
附属单位上缴收入	100 000		
经营收入	20 000		
非同级财政拨款收入	150 000		
投资收益	30 000		
捐赠收入	500 000		
利息收入	50 000		
租金收入	20 000		
其他收入	60 000		
贷：本期盈余		2 290 000	
借：本期盈余	1 865 000		
贷：业务活动费用		850 000	
单位管理费用		700 000	
经营费用		40 000	
资产处置费用		10 000	
上缴上级费用		100 000	
对附属单位补助费用		150 000	
其他费用		15 000	

• 年末，结转“本期盈余”科目余额时，

“本期盈余”科目贷方余额=10 188 500+（2 290 000−1 865 000）=10 613 500（元）

财务会计			预算会计
借：本期盈余	10 613 500		—
贷：本年盈余分配		10 613 500	

二、本年盈余分配

年末，事业单位应按规定对预算会计系统下产生的非财政拨款结余进行分配，其分配的情况和结果应当在财务会计系统下予以反映。事业单位主要分配项目是提取职工福利基金。

（一）本年盈余分配核算的会计科目设置

财务会计系统下，事业单位应设置“本年盈余分配”科目核算本年度盈余分配的情况和结果。年末结账后，本科目应无余额。

预算会计系统下，与“本年盈余分配”科目对应的是“非财政拨款结余”科目。

（二）本年盈余分配的主要账务处理

（1）年末，财务会计将“本期盈余”科目余额转入“本年盈余分配”科目，借记或贷记“本期盈余”科目，贷记或借记“本年盈余分配”科目；预算会计不做账。举例参见【例6-1】。

（2）年末，财务会计根据有关规定从本年度非财政拨款结余或经营结余中提取专用基金的，按照预算会计下计算的提取金额，借记“本年盈余分配”科目，贷记“专用基金”科目；预算会计借记“非财政拨款结余分配”科目，贷记“专用结余”科目。

【例6-2】假设甲事业单位按照2×22年本年度预算会计下非财政拨款结余1 741 000元（其他结余1 465 500元和经营结余275 500元——参见【例6-21】和【例6-22】）的40%计提职工福利基金696 400元。该事业单位的账务处理如下：

财务会计			预算会计		
借：本年盈余分配	696 400		借：非财政拨款结余分配	696 400	
贷：专用基金——职工福利基金		696 400	贷：专用结余		696 400

（3）年末，按照规定完成上述（1）和（2）处理后，财务会计将“本年盈余分配”科目余额转入累计盈余，借记或贷记“本年盈余分配”科目，贷记或借记“累计盈余”科目；预算会计不做账。

【例6-3】沿用【例6-1】和【例6-2】资料，假设甲事业单位2×22年12月31日“本年盈余分配”科目贷方余额为9 917 100元。年末结转“本年盈余分配”科目贷方余额时，该事业单位的账务处理如下：

财务会计			预算会计
借：本年盈余分配	9 917 100		—
贷：累计盈余		9 917 100	

三、无偿调拨净资产

无偿调拨净资产，是事业单位无偿调入或调出非现金资产所引起的净资产变动金额。

（一）无偿调拨净资产核算的会计科目设置

财务会计系统下，事业单位应设置“无偿调拨净资产”科目核算无偿调入或调出非现金资产所引起的净资产变动金额。年末结账后，本科目应无余额。

预算会计系统下，事业单位对无偿调拨净资产不进行会计核算。

（二）无偿调拨净资产的主要账务处理

1.事业单位按照规定取得无偿调入的存货、长期股权投资、固定资产、无形资产、公共基础设施、政府储备物资、文物文化资产、保障性住房等，财务会计按照确定的成本，借记“库存物品”“长期股权投资”“固定资产”“无形资产”“公共基础设施”“政府储备物资”“文物文化资产”“保障性住房”等科目，按照调入过程中发生的归属于调入方的相关费用，贷记“零余额账户用款额度”“银行存款”等科目，按照其差额，贷记“无偿调拨净资产”科目；预算会计按照实际支付的归属于调入方的相关费用借记“其他支出”科目，贷记“资金结存——零余额账户用款额度、货币资金”等科目。

2. 事业单位按照规定经批准无偿调出存货、长期股权投资、固定资产、无形资产、公共基础设施、政府储备物资、文物文化资产、保障性住房等，财务会计按照调出资产的账面余额或账面价值，借记“无偿调拨净资产”科目，按照固定资产累计折旧、无形资产累计摊销、公共基础设施累计折旧（摊销）、保障性住房累计折旧的金额，借记“固定资产累计折旧”“无形资产累计摊销”“公共基础设施累计折旧（摊销）”“保障性住房累计折旧”科目，按照调出资产的账面余额，贷记“库存物品”“长期股权投资”“固定资产”“无形资产”“公共基础设施”“政府储备物资”“文物文化资产”“保障性住房”等科目；同时，按照调出过程中发生的归属于调出方的相关费用，借记“资产处置费用”科目，贷记“零余额账户用款额度”“银行存款”等科目。预算会计按照实际支付的归属于调出方的相关费用借记“其他支出”科目，贷记“资金结存——零余额账户用款额度、货币资金”等科目。

上述业务核算的举例参见第四章无偿调出的库存物品、固定资产、无形资产等资产的核算。

3. 年末，财务会计将“无偿调拨净资产”科目余额转入累计盈余，借记或贷记“无偿调拨净资产”科目，贷记或借记“累计盈余”科目；预算会计不做账。

【例6-4】假设甲事业单位2×22年12月31日“无偿调拨净资产”科目贷方余额200 000元。年末结转“无偿调拨净资产”科目贷方余额时，该事业单位的账务处理如下：

财务会计			预算会计
借：无偿调拨净资产	200 000		—
贷：累计盈余		200 000	

四、以前年度盈余调整

（一）以前年度盈余调整核算的会计科目设置

财务会计系统下，事业单位应设置“以前年度盈余调整”科目核算事业单位本年度发生的调整以前年度盈余的事项，包括本年度发生的重要前期差错更正涉及调整以前年度盈余的事项。本科目结转后应无余额。

预算会计系统下，与“以前年度盈余调整”科目对应的是“财政拨款结转”“财政拨款结余”“非财政拨款结转”“非财政拨款结余”等科目。

（二）以前年度盈余调整的主要账务处理

1. 事业单位调整增加以前年度收入时，财务会计按照调整增加的金额，借记有关科目，贷记“以前年度盈余调整”科目；预算会计按照实际收到的金额，借记“资金结存——财政应返还额度、零余额账户用款额度、货币资金”等科目，贷记“财政拨款结转——年初余额调整”“财政拨款结余——年初余额调整”“非财政拨款结转——年初余额调整”“非财政拨款结余——年初余额调整”科目。调整减少的，做相反会计分录。

【例6-5】假设甲事业单位2×22年10月通过日常检查发现2×21年的一笔预收账款

219 000元，付款方已经收到商品，可以确认为收入，财务会计却没有确认收入。2×21年收到款项时，预算会计已经确认相关预算收入。假设不考虑相关税费，该事业单位的账务处理如下：

财务会计			预算会计
借：预收账款	219 000		—
贷：以前年度盈余调整		219 000	

2.事业单位调整增加以前年度费用时，财务会计按照调整增加的金额，借记“以前年度盈余调整”科目，贷记有关科目；预算会计按照实际支付的金额，借记“财政拨款结转——年初余额调整”“财政拨款结余——年初余额调整”“非财政拨款结转——年初余额调整”“非财政拨款结余——年初余额调整”科目，贷记“资金结存——财政应返还额度、零余额账户用款额度、货币资金”等科目。调整减少的，做相反会计分录。相关举例参见【例6-10】、【例6-11】和【例6-18】。

3.事业单位盘盈的以前年度的各种非流动资产，报经批准后处理时，财务会计借记“待处理财产损溢”科目，贷记“以前年度盈余调整”科目；预算会计不做账。

4.经上述调整后，财务会计应将“以前年度盈余调整”科目的余额转入累计盈余，借记或贷记“累计盈余”科目，贷记或借记“以前年度盈余调整”科目；预算会计不做账。

【例6-6】假设不考虑其他因素，根据【例6-5】、【例6-10】、【例6-11】和【例6-18】的资料计算得出，甲事业单位2×22年12月31日“以前年度盈余调整”科目贷方余额219 000元。年末结转“以前年度盈余调整”科目贷方余额时，该事业单位的账务处理如下：

财务会计			预算会计
借：以前年度盈余调整	219 000		—
贷：累计盈余		219 000	

五、专用基金

（一）专用基金的定义和内容①

专用基金是事业单位按照规定提取或设置的具有专门用途的资金，包括职工福利基金和其他专用基金。

1.职工福利基金

职工福利基金，是事业单位按照非财政拨款结余（应该为预算会计下的经营结余和其他结余）的一定比例提取以及按照其他规定提取转入，用于单位职工的集体福利设施、集体福利待遇等的资金。按照《财政部关于事业单位提取专用基金比例问题的通知》（财教〔2012〕32号）的规定，事业单位职工福利基金的提取比例，在单位年度非财政拨款结余的40%以内确定。其中，中央级事业单位职工福利基金的提取比例，由

① 专用基金的定义、内容和管理来自《事业单位财务规则》（财政部令第108号）相关规定。

主管部门会同财政部在单位年度非财政拨款结余的40%以内核定；地方事业单位职工福利基金的提取比例，由省级财政部门参照有关规定，结合本地实际确定。

2.其他专用基金

其他专用基金是指除职工福利基金外，事业单位按照有关规定提取或者设置的专用资金，比如科技成果转化基金。科技成果转化基金是事业单位从事业预算收入中提取并计入相关费用，以及在经营收支结余中提取转入，用于科技成果转化的资金。按照《关于执行〈科学事业单位财务制度〉有关问题的通知》（财教〔2014〕10号）的规定，科技成果转化基金的计提比例不得超过10%。

按照《事业单位财务规则》（财政部令第108号）的规定，专用基金管理应当遵循先提后用、专款专用的原则，支出不得超出基金规模。事业单位应当将专用基金纳入预算管理，结合实际需要按照规定提取，保持合理规模，提高使用效益。专用基金余额较多的，应当降低提取比例或者暂停提取；确需调整用途的，由主管部门会同本级财政部门确定。各项基金的提取比例和管理办法，国家有统一规定的，按照统一规定执行；没有统一规定的，由主管部门会同本级财政部门确定。

（二）专用基金核算的会计科目设置

财务会计系统下，事业单位应设置“专用基金”科目核算按照规定提取或设置的具有专门用途的净资产。本科目应当按照专用基金的类别进行明细核算。本科目期末贷方余额，反映事业单位累计提取或设置的尚未使用的专用基金。

预算会计系统下，与“专用基金”科目对应的是“专用结余”“事业支出”等科目。

（三）专用基金的主要账务处理

1.年末，根据有关规定从本年度非财政拨款结余或经营结余中提取专用基金的，按照预算会计下计算的提取金额，财务会计借记“本年盈余分配”科目，贷记“专用基金”科目；预算会计借记“非财政拨款结余分配”，贷记“专用结余”。相关举例参见【例6-2】。

2.根据有关规定从收入中提取专用基金并计入费用的，一般按照预算会计下基于预算收入计算提取的金额，财务会计借记“业务活动费用”等科目，贷记“专用基金”科目；预算会计不做账。国家另有规定的，从其规定。

【例6-7】假设甲事业单位年末按本年度实现事业预算收入17 370 000元的6%提取科技成果转化基金1 042 200元。该事业单位的账务处理如下：

财务会计			预算会计
借：业务活动费用	1 042 200		—
贷：专用基金——科技成果转化基金		1 042 200	

3.根据有关规定设置的其他专用基金，按照实际收到的基金金额，财务会计借记“银行存款”等科目，贷记“专用基金”科目；预算会计不做账。

4.按照规定使用提取的专用基金时，财务会计借记“专用基金”科目，贷记“银行存款”等科目。使用提取的专用基金购置固定资产、无形资产的，按照固定资产、无形资产成本金额，借记“固定资产”“无形资产”科目，贷记“银行存款”等科目；同时，按照专用基金使用金额，借记“专用基金”科目，贷记“累计盈余”科目。预算会计按照实际支付的金额借记“事业支出”［从预算收入中计提的专用基金］或“专用结余”［从非财政拨款结余中提取的专用基金］等科目，贷记“资金结存——货币资金”等科目。

【例6-8】假设甲事业单位使用科技成果转化基金购买科研所用的专用技术设备一台（免征增值税项目），以银行存款支付价款100 000元。该事业单位的账务处理如下：

财务会计			预算会计		
借：固定资产	100 000		借：事业支出	100 000	
贷：银行存款		100 000	贷：资金结存——货币资金		100 000
借：专用基金	100 000				
贷：累计盈余		100 000			

【例6-9】假设甲事业单位使用职工福利基金购买音乐播放设备一台供职工集体娱乐活动使用，以银行存款支付价款3 600元。该事业单位的账务处理如下：

财务会计			预算会计		
借：固定资产	3 600		借：专用结余	3 600	
贷：银行存款		3 600	贷：资金结存——货币资金		3 600
借：专用基金	3 600				
贷：累计盈余		3 600			

六、累计盈余

（一）累计盈余的定义

累计盈余是事业单位历年实现的盈余扣除盈余分配后滚存的金额，以及因无偿调入调出资产产生的净资产变动额。其计算公式如下：

本年年末累计盈余=本年年初余额±本年变动金额

本年年初余额=上年年末余额±以前年度盈余调整

本年变动金额=本年未分配盈余变动额+本年无偿调拨净资产变动额+从其他单位调入财政拨款结转结余+事业单位专用基金使用金额-上缴、缴回、向其他单位调出财政拨款结转结余

（二）累计盈余核算的会计科目设置

财务会计系统下，事业单位应设置“累计盈余”科目核算单位历年实现的盈余扣除盈余分配后滚存的金额，以及因无偿调入调出资产产生的净资产变动额。按照规定上缴、缴回、单位间调剂结转结余资金产生的净资产变动额，以及对以前年度盈余的调整金额，也通过本科目核算。本科目期末余额，反映单位未分配盈余（或未弥补亏损）的累计数以及截至上年末无偿调拨净资产变动的累计数。本科目年末余额，反映单位未分配盈余（或未弥补亏损）以及无偿调拨净资产变动的累计数。

预算会计系统下，与“累计盈余”科目对应的是“财政拨款结转”“财政拨款结余”

"非财政拨款结转"等科目。

（三）累计盈余的主要账务处理

1.年末，财务会计将"本年盈余分配"科目的余额转入累计盈余，借记或贷记"本年盈余分配"科目，贷记或借记"累计盈余"科目；预算会计不做账。相关举例参见【例6-3】。

2.年末，财务会计将"无偿调拨净资产"科目的余额转入累计盈余，借记或贷记"无偿调拨净资产"科目，贷记或借记"累计盈余"科目；预算会计不做账。相关举例参见【例6-4】。

3.按照规定上缴财政拨款结转结余、缴回非财政拨款结转资金、向其他单位调出财政拨款结转资金时，按照实际上缴、缴回、调出金额，财务会计借记"累计盈余"科目，贷记"财政应返还额度""零余额账户用款额度""银行存款"等科目。按照规定从其他单位调入财政拨款结转资金时，按照实际调入金额，财务会计借记"零余额账户用款额度""银行存款"等科目，贷记"累计盈余"科目。预算会计的账务处理参照"财政拨款结转""财政拨款结余""非财政拨款结转"等科目进行。相关举例参见【例6-12】、【例6-13】和【例6-19】。

4.财务会计将"以前年度盈余调整"科目的余额转入"累计盈余"科目，借记或贷记"以前年度盈余调整"科目，贷记或借记"累计盈余"科目；预算会计不做账。相关举例参见【例6-6】。

5.按照规定使用专用基金购置固定资产、无形资产的，相关账务处理参见"专用基金"科目。举例参见【例6-8】和【例6-9】。

6.使用从财政科研项目收入中计提项目间接费用或管理费购买固定资产、无形资产的，财务会计按照固定资产、无形资产的成本金额，借记"固定资产""无形资产"科目，贷记"银行存款""零余额账户用款额度""财政拨款收入"等科目；同时，按照相同的金额，借记"预提费用——项目间接费用或管理费"科目，贷记"累计盈余"科目。预算会计按照实际支付的金额，借记"事业支出"等支出科目下的"财政拨款支出""非财政专项资金支出"等明细科目，贷记"资金结存——零余额账户用款额度、货币资金""财政拨款预算收入"科目。相关举例参见第五章"预提费用"科目。

七、权益法调整

（一）权益法调整核算的会计科目设置

财务会计系统下，事业单位应设置"权益法调整"科目核算持有的长期股权投资采用权益法核算时，按照被投资单位除净损益和利润分配以外的所有者权益变动份额调整长期股权投资账面余额而计入净资产的金额。本科目应当按照被投资单位进行明细核算。本科目期末余额，反映事业单位在被投资单位除净损益和利润分配以外的所有者权益变动中累积享有（或分担）的份额。

预算会计系统下，对权益法调整不进行会计核算。

（二）权益法调整的主要账务处理

1. 年末，财务会计按照被投资单位除净损益和利润分配以外的所有者权益变动应享有（或应分担）的份额，借记或贷记“长期股权投资——其他权益变动”科目，贷记或借记“权益法调整”科目；预算会计不做账。

2. 采用权益法核算的长期股权投资，因被投资单位除净损益和利润分配以外的所有者权益变动而将应享有（或应分担）的份额计入单位净资产的，处置该项投资时，财务会计按照原计入净资产的相应部分金额，借记或贷记“权益法调整”科目，贷记或借记“投资收益”科目；预算会计不做账。

相关举例参见第四章“长期股权投资”科目的核算。

第三节 预算结余

一、资金结存

（一）资金结存的概念

资金结存，是指事业单位纳入部门预算管理的资金的流入、流出、调整和滚存等情况。此处事业单位纳入部门预算管理的资金包括货币资金（以库存现金、银行存款、其他货币资金形态存在的资金）、零余额账户用款额度和财政应返还额度。

（二）资金结存核算的会计科目设置

预算会计系统下，事业单位应设置“资金结存”科目核算纳入部门预算管理的资金的流入、流出、调整和滚存等情况。本科目年末借方余额，反映单位预算资金的累计滚存情况。

“资金结存”科目应当设置下列明细科目：

（1）“零余额账户用款额度”。本明细科目核算实行国库集中支付的单位根据财政部门批复的用款计划收到和支用的零余额账户用款额度。年末结账后，本明细科目应无余额。

（2）“货币资金”。本明细科目核算单位以库存现金、银行存款、其他货币资金形态存在的资金。本明细科目年末借方余额，反映单位尚未使用的货币资金。

（3）“财政应返还额度”。本明细科目核算实行国库集中支付的单位可以使用的以前年度财政直接支付资金额度和财政应返还的财政授权支付资金额度。本明细科目下可设置“财政直接支付”“财政授权支付”两个明细科目进行明细核算。本明细科目年末借方余额，反映单位应收财政返还的资金额度。

财务会计系统下，与“资金结存”科目对应的是“财政应返还额度”“零余额账户用款额度”“银行存款”“库存现金”等科目。

（三）资金结存的主要账务处理

1. 财政授权支付方式

事业单位根据代理银行转来的财政授权支付额度到账通知书，按照通知书中的授权支付额度，财务会计借记“零余额账户用款额度”科目，贷记“财政拨款收入”科目；预算会计借记“资金结存——零余额账户用款额度”科目，贷记“财政拨款预算收入”科目。

事业单位发生相关支出时，按照实际支付的金额，财务会计借记“业务活动费用”“单位管理费用”“应付职工薪酬”“库存物品”“固定资产”等科目，贷记“零余额账户用款额度”科目；预算会计借记“事业支出”等科目，贷记“资金结存——零余额账户用款额度”科目。

事业单位从零余额账户提取现金时，财务会计借记“库存现金”科目，贷记“零余额账户用款额度”科目；预算会计借记“资金结存——货币资金”科目，贷记“资金结存——零余额账户用款额度”科目。退回现金时，做相反会计分录。

事业单位使用以前年度财政直接支付额度发生支出时，按照实际支付金额，财务会计借记“业务活动费用”“单位管理费用”“应付职工薪酬”“库存物品”“固定资产”等科目，贷记“财政应返还额度”科目；预算会计借记“事业支出”等科目，贷记“资金结存——财政应返还额度”科目。

2.其他支付方式

事业单位以国库集中支付以外的其他支付方式取得预算收入时，按照实际收到的金额，财务会计借记“银行存款”“库存现金”科目，贷记“财政拨款收入”“事业收入”“经营收入”等科目；预算会计借记“资金结存——货币资金”科目，贷记“财政拨款预算收入”“事业预算收入”“经营预算收入”等科目。

国库集中支付以外的其他支付方式下，发生相关支出时，按照实际支付的金额，财务会计借记“业务活动费用”“单位管理费用”“应付职工薪酬”“库存物品”“固定资产”等科目，贷记“银行存款”“库存现金”科目；预算会计借记“事业支出”“经营支出”等科目，贷记“资金结存——货币资金”科目。

3.按照规定上缴或注销财政拨款结转结余资金

事业单位按照规定上缴财政拨款结转结余资金或注销财政拨款结转结余资金额度的，按照实际上缴资金数额或注销的资金额度，财务会计借记“累计盈余”科目，贷记“财政应返还额度”“零余额账户用款额度”“银行存款”科目；预算会计借记“财政拨款结转——归集上缴”或“财政拨款结余——归集上缴”科目，贷记“资金结存——财政应返还额度、零余额账户用款额度、货币资金”科目。

按规定向原资金拨入单位缴回非财政拨款结转资金的，按照实际缴回资金数额，财务会计借记“累计盈余”科目，贷记“银行存款”科目；预算会计借记“非财政拨款结转——缴回资金”科目，贷记“资金结存——货币资金”科目。

收到从其他单位调入的财政拨款结转资金的，按照实际调入资金数额，财务会计借记“财政应返还额度”“零余额账户用款额度”“银行存款”科目，贷记“累计盈余”科目；预算会计借记“资金结存——财政应返还额度、零余额账户用款额度、货币资金”科目，贷记“财政拨款结转——归集调入”科目。

4.按照规定使用专用基金

事业单位按照规定使用专用基金时，按照实际支付金额，财务会计借记“专用基金”科目，贷记“银行存款”等科目；预算会计借记“专用结余”科目［从非财政拨款结余中提取的专用基金］或“事业支出”等科目［从预算收入中计提的专用基金］，贷记“资金结存——货币资金”科目。

5.购货退回

事业单位因购货退回、发生差错更正等退回国库直接支付、授权支付款项，或者收回货币资金的，属于本年度支付的，财务会计借记“财政拨款收入”“零余额账户用款额度”“银行存款”等科目，贷记“业务活动费用”“库存物品”等科目；预算会计借记“财政拨款预算收入”科目或“资金结存——财政应返还额度、零余额账户用款额度、货币资金”科目，贷记相关支出科目。属于以前年度支付的，财务会计借记“财政应返还额度”“零余额账户用款额度”“银行存款”等科目，贷记“以前年度盈余调整”科目；预算会计借记“资金结存——财政应返还额度、零余额账户用款额度、货币资金”科目，贷记“财政拨款结转”“财政拨款结余”“非财政拨款结转”“非财政拨款结余”科目。

6.缴纳所得税

有企业所得税缴纳义务的事业单位缴纳所得税时，按照实际缴纳金额，财务会计借记“其他应交税费——单位应交所得税”科目，贷记“银行存款”等科目；预算会计借记“非财政拨款结余——累计结余”科目，贷记“资金结存——货币资金”科目。

7.年末确认财政应返还额度

年末，事业单位根据本年度财政直接支付预算指标数与当年财政直接支付实际支出数的差额和本年度财政授权支付预算指标数大于零余额账户用款额度下达数的差额，财务会计借记“财政应返还额度”，贷记“财政拨款预算收入”科目；预算会计借记“资金结存——财政应返还额度”科目，贷记“财政拨款预算收入”科目。依据代理银行提供的对账单作注销额度的相关账务处理，财务会计借记“财政应返还额度”科目，贷记“零余额账户用款额度”科目；预算会计借记“资金结存——财政应返还额度”科目，贷记“资金结存——零余额账户用款额度”科目。

下年初，事业单位依据代理银行提供的额度恢复到账通知书以及收到的财政部门批复的上年末未下达零余额账户用款额度，财务会计借记“零余额账户用款额度”科目，贷记“财政应返还额度”科目；预算会计借记“资金结存——零余额账户用款额度”科目，贷记“资金结存——财政应返还额度”科目。

上述业务核算的相关举例参见第二章至第六章收入和预算收入、费用和预算支出、资产和负债、净资产和预算结转结余的核算。

二、财政拨款结转

（一）财政拨款结转的概念

财政拨款结转，是事业单位调整、结转和滚存的同级财政拨款结转资金。

调整，包括因会计差错更正、以前年度支出收回引起的年初余额调整，按规定从其他单位调入的财政拨款结转资金，按照规定向其他单位调出的财政拨款结转资金，按照规定上缴财政拨款结转资金或注销财政拨款结转资金额度，以及经财政部门批准改变用途调整用于本单位基本支出或其他未完成项目支出的财政拨款结余资金。

结转，是指当年事业单位财政拨款预算收入与其相关支出相抵后的余额，包括基本支出结转和项目支出结转。基本支出结转，是指用于基本支出的财政拨款预算收入减去财政拨款基本支出后的差额，包括人员经费和日常公用经费。基本支出结转原则上结转下年继续使用，用于增人增编等人员支出和公用支出，但在人员支出和公用支出间不得挪用，不得用于提高人员开支标准。项目支出结转，是尚未完成项目支出的财政拨款预算收入减去财政拨款项目支出后的差额，具体包括：项目当年已执行但尚未完成而形成的结转资金；项目因故当年未执行，需要推迟到下年执行形成的结转资金；项目需要跨年度执行，但项目支出预算已一次性安排形成的结转资金。项目支出结转资金结转至下年按原用途继续使用。

（二）财政拨款结转核算的会计科目设置

预算会计系统下，事业单位应设置“财政拨款结转”科目，核算取得的同级财政拨款结转资金的调整、结转和滚存情况。本科目年末贷方余额，反映单位滚存的财政拨款结转资金数额。

“财政拨款结转”科目应当设置下列明细科目：

1. 与会计差错更正、以前年度支出收回相关的明细科目

“年初余额调整”。本明细科目核算因发生会计差错更正、以前年度支出收回等原因，需要调整财政拨款结转的金额。年末结账后，本明细科目应无余额。

2. 与财政拨款调拨业务相关的明细科目

（1）“归集调入”。本明细科目核算按照规定从其他单位调入财政拨款结转资金时，实际调增的额度或调入的资金数额。年末结账后，本明细科目应无余额。

（2）“归集调出”。本明细科目核算按照规定向其他单位调出财政拨款结转资金时，实际调减的额度或调出的资金数额。年末结账后，本明细科目应无余额。

（3）“归集上缴”。本明细科目核算按照规定上缴财政拨款结转资金时，实际核销的额度或上缴的资金数额。年末结账后，本明细科目应无余额。

（4）“单位内部调剂”。本明细科目核算经财政部门批准对财政拨款结余资金改变用途，调整用于本单位其他未完成项目等的调整金额。年末结账后，本明细科目应无余额。

3. 与年末财政拨款结转业务相关的明细科目

（1）“本年收支结转”。本明细科目核算单位本年度财政拨款收支相抵后的余额。年末结账后，本明细科目应无余额。

（2）“累计结转”。本明细科目核算单位滚存的财政拨款结转资金。本明细科目年末贷方余额，反映单位财政拨款滚存的结转资金数额。

“财政拨款结转”科目还应当设置“基本支出结转”“项目支出结转”两个明细科目，并在“基本支出结转”明细科目下按照“人员经费”“日常公用经费”进行明细核算，在“项目支出结转”明细科目下按照具体项目进行明细核算；同时，本科目还应按照《政府收支分类科目》中“支出功能分类科目”的相关科目进行明细核算。有一般公共预算财政拨款、政府性基金预算财政拨款等两种或两种以上财政拨款的，还应当在本科目下按照财政拨款的种类进行明细核算。

财政拨款结转的会计科目设置见表6-4。

表6-4 **财政拨款结转的会计科目设置**

总账科目	一级明细科目	二级明细科目	三级明细科目	四级明细科目	五级明细科目
财政拨款结转	年初余额调整	一般公共预算财政拨款结转	支出功能分类科目项级科目	基本支出结转	人员经费
					日常公用经费
				项目支出结转	项目名称
		政府性基金预算财政拨款结转		项目支出结转	项目名称
	归集调入	同上	同上	同上	同上
	归集调出	同上	同上	同上	同上
	归集上缴	同上	同上	同上	同上
	单位内部调剂	同上	同上	同上	同上
	本年收支结转	同上	同上	同上	同上
	累计结转	同上	同上	同上	同上

财务会计系统下，与“财政拨款结转”科目对应的是“以前年度盈余调整”“累计盈余”等科目。

（三）财政拨款结转的主要账务处理

1.会计差错更正、以前年度支出收回

（1）因发生会计差错更正退回以前年度国库直接支付、授权支付款项或财政性货币资金，或者因发生会计差错更正增加以前年度国库直接支付、授权支付支出或财政性货币资金支出，属于以前年度财政拨款结转资金的，财务会计借记或贷记“财政应返还额度”“零余额账户用款额度”“银行存款”科目，贷记或借记“以前年度盈余调整”科目；预算会计借记或贷记“资金结存——财政应返还额度、零余额账户用款额度、货币资金”科目，贷记或借记“财政拨款结转——年初余额调整”科目。

（2）因购货退回、预付款项收回等发生以前年度支出又收回国库直接支付、授权支付款项或收回财政性货币资金，属于以前年度财政拨款结转资金的，财务会计借记“财政应返还额度”“零余额账户用款额度”“银行存款”科目，贷记“以前年度盈余调整”科目；预算会计借记“资金结存——财政应返还额度、零余额账户用款额度、货币资金”科目，贷记“财政拨款结转——年初余额调整”科目。

【例6-10】假设甲事业单位本年度审核上年度尚未结项的科研项目经费，发现财政授权支付款项少记200 000元，本年度予以更正增加。该事业单位的账务处理如下：

财务会计		预算会计	
借：以前年度盈余调整	200 000	借：财政拨款结转——年初余额调整	200 000
贷：零余额账户用款额度	200 000	贷：资金结存——零余额账户用款额度	200 000

【例6-11】假设甲事业单位上年度使用财政授权支付方式采购服务，因服务质量不合要求收回原来支付的款项100 000元。单位零余额账户收到退回的相关款项100 000元。该事业单位的账务处理如下：

财务会计		预算会计	
借：零余额账户用款额度	100 000	借：资金结存——零余额账户用款额度	100 000
贷：以前年度盈余调整	100 000	贷：财政拨款结转——年初余额调整	100 000

2.财政拨款结转资金调整

（1）按照规定从其他单位调入财政拨款结转资金的，按照实际调增的额度或调入的资金数额，财务会计借记“财政应返还额度”“零余额账户用款额度”“银行存款”科目，贷记“累计盈余”科目；预算会计借记“资金结存——财政应返还额度、零余额账户用款额度、货币资金”科目，贷记“财政拨款结转——归集调入”科目。

（2）按照规定向其他单位调出财政拨款结转资金的，按照实际调减的额度或调出的资金数额，财务会计借记“累计盈余”科目，贷记“财政应返还额度”“零余额账户用款额度”“银行存款”科目；预算会计借记“财政拨款结转——归集调出”科目，贷记“资金结存——财政应返还额度、零余额账户用款额度、货币资金”科目。

（3）按照规定上缴财政拨款结转资金或注销财政拨款结转资金额度的，按照实际上缴资金数额或注销的资金额度，财务会计借记“累计盈余”科目，贷记“财政应返还额度”“零余额账户用款额度”“银行存款”科目；预算会计借记“财政拨款结转——归集上缴”科目，贷记“资金结存——财政应返还额度、零余额账户用款额度、货币资金”科目。

（4）经财政部门批准对财政拨款结余资金改变用途，调整用于本单位基本支出或其他未完成项目支出的，按照批准调剂的金额，预算会计借记“财政拨款结余——单位内部调剂”科目，贷记“财政拨款结转——单位内部调剂”科目。

【例6-12】甲事业单位2×22年收到主管部门从其他单位调入的财政拨款结转资金200 000元，用于当年办公大楼的修缮。该笔资金已转入单位零余额账户。该事业单位的账务处理如下：

财务会计		预算会计	
借：零余额账户用款额度	200 000	借：资金结存——零余额账户用款额度	200 000
贷：累计盈余	200 000	贷：财政拨款结转——归集调入	200 000

【例6-13】假设甲事业单位2×22年按主管部门的规定，将100 000元的财政拨款结转资金调出给一小学用于校舍维修。已通过单位零余额账户转账。该事业单位的账务处理如下：

财务会计		预算会计	
借：累计盈余	100 000	借：财政拨款结转——归集调出	100 000
贷：零余额账户用款额度	100 000	贷：资金结存——零余额账户用款额度	100 000

3.年末结转财政拨款结转

（1）年末，预算会计将财政拨款预算收入本年发生额转入“财政拨款结转”科目，借记“财政拨款预算收入”科目，贷记“财政拨款结转——本年收支结转”科目；将各项支出中财政拨款支出本年发生额转入“财政拨款结转”科目，借记“财政拨款结转——本年收支结转”科目，贷记各项支出（财政拨款支出）科目。财务会计不做账。

（2）年末冲销有关明细科目余额。预算会计将“财政拨款结转——本年收支结转、年初余额调整、归集调入、归集调出、归集上缴、单位内部调剂”科目余额转入“财政拨款结转——累计结转”科目。结转后，“财政拨款结转”科目除“累计结转”明细科目外，其他明细科目应无余额。财务会计不做账。

（3）年末完成上述结转后，应当对财政拨款结转各明细项目执行情况进行分析，预算会计按照有关规定将符合财政拨款结余性质的项目余额转入财政拨款结余，借记“财政拨款结转——累计结转”，贷记“财政拨款结余——结转转入”科目；财务会计不做账。

【例6-14】假设甲事业单位2×22年12月31日“财政拨款预算收入”科目贷方本年发生额8 600 000元，有关明细科目为：基本支出7 016 000元、项目支出1 584 000元。年末结转时，该事业单位的账务处理如下：

财务会计	预算会计	
—	借：财政拨款预算收入——基本支出	7 016 000
	——项目支出	1 584 000
	贷：财政拨款结转——本年收支结转——基本支出结转	7 016 000
	——项目支出结转	1 584 000

【例6-15】假设甲事业单位2×22年12月31日“事业支出——财政拨款支出”科目借方本年发生额8 555 000元（其中，基本支出7 001 000元、项目支出1 554 000元）；“其他支出——财政拨款支出”科目借方本年发生额50 000元（基本支出）。年末结转时，该事业单位的账务处理如下：

财务会计　　预算会计

借：财政拨款结转——本年收支结转——基本支出结转 7 051 000
　　　　——项目支出结转 1 554 000

—

贷：事业支出——财政拨款支出　8 555 000
　　其他支出——财政拨款支出　50 000

【例6-16】沿用【例6-10】至【例6-15】资料，甲事业单位2×22年12月31日财政拨款结转有关明细科目余额见表6-5。

表6-5　**2×22年12月31日财政拨款结转有关明细科目余额**　单位：元

一级明细科目	年初余额调整	归集调入	归集调出	归集上缴	单位内部调剂	本年收支结转
借方余额	100 000		100 000			5 000
贷方余额		200 000				

年末冲销有关明细科目余额时，该事业单位的账务处理如下：

财务会计　　预算会计

借：财政拨款结转——归集调入　200 000
　　　　——累计结转　5 000

—

贷：财政拨款结转——归集调出　100 000
　　　　——年初余额调整　100 000
　　　　——本年收支结转　5 000

【例6-17】甲事业单位2×22年12月31日对项目执行情况进行分析，发现项目已完工，按规定将项目剩余资金30 000元转入财政拨款结余。该事业单位的账务处理如下：

财务会计　　预算会计

借：财政拨款结转——累计结转　30 000

—

贷：财政拨款结余——结转转入　30 000

三、财政拨款结余

（一）财政拨款结余的概念

财政拨款结余是指事业单位调整、结转和滚存的同级财政拨款项目支出结余资金。

调整主要包括因会计差错更正、以前年度支出收回引起的年初余额调整，按照规定上缴财政拨款结余资金，以及经财政部门批准改变用途调整用于本单位其他未完成项目等的财政拨款结余资金。

结余是指当年事业单位已经完成项目的财政拨款预算收入减去财政拨款项目支出后的差额，具体包括：项目完成形成的结余；由于受政策变化、计划调整等因素影响，项目终止、撤销形成的结余；对某一预算年度安排的项目支出连续两年未使用或者连续三年仍未使用完形成的剩余资金等。

（二）财政拨款结余核算的会计科目设置

预算会计系统下，事业单位应设置“财政拨款结余”科目核算取得的同级财政拨款项目支出结余资金的调整、结转和滚存情况。本科目年末贷方余额，反映单位滚存的财政拨款结余资金数额。

“财政拨款结余”科目应当设置下列明细科目：

1. 与会计差错更正、以前年度支出收回相关的明细科目

“年初余额调整”。本明细科目核算因发生会计差错更正、以前年度支出收回等原因，需要调整财政拨款结余的金额。年末结账后，本明细科目应无余额。

2. 与财政拨款结余资金调整业务相关的明细科目

（1）“归集上缴”。本明细科目核算按照规定上缴财政拨款结余资金时，实际核销的额度或上缴的资金数额。年末结账后，本明细科目应无余额。

（2）“单位内部调剂”。本明细科目核算经财政部门批准对财政拨款结余资金改变用途，调整用于本单位其他未完成项目等的调整金额。年末结账后，本明细科目应无余额。

3. 与年末财政拨款结余业务相关的明细科目

（1）“结转转入”。本明细科目核算单位按照规定转入财政拨款结余的财政拨款结转资金。年末结账后，本明细科目应无余额。

（2）“累计结余”。本明细科目核算单位滚存的财政拨款结余资金。本明细科目年末贷方余额，反映单位财政拨款滚存的结余资金数额。

“财政拨款结余”科目还应当按照具体项目、《政府收支分类科目》中“支出功能分类科目”的相关科目等进行明细核算。有一般公共预算财政拨款、政府性基金预算财政拨款等两种或两种以上财政拨款的，还应当在本科目下按照财政拨款的种类进行明细核算。

财政拨款结余的会计科目设置见表6-6。

表6-6 **财政拨款结余的会计科目设置**

<table>
<tr><th>总账科目</th><th>一级明细科目</th><th>二级明细科目</th><th>三级明细科目</th><th>四级明细科目</th></tr>
<tr><td rowspan="8">财政拨款结余</td><td rowspan="4">年初余额调整</td><td rowspan="3">一般公共预算财政拨款结余</td><td rowspan="4">支出功能分类科目项级科目</td><td>××项目</td></tr>
<tr><td>××项目</td></tr>
<tr><td>××项目</td></tr>
<tr><td>政府性基金预算财政拨款结余</td><td>××项目</td></tr>
<tr><td>归集上缴</td><td>同上</td><td>同上</td><td>同上</td></tr>
<tr><td>单位内部调剂</td><td>同上</td><td>同上</td><td>同上</td></tr>
<tr><td>结转转入</td><td>同上</td><td>同上</td><td>同上</td></tr>
<tr><td>累计结余</td><td>同上</td><td>同上</td><td>同上</td></tr>
</table>

财务会计系统下，与“财政拨款结余”科目对应的是“以前年度盈余调整”“累计盈余”等科目。

（三）财政拨款结余的主要账务处理

1.会计差错更正、以前年度支出收回

（1）因发生会计差错更正退回以前年度国库直接支付、授权支付款项或财政性货币资金，或者因发生会计差错更正增加以前年度国库直接支付、授权支付支出或财政性货币资金支出，属于以前年度财政拨款结余资金的，财务会计借记或贷记“财政应返还额度”“零余额账户用款额度”“银行存款”科目，贷记或借记“以前年度盈余调整”科目；预算会计借记或贷记“资金结存——财政应返还额度、零余额账户用款额度、货币资金”科目，贷记或借记“财政拨款结余——年初余额调整”科目。

（2）因购货退回、预付款项收回等发生以前年度支出又收回国库直接支付、授权支付款项或收回财政性货币资金，属于以前年度财政拨款结余资金的，财务会计借记“财政应返还额度”“零余额账户用款额度”“银行存款”科目，贷记“以前年度盈余调整”科目；预算会计借记“资金结存——财政应返还额度、零余额账户用款额度、货币资金”科目，贷记“财政拨款结余——年初余额调整”科目。

【例6-18】假设甲事业单位检查上年度已完成的开发新菜地工程项目，年初发现上年列支的一笔支出不当，有关资金使用者已经将该笔支出资金100 000元退回单位零余额账户。该事业单位的账务处理如下：

财务会计			预算会计		
借：零余额账户用款额度	100 000		借：资金结存——零余额账户用款额度	100 000	
贷：以前年度盈余调整		100 000	贷：财政拨款结余——年初余额调整		100 000

2.财政拨款结余资金调整

（1）经财政部门批准对财政拨款结余资金改变用途，调整用于本单位基本支出或其他未完成项目支出的，按照批准调剂的金额，预算会计借记“财政拨款结余——单位内部调剂”科目，贷记“财政拨款结转——单位内部调剂”科目。

（2）按照规定上缴财政拨款结余资金或注销财政拨款结余资金额度的，按照实际上缴资金数额或注销的资金额度，财务会计借记“累计盈余”科目，贷记“财政应返还额度”“零余额账户用款额度”“银行存款”科目；预算会计借记“财政拨款结余——归集上缴”科目，贷记“资金结存——财政应返还额度、零余额账户用款额度、货币资金”科目。

【例6-19】假设甲事业单位检查上年度已完成的老菜地改造工程项目，发现该项目上年结余资金100 000元，按财政部门要求必须上缴。收到代理银行通知已扣减零余额账户用款额度。该事业单位的账务处理如下：

财务会计			预算会计		
借：累计盈余	100 000		借：财政拨款结余——归集上缴	100 000	
贷：零余额账户用款额度		100 000	贷：资金结存——零余额账户用款额度		100 000

3.年末结转财政拨款结余

（1）年末，对财政拨款结转各明细项目执行情况进行分析，按照有关规定将符合财政拨款结余性质的项目余额转入财政拨款结余，预算会计借记“财政拨款结转——累计结转”科目，贷记“财政拨款结余——结转转入”科目；财务会计不做账。相关举例参见【例6-17】。

（2）年末冲销有关明细科目余额。预算会计将“财政拨款结余——年初余额调整、归集上缴、单位内部调剂、结转转入”科目余额转入“财政拨款结余——累计结余”科目。结转后，“财政拨款结余”科目除“累计结余”明细科目外，其他明细科目应无余额。财务会计不做账。

【例6-20】沿用【例6-17】至【例6-19】资料，假设甲事业单位2×22年12月31日财政拨款结余有关明细科目余额见表6-7。

表6-7　**2×22年12月31日财政拨款结余有关明细科目余额**　单位：元

二级明细科目	年初余额调整	归集上缴	单位内部调剂	结转转入
借方余额		100 000		
贷方余额	100 000			30 000

年末，冲销有关明细科目余额时，该事业单位的账务处理如下：

财务会计　　预算会计

—

借：财政拨款结余——年初余额调整　100 000
　　　　　　　　——结转转入　30 000
　贷：财政拨款结余——累计结余　30 000
　　　　　　　　　——归集上缴　100 000

四、其他结余

（一）其他结余的定义

其他结余，是事业单位本年度除财政拨款收支、非同级财政专项资金收支和经营收支以外各项收支相抵后的余额。

（二）其他结余核算的会计科目设置

预算会计系统下，事业单位应设置“其他结余”科目核算本年度除财政拨款收支、非同级财政专项资金收支和经营收支以外各项收支相抵后的余额。年末结账后，本科目应无余额。

财务会计系统下，事业单位对其他结余不进行会计核算。

（三）其他结余的主要账务处理

1.年末，预算会计将事业预算收入、上级补助预算收入、附属单位上缴预算收入、非同级财政拨款预算收入、债务预算收入、其他预算收入本年发生额中的非专项资金收入以及投资预算收益本年发生额转入“其他结余”科目，借记“事业预算收入”、“上级补助预算收入”、“附属单位上缴预算收入”、“非同级财政拨款预算收入”、“债务预算收入”、“其他预算收入”科目下各非专项资金收入明细科目和“投资预算收益”科目，贷记“其他结余”科目（“投资预算收益”科目本年发生额为借方净额时，借记“其他结余”科目，贷记“投资预算收益”科目）；将事业支出、其他支出本年发生额中的非同级财政、非专项资金支出，以及上缴上级支出、对附属单位补助支出、投资支出、债务还本支出本年发生额转入“其他结余”科目，借记“其他结余”科目，贷记“事业支出”、“其他支出”科目下各非同级财政、非专项资金支出明细科目和“上缴上级支出”、“对附属单位补助支出”、“投资支出”、“债务还本支出”科目。财务会计不做账。

2. 年末，完成上述结转后，预算会计将“其他结余”科目余额转入“非财政拨款结余分配”科目。当“其他结余”科目为贷方余额时，借记“其他结余”科目，贷记“非财政拨款结余分配”科目；当“其他结余”科目为借方余额时，借记“非财政拨款结余分配”科目，贷记“其他结余”科目。财务会计不做账。

【例6-21】假设甲事业单位2×22年12月31日各项预算收入和预算支出本年发生额见表6-8。

表6-8 **2×22年12月31日各项预算收入和预算支出本年发生额** 单位：元

预算收入科目名称	贷方发生额	预算支出科目名称	借方发生额
财政拨款预算收入	8 600 000	事业支出	25 079 500
其中：基本支出	7 031 000	其中：财政拨款支出	8 555 000
项目支出	1 554 000	非财政专项资金支出	2 550 000
事业预算收入	17 370 000	其他资金支出	13 974 500
其中：专项资金收入	1 500 000	经营支出	304 500
上级补助预算收入	500 000	上缴上级支出	200 000
其中：专项资金收入	100 000	对附属单位补助支出	540 000
附属单位上缴预算收入	200 000	投资支出	85 000
其中：专项资金收入	200 000	债务还本支出	1 000 000
经营预算收入	580 000	其他支出	1 050 000
债务预算收入	500 000	其中：财政拨款支出	50 000
其中：专项资金收入	300 000	非财政专项资金支出	950 000
非同级财政拨款预算收入	300 000	其他资金支出	50 000
其中：专项资金收入	200 000		
投资预算收益	5 000		
其他预算收入	2 040 000		
其中：专项资金收入	1 300 000		

年末结转时，该事业单位的账务处理如下：

- 结转本年度非专项资金收入，

财务会计	预算会计		
—	借：事业预算收入——非专项资金收入	15 870 000	
	上级补助预算收入——非专项资金收入	400 000	
	债务预算收入——非专项资金收入	200 000	
	非同级财政拨款预算收入——非专项资金收入	100 000	
	投资预算收益	5 000	
	其他预算收入——非专项资金收入	740 000	
	贷：其他结余		17 315 000

- 结转本年度非专项资金支出，

财务会计	预算会计		
—	借：其他结余	15 849 500	
	贷：事业支出——其他资金支出		13 974 500
	上缴上级支出		200 000
	对附属单位补助支出		540 000
	投资支出		85 000
	债务还本支出		1 000 000
	其他支出——其他资金支出		50 000

- 结转“其他结余”科目余额，

财务会计	预算会计		
—	借：其他结余	1 465 500	
	贷：非财政拨款结余分配		1 465 500

五、经营结余

（一）经营结余的概念

经营结余，是指事业单位本年度经营活动收支相抵后余额弥补以前年度经营亏损后的余额。

（二）经营结余核算的会计科目设置

预算会计系统下，事业单位应设置“经营结余”科目核算本年度经营活动收支相抵后余额弥补以前年度经营亏损后的余额。本科目可以按照经营活动类别进行明细核算。年末结账后，本科目一般无余额；如为借方余额，反映事业单位累计发生的经营亏损。

财务会计系统下，事业单位对经营结余不进行会计核算。

（三）经营结余的主要账务处理

1.年末，预算会计将经营预算收入本年发生额转入“经营结余”科目，借记“经营预算收入”科目，贷记“经营结余”科目；将经营支出本年发生额转入“经营结余”科目，借记“经营结余”科目，贷记“经营支出”科目。财务会计不做账。

2.年末，预算会计完成上述结转后，如“经营结余”科目为贷方余额，将“经营结余”科目贷方余额转入“非财政拨款结余分配”科目，借记“经营结余”科目，贷记“非财政拨款结余分配”科目；如“经营结余”科目为借方余额，为经营亏损，不予结转。财务会计不做账。

【例6-22】沿用【例6-21】资料，年末结转本年度经营收支时，甲事业单位的账务处理如下：

• 结转本年度经营收入，

财务会计	预算会计	
—	借：经营预算收入	580 000
	贷：经营结余	580 000

• 结转本年度经营支出，

财务会计	预算会计	
—	借：经营结余	304 500
	贷：经营支出	304 500

• 结转“经营结余”科目余额，

财务会计	预算会计	
—	借：经营结余	275 500
	贷：非财政拨款结余分配	275 500

六、专用结余

（一）专用结余的概念

专用结余是指事业单位按照规定从非财政拨款结余中提取的具有专门用途的资金。

（二）专用结余核算的会计科目设置

预算会计系统下，事业单位应设置“专用结余”科目核算按照规定从非财政拨款结余中提取的具有专门用途的资金的变动和滚存情况。本科目应当按照专用结余的类别进行明细核算。本科目年末贷方余额，反映事业单位从非同级财政拨款结余中提取的专用基金的累计滚存数额。

财务会计系统下，与“专用结余”科目对应的是“专用基金”科目。

（三）专用结余的主要账务处理

1. 根据有关规定从本年度非财政拨款结余或经营结余中提取基金的，按照提取金额，预算会计借记“非财政拨款结余分配”科目，贷记“专用结余”科目；财务会计借记“本年盈余分配”科目，贷记“专用基金”科目。相关举例参见【例6-2】。

2. 根据规定使用从非财政拨款结余或经营结余中提取的专用基金时，财务会计借记“专用基金”科目，贷记“银行存款”等科目。使用提取的专用基金购置固定资产、无形资产的，财务会计按照固定资产、无形资产成本金额，借记“固定资产”“无形资产”科目，贷记“银行存款”等科目；同时，按照专用基金使用金额，借记“专用基金”科目，贷记“累计盈余”科目。预算会计按照实际支付的金额借记“专用结余”科目，贷记“资金结存——货币资金”等科目。相关举例参见【例6-9】。

七、非财政拨款结余分配

（一）非财政拨款结余分配核算的会计科目设置

预算会计系统下，事业单位应设置“非财政拨款结余分配”科目核算本年度非财政拨款结余分配的情况和结果。年末结账后，本科目应无余额。

财务会计系统下，与“非财政拨款结余分配”科目对应的是“本年盈余分配”科目。

（二）非财政拨款结余分配的主要账务处理

1.年末，预算会计将“其他结余”科目余额转入“非财政拨款结余分配”科目，当“其他结余”科目为贷方余额时，借记“其他结余”科目，贷记“非财政拨款结余分配”科目；当“其他结余”科目为借方余额时，借记“非财政拨款结余分配”科目，贷记“其他结余”科目。财务会计不做账。相关举例参见【例6-21】。

年末，预算会计将“经营结余”科目贷方余额转入“非财政拨款结余分配”科目，借记“经营结余”科目，贷记“非财政拨款结余分配”科目；财务会计不做账。相关举例参见【例6-22】。

2.根据有关规定提取专用基金的，按照提取的金额，预算会计借记“非财政拨款结余分配”科目，贷记“专用结余”科目。相关举例参见【例6-2】。

3.年末，预算会计按照规定完成上述两项的处理后，将“非财政拨款结余分配”科目余额转入非财政拨款结余。当“非财政拨款结余分配”科目为借方余额时，借记“非财政拨款结余——累计结余”科目，贷记“非财政拨款结余分配”科目；当“非财政拨款结余分配”科目为贷方余额时，借记“非财政拨款结余分配”科目，贷记“非财政拨款结余——累计结余”科目。财务会计不做账。

【例6-23】沿用【例6-2】、【例6-21】和【例6-22】的资料，年末甲事业单位在结转经营结余和其他结余以及提取职工福利基金后，“非财政拨款结余分配”科目贷方余额为：（275 500+1 465 500）−696 400=1 044 600（元），其账务处理如下：

财务会计	预算会计
—	借：非财政拨款结余分配　　1 044 600 贷：非财政拨款结余——累计结余　　1 044 600

八、非财政拨款结转

（一）非财政拨款结转的概念

非财政拨款结转，是指事业单位调整、结转和滚存的除财政拨款收支、经营收支以外各非同级财政拨款专项资金。其中：

调整主要包括因发生会计差错更正、以前年度支出收回等原因引起的年初余额调整，按照规定缴回非财政拨款结转资金，按照规定事业单位从取得的科研项目预算收入中计提的项目间接费用或管理费。

结转是指事业单位财政拨款收支、经营收支以外各非同级财政拨款专项资金收入与其相关支出相抵后的余额。

（二）非财政拨款结转核算的会计科目设置

预算会计系统下，事业单位应设置“非财政拨款结转”科目核算除财政拨款收支、经营收支以外各非同级财政拨款专项资金的调整、结转和滚存情况。本科目年末贷方余额，反映单位滚存的非同级财政拨款专项结转资金数额。

“非财政拨款结转”科目应当设置下列明细科目：

1.“年初余额调整”。本明细科目核算因发生会计差错更正、以前年度支出收回等原因，需要调整非财政拨款结转的资金。年末结账后，本明细科目应无余额。

2.“缴回资金”。本明细科目核算按照规定缴回非财政拨款结转资金时，实际缴回的资金数额。年末结账后，本明细科目应无余额。

3.“项目间接费用或管理费”。本明细科目核算单位取得的科研项目预算收入中，按照规定计提项目间接费用或管理费的数额。年末结账后，本明细科目应无余额。

4.“本年收支结转”。本明细科目核算单位本年度非同级财政拨款专项收支相抵后的余额。年末结账后，本明细科目应无余额。

5.“累计结转”。本明细科目核算单位滚存的非同级财政拨款专项结转资金。本明细科目年末贷方余额，反映单位非同级财政拨款滚存的专项结转资金数额。

“非财政拨款结转”科目还应当按照具体项目、《政府收支分类科目》中“支出功能分类科目”的相关科目等进行明细核算。

非财政拨款结转的会计科目设置见表6-9。

表6-9 **非财政拨款结转的会计科目设置**

<table>
<tr><th>总账科目</th><th>一级明细科目</th><th>二级明细科目</th><th>三级明细科目</th></tr>
<tr><td rowspan="8">非财政
拨款结转</td><td rowspan="4">年初余额调整</td><td rowspan="4">支出功能分类科目
项级科目</td><td>××项目</td></tr>
<tr><td>××项目</td></tr>
<tr><td>××项目</td></tr>
<tr><td>××项目</td></tr>
<tr><td>缴回资金</td><td>同上</td><td>同上</td></tr>
<tr><td>项目间接费用或管理费</td><td>同上</td><td>同上</td></tr>
<tr><td>本年收支结转</td><td>同上</td><td>同上</td></tr>
<tr><td>累计结转</td><td>同上</td><td>同上</td></tr>
</table>

财务会计系统下，与“非财政拨款结转”科目对应的是“以前年度盈余调整”“累计盈余”等科目。

（三）非财政拨款结转的主要账务处理

1.按照规定从科研项目预算收入中提取项目间接费用或管理费时，按照提取金额，财务会计借记“单位管理费用”科目，贷记“预提费用”科目；预算会计借记“非财政拨款结转——项目间接费用或管理费”科目，贷记“非财政拨款结余——项目间接费用或管理费”科目。

2.因会计差错更正收到或支出非同级财政拨款货币资金，属于非财政拨款结转资金的，按照收到或支出的金额，财务会计借记或贷记“银行存款”科目，贷记或借记“以前年度盈余调整”科目；预算会计借记或贷记“资金结存——货币资金”科目，贷记或借记“非财政拨款结转——年初余额调整”科目。因收回以前年度支出等收到非同级财政拨款货币资金，属于非财政拨款结转资金的，按照收到的金额，财务会计借记“银行存款”科目，贷记“以前年度盈余调整”科目；预算会计借记“资金结存——货币资金”科目，贷记“非财政拨款结转——年初余额调整”科目。

3.按照规定缴回非财政拨款结转资金的，按照实际缴回资金数额，财务会计借记“累计盈余”科目，贷记“银行存款”科目；预算会计借记“非财政拨款结转——缴回资金”科目，贷记“资金结存——货币资金”科目。

4.年末，预算会计将事业预算收入、上级补助预算收入、附属单位上缴预算收入、非同级财政拨款预算收入、债务预算收入、其他预算收入本年发生额中的专项资金收入转入“非财政拨款结转”科目，借记“事业预算收入”“上级补助预算收入”“附属单位上缴预算收入”“非同级财政拨款预算收入”“债务预算收入”“其他预算收入”科目下各专项资金收入明细科目，贷记“非财政拨款结转——本年收支结转”科目；将事业支出、其他支出本年发生额中的非财政拨款专项资金支出转入“非财政拨款结转”科目，借记“非财政拨款结转——本年收支结转”科目，贷记“事业支出”“其他支出”科目下各非财政拨款专项资金支出明细科目。财务会计不做账。

5.年末冲销有关明细科目余额。预算会计将“非财政拨款结转——年初余额调整、项目间接费用或管理费、缴回资金、本年收支结转”科目余额转入“非财政拨款结转——累计结转”科目。结转后，“非财政拨款结转”科目除“累计结转”明细科目外，其他明细科目应无余额。

6.年末完成上述结转后，应当对非财政拨款专项结转资金各项目情况进行分析，将留归本单位使用的非财政拨款专项（项目已完成）剩余资金转入非财政拨款结余，预算会计借记“非财政拨款结转——累计结转”科目，贷记“非财政拨款结余——结转转入”科目；财务会计不做账。

【例6-24】沿用【例6-21】中表6-8的资料。甲事业单位预算收入中含有行政管理部门非财政科研项目预算收入2 000 000元。假设该单位非财政拨款结转没有发生年初余额调整和缴回资金事项，非财政专项资金项目年底完成，其结余资金100 000元留归本单位。

根据上述资料，该事业单位的账务处理如下：

• 按科研项目预算收入的3%提取管理费时，

财务会计	预算会计
借：单位管理费用 60 000	借：非财政拨款结转——项目间接费用或管理费　60 000
贷：预提费用　60 000	贷：非财政拨款结余——项目间接费用或管理费　60 000

• 结转本年非财政专项资金收入时，

财务会计	预算会计
—	借：事业预算收入——专项资金收入　1 500 000 上级补助预算收入——专项资金收入　100 000 附属单位上缴预算收入——专项资金收入　200 000 债务预算收入——专项资金收入　300 000 非同级财政拨款预算收入——专项资金收入　200 000 其他预算收入——专项资金收入　1 300 000 贷：非财政拨款结转——本年收支结转　3 600 000

• 结转本年非财政专项资金支出时，

财务会计	预算会计
—	借：非财政拨款结转——本年收支结转　3 500 000 贷：事业支出——非财政专项资金支出　2 550 000 其他支出——非财政专项资金支出　950 000

• 冲销有关明细科目余额，

财务会计	预算会计
—	借：非财政拨款结转——本年收支结转　100 000 贷：非财政拨款结转——项目间接费用或管理费　60 000 ——累计结转　40 000

• 结转已完工项目留归本单位结余资金，

财务会计	预算会计
—	借：非财政拨款结转——累计结转　100 000 贷：非财政拨款结余——结转转入　100 000

九、非财政拨款结余

（一）非财政拨款结余的概念

非财政拨款结余是指事业单位历年滚存的非限定用途的非同级财政拨款结余资金，主要为非财政拨款结余扣除结余分配后滚存的金额。

（二）非财政拨款结余核算的会计科目设置

预算会计系统下，事业单位应设置“非财政拨款结余”科目核算历年滚存的非限定用途的非同级财政拨款结余资金。本科目年末贷方余额，反映单位非同级财政拨款结余资金的累计滚存数额。

“非财政拨款结余”科目应当设置下列明细科目：

1.“年初余额调整”。本明细科目核算因发生会计差错更正、以前年度支出收回等原因，需要调整非财政拨款结余的资金。年末结账后，本明细科目应无余额。

2.“项目间接费用或管理费”。本明细科目核算单位取得的科研项目预算收入中，按照规定计提的项目间接费用或管理费。年末结账后，本明细科目应无余额。

3.“结转转入”。本明细科目核算按照规定留归单位使用，由单位统筹调配，纳入单位非财政拨款结余的非同级财政拨款专项剩余资金。年末结账后，本明细科目应无余额。

4.“累计结余”。本明细科目核算单位历年滚存的非同级财政拨款、非专项结余资金。本明细科目年末贷方余额，反映单位非同级财政拨款滚存的非专项结余资金数额。

“非财政拨款结余”科目还应当按照《政府收支分类科目》中“支出功能分类科目”的相关科目进行明细核算。

非财政拨款结余的会计科目设置见表6-10。

表6-10 **非财政拨款结余的会计科目设置**

总账科目	一级明细科目	二级明细科目
非财政拨款结余	年初余额调整	支出功能分类科目项级科目
	项目间接费用或管理费	同上
	结转转入	同上
	累计结余	同上

财务会计系统下，与“非财政拨款结余”科目对应的是“其他应交税费”“以前年度盈余调整”等科目。

（三）非财政拨款结余的主要账务处理

1.按照规定从科研项目预算收入中提取项目间接费用或管理费时，财务会计借记“单位管理费用”科目，贷记“预提费用”科目；预算会计借记“非财政拨款结转——项目间接费用或管理费”科目，贷记“非财政拨款结余——项目间接费用或管理费”科目。举例参见【例6-24】。

2.有企业所得税缴纳义务的事业单位实际缴纳企业所得税时，按照缴纳金额，财务会计借记“其他应交税费——单位应交所得税”科目，贷记“银行存款”等科目；预算会计借记“非财政拨款结余——累计结余”科目，贷记“资金结存——货币资金”科目。

【例6-25】某事业单位（与甲事业单位无关）2×21年度实际缴纳所得税50 000元。该事业单位账务处理如下：

财务会计		预算会计	
借：其他应交税费——单位应交所得税 50 000		借：非财政拨款结余——累计结余 50 000	
贷：银行存款	50 000	贷：资金结存——货币资金	50 000

3.因会计差错更正收到或支出非同级财政拨款货币资金，属于非财政拨款结余资金

的，按照收到或支出的金额，财务会计借记或贷记“银行存款”科目，贷记或借记“以前年度盈余调整”科目；预算会计借记或贷记“资金结存——货币资金”科目，贷记或借记“非财政拨款结余——年初余额调整”科目。

因收回以前年度支出等收到非同级财政拨款货币资金，属于非财政拨款结余资金的，按照收到的金额，财务会计借记“银行存款”科目，贷记“以前年度盈余调整”科目；预算会计借记“资金结存——货币资金”科目，贷记“非财政拨款结余——年初余额调整”科目。

4. 年末，预算会计将留归本单位使用的非财政拨款专项（项目已完成）剩余资金转入“非财政拨款结余”科目，预算会计借记“非财政拨款结转——累计结转”科目，贷记“非财政拨款结余——结转转入”科目。财务会计不做账。相关举例参见【例6-24】。

5. 年末冲销有关明细科目余额。预算会计将“非财政拨款结余——年初余额调整、项目间接费用或管理费、结转转入”科目余额结转入“非财政拨款结余——累计结余”科目。结转后，“非财政拨款结余”科目除“累计结余”明细科目外，其他明细科目应无余额。

【例6-26】沿用【例6-24】资料，年末甲事业单位冲销有关非财政拨款结余明细科目余额的账务处理如下：

财务会计	预算会计		
	借：非财政拨款结余——项目间接费用或管理费	60 000	
—	——结转转入	100 000	
	贷：非财政拨款结余——累计结余		160 000

6. 年末，预算会计将“非财政拨款结余分配”科目余额转入非财政拨款结余。“非财政拨款结余分配”科目为借方余额的，借记“非财政拨款结余——累计结余”科目，贷记“非财政拨款结余分配”科目；“非财政拨款结余分配”科目为贷方余额的，借记“非财政拨款结余分配”科目，贷记“非财政拨款结余——累计结余”科目。财务会计不做账。举例参见【例6-23】。

第七章

事业单位财务报告和决算报告

第一节 财务报表和预算会计报表概述

一、财务报表

（一）财务报表的定义和构成

财务报表是对事业单位财务状况、运行情况和现金流量等信息的结构性表述。财务报表包括会计报表和附注。

会计报表至少应当包括资产负债表、收入费用表和现金流量表。

附注是对在资产负债表、收入费用表、现金流量表等报表中列示的项目所作的进一步说明，以及对未能在这些报表中列示的项目的说明。

（二）财务报表的编制期

按照编制期，事业单位财务报表包括月度报表和年度报表。月度报表是反映截止到报告月度的事业单位财务状况和运行情况等信息的报表。月度报表要求编制资产负债表和收入费用表。年度报表是全面反映事业单位年度财务状况、运行情况和现金流量等信息的报表。年度报表要求编制资产负债表、收入费用表和现金流量表、附注。

事业单位财务报表的构成和编制期见表7-1。

二、预算会计报表

（一）预算会计报表的定义和构成

预算会计报表，是对事业单位本年度预算收支执行结果等信息的结构性表述，包括预算收入支出表、预算结转结余变动表和财政拨款预算收入支出表。

（二）预算会计报表的编制期

按照编制期，事业单位预算会计报表至少应当包括年度报表。

事业单位预算会计报表构成和编制期见表7–1。

表7–1　　事业单位财务报表和预算会计报表构成和编制期

编号	报表名称	编制期
财务报表		
会政财01表	资产负债表	月度、年度
会政财02表	收入费用表	月度、年度
会政财03表	净资产变动表	年度
会政财04表	现金流量表	年度
	附注	年度
预算会计报表		
会政预01表	预算收入支出表	年度
会政预02表	预算结转结余变动表	年度
会政预03表	财政拨款预算收入支出表	年度

三、财务报表和预算会计报表的编制要求

（一）财务报表编制要求

根据《政府会计准则第9号——财务报表编制和列报》规定，事业单位编制财务报表应遵循以下要求：

1.事业单位应当以持续运行为前提，根据实际发生的经济业务或事项，按照政府会计准则制度的规定对相关会计要素进行确认和计量，在此基础上编制财务报表。事业单位不应以附注披露代替确认和计量，也不能通过充分披露相关会计政策而纠正不恰当的确认和计量。如果按照政府会计准则制度规定披露的信息不足以让财务报表使用者了解特定经济业务或事项对事业单位财务状况和运行情况的影响时，事业单位还应当披露其他必要的相关信息。

2.除现金流量表以收付实现制为基础编制外，事业单位应当以权责发生制为基础编制财务报表。事业单位财务报表应当以财务会计核算生成的数据为准编制。

3.财务报表项目的列报应当在各个会计期间保持一致，不得随意变更，但政府会计准则制度和财政部发布的其他有关规定要求变更财务报表项目的除外。

4.事业单位在编制财务报表过程中，应当考虑报表项目的重要性。对于性质或功能不同的项目，应当在财务报表中单独列报，但不具有重要性的项目除外；对于性质或功能类似的项目，其所属类别具有重要性的，应当按其类别在财务报表中单独列

报；对于某些项目的重要性程度不足以在资产负债表、收入费用表等报表中单独列示，但对理解报表具有重要性的，应当在附注中单独披露。重要性，是指财务报表某些项目的省略、错报等，能够合理预期将影响报表主要使用者据此作出决策的，该项目具有重要性。重要性应当根据事业单位所处的具体环境，从项目的性质和金额两方面予以判断。关于各项目重要性的判断标准一经确定，不得随意变更。判断项目性质的重要性，应当考虑该项目在性质上是否显著影响事业单位的财务状况和运行情况等因素；判断项目金额的重要性，应当考虑该项目金额占资产总额、负债总额、净资产总额、收入总额、费用总额、盈余总额等直接相关项目金额的比重或所属报表单列项目金额的比重。

5.财务报表中的资产项目和负债项目的金额、收入项目和费用项目的金额不得相互抵销，但其他政府会计准则制度另有规定的除外。资产或负债项目按扣除备抵项目后的净额列示，不属于抵销。

6.当期财务报表的列报，至少应当提供所有列报项目上一个可比会计期间的比较数据，以及与理解当期财务报表相关的说明，但其他政府会计准则制度等另有规定的除外。

7.事业单位应当至少在财务报表的显著位置披露下列各项：（1）编报单位的名称；（2）报告日或财务报表涵盖的会计期间；（3）人民币金额单位；（4）财务报表是合并财务报表[①]的，应当予以标明。

8.事业单位至少应当按年编制财务报表。年度财务报表涵盖的期间短于一年的，应当披露年度财务报表的涵盖期间、短于一年的原因以及报表数据不具可比性的事实。

（二）预算会计报表编制要求

根据《政府会计制度》规定，预算会计报表的编制主要以收付实现制为基础，以事业单位预算会计核算生成的数据为准。

（三）财务报表和预算会计报表的编制的共同要求

1.事业单位应当根据《政府会计制度》规定编制真实、完整的财务报表和预算会计报表，不得违反该制度规定随意改变财务报表和预算会计报表的编制基础、编制依据、编制原则和方法，不得随意改变《政府会计制度》规定的财务报表和预算会计报表有关数据的会计口径。

2.财务报表和预算会计报表应当根据登记完整、核对无误的账簿记录和其他有关资料编制，做到数字真实、计算准确、内容完整、编报及时。

3.财务报表和预算会计报表应当由单位负责人和主管会计工作的负责人、会计机构负责人（会计主管人员）签名并盖章。

---

① 事业单位合并财务报表，是指以事业单位本级作为合并主体，将单位本级及其合并范围内全部被合并主体的财务报表进行合并后形成的，反映单位整体财务状况与运行情况的财务报表，是事业单位财务报告的主要组成部分。鉴于有关事业单位合并财务报表的准则仍处于规范中，而有关合并预算会计报表的准则尚未发布，本书将不涉及事业单位合并报表的相关内容。

第二节　资产负债表

一、资产负债表的内容和结构

（一）资产负债表的内容

资产负债表是反映事业单位在某一特定日期的财务状况的报表，属于静态报表。通过资产负债表，报表使用者可以了解事业单位以下信息：在某一特定日期的全部资产、负债和净资产的情况；某一日期资产的总额及其结构，即事业单位拥有或控制的资源及其分布情况；某一日期的负债总额及其结构，即事业单位未来需要用多少资产或劳务清偿债务以及清偿时间的情况；某一日期净资产的总额及其结构，即事业单位拥有的盈余、专用基金等情况。

资产负债表按编制的时间不同，可分为月度报表和年度报表。

（二）资产负债表的结构

资产负债表按照"资产=负债+净资产"的平衡公式设置，分为左右两方，左方列示资产各项目，反映资产的分布及存在形态；右方列示负债和净资产各项目，反映负债和净资产的内容及构成情况。资产负债表左右两方平衡，资产总计等于负债和净资产总计。资产负债表中的资产应当分流动资产、非流动资产和受托代理资产列示，负债应当分流动负债、非流动负债和受托代理负债列示。

为了使会计信息使用者通过比较不同时点资产负债表的数据，判断事业单位财务状况变动情况及发展趋势，事业单位需要提供比较资产负债表。由此，资产负债表的各个项目分为"年初余额"和"期末余额"两栏分别填列，"资产总计"项目期末（年初）余额应当与"负债和净资产总计"项目期末（年初）余额相等。

资产负债表的基本格式可参见表7-2。

二、资产负债表的填列方法

（一）年初余额的填列

资产负债表中"年初余额"栏内的各项数字，应当根据上年末资产负债表"期末余额"栏内的数字填列；如果本年度资产负债表规定的各项目的名称和内容同上年度不一致，应对上年末资产负债表各项目的名称和数字按照本年度的规定进行调整，将调整后的数字填入本表"年初余额"栏内。如果本年度单位发生了因前期差错更正、会计政策变更等调整以前年度盈余的事项，还应当对"年初余额"栏中的有关项目金额进行相应调整。

（二）期末余额的填列

资产负债表中的"期末余额"栏中各项目的内容和填列方法如下：

1.资产类项目

（1）"货币资金"项目，反映事业单位期末库存现金、银行存款、零余额账户用款额度、其他货币资金的合计数。本项目应当根据"库存现金""银行存款""零余额账户用款额度”“其他货币资金”科目的期末余额的合计数填列；若事业单位存在通过“库存现金”“银行存款”科目核算的受托代理资产还应当按照前述合计数扣减“库存现金”“银行存款”科目下“受托代理资产”明细科目的期末余额后的金额填列。

（2）“短期投资”项目，反映事业单位期末持有的短期投资账面余额。本项目应当根据“短期投资”科目的期末余额填列。

（3）“财政应返还额度”项目，反映事业单位期末财政应返还额度的金额。本项目应当根据“财政应返还额度”科目的期末余额填列。

（4）“应收票据”项目，反映事业单位期末持有的应收票据的票面金额。本项目应当根据“应收票据”科目的期末余额填列。

（5）“应收账款净额”项目，反映事业单位期末尚未收回的应收账款减去已计提的坏账准备后的净额。本项目应当根据“应收账款”科目的期末余额，减去“坏账准备”科目中对应收账款计提的坏账准备的期末余额后的金额填列。

（6）“预付账款”项目，反映事业单位期末预付给商品或者劳务供应单位的款项。本项目应当根据“预付账款”科目的期末余额填列。

（7）“应收股利”项目，反映事业单位期末因股权投资而应收取的现金股利或应当分得的利润。本项目应当根据“应收股利”科目的期末余额填列。

（8）“应收利息”项目，反映事业单位期末因债券投资等而应收取的利息。事业单位购入的到期一次还本付息的长期债券投资持有期间应收的利息，不包括在本项目内。本项目应当根据“应收利息”科目的期末余额填列。

（9）“其他应收款净额”项目，反映事业单位期末尚未收回的其他应收款减去已计提的坏账准备后的净额。本项目应当根据“其他应收款”科目的期末余额减去“坏账准备”科目中对其他应收款计提的坏账准备的期末余额后的金额填列。

（10）“存货”项目，反映事业单位期末存储的存货的实际成本。本项目应当根据“在途物品”“库存物品”“加工物品”科目的期末余额的合计数填列。

（11）“待摊费用”项目，反映事业单位期末已经支出，但应当由本期和以后各期负担的分摊期在1年以内（含1年）的各项费用。本项目应当根据“待摊费用”科目的期末余额填列。

（12）“一年内到期的非流动资产”项目，反映事业单位期末非流动资产项目中将在1年内（含1年）到期的金额，如事业单位将在1年内（含1年）到期的长期债券投资金额。本项目应当根据“长期债券投资”等科目的明细科目的期末余额分析填列。

（13）“其他流动资产”项目，反映事业单位期末除本表中上述各项之外的其他流动资产的合计金额。本项目应当根据有关科目期末余额的合计数填列。

（14）“流动资产合计”项目，反映事业单位期末流动资产的合计数。本项目应当根据本表中“货币资金”“短期投资”“财政应返还额度”“应收票据”“应收账款净额”“预付账款”“应收股利”“应收利息”“其他应收款净额”“存货”“待摊费用”“一年内到期的非流动资产”“其他流动资产”项目金额的合计数填列。

（15）“长期股权投资”项目，反映事业单位期末持有的长期股权投资的账面余额。本项目应当根据“长期股权投资”科目的期末余额填列。

（16）“长期债券投资”项目，反映事业单位期末持有的长期债券投资的账面余额。本项目应当根据“长期债券投资”科目的期末余额减去其中将于1年内（含1年）到期的长期债券投资余额后的金额填列。

（17）“固定资产原值”项目，反映事业单位期末固定资产的原值。本项目应当根据“固定资产”科目的期末余额填列。

“固定资产累计折旧”项目，反映事业单位期末固定资产已计提的累计折旧金额。本项目应当根据“固定资产累计折旧”科目的期末余额填列。

“固定资产净值”项目，反映事业单位期末固定资产的账面价值。本项目应当根据“固定资产”科目期末余额减去“固定资产累计折旧”科目期末余额后的金额填列。

（18）“工程物资”项目，反映事业单位期末为在建工程准备的各种物资的实际成本。本项目应当根据“工程物资”科目的期末余额填列。

（19）“在建工程”项目，反映事业单位期末所有的建设项目工程的实际成本。本项目应当根据“在建工程”科目的期末余额填列。

（20）“无形资产原值”项目，反映事业单位期末无形资产的原值。本项目应当根据“无形资产”科目的期末余额填列。

“无形资产累计摊销”项目，反映事业单位期末无形资产已计提的累计摊销金额。本项目应当根据“无形资产累计摊销”科目的期末余额填列。

“无形资产净值”项目，反映事业单位期末无形资产的账面价值。本项目应当根据“无形资产”科目期末余额减去“无形资产累计摊销”科目期末余额后的金额填列。

（21）“研发支出”项目，反映事业单位期末正在进行的无形资产开发项目开发阶段发生的累计支出数。本项目应当根据“研发支出”科目的期末余额填列。

（22）“公共基础设施原值”项目，反映事业单位期末控制的公共基础设施的原值。本项目应当根据“公共基础设施”科目的期末余额填列。

“公共基础设施累计折旧（摊销）”项目，反映事业单位期末控制的公共基础设施已计提的累计折旧和累计摊销金额。本项目应当根据“公共基础设施累计折旧（摊销）”科目的期末余额填列。

“公共基础设施净值”项目，反映事业单位期末控制的公共基础设施的账面价值。本项目应当根据“公共基础设施”科目期末余额减去“公共基础设施累计折旧（摊销）”科目期末余额后的金额填列。

（23）“政府储备物资”项目，反映事业单位期末控制的政府储备物资的实际成本。本项目应当根据“政府储备物资”科目的期末余额填列。

（24）“文物文化资产”项目，反映事业单位期末控制的文物文化资产的成本。本项目应当根据“文物文化资产”科目的期末余额填列。

（25）“保障性住房原值”项目，反映事业单位期末控制的保障性住房的原值。本项目应当根据“保障性住房”科目的期末余额填列。

“保障性住房累计折旧”项目，反映事业单位期末控制的保障性住房已计提的累计折旧金额。本项目应当根据“保障性住房累计折旧”科目的期末余额填列。

“保障性住房净值”项目，反映事业单位期末控制的保障性住房的账面价值。本项目应当根据“保障性住房”科目期末余额减去“保障性住房累计折旧”科目期末余额后的金额填列。

（26）“长期待摊费用”项目，反映事业单位期末已经支出，但应由本期和以后各期负担的分摊期限在1年以上（不含1年）的各项费用。本项目应当根据“长期待摊费用”科目的期末余额填列。

（27）“待处理财产损溢”项目，反映事业单位期末尚未处理完毕的各种资产的净损失或净溢余。本项目应当根据“待处理财产损溢”科目的期末借方余额填列；如“待处理财产损溢”科目期末为贷方余额，以“-”号填列。

（28）“其他非流动资产”项目，反映事业单位期末除本表中上述各项之外的其他非流动资产的合计数。本项目应当根据有关科目的期末余额合计数填列。

（29）“非流动资产合计”项目，反映事业单位期末非流动资产的合计数。本项目应当根据本表中“长期股权投资”“长期债券投资”“固定资产净值”“工程物资”“在建工程”“无形资产净值”“研发支出”“公共基础设施净值”“政府储备物资”“文物文化资产”“保障性住房净值”“长期待摊费用”“待处理财产损溢”“其他非流动资产”项目金额的合计数填列。

（30）“受托代理资产”项目，反映事业单位期末受托代理资产的价值。本项目应当根据“受托代理资产”科目的期末余额与“库存现金”“银行存款”科目下“受托代理资产”明细科目的期末余额的合计数填列。

（31）“资产总计”项目，反映事业单位期末资产的合计数。本项目应当根据本表中“流动资产合计”“非流动资产合计”“受托代理资产”项目金额的合计数填列。

2. 负债类项目

（32）“短期借款”项目，反映事业单位期末短期借款的余额。本项目应当根据“短期借款”科目的期末余额填列。

（33）“应交增值税”项目，反映事业单位期末应缴未缴的增值税税额。本项目应当根据“应交增值税”科目的期末余额填列；如“应交增值税”科目期末为借方余额，以“-”号填列。

（34）“其他应交税费”项目，反映事业单位期末应缴未缴的除增值税以外的税费金额。本项目应当根据“其他应交税费”科目的期末余额填列；如“其他应交税费”科目期末为借方余额，以“-”号填列。

（35）“应缴财政款”项目，反映事业单位期末应当上缴财政但尚未缴纳的款项。本项目应当根据“应缴财政款”科目的期末余额填列。

（36）“应付职工薪酬”项目，反映事业单位期末按有关规定应付给职工及为职工支付的各种薪酬。本项目应当根据“应付职工薪酬”科目的期末余额填列。

（37）“应付票据”项目，反映事业单位期末应付票据的金额。本项目应当根据“应付票据”科目的期末余额填列。

（38）“应付账款”项目，反映事业单位期末应当支付但尚未支付的偿还期限在1年以内（含1年）的应付账款的金额。本项目应当根据“应付账款”科目的期末余额填列。

（39）“应付政府补贴款”项目，反映负责发放政府补贴的行政单位期末按照规定应当支付给政府补贴接受者的各种政府补贴款余额。本项目应当根据“应付政府补贴款”科目的期末余额填列。（事业单位不填列此项目）

（40）“应付利息”项目，反映事业单位期末按照合同约定应支付的借款利息。事业单位到期一次还本付息的长期借款利息不包括在本项目内。本项目应当根据“应付利息”科目的期末余额填列。

（41）“预收账款”项目，反映事业单位期末预先收取但尚未确认收入和实际结算的款项余额。本项目应当根据“预收账款”科目的期末余额填列。

（42）“其他应付款”项目，反映事业单位期末其他各项偿还期限在1年内（含1年）的应付及暂收款项余额。本项目应当根据“其他应付款”科目的期末余额填列。

（43）“预提费用”项目，反映事业单位期末已预先提取的已经发生但尚未支付的各项费用。本项目应当根据“预提费用”科目的期末余额填列。

（44）“一年内到期的非流动负债”项目，反映事业单位期末将于1年内（含1年）偿还的非流动负债的余额。本项目应当根据“长期应付款”“长期借款”等科目的明细科目的期末余额分析填列。

（45）“其他流动负债”项目，反映事业单位期末除本表中上述各项之外的其他流动负债的合计数。本项目应当根据有关科目的期末余额的合计数填列。

（46）“流动负债合计”项目，反映事业单位期末流动负债合计数。本项目应当根据本表“短期借款”“应交增值税”“其他应交税费”“应缴财政款”“应付职工薪酬”“应付票据”“应付账款”“应付政府补贴款”“应付利息”“预收账款”“其他应付款”“预提费用”“一年内到期的非流动负债”“其他流动负债”项目金额的合计数填列。

（47）“长期借款”项目，反映事业单位期末长期借款的余额。本项目应当根据“长期借款”科目的期末余额减去其中将于1年内（含1年）到期的长期借款余额后的金额填列。

（48）“长期应付款”项目，反映事业单位期末长期应付款的余额。本项目应当根据“长期应付款”科目的期末余额减去其中将于1年内（含1年）到期的长期应付款余额后的金额填列。

（49）“预计负债”项目，反映事业单位期末已确认但尚未偿付的预计负债的余额。本项目应当根据“预计负债”科目的期末余额填列。

（50）“其他非流动负债”项目，反映事业单位期末除本表中上述各项之外的其他非流动负债的合计数。本项目应当根据有关科目的期末余额合计数填列。

（51）“非流动负债合计”项目，反映事业单位期末非流动负债合计数。本项目应当根据本表中“长期借款”“长期应付款”“预计负债”“其他非流动负债”项目金额的合计数填列。

（52）“受托代理负债”项目，反映事业单位期末受托代理负债的金额。本项目应当根据“受托代理负债”科目的期末余额填列。

（53）“负债合计”项目，反映事业单位期末负债的合计数。本项目应当根据本表中“流动负债合计”“非流动负债合计”“受托代理负债”项目金额的合计数填列。

3.净资产类项目

（54）“累计盈余”项目，反映事业单位期末未分配盈余（或未弥补亏损）以及无偿调拨净资产变动的累计数。本项目应当根据“累计盈余”科目的期末余额填列。

（55）“专用基金”项目，反映事业单位期末累计提取或设置但尚未使用的专用基金余额。本项目应当根据“专用基金”科目的期末余额填列。

（56）“权益法调整”项目，反映事业单位期末在被投资单位除净损益和利润分配以外的所有者权益变动中累计享有的份额。本项目应当根据“权益法调整”科目的期末余额填列。如“权益法调整”科目期末为借方余额，以“-”号填列。

（57）“无偿调拨净资产”项目，反映事业单位本年度截至报告期期末无偿调入的非现金资产价值扣减无偿调出的非现金资产价值后的净值。本项目仅在月度报表中列示，年度报表中不列示。月度报表中本项目应当根据“无偿调拨净资产”科目的期末余额填列；“无偿调拨净资产”科目期末为借方余额时，以“-”号填列。

（58）“本期盈余”项目，反映事业单位本年度截至报告期期末实现的累计盈余或亏损。本项目仅在月度报表中列示，年度报表中不列示。月度报表中本项目应当根据“本期盈余”科目的期末余额填列；“本期盈余”科目期末为借方余额时，以“-”号填列。

（59）“净资产合计”项目，反映事业单位期末净资产合计数。本项目应当根据本表中“累计盈余”、“专用基金”、“权益法调整”、“无偿调拨净资产”[月度报表]、“本期盈余”[月度报表] 项目金额的合计数填列。

（60）“负债和净资产总计”项目，应当按照本表中“负债合计”“净资产合计”项目金额的合计数填列。

【例7-1】假设甲事业单位2×21年12月31日的资产负债表（年初余额略）及2×22年12月31日的科目余额表分别参见表7-2和表7-3。

表7-2　　　　　　　　　　　　**资产负债表**　　　　　　　　　　　　会政财01表

编制单位：甲事业单位　　　　　　2×21年12月31日　　　　　　　　单位：元

资产	期末余额	年初余额	负债和净资产	期末余额	年初余额
流动资产：			流动负债：		
货币资金	1 119 000		短期借款	1 300 000	
短期投资	15 000		应交增值税	360 000	
财政应返还额度	50 000		其他应交税费	15 000	
应收票据			应缴财政款	2 110 000	
应收账款净额	229 000		应付职工薪酬	150 000	
预付账款	155 000		应付票据	4 067 500	
应收股利			应付账款		
应收利息			应付政府补贴款		
其他应收款净额	3 000		应付利息	50 000	
存货	250 000		预收账款	219 000	
待摊费用			其他应付款	2 550 000	
一年内到期的非流动资产			预提费用		
其他流动资产			一年内到期的非流动负债	2 000 000	
流动资产合计	1 821 000		其他流动负债		
非流动资产：			流动负债合计	12 821 500	
长期股权投资			非流动负债：		
长期债券投资			长期借款	8 000 000	
固定资产原值	41 707 000		长期应付款	5 000 000	
减：固定资产累计折旧	-2 750 000		预计负债		
固定资产净值	38 957 000		其他非流动负债		
工程物资			非流动负债合计	13 000 000	
在建工程	1 444 000		受托代理负债	50 000	
无形资产原值	1 260 000		负债合计	25 871 500	
减：无形资产累计摊销	-378 000				
无形资产净值	882 000				
研发支出					
公共基础设施原值					
减：公共基础设施累计折旧（摊销）					
公共基础设施净值					
政府储备物资					
文物文化资产					
保障性住房原值					
减：保障性住房累计折旧			净资产：		
保障性住房净值			累计盈余	14 432 500	
长期待摊费用			专用基金	2 850 000	
待处理财产损溢			权益法调整		
其他非流动资产			无偿调拨净资产*		
非流动资产合计	41 283 000		本期盈余*		
受托代理资产	50 000		净资产合计	17 282 500	
资产总计	43 154 000		负债和净资产总计	43 154 000	

注：“*”标识项目为月报项目，年报中不需列示。

表7–3　　　　　　　　　　　　　　**科目余额表**

编制单位：甲事业单位　　　　　　2×22年12月31日　　　　　　单位：元

科目名称	借方余额	科目名称	贷方余额
库存现金	12 000	短期借款	800 000
其中：受托代理现金	2 000	应交增值税	450 000
银行存款	838 000	其他应交税费	85 000
其中：受托代理银行存款	18 000	应付职工薪酬	560 000
其他货币资金	20 000	应付账款	5 560 000
短期投资	100 000	应付利息	40 000
财政应返还额度	45 000	其他应付款	1 680 000
应收账款	250 000	预提费用	60 000
坏账准备	–3 000	长期借款	8 687 800
其中：应收账款坏账准备	–2 500	其中：一年内到期的长期借款	2 000 000
其他应收款坏账准备	–500	长期应付款	6 000 000
预付账款	277 000	其中：一年内到期的长期应付款	2 500 000
其他应收款	50 000	受托代理负债	50 000
在途物品	50 000	累计盈余	24 872 200
库存物品	80 000	专用基金	4 485 000
固定资产	48 060 000		
固定资产累计折旧	–4 250 000		
在建工程	836 000		
无形资产	8 014 000		
无形资产累计摊销	–1 079 000		
受托代理资产	30 000		
合计	53 330 000	合计	53 330 000

根据上述资料，编制甲事业单位2×22年12月31日的资产负债表，见表7–4。

表7-4　　　　　　　　　　　　**资产负债表**　　　　　　　　　　　　会政财01表

编制单位：甲事业单位　　　　　　　2×22年12月31日　　　　　　　　　单位：元

资　产	期末余额	年初余额	负债和净资产	期末余额	年初余额
流动资产：			流动负债：		
货币资金	850 000	1 119 000	短期借款	800 000	1 300 000
短期投资	100 000	15 000	应交增值税	450 000	360 000
财政应返还额度	45 000	50 000	其他应交税费	85 000	15 000
应收票据			应缴财政款		2 110 000
应收账款净额	247 500	229 000	应付职工薪酬	560 000	150 000
预付账款	277 000	155 000	应付票据		4 067 500
应收股利			应付账款	5 560 000	
应收利息			应付政府补贴款		
其他应收款净额	49 500	3 000	应付利息	40 000	50 000
存货	130 000	250 000	预收账款		219 000
待摊费用			其他应付款	1 680 000	2 550 000
一年内到期的非流动资产			预提费用	60 000	
其他流动资产			一年内到期的非流动负债	4 500 000	2 000 000
流动资产合计	1 699 000	1 821 000	其他流动负债		
非流动资产：			流动负债合计	13 735 000	12 821 500
长期股权投资			非流动负债：		
长期债券投资			长期借款	6 687 800	8 000 000
固定资产原值	48 060 000	41 707 000	长期应付款	3 500 000	5 000 000
减：固定资产累计折旧	−4 250 000	−2 750 000	预计负债		
固定资产净值	43 810 000	38 957 000	其他非流动负债		
工程物资			非流动负债合计	10 187 800	13 000 000
在建工程	836 000	1 444 000	受托代理负债	50 000	50 000
无形资产原值	8 014 000	1 260 000	负债合计	23 972 800	25 871 500
减：无形资产累计摊销	−1 079 000	−378 000			
无形资产净值	6 935 000	882 000			
研发支出					
公共基础设施原值					
减：公共基础设施累计折旧（摊销）					
公共基础设施净值					
政府储备物资					
文物文化资产					
保障性住房原值					
减：保障性住房累计折旧			净资产：		
保障性住房净值			累计盈余	24 872 200	14 432 500
长期待摊费用			专用基金	4 485 000	2 850 000
待处理财产损溢			权益法调整		
其他非流动资产			无偿调拨净资产*		
非流动资产合计	51 581 000	41 283 000	本期盈余*		
受托代理资产	50 000	50 000	净资产合计	29 357 200	17 282 500
资产总计	53 330 000	43 154 000	负债和净资产总计	53 330 000	43 154 000

注：“*”标识项目为月报项目，年报中不需列示。

第三节 收入费用表

一、收入费用表的内容和结构

（一）收入费用表的内容

收入费用表是反映事业单位在一定会计期间运行情况的报表，属于动态报表。通过收入费用表，报表使用者可以了解事业单位在某一会计期间内的各项收入实现、费用耗费以及盈余实现等情况的信息。

收入费用表按编制的时间不同，分为月度报表和年度报表。

（二）收入费用表的结构

收入费用表应当按照本期收入、本期费用和本期盈余分项列示。本期收入列示财政拨款收入、事业收入、上级补助收入、附属单位上缴收入、经营收入、非同级财政拨款收入、投资收益、捐赠收入、利息收入、租金收入和其他收入；本期费用列示业务活动费用、单位管理费用、经营费用、资产处置费用、上缴上级费用、对附属单位补助费用、所得税费用和其他费用。本期盈余是本期收入减去本期费用后的差额。

月度收入费用表各项目分别“本月数”和“本年累计数”填列。年度收入费用表各项则分为“本年数”和“上年数”两栏填列，其目的在于使报表使用者通过比较不同时期的盈余的实现情况，判断事业单位运行情况的未来发展趋势。

收入费用表“本月数”栏反映各项目的本月实际发生数，编制年度收入费用表时，应当将本栏改为“本年数”，反映本年度各项目的实际发生数；“本年累计数”栏反映各项目自年初至报告期期末的累计实际发生数，编制年度收入费用表时，应当将本栏改为“上年数”，反映上年度各项目的实际发生数，“上年数”栏应当根据上年度收入费用表中“本年数”栏内所列数字填列。如果本年度收入费用表规定的项目的名称和内容同上年度不一致，应当对上年度收入费用表项目的名称和数字按照本年度的规定进行调整，将调整后的金额填入本年度收入费用表的“上年数”栏内。如果本年度单位发生了因前期差错更正、会计政策变更等调整以前年度盈余的事项，还应当对年度收入费用表中“上年数”栏中的有关项目金额进行相应调整。

年度收入费用表的基本格式可参见表7–6。

二、收入费用表的填列方法

收入费用表“本月数”栏各项目的内容和填列方法如下：

（一）本期收入

1.“本期收入”项目，反映事业单位本期收入总额。本项目应当根据本表中“财政拨款收入”“事业收入”“上级补助收入”“附属单位上缴收入”“经营收入”“非同级财政拨款收入”“投资收益”“捐赠收入”“利息收入”“租金收入”“其他收入”项目金额的合计数填列。

2.“财政拨款收入”项目，反映事业单位本期从同级政府财政部门取得的各类财政拨款。本项目应当根据“财政拨款收入”科目的本期发生额填列。

“政府性基金收入”项目，反映事业单位本期取得的财政拨款收入中属于政府性基金预算拨款的金额。本项目应当根据“财政拨款收入”相关明细科目的本期发生额填列。

3.“事业收入”项目，反映事业单位本期开展专业业务活动及其辅助活动实现的收入。本项目应当根据“事业收入”科目的本期发生额填列。

4.“上级补助收入”项目，反映事业单位本期从主管部门和上级单位收到或应收的非财政拨款收入。本项目应当根据“上级补助收入”科目的本期发生额填列。

5.“附属单位上缴收入”项目，反映事业单位本期收到或应收的独立核算的附属单位按照有关规定上缴的收入。本项目应当根据“附属单位上缴收入”科目的本期发生额填列。

6.“经营收入”项目，反映事业单位本期在专业业务活动及其辅助活动之外开展非独立核算经营活动实现的收入。本项目应当根据“经营收入”科目的本期发生额填列。

7.“非同级财政拨款收入”项目，反映事业单位本期从非同级政府财政部门取得的财政拨款，不包括事业单位因开展科研及其辅助活动从非同级财政部门取得的经费拨款。本项目应当根据“非同级财政拨款收入”科目的本期发生额填列。

8.“投资收益”项目，反映事业单位本期股权投资和债券投资所实现的收益或发生的损失。本项目应当根据“投资收益”科目的本期发生额填列；如为投资净损失，以“–”号填列。

9.“捐赠收入”项目，反映事业单位本期接受捐赠取得的收入。本项目应当根据“捐赠收入”科目的本期发生额填列。

10.“利息收入”项目，反映事业单位本期取得的银行存款利息收入。本项目应当根据“利息收入”科目的本期发生额填列。

11.“租金收入”项目，反映事业单位本期经批准利用国有资产出租取得并按规定纳入本单位预算管理的租金收入。本项目应当根据“租金收入”科目的本期发生额填列。

12.“其他收入”项目，反映事业单位本期取得的除以上收入项目外的其他收入的总额。本项目应当根据“其他收入”科目的本期发生额填列。

（二）本期费用

13.“本期费用”项目，反映事业单位本期费用总额。本项目应当根据本表中“业务活动费用”“单位管理费用”“经营费用”“资产处置费用”“上缴上级费用”“对附属单位补助费用”“所得税费用”“其他费用”项目金额的合计数填列。

14.“业务活动费用”项目，反映事业单位本期为实现其职能目标，依法履职或开展专业业务活动及其辅助活动所发生的各项费用。本项目应当根据“业务活动费用”科目本期发生额填列。

15.“单位管理费用”项目，反映事业单位本期本级行政及后勤管理部门开展管理活动发生的各项费用，以及由单位统一负担的离退休人员经费、工会经费、诉讼费、中介费等。本项目应当根据“单位管理费用”科目的本期发生额填列。

16.“经营费用”项目，反映事业单位本期在专业业务活动及其辅助活动之外开展非独立核算经营活动发生的各项费用。本项目应当根据“经营费用”科目的本期发生额填列。

17.“资产处置费用”项目，反映事业单位本期经批准处置资产时转销的资产价值以及在处置过程中发生的相关费用或者处置收入小于处置费用形成的净支出。本项目应当根据“资产处置费用”科目的本期发生额填列。

18.“上缴上级费用”项目，反映事业单位按照规定上缴上级单位款项发生的费用。本项目应当根据“上缴上级费用”科目的本期发生额填列。

19.“对附属单位补助费用”项目，反映事业单位用财政拨款收入之外的收入对附属单位补助发生的费用。本项目应当根据“对附属单位补助费用”科目的本期发生额填列。

20.“所得税费用”项目，反映有企业所得税缴纳义务的事业单位本期计算应交纳的企业所得税。本项目应当根据“所得税费用”科目的本期发生额填列。

21.“其他费用”项目，反映事业单位本期发生的除以上费用项目外的其他费用的总额。本项目应当根据“其他费用”科目的本期发生额填列。

（三）本期盈余

22.“本期盈余”项目，反映事业单位本期收入扣除本期费用后的净额。本项目应当根据本表中“本期收入”项目金额减去“本期费用”项目金额后的金额填列；如为负数，以“-”号填列。

【例7-2】甲事业单位2×22年度有关收入和费用科目的本年累计发生额见表7-5。

表7-5　**2×22年度各收入和费用科目本年累计发生额**　单位：元

收入科目名称	贷方发生额	费用科目名称	借方发生额
财政拨款收入	8 600 000	业务活动费用	10 594 200
事业收入	15 600 000	单位管理费用	4 635 000
上级补助收入	500 000	经营费用	367 000
附属单位上缴收入	200 000	资产处置费用	5 500
经营收入	500 000	上缴上级费用	200 000
非同级财政拨款收入	300 000	对附属单位补助费用	540 000
投资收益	5 000	其他费用	1 680 800
捐赠收入	1 490 000		
利息收入	50 000		
租金收入	521 000		
其他收入	870 000		

根据上述资料，编制甲事业单位2×22年收入费用表，见表7-6。

表7-6　　收入费用表　　会政财02表

编制单位：甲事业单位　　2×22年　　单位：元

项目	本年数	上年数（略）
一、本期收入	28 636 000	
（一）财政拨款收入	8 600 000	
其中：政府性基金收入	600 000	
（二）事业收入	15 600 000	
（三）上级补助收入	500 000	
（四）附属单位上缴收入	200 000	
（五）经营收入	500 000	
（六）非同级财政拨款收入	300 000	
（七）投资收益	5 000	
（八）捐赠收入	1 490 000	
（九）利息收入	50 000	
（十）租金收入	521 000	
（十一）其他收入	870 000	
二、本期费用	18 022 500	
（一）业务活动费用	10 594 200	
（二）单位管理费用	4 635 000	
（三）经营费用	367 000	
（四）资产处置费用	5 500	
（五）上缴上级费用	200 000	
（六）对附属单位补助费用	540 000	
（七）所得税费用		
（八）其他费用	1 680 800	
三、本期盈余	10 613 500	

第四节　净资产变动表

一、净资产变动表的内容和结构

（一）净资产变动表的内容

净资产变动表是反映事业单位在某一会计年度内净资产项目的变动情况的报表，属于动态报表。通过净资产变动表，报表使用者可以了解事业单位在某一会计期间内的累计盈余、专用基金、权益法调整以及净资产合计等情况的信息。

净资产变动表只编制年度报表。

（二）净资产变动表的结构

净资产变动表分别横向和纵向按照不同项目列示，横向按照累计盈余、专用基金、权益法调整和净资产合计分项列示；纵向按照上年年末余额、以前年度盈余调整、本年年初余额、本年变动金额和本年年末余额分项列示。

此外，为了使报表使用者通过比较不同年度净资产变动表的数据，掌握事业单位净资产各项目变动情况及发展趋势，事业单位需要提供比较净资产变动表，净资产变动表还就各项目再分为“本年数”和“上年数”两栏分别填列。

净资产变动表“本年数”栏反映本年度各项目的实际变动数，“上年数”栏反映上年度各项目的实际变动数，应当根据上年度净资产变动表中“本年数”栏内所列数字填列。如果上年度净资产变动表规定的项目的名称和内容与本年度不一致，应对上年度净资产变动表项目的名称和数字按照本年度的规定进行调整，将调整后金额填入本年度净资产变动表“上年数”栏内。

净资产变动表的基本格式可参见表7–7。

二、净资产变动表的填列方法

净资产变动表“本年数”栏各项目的内容和填列方法如下：

1.“上年年末余额”行，反映事业单位净资产各项目上年年末的余额。本行各项目应当根据“累计盈余”“专用基金”“权益法调整”科目上年年末余额填列。

2.“以前年度盈余调整”行，反映事业单位本年度调整以前年度盈余的事项对累计盈余进行调整的金额。本行“累计盈余”项目应当根据本年度“以前年度盈余调整”科目转入“累计盈余”科目的金额填列；如调整减少累计盈余，以“–”号填列。

3.“本年年初余额”行，反映经过以前年度盈余调整后，事业单位净资产各项目的本年年初余额。本行“累计盈余”“专用基金”“权益法调整”项目应当根据其各自在“上年年末余额”和“以前年度盈余调整”行对应项目金额的合计数填列。

4.“本年变动金额”行，反映事业单位净资产各项目本年变动总金额。本行“累计盈余”“专用基金”“权益法调整”项目应当根据其各自在“本年盈余”“无偿调拨净资产”“归集调整预算结转结余”“提取或设置专用基金”“使用专用基金”“权益法调整”行对应项目金额的合计数填列。

5.“本年盈余”行，反映事业单位本年发生的收入、费用对净资产的影响。本行“累计盈余”项目应当根据年末由“本期盈余”科目转入“本年盈余分配”科目的金额填列；如转入时借记“本年盈余分配”科目，则以“–”号填列。

6.“无偿调拨净资产”行，反映事业单位本年无偿调入、调出非现金资产事项对净资产的影响。本行“累计盈余”项目应当根据年末由“无偿调拨净资产”科目转入“累计盈余”科目的金额填列；如转入时借记“累计盈余”科目，则以“–”号填列。

7.“归集调整预算结转结余”行，反映事业单位本年财政拨款结转结余资金归集调入、归集上缴或调出，以及非财政拨款结转资金缴回对净资产的影响。本行“累计盈余”项目应当根据“累计盈余”科目明细账记录分析填列；如归集调整减少预算结转结余，则以“-”号填列。

8.“提取或设置专用基金”行，反映事业单位本年提取或设置专用基金对净资产的影响。本行“累计盈余”项目应当根据“从预算结余中提取”行“累计盈余”项目的金额填列。本行“专用基金”项目应当根据“从预算收入中提取”“从预算结余中提取”“设置的专用基金”行“专用基金”项目金额的合计数填列。

“从预算收入中提取”行，反映事业单位本年从预算收入中提取专用基金对净资产的影响。本行“专用基金”项目应当通过对“专用基金”科目明细账记录的分析，根据本年按有关规定从预算收入中提取基金的金额填列。

“从预算结余中提取”行，反映事业单位本年根据有关规定从本年度非财政拨款结余或经营结余中提取专用基金对净资产的影响。本行“累计盈余”“专用基金”项目应当通过对“专用基金”科目明细账记录的分析，根据本年按有关规定从本年度非财政拨款结余或经营结余中提取专用基金的金额填列；本行“累计盈余”项目以“-”号填列。

“设置的专用基金”行，反映事业单位本年根据有关规定设置的其他专用基金对净资产的影响。本行“专用基金”项目应当通过对“专用基金”科目明细账记录的分析，根据本年按有关规定设置的其他专用基金的金额填列。

9.“使用专用基金”行，反映事业单位本年按规定使用专用基金对净资产的影响。本行“累计盈余”“专用基金”项目应当通过对“专用基金”科目明细账记录的分析，根据本年按规定使用专用基金的金额填列；本行“专用基金”项目以“-”号填列。

10.“权益法调整”行，反映事业单位本年按照被投资单位除净损益和利润分配以外的所有者权益变动份额而调整长期股权投资账面余额对净资产的影响。本行“权益法调整”项目应当根据“权益法调整”科目本年发生额填列；若本年净发生额为借方时，以“-”号填列。

11.“本年年末余额”行，反映事业单位本年各净资产项目的年末余额。本行“累计盈余”“专用基金”“权益法调整”项目应当根据其各自在“本年年初余额”“本年变动金额”行对应项目金额的合计数填列。

12.本表各行“净资产合计”项目，应当根据所在行“累计盈余”“专用基金”“权益法调整”项目金额的合计数填列。

【例7-3】假设甲事业单位2×22年有关资料如下：2×21年“累计盈余”、“专用基金”和“净资产”项目的年末余额沿用【例7-1】和【例7-2】的资料；“无偿调拨净资产”和“以前年度盈余调整”项目的本年变动金额沿用【例6-4】和【例6-6】的资料；“归集调整预算结转结余”项目的本年变动金额沿用【例6-12】、【例6-13】、【例6-19】的资料；“提取或设置专用基金”项目的本年变动金额沿用【例6-2】和【例6-7】的资料；“使用专用基金”项目的本年变动金额沿用【例6-8】和【例6-9】的资料。

根据上述资料，编制甲事业单位2×22年度净资产变动表，见表7-7。

表7-7　　　　　　　　　　**净资产变动表**　　　　　　　　　　会政财03表

编制单位：甲事业单位　　　　　　2×22年　　　　　　　　　　单位：元

项　目	本年数				上年数（略）			
	累计盈余	专用基金	权益法调整	净资产合计	累计盈余	专用基金	权益法调整	净资产合计
一、上年年末余额	14 432 500	2 850 000		17 282 500				
二、以前年度盈余调整（减少以“-”号填列）	219 000	—	—	219 000		—	—	
三、本年年初余额	14 651 500	2 850 000		17 501 500				
四、本年变动金额（减少以“-”号填列）	10 220 700	1 635 000		11 855 700				
（一）本年盈余	10 613 500	—	—	10 613 500		—	—	
（二）无偿调拨净资产	200 000	—	—	200 000		—	—	
（三）归集调整预算结转结余	0	—	—	0		—	—	
（四）提取或设置专用基金	-696 400	1 738 600	—	1 042 200			—	
其中：从预算收入中提取	—	1 042 200	—	1 042 200			—	
从预算结余中提取	-696 400	696 400	—	0	—		—	
设置的专用基金	—	0	—	0	—		—	
（五）使用专用基金	103 600	-103 600	—	0			—	
（六）权益法调整	0	—	0	0	—	—		
五、本年年末余额	24 872 200	4 485 000		29 357 200				

注：“—”标识单元格不需填列。

第五节　现金流量表

一、现金流量表的内容和结构

（一）现金流量表的内容

现金流量表是反映事业单位在一定会计期间现金及现金等价物流入和流出情况的报表，是事业单位主要会计报表之一。事业单位现金流量表只编制年度报表。

现金流量表，按照收付实现制编制，将权责发生制下的盈余信息调整为收付实现制下的现金流量信息，便于信息使用者了解事业单位盈余的质量。从内容上看，现金流量表被分为日常活动、投资活动、筹资活动三个部分，每类活动又分为各具体项目，这些项目从不同角度反映事业单位业务活动的现金流入和流出，弥补了资产负债表和收入费用表提供信息的不足。通过现金流量表，报表使用者能够了解现金流量的影响因素，可以评价事业单位的支付能力和偿债能力，为其决策提供依据。

（二）现金流量表的结构

在现金流量表中，现金是指事业单位的库存现金以及其他可以随时用于支付的款项，包括库存现金、可以随时用于支付的银行存款、其他货币资金、零余额账户用款额度、财政应返还额度，以及通过财政直接支付方式支付的款项；现金流量是指现金的流入和流出。根据事业单位业务活动性质和现金流量来源，事业单位一定期间产生的现金流量分为三类：日常活动产生的现金流量、投资活动产生的现金流量和筹资活动产生的现金流量。

为了使报表使用者通过比较不同年度现金流量表的数据，掌握事业单位各类现金流量及其各项目变动情况及发展趋势，事业单位需要提供比较现金流量，现金流量表上还就各项目再分为“本年金额”和“上年金额”两栏分别填列。其中，“本年金额”栏反映各项目的本年实际发生数，“上年金额”栏反映各项目的上年实际发生数，应当根据上年现金流量表中“本年金额”栏内所列数字填列。

事业单位现金流量表应当采用直接法编制。按照《政府会计制度》的规定，事业单位可根据实际情况自行选择编制现金流量表。

现金流量表的基本格式可参见表7-8。

二、现金流量表的填列方法

现金流量表“本年金额”栏各项目的填列方法如下：

1.日常活动产生的现金流量

（1）“财政基本支出拨款收到的现金”项目，反映事业单位本年接受财政基本支出拨款取得的现金。本项目应当根据“零余额账户用款额度”“财政拨款收入”“银行存款”等科目及其所属明细科目的记录分析填列。

（2）“财政非资本性项目拨款收到的现金”项目，反映事业单位本年接受除用于购建固定资产、无形资产、公共基础设施等资本性项目以外的财政项目拨款取得的现金。本项目应当根据“银行存款”“零余额账户用款额度”“财政拨款收入”等科目及其所属明细科目的记录分析填列。

（3）“事业活动收到的除财政拨款以外的现金”项目，反映事业单位本年开展专业业务活动及其辅助活动取得的除财政拨款以外的现金。本项目应当根据“库存现金”“银行存款”“其他货币资金”“应收账款”“应收票据”“预收账款”“事业收入”等科目及其所属明细科目的记录分析填列。

（4）“收到的其他与日常活动有关的现金”项目，反映事业单位本年收到的除以上项目之外的与日常活动有关的现金。本项目应当根据“库存现金”“银行存款”“其他货币资金”“上级补助收入”“附属单位上缴收入”“经营收入”“非同级财政拨款收入”“捐赠收入”“利息收入”“租金收入”“其他收入”等科目及其所属明细科目的记录分析填列。

（5）“日常活动的现金流入小计”项目，反映事业单位本年日常活动产生的现金流入的合计数。本项目应当根据本表中“财政基本支出拨款收到的现金”“财政非资本性项目拨款收到的现金”“事业活动收到的除财政拨款以外的现金”“收到的其他与日常活动有关的现金”项目金额的合计数填列。

（6）“购买商品、接受劳务支付的现金”项目，反映事业单位本年在日常活动中用于购买商品、接受劳务支付的现金。本项目应当根据“库存现金”“银行存款”“财政拨款收入”“零余额账户用款额度”“预付账款”“在途物品”“库存物品”“应付账款”“应付票据”“业务活动费用”“单位管理费用”“经营费用”等科目及其所属明细科目的记录分析填列。

（7）“支付给职工以及为职工支付的现金”项目，反映事业单位本年支付给职工以及为职工支付的现金。本项目应当根据“库存现金”“银行存款”“零余额账户用款额度”“财政拨款收入”“应付职工薪酬”“业务活动费用”“单位管理费用”“经营费用”等科目及其所属明细科目的记录分析填列。

（8）“支付的各项税费”项目，反映事业单位本年用于缴纳日常活动相关税费而支付的现金。本项目应当根据“库存现金”“银行存款”“零余额账户用款额度”“应交增值税”“其他应交税费”“业务活动费用”“单位管理费用”“经营费用”“所得税费用”等科目及其所属明细科目的记录分析填列。

（9）“支付的其他与日常活动有关的现金”项目，反映事业单位本年支付的除上述项目之外与日常活动有关的现金。本项目应当根据“库存现金”“银行存款”“零余额账户用款额度”“财政拨款收入”“其他应付款”“业务活动费用”“单位管理费用”“经营费用”“其他费用”等科目及其所属明细科目的记录分析填列。

（10）“日常活动的现金流出小计”项目，反映事业单位本年日常活动产生的现金流出的合计数。本项目应当根据本表中“购买商品、接受劳务支付的现金”“支付给职工以及为职工支付的现金”“支付的各项税费”“支付的其他与日常活动有关的现金”项目金额的合计数填列。

（11）“日常活动产生的现金流量净额”项目，应当按照本表中“日常活动的现金流入小计”项目金额减去“日常活动的现金流出小计”项目金额后的金额填列；如为负数，以“-”号填列。

2.投资活动产生的现金流量

（12）“收回投资收到的现金”项目，反映事业单位本年出售、转让或者收回投资收到的现金。本项目应该根据“库存现金”“银行存款”“短期投资”“长期股权投资”“长期债券投资”等科目的记录分析填列。

（13）“取得投资收益收到的现金”项目，反映事业单位本年因对外投资而收到被投资单位分配的股利或利润，以及收到投资利息而取得的现金。本项目应当根据“库存现金”“银行存款”“应收股利”“应收利息”“投资收益”等科目的记录分析填列。

（14）“处置固定资产、无形资产、公共基础设施等收回的现金净额”项目，反映事业单位本年处置固定资产、无形资产、公共基础设施等非流动资产所取得的现金，减去为处置这些资产而支付的有关费用之后的净额。由于自然灾害所造成的固定资产等长期资产损失而收到的保险赔款收入，也在本项目反映。本项目应当根据“库存现金”“银行存款”“待处理财产损溢”等科目的记录分析填列。

（15）“收到的其他与投资活动有关的现金”项目，反映事业单位本年收到的除上述项目之外与投资活动有关的现金。对于金额较大的现金流入，应当单列项目反映。本项目应当根据“库存现金”“银行存款”等有关科目的记录分析填列。

（16）“投资活动的现金流入小计”项目，反映事业单位本年投资活动产生的现金流入的合计数。本项目应当根据本表中“收回投资收到的现金”“取得投资收益收到的现金”“处置固定资产、无形资产、公共基础设施等收回的现金净额”“收到的其他与投资活动有关的现金”项目金额的合计数填列。

（17）“购建固定资产、无形资产、公共基础设施等支付的现金”项目，反映事业单位本年购买和建造固定资产、无形资产、公共基础设施等非流动资产所支付的现金；融资租入固定资产支付的租赁费不在本项目反映，在筹资活动的现金流量中反映。本项目应当根据“库存现金”“银行存款”“固定资产”“工程物资”“在建工程”“无形资产”“研发支出”“公共基础设施”“保障性住房”等科目的记录分析填列。

（18）“对外投资支付的现金”项目，反映事业单位本年为取得短期投资、长期股权投资、长期债券投资而支付的现金。本项目应当根据“库存现金”“银行存款”“短期投资”“长期股权投资”“长期债券投资”等科目的记录分析填列。

（19）“上缴处置固定资产、无形资产、公共基础设施等净收入支付的现金”项目，反映本年事业单位将处置固定资产、无形资产、公共基础设施等非流动资产所收回的现金净额予以上缴财政所支付的现金。本项目应当根据“库存现金”“银行存款”“应缴财政款”等科目的记录分析填列。

（20）“支付的其他与投资活动有关的现金”项目，反映事业单位本年支付的除上述项目之外与投资活动有关的现金。对于金额较大的现金流出，应当单列项目反映。本项目应当根据“库存现金”“银行存款”等有关科目的记录分析填列。

（21）“投资活动的现金流出小计”项目，反映事业单位本年投资活动产生的现金流出的合计数。本项目应当根据本表中“购建固定资产、无形资产、公共基础设施等支付的现金”“对外投资支付的现金”“上缴处置固定资产、无形资产、公共基础设施等净收入支付的现金”“支付的其他与投资活动有关的现金”项目金额的合计数填列。

（22）“投资活动产生的现金流量净额”项目，应当按照本表中“投资活动的现金流入小计”项目金额减去“投资活动的现金流出小计”项目金额后的金额填列；如为负数，以“-”号填列。

3.筹资活动产生的现金流量

（23）“财政资本性项目拨款收到的现金”项目，反映事业单位本年接受用于购建固定资产、无形资产、公共基础设施等资本性项目的财政项目拨款取得的现金。本项目应当根据“银行存款”“零余额账户用款额度”“财政拨款收入”等科目及其所属明细科目的记录分析填列。

（24）“取得借款收到的现金”项目，反映事业单位本年举借短期、长期借款所收到的现金。本项目应当根据“库存现金”“银行存款”“短期借款”“长期借款”等科目记录分析填列。

（25）“收到的其他与筹资活动有关的现金”项目，反映事业单位本年收到的除上述项目之外与筹资活动有关的现金。对于金额较大的现金流入，应当单列项目反映。本项目应当根据“库存现金”“银行存款”等有关科目的记录分析填列。

（26）“筹资活动的现金流入小计”项目，反映事业单位本年筹资活动产生的现金流入的合计数。本项目应当根据本表中“财政资本性项目拨款收到的现金”“取得借款收到的现金”“收到的其他与筹资活动有关的现金”项目金额的合计数填列。

（27）“偿还借款支付的现金”项目，反映事业单位本年偿还借款本金所支付的现金。本项目应当根据“库存现金”“银行存款”“短期借款”“长期借款”等科目的记录分析填列。

（28）“偿还利息支付的现金”项目，反映事业单位本年支付的借款利息等。本项目应当根据“库存现金”“银行存款”“应付利息”“长期借款”等科目记录分析填列。

（29）“支付的其他与筹资活动有关的现金”项目，反映事业单位本年支付的除上述项目之外与筹资活动有关的现金，如融资租入固定资产所支付的租赁费。本项目应当根据“库存现金”“银行存款”“长期应付款”等科目的记录分析填列。

（30）“筹资活动的现金流出小计”项目，反映事业单位本年筹资活动产生的现金流出的合计数。本项目应当根据本表中“偿还借款支付的现金”“偿还利息支付的现金”“支付的其他与筹资活动有关的现金”项目金额的合计数填列。

（31）“筹资活动产生的现金流量净额”项目，应当按照本表中“筹资活动的现金流入小计”项目金额减去“筹资活动的现金流出小计”金额后的金额填列；如为负数，以“-”号填列。

4.“汇率变动对现金的影响额”项目

本项目反映事业单位本年外币现金流量折算为人民币时所采用的现金流量发生日的汇率折算的人民币金额，与外币现金流量净额按期末汇率折算的人民币金额之间的差额。

5.“现金净增加额”项目

本项目反映事业单位本年现金变动的净额。本项目应当根据本表中“日常活动产生的现金流量净额”、“投资活动产生的现金流量净额”、“筹资活动产生的现金流量净额”和“汇率变动对现金的影响额”项目金额的合计数填列；如为负数，以“-”号填列。

【例7-4】沿用【例7-1】和【例7-2】的资料，甲事业单位其他相关资料如下：

（1）假设2×22年度收入费用表有关的明细资料如下：

①财政拨款收入的组成：基本支出拨款7 016 000元，项目支出拨款1 584 000元（固定资产购置款1 554 000元、非资本性项目拨款30 000元）。

②投资收益的组成：收到的国库券利息收入5 000元。

③捐赠收入的组成：接受现金资产捐赠1 490 000元。

④租金收入的组成：确认应收账款21 000元，收到租金收入500 000元。

⑤其他收入的组成：确认无法偿付的其他应付款870 000元。

除上述以外的各项收入均于当年收到现金。

⑥业务活动费用的组成：职工薪酬3 390 000元，库存物品领用70 000元，固定资产折旧900 000元，无形资产摊销701 000元，除增值税和所得税之外的其他各项税费112 000元，计提专用基金1 042 200元，支付其他业务活动费用4 379 000元（财政授权支付1 201 000元，银行存款支付2 178 000元）。

⑦单位管理费用的组成：计提职工薪酬2 740 500元，库存物品30 000元，固定资产折旧550 000元，计提项目管理费用60 000元，除增值税和所得税之外的其他各项税费30 000元，支付其他业务活动费用1 224 500元。

⑧经营费用的组成：职工薪酬220 000元，库存物品20 000元，固定资产折旧50 000元，除增值税和所得税之外的其他各项税费8 000元，支付其他业务活动费用69 000元。

⑨资产处置费用的组成：盘亏图书5 500元。

⑩上缴上级费用的组成：以银行存款支付200 000元。

对附属单位补助费用的组成：以银行存款支付540 000元。

其他费用的组成：计提借款利息727 800元，计提坏账准备3 000元（上年末坏账准备余额为0），对外捐赠现金950 000元。

（2）假设2×22年12月31日资产负债表有关的明细资料如下：

①零余额账户用款额度的组成：恢复上年末未支用额度50 000元（基本支出），按照本年预算收到财政授权支付额度1 246 000元，本年支用额度1 251 000元，年末注销未支用额度45 000元。

②短期投资的组成：购买短期国库券185 000元，到期兑付国库券本金100 000元。

③财政应返还额度的组成：恢复上年未支用财政授权支付额度50 000元，年末未支用财政授权支付额度45 000元，其中：基本支出15 000元、项目支出30 000元。

④预付账款的组成：支付购买服务定金122 000元。

⑤存货的组成：领用库存物品120 000元。

⑥其他应收款的组成：用银行存款偿还未报销的公务卡款47 000元。

⑦固定资产的组成：安装工程完工转入608 000元，无偿调入250 000元（调出单位账面价值200 000元，财政授权支付相关税费50 000元），购置5 500 500元（其中长期应付款1 000 000元、财政直接支付1 554 000元、银行存款支付2 946 500元），盘亏图书5 500元。

⑧无形资产的组成：购置6 754 000元（应付账款5 560 000元、现金支付1 194 000元）。

⑨短期借款的组成：借入借款500 000元，偿还本金1 000 000元。

⑩应交增值税的组成：本年增值税进项税额870 000元（其中专业活动购进发生850 000元，经营活动购进发生20 000元），增值税销项税额1 850 000元（其中专业活

动发生1 770 000元，经营活动发生80 000元），已交增值税890 000元（其中专业活动820 000元，经营活动70 000元）。

⑪其他应交税费的组成：计提其他税费150 000元（专业活动112 000元、管理活动30 000元、经营活动8 000元），已交其他税费80 000元（专业活动和管理活动75 000元、经营活动5 000元）。进项税额和已交税额均以银行存款付讫。

⑫应付职工薪酬的组成：计提6 350 500元（专业活动3 390 000元、管理活动2 740 500元、经营活动220 000元），支付职工薪酬5 940 500元（专业活动3 000 000元、管理活动2 800 000元、经营活动140 500元，财政直接支付5 800 000元，以银行存款支付140 500元），薪酬年初余额和年末余额中无应付在建工程人员部分。

⑬应付利息的组成：计提短期借款利息40 000元，支付短期借款利息50 000元。

⑭其他应付款的组成：获得批准处理无法偿付的其他应付款项870 000元。

⑮长期借款的组成：非基建专门借款，均为到期一次还本付息。年末一年内到期2 000 000元，应计利息687 800元。

⑯长期应付款的组成：以银行存款支付一年内到期的长期应付款2 000 000元，因购置固定资产增加1 000 000元，年末一年内到期的2 500 000元。

根据以上资料，采用分析填列方法，编制甲事业单位2×22年度的现金流量表，见表7–8。

①财政基本支出拨款收到的现金=财政拨款收入中基本支出拨款=7 016 000元

②财政非资本性项目拨款收到的现金=30 000元

③事业活动收到的除财政拨款以外的现金=事业收入+增值税销项税额

=15 600 000+1 770 000

=17 370 000（元）

④收到的其他与日常活动有关的现金=经营收入+增值税销项税额+上级补助收入+附属单位上缴收入+非同级财政拨款收入+利息收入+捐赠收入+租金收入−应收账款增加

=500 000+80 000+500 000+200 000+300 000+50 000+1 490 000+521 000−21 000

=3 620 000（元）

⑤购买商品、接受劳务支付的现金=财政授权支付的业务活动费用+现金支付的业务活动费用、单位管理费用、经营费用+支付的预付账款+用银行存款偿还未报销的公务卡款

=1 201 000+（3 178 000+1 224 500+69 000）+122 000+47 000

= 5 841 500（元）

⑥支付给职工以及为职工支付的现金=财政直接支付的薪酬+现金支付薪酬

=5 800 000+140 500

=5 940 500（元）

⑦支付的各项税费=已交增值税+已交其他税费

=890 000+80 000

=970 000（元）

表7-8　　　　**现金流量表**　　　　会政财04表

编制单位：甲事业单位　　　　2×22年　　　　单位：元

项　目	本年金额	上年金额
一、日常活动产生的现金流量：		
财政基本支出拨款收到的现金	7 016 000	
财政非资本性项目拨款收到的现金	30 000	
事业活动收到的除财政拨款以外的现金	17 370 000	
收到的其他与日常活动有关的现金	3 620 000	
日常活动的现金流入小计	28 036 000	
购买商品、接受劳务支付的现金	5 841 500	
支付给职工以及为职工支付的现金	5 940 500	
支付的各项税费	970 000	
支付的其他与日常活动有关的现金	3 800 000	
日常活动的现金流出小计	16 552 000	
日常活动产生的现金流量净额	11 484 000	
二、投资活动产生的现金流量：		
收回投资收到的现金	100 000	
取得投资收益收到的现金	5 000	
处置固定资产、无形资产、公共基础设施等收回的现金净额	0	
收到的其他与投资活动有关的现金	0	
投资活动的现金流入小计	105 000	
购建固定资产、无形资产、公共基础设施等支付的现金	12 682 000	
对外投资支付的现金	185 000	
上缴处置固定资产、无形资产、公共基础设施等净收入支付的现金		
支付的其他与投资活动有关的现金		
投资活动的现金流出小计	12 867 000	
投资活动产生的现金流量净额	−12 762 000	
三、筹资活动产生的现金流量：		
财政资本性项目拨款收到的现金	1 554 000	
取得借款收到的现金	500 000	
收到的其他与筹资活动有关的现金	0	
筹资活动的现金流入小计	2 054 000	
偿还借款支付的现金	1 000 000	
偿还利息支付的现金	50 000	
支付的其他与筹资活动有关的现金		
筹资活动的现金流出小计	1 050 000	
筹资活动产生的现金流量净额	1 004 000	
四、汇率变动对现金的影响额		
五、现金净增加额	−274 000	

⑧支付的其他与日常活动有关的现金=对外现金捐赠+支付上缴上级费用和对附属单位补助费用+上缴应缴财政款

=950 000+740 000+2 110 000

=3 800 000（元）

⑨收回投资收到的现金=到期兑付国库券本金

=100 000元

⑩取得投资收益收到的现金=收到的国库券利息收入

=5 000元

⑪购建固定资产、无形资产、公共基础设施等支付的现金=财政授权支付无偿调入固定资产相关税费+财政直接支付固定资产购置款项+现金支付购置固定资产款项+增值税进项税额+支付之前购置固定资产形成的应付票据和长期应付款+现金支付无形资产款项

=50 000+1 554 000+2 946 500+870 000+4 067 500+2 000 000+1 194 000

=12 682 000（元）

⑫对外投资支付的现金=购买短期国库券

=185 000元

⑬财政资本性项目拨款收到的现金=财政直接支付固定资产购置款项

=1 554 000元

⑭取得借款收到的现金=借入借款

=500 000元

⑮偿还借款支付的现金=偿还短期借款本金

=1 000 000元

⑯偿还利息支付的现金=支付短期借款利息

=50 000元

第六节 财务报表附注

一、附注的概念

附注是对在财务会计报表中列示的项目所作的进一步说明，以及对未能在财务会计报表中列示项目的说明。附注是财务报表的重要组成部分。凡对报表使用者的决策有重要影响的会计信息，不论《政府会计制度》是否有明确规定，单位均应当充分披露。

二、附注的主要内容

附注主要包括下列内容：

（一）单位的基本情况

事业单位应当简要披露其基本情况，包括单位主要职能、主要业务活动、所在地、预算管理关系等。

（二）会计报表编制基础

（三）遵循政府会计准则、制度的声明

（四）重要会计政策和会计估计

事业单位应当采用与其业务特点相适应的具体会计政策，并充分披露报告期内采用的重要会计政策和会计估计。主要包括以下内容：（1）会计期间。（2）记账本位币，外币折算汇率。（3）坏账准备的计提方法。（4）存货类别、发出存货的计价方法、存货的盘存制度，以及低值易耗品和包装物的摊销方法。（5）长期股权投资的核算方法。（6）固定资产分类、折旧方法、折旧年限和年折旧率；融资租入固定资产的计价和折旧方法。（7）无形资产的计价方法；使用寿命有限的无形资产，其使用寿命估计情况；使用寿命不确定的无形资产，其使用寿命不确定的判断依据；单位内部研究开发项目划分研究阶段和开发阶段的具体标准。（8）公共基础设施的分类、折旧（摊销）方法、折旧（摊销）年限，以及其确定依据。（9）政府储备物资分类，以及确定其发出成本所采用的方法。（10）保障性住房的分类、折旧方法、折旧年限。（11）其他重要的会计政策和会计估计。（12）本期发生重要会计政策和会计估计变更的，变更的内容和原因、受其重要影响的报表项目名称和金额、相关审批程序，以及会计估计变更开始适用的时点。

（五）会计报表重要项目说明

事业单位应当按照资产负债表和收入费用表项目列示顺序，采用文字和数据描述相结合的方式披露重要项目的明细信息。报表重要项目的明细金额合计，应当与报表项目金额相衔接。报表重要项目说明应包括但不限于下列内容。

1.货币资金的披露

货币资金的披露格式如下：

项目	期末余额	年初余额
库存现金		
银行存款		
其他货币资金		
合计		

2.应收账款

应收账款按照债务人类别披露的格式如下：

债务人类别	期末余额	年初余额
政府会计主体：		
部门内部单位		
单位 1		
……		
部门外部单位		
单位 1		
……		
其他：		
单位 1		
……		
合计		

注：1. “部门内部单位”是指纳入单位所属部门财务报告合并范围的单位（下同）。

2. 有应收票据、预付账款、其他应收款的，可比照应收账款进行披露。

3. 存货

存货的披露格式如下：

存货种类	期末余额	年初余额
1.		
……		
合计		

4. 其他流动资产

其他流动资产的披露格式如下：

项目	期末余额	年初余额
1.		
……		
合计		

注：有长期待摊费用、其他非流动资产的，可比照其他流动资产进行披露。

5. 长期投资

（1）长期债券投资的披露格式如下：

债券发行主体	年初余额	本年增加额	本年减少额	期末余额
1.				
……				
合计				

注：有短期投资的，可比照长期债券投资进行披露。

（2）长期股权投资的披露格式如下：

被投资单位	年初余额	本年增加额	本年减少额	期末余额
1.				
……				
合计				

（3）当期发生的重大投资净损益项目、金额及原因。

6. 固定资产

（1）固定资产的披露格式如下：

项目	年初余额	本年增加额	本年减少额	期末余额
一、原值合计				
其中：房屋及构筑物				
通用设备				
专用设备				
文物和陈列品				
图书、档案				
家具、用具、装具及动植物				
二、累计折旧合计				
其中：房屋及构筑物				
通用设备				
专用设备				
家具、用具、装具				
三、账面价值合计				
其中：房屋及构筑物				
通用设备				
专用设备				
文物和陈列品				
图书、档案				
家具、用具、装具及动植物				

（2）已提足折旧的固定资产名称、数量等情况。

（3）出租、出借固定资产以及固定资产对外投资等情况。

7. 在建工程

在建工程的披露格式如下：

项目	年初余额	本年增加额	本年减少额	期末余额
1.				
……				
合计				

8.无形资产

（1）各类无形资产的披露格式如下：

项目	年初余额	本年增加额	本年减少额	期末余额
一、原值合计				
1.				
……				
二、累计摊销合计				
1.				
……				
三、账面价值合计				
1.				
……				

（2）计入当期损益的研发支出金额、确认为无形资产的研发支出金额。

（3）无形资产出售、对外投资等处置情况。

9.公共基础设施

（1）公共基础设施的披露格式如下：

项目	年初余额	本年增加额	本年减少额	期末余额
原值合计				
市政基础设施				
1.				
……				
交通基础设施				
1.				
……				
水利基础设施				
1.				
……				
其他				
……				
累计折旧合计				
市政基础设施				
1.				
……				

续表

项目	年初余额	本年增加额	本年减少额	期末余额
交通基础设施				
1.				
……				
水利基础设施				
1.				
……				
其他				
……				
账面价值合计				
市政基础设施				
1.				
……				
交通基础设施				
1.				
……				
水利基础设施				
1.				
……				
其他				
……				

（2）确认为公共基础设施的单独计价入账的土地使用权的账面余额、累计摊销额及变动情况。

（3）已提取折旧继续使用的公共基础设施的名称、数量等。

10.政府储备物资

政府储备物资的披露格式如下：

物资类别	年初余额	本年增加额	本年减少额	期末余额
1.				
……				
合计				

注：如事业单位有因动用而发出需要收回或者预期可能收回、但期末尚未收回的政府储备物资，应当单独披露其期末账面余额。

11.受托代理资产

受托代理资产的披露格式如下：

资产类别	年初余额	本年增加额	本年减少额	期末余额
货币资金				
受托转赠物资				
受托存储保管物资				
罚没物资				
其他				
合计				

12.应付账款

应付账款按照债权人类别披露的格式如下：

债权人类别	期末余额	年初余额
政府会计主体：		
部门内部单位		
单位1		
……		
部门外部单位		
单位1		
……		
其他：		
单位1		
……		
合计		

注：有应付票据、预收账款、其他应付款、长期应付款的，可比照应付账款进行披露。

13.其他流动负债

其他流动负债的披露格式如下：

项目	期末余额	年初余额
1.		
……		
合计		

注：有预计负债、其他非流动负债的，可比照其他流动负债进行披露。

14. 长期借款

（1）长期借款按照债权人披露的格式如下：

债权人	期末余额	年初余额
1.		
……		
合计		

注：有短期借款的，可比照长期借款进行披露。

（2）事业单位有基建借款的，应当分基建项目披露长期借款年初数、本年变动数、年末数及到期期限。

15. 事业收入

事业收入按照收入来源的披露格式如下：

收入来源	本期发生额	上期发生额
来自财政专户管理资金		
本部门内部单位		
单位 1		
……		
本部门以外同级政府单位		
单位 1		
……		
其他		
单位 1		
……		
合计		

16. 非同级财政拨款收入

非同级财政拨款收入按收入来源的披露格式如下：

收入来源	本期发生额	上期发生额
本部门以外同级政府单位		
单位 1		
……		
本部门以外非同级政府单位		
单位 1		
……		
合计		

17.其他收入

其他收入按照收入来源的披露格式如下：

收入来源	本期发生额	上期发生额
本部门内部单位		
单位 1		
……		
本部门以外同级政府单位		
单位 1		
……		
本部门以外非同级政府单位		
单位 1		
……		
其他		
单位 1		
……		
合计		

18.业务活动费用

（1）按经济分类的披露格式如下：

项目	本期发生额	上期发生额
工资福利费用		
商品和服务费用		
对个人和家庭的补助费用		
对企业补助费用		
固定资产折旧费		
无形资产摊销费		
公共基础设施折旧（摊销）费		
保障性住房折旧费		
计提专用基金		
……		
合计		

注：有单位管理费用、经营费用的，可比照（业务活动费用）此表进行披露。

（2）按支付对象的披露格式如下：

支付对象	本期发生额	上期发生额
本部门内部单位		
单位 1		
……		
本部门以外同级政府单位		
单位 1		
……		
其他		
单位 1		
……		
合计		

注：有单位管理费用、经营费用的，可比照（业务活动费用）此表进行披露。

19.其他费用

其他费用按照类别披露的格式如下：

费用类别	本期发生额	上期发生额
利息费用		
坏账损失		
罚没支出		
……		
合计		

20.本期费用

本期费用按照经济分类的披露格式如下：

项目	本期发生额	上期发生额
工资福利费用		
商品和服务费用		
对个人和家庭的补助费用		
对企业补助费用		
固定资产折旧费		
无形资产摊销费		
公共基础设施折旧（摊销）费		
保障性住房折旧费		
计提专用基金		
所得税费用		
资产处置费用		
上缴上级费用		
对附属单位补助费用		
其他费用		
本期费用合计		

注：事业单位在按照《政府会计制度》规定编制收入费用表的基础上，可以根据需要按照此表披露的内容编制收入费用表。

（六）本年预算结余和盈余的差异情况说明

为了反映事业单位财务会计和预算会计因核算基础和核算范围不同所产生的本年盈余数与本年预算结余数之间的差异，事业单位应当按照重要性原则，对本年度发生的各类影响收入（预算收入）和费用（预算支出）的业务进行适度归并和分析，披露将年度预算收入支出表中“本年预算收支差额”调节为年度收入费用表中“本期盈余”的信息。有关披露的内容与形式如下：

项 目	金 额
一、本年预算结余（本年预算收支差额）	
二、差异调节	—
（一）重要事项的差异	
加：1. 当期确认为收入但没有确认为预算收入	
（1）应收款项、预收账款确认的收入	
（2）接受非货币性资产捐赠确认的收入	
2. 当期确认为预算支出但没有确认为费用	
（1）支付应付款项、预付账款的支出	
（2）为取得存货、政府储备物资等计入物资成本的支出	
（3）为购建固定资产等的资本性支出	
（4）偿还借款本息支出	
减：1. 当期确认为预算收入但没有确认为收入	
（1）收到应收款项、预收账款确认的预算收入	
（2）取得借款确认的预算收入	
2. 当期确认为费用但没有确认为预算支出	
（1）发出存货、政府储备物资等确认的费用	
（2）计提的折旧费用和摊销费用	
（3）确认的资产处置费用（处置资产价值）	
（4）应付款项、预付账款确认的费用	
（二）其他事项差异	
三、本年盈余（本年收入与费用的差额）	

（七）其他重要事项说明

1. 资产负债表日存在的重要或有事项说明。没有重要或有事项的，也应说明。

2. 以名义金额计量的资产名称、数量等情况，以及以名义金额计量理由的说明。

3. 通过债务资金形成的固定资产、公共基础设施、保障性住房等资产的账面价值、使用情况、收益情况及与此相关的债务偿还情况等的说明。

4. 重要资产置换、无偿调入（出）、捐入（出）、报废、重大毁损等情况的说明。

5. 事业单位将单位内部独立核算单位的会计信息纳入本单位财务报表情况的说明。

6. 政府会计具体准则中要求附注披露的其他内容。

7. 有助于理解和分析单位财务报表需要说明的其他事项。

第七节　预算收入支出表

一、预算收入支出表的内容和结构

（一）预算收入支出表的内容

预算收入支出表是反映事业单位在某一会计年度内各项预算收入、预算支出和预算收支差额的情况的报表，是事业单位主要预算会计报表之一，属于动态报表。通过预算收入支出表，报表使用者可以了解事业单位在某一会计年度内的各项预算收入实现、预算支出的耗费以及预算收支差额等情况的信息。预算收入支出表只按照年度编制。

（二）预算收入支出表的结构

预算收入支出表应当按照本年预算收入、本年预算支出和本年预算收支差额分项列示。本年预算收入主要反映财政拨款预算收入、事业预算收入、上级补助预算收入、附属单位上缴预算收入、经营预算收入、债务预算收入、非同级财政拨款预算收入、投资预算收益和其他预算收入；本年预算支出主要反映行政支出、事业支出、经营支出、上缴上级支出、对附属单位补助支出、投资支出、债务还本支出和其他支出。本年预算收支差额是本年预算收入减去本年预算支出后的差额。

预算收入支出表各项则分为"本年数"和"上年数"两栏填列，其目的在于使报表使用者通过比较不同时期的预算收入、预算支出和预算收支差额情况，判断事业单位预算情况的未来发展趋势。

预算收入支出表"本年数"栏反映各项目的本年实际发生数。本表"上年数"栏反映各项目上年度的实际发生数，应当根据上年度预算收入支出表中"本年数"栏内所列数字填列。如果本年度预算收入支出表规定的项目的名称和内容同上年度不一致，应当对上年度预算收入支出表项目的名称和数字按照本年度的规定进行调整，将调整后金额填入本年度预算收入支出表的"上年数"栏。

预算收入支出表基本格式可参见表7-10。

二、预算收入支出表的填列方法

预算收入支出表"本年数"栏各项目的内容和填列方法如下：

（一）本年预算收入

1."本年预算收入"项目，反映事业单位本年预算收入总额。本项目应当根据本表中"财政拨款预算收入""事业预算收入""上级补助预算收入""附属单位上缴预算收入""经营预算收入""债务预算收入""非同级财政拨款预算收入""投资预算收益""其他预算收入"项目金额的合计数填列。

2."财政拨款预算收入"项目，反映事业单位本年从同级政府财政部门取得的各类财政拨款。本项目应当根据"财政拨款预算收入"科目的本年发生额填列。

"政府性基金收入"项目，反映事业单位本年取得的财政拨款收入中属于政府性基金预算拨款的金额。本项目应当根据"财政拨款预算收入"相关明细科目的本年发生额填列。

3.“事业预算收入”项目，反映事业单位本年开展专业业务活动及其辅助活动取得的预算收入。本项目应当根据“事业预算收入”科目的本年发生额填列。

4.“上级补助预算收入”项目，反映事业单位本年从主管部门和上级单位取得的非财政补助预算收入。本项目应当根据“上级补助预算收入”科目的本年发生额填列。

5.“附属单位上缴预算收入”项目，反映事业单位本年收到的独立核算的附属单位按照有关规定上缴的预算收入。本项目应当根据“附属单位上缴预算收入”科目的本年发生额填列。

6.“经营预算收入”项目，反映事业单位本年在专业业务活动及其辅助活动之外开展非独立核算经营活动取得的预算收入。本项目应当根据“经营预算收入”科目的本年发生额填列。

7.“债务预算收入”项目，反映事业单位本年按照规定从金融机构等借入的、纳入部门预算管理的债务预算收入。本项目应当根据“债务预算收入”的本年发生额填列。

8.“非同级财政拨款预算收入”项目，反映事业单位本年从非同级政府财政部门取得的财政拨款。本项目应当根据“非同级财政拨款预算收入”科目的本年发生额填列。

9.“投资预算收益”项目，反映事业单位本年取得的按规定纳入单位预算管理的投资收益。本项目应当根据“投资预算收益”科目的本年发生额填列。

10.“其他预算收入”项目，反映事业单位本年取得的除上述收入以外的纳入单位预算管理的各项预算收入。本项目应当根据“其他预算收入”科目的本年发生额填列。

“利息预算收入”项目，反映事业单位本年取得的利息预算收入。本项目应当根据“其他预算收入”科目的明细记录分析填列。单位单设“利息预算收入”科目的，应当根据“利息预算收入”科目的本年发生额填列。

“捐赠预算收入”项目，反映事业单位本年取得的捐赠预算收入。本项目应当根据“其他预算收入”科目明细账记录分析填列。单位单设“捐赠预算收入”科目的，应当根据“捐赠预算收入”科目的本年发生额填列。

“租金预算收入”项目，反映事业单位本年取得的租金预算收入。本项目应当根据“其他预算收入”科目明细账记录分析填列。单位单设“租金预算收入”科目的，应当根据“租金预算收入”科目的本年发生额填列。

（二）本年预算支出

11.“本年预算支出”项目，反映事业单位本年预算支出总额。本项目应当根据本表中“行政支出”、“事业支出”、“经营支出”、“上缴上级支出”、“对附属单位补助支出”、“投资支出”、“债务还本支出”和“其他支出”项目金额的合计数填列。

12.“行政支出”项目，反映行政单位本年履行职责实际发生的支出。本项目应当根据“行政支出”科目的本年发生额填列。（事业单位不填列此项目）

13.“事业支出”项目，反映事业单位本年开展专业业务活动及其辅助活动发生的支出。本项目应当根据“事业支出”科目的本年发生额填列。

14.“经营支出”项目，反映事业单位本年在专业业务活动及其辅助活动之外开展非独立核算经营活动发生的支出。本项目应当根据“经营支出”科目的本年发生额填列。

15.“上缴上级支出”项目，反映事业单位本年按照财政部门和主管部门的规定上缴上级单位的支出。本项目应当根据“上缴上级支出”科目的本年发生额填列。

16.“对附属单位补助支出”项目，反映事业单位本年用财政拨款收入之外的收入对附属单位补助发生的支出。本项目应当根据“对附属单位补助支出”科目的本年发生额填列。

17.“投资支出”项目，反映事业单位本年以货币资金对外投资发生的支出。本项目应当根据“投资支出”科目的本年发生额填列。

18.“债务还本支出”项目，反映事业单位本年偿还自身承担的纳入预算管理的从金融机构举借的债务本金的支出。本项目应当根据“债务还本支出”科目的本年发生额填列。

19.“其他支出”项目，反映事业单位本年除以上支出以外的各项支出。本项目应当根据“其他支出”科目的本年发生额填列。

“利息支出”项目，反映事业单位本年发生的利息支出。本项目应当根据“其他支出”科目明细账记录分析填列。单位单设“利息支出”科目的，应当根据“利息支出”科目的本年发生额填列。

“捐赠支出”项目，反映事业单位本年发生的捐赠支出。本项目应当根据“其他支出”科目明细账记录分析填列。单位单设“捐赠支出”科目的，应当根据“捐赠支出”科目的本年发生额填列。

（三）本年预算收支差额

20.“本年预算收支差额”项目，反映事业单位本年各项预算收支相抵后的差额。本项目应当根据本表中“本期预算收入”项目金额减去“本期预算支出”项目金额后的金额填列；如相减后金额为负数，以“-”号填列。

【例7-5】甲事业单位2×22年度有关预算收入科目和预算支出科目的本年累计发生额见表7-9。

表7-9　**2×22年度预算收入科目和预算支出科目本年累计发生额**　单位：元

预算收入科目名称	本年累计发生额	预算支出科目名称	本年累计发生额
财政拨款预算收入	8 600 000	事业支出	25 079 500
其中：政府性基金收入	600 000	经营支出	304 500
事业预算收入	17 370 000	上缴上级支出	200 000
上级补助预算收入	500 000	对附属单位补助支出	540 000
附属单位上缴预算收入	200 000	投资支出	85 000
经营预算收入	580 000	债务还本支出	1 000 000
债务预算收入	500 000	其他支出	1 050 000
非同级财政拨款预算收入	300 000	其中：利息支出	50 000
投资预算收益	5 000	捐赠支出	950 000
其他预算收入	2 040 000		
其中：利息预算收入	50 000		
捐赠预算收入	1 490 000		
租金预算收入	500 000		

根据上述资料，编制甲事业单位2×22年度预算收入支出表，见表7-10。

表7-10 **预算收入支出表** 会政预01表

编制单位：甲事业单位 2×22年 单位：元

项　目	本年数	上年数（略）
一、本年预算收入	30 095 000	
（一）财政拨款预算收入	8 600 000	
其中：政府性基金收入	600 000	
（二）事业预算收入	17 370 000	
（三）上级补助预算收入	500 000	
（四）附属单位上缴预算收入	200 000	
（五）经营预算收入	580 000	
（六）债务预算收入	500 000	
（七）非同级财政拨款预算收入	300 000	
（八）投资预算收益	5 000	
（九）其他预算收入	2 040 000	
其中：利息预算收入	50 000	
捐赠预算收入	1 490 000	
租金预算收入	500 000	
二、本年预算支出	28 259 000	
（一）行政支出		
（二）事业支出	25 079 500	
（三）经营支出	304 500	
（四）上缴上级支出	200 000	
（五）对附属单位补助支出	540 000	
（六）投资支出	85 000	
（七）债务还本支出	1 000 000	
（八）其他支出	1 050 000	
其中：利息支出	50 000	
捐赠支出	950 000	
三、本年预算收支差额	1 836 000	

三、预算结余和盈余差异情况表

本年预算结余和盈余的差异情况说明是事业单位会计报表附注中的主要项目说明，是重要性原则的具体运用。

根据【例7-1】至【例7-4】资料，编制甲事业单位2×22年预算结余和盈余差异情况表，见表7-11。

表7-11　　　　　　　　　　　　**预算结余和盈余差异情况表**

编制单位：甲事业单位　　　　　　　　2×22年　　　　　　　　　　单位：元

项　目	金 额
一、本年预算结余（本年预算收支差额）	1 836 000
二、差异调节	—
（一）重要事项的差异	10 178 500
加：1. 当期确认为收入但没有确认为预算收入	21 000
（1）应收款项、预收账款确认的收入	21 000
（2）接受非货币性资产捐赠确认的收入	
2. 当期确认为预算支出但没有确认为费用	12 984 000
（1）支付应付款项、预付账款的支出	6 189 500
（2）为取得存货、政府储备物资等计入物资成本的支出	
（3）为购建固定资产等的资本性支出	5 744 500
（4）偿还借款本息支出	1 050 000
减：1. 当期确认为预算收入但没有确认为收入	500 000
（1）收到应收款项、预收账款确认的预算收入	
（2）取得借款确认的预算收入	500 000
2. 当期确认为费用但没有确认为预算支出	2 326 500
（1）发出存货、政府储备物资等确认的费用	120 000
（2）计提的折旧费用和摊销费用	2 201 000
（3）确认的资产处置费用（处置资产价值）	5 500
（4）应付款项、预付账款确认的费用	
（二）其他事项差异	-1 401 000
加：1. 当期确认为收入但没有确认为预算收入	870 000
2. 当期确认为预算支出但没有确认为费用	1 972 000
减：1. 当期确认为预算收入但没有确认为收入	1 850 000
2. 当期确认为费用但没有确认为预算支出	2 393 000
三、本年盈余（本年收入与费用的差额）	10 613 500

第八节　预算结转结余变动表

一、预算结转结余变动表的内容和结构

（一）预算结转结余变动表的内容

预算结转结余变动表是反映事业单位在某一会计年度内预算结转结余的变动情况的报表，是事业单位主要会计报表之一，属于动态报表。通过预算结转结余变动表，报表使用者可以了解事业单位在某一会计年度内预算结转结余的变动情况的信息。预算结转

结余变动表只编制年度报表。

（二）预算结转结余变动表的结构

预算结转结余变动表按照年初预算结转结余、年初余额调整、本年变动金额、年末预算结转结余分项列示。本表中“年末预算结转结余”项目金额等于“年初预算结转结余”、“年初余额调整”和“本年变动金额”三个项目的合计数。

此外，为了使报表使用者通过比较不同年度预算结转结余变动表的数据，掌握事业单位预算结转结余各项目变动情况及发展趋势，事业单位需要提供比较预算结转结余变动表，预算结转结余变动表还就各项目再分为“本年数”和“上年数”两栏分别填列。

预算结转结余变动表“本年数”栏反映各项目的本年实际发生数。本表“上年数”栏反映各项目的上年实际发生数，应当根据上年度预算结转结余变动表中“本年数”栏内所列数字填列。如果本年度预算结转结余变动表规定的项目的名称和内容同上年度不一致，应当对上年度预算结转结余变动表项目的名称和数字按照本年度的规定进行调整，将调整后金额填入本年度预算结转结余变动表的“上年数”栏。

预算结转结余变动表的基本格式可参见表7-13。

二、预算结转结余变动表的填列方法

预算结转结余变动表“本年数”栏各项目的内容和填列方法如下：

1.“年初预算结转结余”项目，反映事业单位本年预算结转结余的年初余额。本项目应当根据本项目下“财政拨款结转结余”“其他资金结转结余”项目金额的合计数填列。

（1）“财政拨款结转结余”项目，反映事业单位本年财政拨款结转结余资金的年初余额。本项目应当根据“财政拨款结转”“财政拨款结余”科目本年年初余额合计数填列。

（2）“其他资金结转结余”项目，反映事业单位本年其他资金结转结余的年初余额。本项目应当根据“非财政拨款结转”“非财政拨款结余”“专用结余”“经营结余”科目本年年初余额的合计数填列。

2.“年初余额调整”项目，反映事业单位本年预算结转结余年初余额调整的金额。本项目应当根据本项目下“财政拨款结转结余”“其他资金结转结余”项目金额的合计数填列。

（1）“财政拨款结转结余”项目，反映事业单位本年财政拨款结转结余资金的年初余额调整金额。本项目应当根据“财政拨款结转”“财政拨款结余”科目下“年初余额调整”明细科目的本年发生额的合计数填列；如调整减少年初财政拨款结转结余，以“-”号填列。

（2）“其他资金结转结余”项目，反映事业单位本年其他资金结转结余的年初余额调整金额。本项目应当根据“非财政拨款结转”“非财政拨款结余”科目下“年初余额调整”明细科目的本年发生额的合计数填列；如调整减少年初其他资金结转结余，以“-”号填列。

3.“本年变动金额”项目，反映事业单位本年预算结转结余变动的金额。本项目应当根据本项目下“财政拨款结转结余”“其他资金结转结余”项目金额的合计数填列。

（1）“财政拨款结转结余”项目，反映单位本年财政拨款结转结余资金的变动。本项目应当根据本项目下“本年收支差额”“归集调入”“归集上缴或调出”项目金额的合计数填列。

①“本年收支差额”项目，反映事业单位本年财政拨款资金收支相抵后的差额。本项目应当根据“财政拨款结转”科目下“本年收支结转”明细科目本年转入的预算收入与预算支出的差额填列；差额为负数的，以“-”号填列。

②“归集调入”项目，反映事业单位本年按照规定从其他单位归集调入的财政拨款结转资金。本项目应当根据“财政拨款结转”科目下“归集调入”明细科目的本年发生额填列。

③“归集上缴或调出”项目，反映事业单位本年按照规定上缴的财政拨款结转结余资金及按照规定向其他单位调出的财政拨款结转资金。本项目应当根据“财政拨款结转”“财政拨款结余”科目下“归集上缴”明细科目，以及“财政拨款结转”科目下“归集调出”明细科目本年发生额的合计数填列，以“-”号填列。

（2）“其他资金结转结余”项目，反映事业单位本年其他资金结转结余的变动。本项目应当根据本项目下“本年收支差额”“缴回资金”“使用专用结余”“支付所得税”项目金额的合计数填列。

①“本年收支差额”项目，反映事业单位本年除财政拨款外的其他资金收支相抵后的差额。本项目应当根据“非财政拨款结转”科目下“本年收支结转”明细科目、“其他结余”科目、“经营结余”科目本年转入的预算收入与预算支出的差额的合计数填列；如为负数，以“-”号填列。

②“缴回资金”项目，反映事业单位本年按照规定缴回的非财政拨款结转资金。本项目应当根据“非财政拨款结转”科目下“缴回资金”明细科目本年发生额的合计数填列，以“-”号填列。

③“使用专用结余”项目，反映本年事业单位根据规定使用从非财政拨款结余或经营结余中提取的专用基金的金额。本项目应当根据“专用结余”科目明细账中本年使用专用结余业务的发生额填列，以“-”号填列。

④“支付所得税”项目，反映有企业所得税缴纳义务的事业单位本年实际缴纳的企业所得税金额。本项目应当根据“非财政拨款结余”明细账中本年实际缴纳企业所得税业务的发生额填列，以“-”号填列。

4.“年末预算结转结余”项目，反映事业单位本年预算结转结余的年末余额。本项目应当根据本项目下“财政拨款结转结余”“其他资金结转结余”项目金额的合计数填列。

（1）“财政拨款结转结余”项目，反映事业单位本年财政拨款结转结余的年末余额。本项目应当根据本项目下“财政拨款结转”“财政拨款结余”项目金额的合计数填列。

本项目下“财政拨款结转”“财政拨款结余”项目，应当分别根据“财政拨款结转”“财政拨款结余”科目的本年年末余额填列。

（2）“其他资金结转结余”项目，反映事业单位本年其他资金结转结余的年末余额。本项目应当根据本项目下“非财政拨款结转”“非财政拨款结余”“专用结余”“经营结余”项目金额的合计数填列。

本项目下“非财政拨款结转”“非财政拨款结余”“专用结余”“经营结余”项目，应当分别根据“非财政拨款结转”“非财政拨款结余”“专用结余”“经营结余”科目的本年年末余额填列。

【例7-6】假设甲事业单位2×22年有关预算结转结余科目年初余额见表7-12。

表7-12　2×22年有关预算结转结余科目年初余额　单位：元

项　目	财政拨款结转	财政拨款结余	非财政拨款结转	非财政拨款结余	专用结余
年初余额	50 000	100 000	200 000	800 000	500 000

沿用【例6-2】、【例6-9】至【例6-15】、【例6-17】至【例6-19】、【例6-21】至【例6-24】资料，编制甲事业单位2×22年预算结转结余变动表，见表7-13。

表7-13　预算结转结余变动表　会政预02表

编制单位：甲事业单位　2×22年　单位：元

项　目	本年数	上年数（略）
一、年初预算结转结余	1 650 000	
（一）财政拨款结转结余	150 000	
（二）其他资金结转结余	1 500 000	
二、年初余额调整（减少以“-”号填列）		
（一）财政拨款结转结余		
（二）其他资金结转结余		
三、本年变动金额（减少以“-”号填列）	1 732 400	
（一）财政拨款结转结余	-5 000	
1.本年收支差额	-5 000	
2.归集调入		
3.归集上缴或调出		
（二）其他资金结转结余	1 737 400	
1.本年收支差额	1 741 000	
2.缴回资金		
3.使用专用结余	-3 600	
4.支付所得税		
四、年末预算结转结余	3 382 400	
（一）财政拨款结转结余	145 000	
1.财政拨款结转	115 000	
2.财政拨款结余	30 000	
（二）其他资金结转结余	3 237 400	
1.非财政拨款结转	40 000	
2.非财政拨款结余	2 004 600	
3.专用结余	1 192 800	
4.经营结余（如有余额，以“-”号填列）		

第九节　财政拨款预算收入支出表

一、财政拨款预算收入支出表的内容和结构

(一) 财政拨款预算收入支出表的内容

财政拨款预算收入支出表是反映事业单位本年财政拨款预算资金收入、支出及相关变动的具体情况的报表，是事业单位主要会计报表之一，属于动态报表。通过财政拨款预算收入支出表，报表使用者可以了解事业单位在某一会计年度内财政拨款预算资金收入、支出及相关变动等具体情况的信息。财政拨款预算收入支出表只编制年度报表。

(二) 财政拨款预算收入支出表的结构

财政拨款预算收入支出表“项目”栏内各项目，应当根据事业单位取得的财政拨款种类分项设置。其中“项目支出”项目下，根据每个项目设置；事业单位取得除一般公共财政预算拨款和政府性基金预算拨款以外的其他财政拨款的，应当按照财政拨款种类增加相应的资金项目及其明细项目。

财政拨款预算收入支出表“项目”栏内各项目分别填列“年初财政拨款结转结余”、“调整年初财政拨款结转结余”、“本年归集调入”、“本年归集上缴或调出”、“单位内部调剂”、“本年财政拨款收入”、“本年财政拨款支出”和“年末财政拨款结转结余”八栏数据。

财政拨款预算收入支出表的基本格式可参见表7-15。

二、财政拨款预算收入支出表的填列方法

财政拨款预算收入支出表各栏及其对应项目的内容和填列方法如下：

1.“年初财政拨款结转结余”栏中各项目，反映事业单位年初各项财政拨款结转结余的金额。各项目应当根据“财政拨款结转”、“财政拨款结余”及其明细科目的年初余额填列。本栏中各项目的数额应当与上年度财政拨款预算收入支出表中“年末财政拨款结转结余”栏中各项目的数额相等。

2.“调整年初财政拨款结转结余”栏中各项目，反映事业单位对年初财政拨款结转结余的调整金额。各项目应当根据“财政拨款结转”、“财政拨款结余”科目下“年初余额调整”明细科目及其所属明细科目的本年发生额填列；如调整减少年初财政拨款结转结余，以“-”号填列。

3.“本年归集调入”栏中各项目，反映事业单位本年按规定从其他单位调入的财政拨款结转资金金额。各项目应当根据“财政拨款结转”科目下“归集调入”明细科目及其所属明细科目的本年发生额填列。

4.“本年归集上缴或调出”栏中各项目，反映事业单位本年按规定实际上缴的财政拨款结转结余资金，及按照规定向其他单位调出的财政拨款结转资金金额。各项目应当根据“财政拨款结转”、“财政拨款结余”科目下“归集上缴”科目和“财政拨款结转”

科目下“归集调出”明细科目，及其所属明细科目的本年发生额填列，以“-”号填列。

5.“单位内部调剂”栏中各项目，反映事业单位本年财政拨款结转结余资金在单位内部不同项目等之间的调剂金额。各项目应当根据“财政拨款结转”和“财政拨款结余”科目下的“单位内部调剂”明细科目及其所属明细科目的本年发生额填列；对单位内部调剂减少的财政拨款结余金额，以“-”号填列。

6.“本年财政拨款收入”栏中各项目，反映事业单位本年从同级财政部门取得的各类财政预算拨款金额。各项目应当根据“财政拨款预算收入”科目及其所属明细科目的本年发生额填列。

7.“本年财政拨款支出”栏中各项目，反映事业单位本年发生的财政拨款支出金额。各项目应当根据“行政支出”“事业支出”等科目及其所属明细科目本年发生额中的财政拨款支出数的合计数填列。

8.“年末财政拨款结转结余”栏中各项目，反映事业单位年末财政拨款结转结余的金额。各项目应根据“财政拨款结转”、“财政拨款结余”科目及其所属明细科目的年末余额填列。

【例7-7】沿用【例6-12】、【例6-13】、【例6-19】、【例7-4】至【例7-6】资料，甲事业单位2×22年度财政拨款收入和支出明细资料见表7-14。

表7-14 **2×22年度财政拨款收支明细情况** 单位：元

项目	一般公共预算拨款		政府性基金预算拨款	
	本年财政拨款收入	本年财政拨款支出	本年财政拨款收入	本年财政拨款支出
基本支出	7 016 000	7 051 000		
其中：人员经费	5 800 000	5 800 000		
日常公用经费	1 216 000	1 251 000		
项目支出	984 000	954 000	600 000	600 000
其中：××项目	984 000	954 000	600 000	600 000
合计	8 000 000	8 005 000	600 000	600 000

根据上述资料，编制甲事业单位2×22年度财政拨款预算收入支出表，见表7-15。

表7-15　　财政拨款预算收入支出表　　会政预03表

编制单位：甲事业单位　　2×22年　　单位：元

项　目	年初财政拨款结转结余		调整年初财政拨款结转结余	本年归集调入	本年归集上缴或调出	单位内部调剂		本年财政拨款收入	本年财政拨款支出	年末财政拨款结转结余	
	结转	结余				结转	结余			结转	结余
一、一般公共预算财政拨款	50 000	100 000		200 000	-200 000			8 000 000	8 005 000	115 000	30 000
(一) 基本支出	50 000			200 000	-100 000			7 016 000	7 051 000	115 000	
1.人员经费								5 800 000	5 800 000		
2.日常公用经费	50 000			200 000	-100 000			1 216 000	1 251 000	115 000	
(二) 项目支出		100 000			-100 000			984 000	954 000		30 000
1.xx项目		100 000			-100 000			984 000	954 000		30 000
2.xx项目											
……											
二、政府性基金预算财政拨款								600 000	600 000		
(一) 基本支出											
1.人员经费											
2.日常公用经费											
(二) 项目支出								600 000	600 000		
1.xx项目								600 000	600 000		
2.xx项目											
……											
总　计	50 000		450 000	100 000	-550 000			8 600 000	8 605 000	115 000	30 000

第八章

行业事业单位的特殊业务核算

第一节 行业事业单位特殊业务概述[①]

一、行业事业单位特殊业务涉及范围

此处所说的行业事业单位，主要包括高等学校、中小学校、科学事业单位、彩票机构、医院、基层医疗卫生机构、国有林场和苗圃等7类行业事业单位。

按照政府会计制度补充规定，行业事业单位的特殊业务主要涉及以下两类经济业务和事项：

一是，现行事业单位会计制度[②]已经规范而《政府会计制度》没有明确规范的内容。比如事业（预算）收入、业务活动费用、单位管理费用和事业支出的明细科目设置，会计报表的细化，高等学校和中小学校有关食堂等非法人独立核算单位的会计处理，国有林场与苗圃的林木资产的会计处理，彩票机构有关彩票销售和结算的会计处理等。

二是，现行事业单位会计制度和《政府会计制度》均未明确规定的特殊行业事业单位的典型业务或事项，如实行收支两条线管理的基层医疗卫生机构的待结算医疗款、高等学校留本基金的核算等。

二、行业事业单位特殊业务的主要内容

按照政府会计制度补充规定，行业事业单位的特殊业务主要包括以下内容：

---

① 财政部会计司.财政部会计司有关负责人就印发行政事业单位执行《政府会计制度——行政事业单位会计科目和报表》的系列补充规定和衔接规定答记者问［EB/OL］.（2018-09-05）. http：//kjs.mof.gov.cn/zhengwuxinxi/zhengcejiedu/201809/t20180905_3009783.html.

② 现行事业单位会计制度包括《事业单位会计准则》、《事业单位会计制度》和医院、基层医疗卫生机构、高等学校、中小学校、科学事业单位、彩票机构、测绘事业单位、地质勘查事业单位、国有林场和苗圃等行业事业单位会计制度。

（一）新增一级科目

政府会计制度补充规定共增设了6个一级科目，其中基层医疗卫生机构增设“待结算医疗款”科目，彩票机构增设“彩票销售结算”、“应付返奖奖金”和“应付代销费”3个一级科目，国有林场和苗圃增设“营林工程”和“林木资产”2个一级科目。

（二）在《政府会计制度》相关一级科目下设置明细科目

政府会计制度补充规定主要在“事业（预算）收入”“事业支出”“业务活动费用”“单位管理费用”“应收/预付账款”“应付/预收账款”“库存物品”等《政府会计制度》规定的一级科目下增设相关明细科目，以反映行业事业单位的业务特点，满足会计核算和管理要求。

（三）补充《政府会计制度》规定的会计报表

政府会计制度补充规定在会计报表方面主要做了以下补充：（1）在《政府会计制度》规定的“资产负债表”“收入费用表”等主表中增加了相关项目或在现有项目下增加明细项目，以反映所增设的一级科目及明细科目对报表的影响；（2）增设若干明细表，作为主表的附表，以满足行业管理要求，如医院增设了“医疗活动收入费用明细表”，基层医疗卫生机构增设了“待结算医疗款明细表”和“医疗及公共卫生收入费用明细表”，彩票机构增设了“返奖奖金变动明细表”和“彩票资金分配明细表”；（3）补充了部分行业事业单位附注披露要求。

（四）规范行业特殊经济业务和事项的会计处理

政府会计制度补充规定对《政府会计制度》中未体现的行业事业单位的特殊经济业务和事项从会计确认计量、账务处理等方面进行了明确和规范，如医院医保结算差额、医事服务费和药事服务费的会计处理，高等学校留本基金的会计处理，科学事业单位合作项目款的会计处理等。此外，政府会计制度补充规定还对近年来医疗、教育、彩票等相关行业事业单位改革新出现的特殊业务和事项的会计核算做出了规范，比如，在医院补充规定中，明确药品采购运杂费的会计处理，以适应公立医院取消药品加成改革要求；在基层医疗卫生机构补充规定中，明确公共卫生服务相关收入和费用的会计核算，以配合基本公共卫生服务项目改革要求；在高等学校补充规定中，增加了对留本基金投资、出资设立非企业法人单位等会计处理的规定，以满足高校特殊业务的核算需要；在彩票机构补充规定中，明确了彩票兑奖周转金的会计处理，以适应彩票机构财务管理最新改革的需要等。

（五）统一行业事业单位固定资产折旧年限

政府会计制度补充规定统一规定了高等学校、中小学校、医院、基层医疗卫生机构的固定资产折旧年限。

第二节 高等学校的特殊业务核算

一、高等学校会计概述

（一）高等学校

高等学校是大学、专门学院、高等职业技术学校、高等专科学校的统称，简称高校。

按照学校性质，高等学校可分为普通高等学校和成人高等学校。普通高等学校是指通过国家普通高等教育招生考试，招收高中毕业生为主要培养对象，实施高等学历教育的全日制大学、独立设置的学院、独立学院和高等专科学校、高等职业学校及其他普通高教机构。其中，大学、独立设置的学院主要实施本科及本科层次以上的教育；独立学院主要实施本科层次的教育；高等专科学校、高等职业学校实施专科层次的教育；其他普通高教机构是指承担国家普通招生计划任务不计校数的机构，包括普通高等学校分校、大专班等。成人高等学校是指通过国家成人高等教育招生考试，招收具有高中毕业或同等学力的人员为主要培养对象，利用函授、业余、脱产等多种形式，对其实施高等学历教育的学校，包括：职工高等学校、农民高等学校、管理干部学院、教育学院、独立函授学院、广播电视大学、其他成人高教机构。其他成人高教机构是指承担国家成人招生计划任务不计校数的机构。①

按照学校隶属关系，高等学校可分为中央部属高校、地方所属高校和民办高校。

执行政府会计准则制度的高等学校是指各级人民政府举办的全日制普通高等学校和成人高等学校。

（二）高等学校会计

高等学校会计是对高等学校发生的各项经济业务和事项进行会计核算，主要反映和监督高等学校财务状况、运行情况、现金流量和预算收支执行情况的会计。

高等学校会计按照会计功能分为财务会计和预算会计。高等学校财务会计，是指以权责发生制为基础对高等学校发生的各项经济业务和事项进行会计核算，反映和监督其财务状况、运行情况、运行成本和现金流量等信息的会计。高等学校预算会计，是指以收付实现制为基础对高等学校预算执行过程中发生的全部收入和全部支出进行会计核算，主要反映和监督预算收支执行情况的会计。

高等学校在执行政府会计准则制度对事业单位共性业务会计处理、提供单位财务报告信息和决算报告信息的同时，还应根据《关于高等学校执行〈政府会计制度——行政事业单位会计科目和报表〉的补充规定》（以下简称《高等学校补充规定》）对其特殊经济业务和事项进行会计核算。

① 国家统计局. 中国统计年鉴2021［M］. 北京：中国统计出版社，2021.

（三）高等学校的主要特殊业务

根据《高等学校补充规定》的规定，在《政府会计制度》中未明确规范和规定的高等学校的特殊业务主要包括：

1.在《政府会计制度》规定的“事业收入”、“业务活动费用”、“单位管理费用”、“事业预算收入”和“事业支出”一级科目下设置明细科目；

2.规范高等学校特殊业务的会计处理，比如留本基金、受托代理业务、受托加工物品、项目间接费用或管理费、出资成立非企业法人单位等业务的会计处理；

3.明确按合同完成进度确认事业收入中的合同完成进度的确定方法；

4.统一高等学校固定资产折旧年限；

5.补充《政府会计制度》规定的“收入费用表”和“预算收入支出表”。

根据上述特殊业务，下面分别收入与预算收入、费用、资产、负债和净资产的特殊业务进行归纳介绍。

二、高等学校收入和预算收入特殊业务的核算

（一）事业收入

1.“事业收入”科目的明细科目设置

高等学校应当在《政府会计制度》规定的“事业收入”科目下设置“教育事业收入”和“科研事业收入”明细科目。

“教育事业收入”科目，核算高等学校开展教学活动及其辅助活动实现的收入。

“科研事业收入”科目，核算高等学校开展科研活动及其辅助活动实现的收入。

2.按合同完成进度确认事业收入的合同完成进度确定

高等学校以合同完成进度确认事业收入时，应当根据业务实质，可以选择以下方法合理确定合同完成进度：（1）累计实际发生的合同成本占合同预计总成本的比例；（2）已经完成的合同工作量占合同预计总工作量的比例；（3）已经完成的时间占合同期限的比例；（4）实际测定的完工进度。

（二）“事业预算收入”科目的明细科目设置

高等学校应当在《政府会计制度》规定的“事业预算收入”科目下设置“教育事业预算收入”和“科研事业预算收入”明细科目。

“教育事业预算收入”科目，核算高等学校开展教学活动及其辅助活动取得的现金流入。

“科研事业预算收入”科目，核算高等学校开展科研活动及其辅助活动取得的现金流入。

【例8-1】某高等学校收到财政专户返还的学费收入500 000元，教育部拨入的教学改革项目研究专项资金50 000元，款项均已存入银行。该高等学校账务处理如下：

财务会计		预算会计	
借：银行存款	550 000	借：资金结存——货币资金	550 000
贷：事业收入——教育事业收入	500 000	贷：事业预算收入——教育事业预算收入	500 000
——科研事业收入	50 000	——科研事业预算收入	50 000

三、高等学校费用和预算支出特殊业务的核算

(一)"业务活动费用"的明细科目设置

高等学校应当在《政府会计制度》规定的"业务活动费用"科目下设置"教育费用"和"科研费用"明细科目。

"教育费用"科目，核算高等学校开展教学及其辅助活动、学生事务等活动所发生的，能够直接计入或采用一定方法计算后计入的各项费用。

"科研费用"科目，核算高等学校开展科研及其辅助活动所发生的，能够直接计入或采用一定方法计算后计入的各项费用。

(二)"单位管理费用"的明细科目设置

高等学校应当在《政府会计制度》规定的"单位管理费用"科目下设置"行政管理费用"、"后勤保障费用"、"离退休费用"和"单位统一负担的其他管理费用"明细科目。

"行政管理费用"科目，核算高等学校开展单位的行政管理活动所发生的各项费用。

"后勤保障费用"科目，核算高等学校统一负担的开展后勤保障活动所发生的各项费用。

"离退休费用"科目，核算高等学校统一负担的离退休人员工资、补助、活动经费等各项费用。

"单位统一负担的其他管理费用"科目，核算由高等学校统一负担的除行政管理费用、后勤保障费用、离退休费用之外的其他各项管理费用，如工会经费、诉讼费、中介费等。

【例8-2】某高等学校计提本月由财政统发的人员工资，应发工资总额630 000元，其中：教学人员300 000元、科研人员100 000元、行政管理人员150 000元、后勤保障人员50 000元、离退休费30 000元。该高等学校账务处理如下：

财务会计			预算会计
借：业务活动费用——教育费用	300 000		
——科研费用	100 000		
单位管理费用——行政管理费用	150 000		—
——后勤保障费用	50 000		
——离退休费用	30 000		
贷：应付职工薪酬		630 000	

(三)项目间接费用或管理费的账务处理

(1) 计提项目间接费用或管理费

高等学校按规定从科研项目收入计提项目间接费用或管理费时，财务会计除按《政府会计制度》规定借记"单位管理费用"科目外，也可根据实际情况借记"业务活动费用"等科目，贷记"预提费用——项目间接费用或管理费"科目；预算会计借记"非财

政拨款结转——项目间接费用或管理费”科目，贷记“非财政拨款结余——项目间接费用或管理费”科目。

（2）使用计提的项目间接费用或管理费

高等学校使用计提的项目间接费用或管理费购买固定资产、无形资产的，财务会计按照固定资产、无形资产的成本金额，借记“固定资产”“无形资产”科目，贷记“银行存款”等科目；同时，借记“预提费用——项目间接费用或管理费”科目，贷记“累计盈余”科目。预算会计按照实际支付的金额，借记“事业支出”等科目，贷记“资金结存——货币资金”科目。

【例8-3】某高等学校按照教学科研项目收入1 000 000元的3%提取项目间接费用。该高等学校的账务处理如下：

财务会计		预算会计	
借：业务活动费用	30 000	借：非财政拨款结转——项目间接费用或管理费	30 000
贷：预提费用——项目间接费用或管理费	30 000	贷：非财政拨款结余——项目间接费用或管理费	30 000

假设使用上述项目间接费用购买项目研究用设备一台，以银行存款支付价款15 000元，账务处理如下：

财务会计		预算会计	
借：固定资产	15 000	借：事业支出	15 000
贷：银行存款	15 000	贷：资金结存——货币资金	15 000
借：预提费用——项目间接费用或管理费	15 000		
贷：累计盈余	15 000		

（四）“事业支出”的明细科目设置

高等学校应当在《政府会计制度》规定的“事业支出”科目下设置“教育支出”“科研支出”“行政管理支出”“后勤保障支出”“离退休支出”“其他事业支出”明细科目。

“教育支出”科目，核算高等学校开展教学及其辅助活动、学生事务等活动实际发生的各项现金流出。

“科研支出”科目，核算高等学校开展科研及其辅助活动实际发生的各项现金流出。

“行政管理支出”科目，核算高等学校开展单位的行政管理活动实际发生的各项现金流出。

“后勤保障支出”科目，核算高等学校开展后勤保障活动实际发生的各项现金流出。

“离退休支出”科目，核算高等学校实际发生的用于离退休人员的各项现金流出。

“其他事业支出”科目，核算高等学校发生的除教学、科研、后勤保障、行政管理、离退休支出之外的其他各项事业支出。

【例8-4】某高等学校拟更新办公设备，收到购入的办公用计算机100台，每台单价8 000元（含税），款项实行财政直接支付。计算机已分配到各部门（各部门分配情况见表8-1），并直接投入使用。假设该学校属于增值税小规模纳税人，其账务处理如下：

表8-1　　某高等学校办公用计算机各部门分配表

部　门	办公用计算机（台）	价值（元）
教学活动	60	480 000
科研活动	10	80 000
行政管理部门	15	120 000
后勤保障部门	10	80 000
离退休人员工作处	5	40 000
合计	100	800 000

财务会计

借：固定资产　　800 000
　贷：财政拨款收入　　800 000

预算会计

借：事业支出——教育支出　　480 000
　　　　——科研支出　　80 000
　　　　——行政管理支出　　120 000
　　　　——后勤保障支出　　80 000
　　　　——离退休支出　　40 000
　贷：财政拨款预算收入　　800 000

（五）出资成立非企业法人单位的账务处理

高等学校出资成立非企业法人单位，如教育基金会、研究院等，实际支付的出资金额通过“其他费用”和“其他支出”科目核算。其主要账务处理如下：

高等学校经批准出资成立非企业法人单位，按照实际出资金额，财务会计借记“其他费用”科目，贷记“银行存款”科目；预算会计借记“其他支出”科目，贷记“资金结存——货币资金”科目。

四、高等学校资产特殊业务的核算

（一）受托加工物品

财务会计系统下，高等学校受托加工物品通过“加工物品”科目核算；预算会计系统下，与“加工物品”科目对应的科目是“资金结存——货币资金”科目。

受托加工物品的主要账务处理如下：

1.高等学校收到委托单位支付的资金用于加工设备、材料等时，财务会计借记“银行存款”等科目，贷记“预收账款”科目；预算会计按照实际收到的资金，借记“资金结存——货币资金”科目，贷记“事业预算收入”等科目。

2.高等学校对受托加工物品进行加工时，财务会计按照加工消耗的料、工、费等，借记“加工物品——受托加工物品”科目，贷记“库存物品”“应付职工薪酬”“银行存款”等科目；预算会计按照实际支付加工费金额，借记“事业支出——科研支出”科目，贷记“资金结存——货币资金”科目。

3.高等学校将加工完成的产品交付委托方时，财务会计按照受托加工产品的成本，借记“业务活动费用——科研费用”科目，贷记“加工物品——受托加工物品”科目，同时，确认委托方的委托加工收入，按照预收账款账面余额，借记“预收账款”科目，按照应确认的收入金额，贷记“事业收入”等科目，按照委托方补付或退回委托方的金额，借记或贷记“银行存款”等科目。预算会计按照实际收到或支付的金额，借记或贷记“资金结存”科目，贷记或借记“事业预算收入”等科目。涉及增值税业务的，相关账务处理参见“应交增值税”科目。

【例8-5】某高等学校为增值税小规模纳税人，接受甲公司委托加工专用材料，按照合同规定该公司在合同签订之日预付103 000元用于支付加工消耗的料、工、费。收到甲公司预付加工款时，该高等学校的账务处理如下：

财务会计			预算会计		
借：银行存款	103 000		借：资金结存——货币资金	103 000	
贷：预收账款		103 000	贷：事业预算收入		103 000

【例8-6】假设【例8-5】中的高等学校为甲公司加工专用材料领用材料53 000元，以银行存款支付研究人员劳务报酬30 000元、支付其他费用30 300元。该高等学校的账务处理如下：

财务会计			预算会计		
借：加工物品——受托加工物品	113 300		借：事业支出——科研支出	60 300	
贷：库存物品		53 000	贷：资金结存——货币资金		60 300
银行存款		60 300			

【例8-7】【例8-5】中的高等学校加工完成的专用材料交付甲公司，甲公司补付金额10 300元。该高等学校的账务处理如下：

财务会计			预算会计		
借：业务活动费用——科研费用	113 300		借：资金结存——货币资金	10 300	
贷：加工物品——受托加工物品		113 300	贷：事业预算收入		10 300
借：预收账款	103 000				
银行存款	10 300				
贷：事业收入		110 000			
应交增值税		3 300			

（二）附属单位工资返还

财务会计系统下，高等学校附属单位工资返还业务通过“其他应收款”科目核算。预算会计对此业务不进行会计核算。

高等学校附属单位工资返还的主要账务处理如下：

1.高等学校附属单位职工薪酬按规定自行负担，但需由高等学校代为发放时，财务会计按照实际垫付的金额，借记“其他应收款”科目，贷记“应付职工薪酬”科目；预算会计不做账。

2.高等学校收到附属单位交来的返还款时，财务会计借记“银行存款”科目，贷记“其他应收款”科目；预算会计不做账。

（三）统一高等学校固定资产折旧年限

通常情况下，高等学校应当按照《高等学校补充规定》确定各类应计提折旧的固定资产的折旧年限。高等学校固定资产折旧年限表见表8-2。

表8-2 **高等学校固定资产折旧年限表**

固定资产类别	折旧年限（年）	备　注
一、房屋及构筑物		
1.房屋		
钢结构	50	
钢筋混凝土结构	50	
砖混结构	30	
砖木结构	30	
2.简易房	8	
3.房屋附属设施	8	围墙、停车设施等
4.构筑物	8	池、罐、槽、塔等
二、通用设备		
1.计算机设备	6	计算机、网络设备、安全设备、终端设备、存储设备等
2.办公设备	6	电话机、传真机、摄像机、刻录机等
3.车辆	8	载货汽车、牵引汽车、乘用车、专用车辆等
4.图书档案设备	5	
5.机械设备	10	锅炉、液压机械、金属加工设备、泵、风机、气体压缩机、气体分离及液化设备、分离及干燥设备等
6.电气设备	5	电机、变压器、电源设备、生活用电器等
7.雷达、无线电和卫星导航设备	10	
8.通信设备、广播、电视、电影设备	5	
9.仪器仪表、电子和通信测量仪器、计量标准器具及量具、衡器	5	
10.除上述以外其他通用设备	5	
三、专用设备		
1.探矿、采矿、选矿和造块设备	10	
2.石油天然气开采专用设备	10	
3.石油和化学工业专用设备	10	
4.炼焦和金属冶炼轧制设备	10	
5.电力工业专用设备	20	
6.核工业专用设备	20	
7.航空航天工业专用设备	20	

续表

固定资产类别	折旧年限（年）	备　注
8.非金属矿物制品工业专用设备	10	
9.工程机械	10	
10.农业和林业机械	10	
11.木材采集和加工设备	10	
12.食品加工专用设备	10	
13.饮料加工设备	10	
14.烟草加工设备	10	
15.粮油作物和饲料加工设备	10	
16.纺织设备	10	
17.缝纫、服饰、制革和毛皮加工设备	10	
18.造纸和印刷机械	10	
19.化学药品和中药专用设备	5	
20.医疗设备	5	
21.电工、电子专用生产设备	5	
22.安全生产设备	10	
23.邮政专用设备	10	
24.环境污染防治设备	10	
25.公安专用设备	3	
26.水工机械	10	
27.殡葬设备及用品	5	
28.铁路运输设备	10	
29.水上交通运输设备	10	
30.航空器及其配套设备	10	
31.专用仪器仪表	5	
32.文艺设备	5	
33.体育设备	5	
34.娱乐设备	5	
四、家具、用具、装具		
1.家具	15	
其中：学生用家具	5	
2.用具、装具	5	

（四）受托代理业务

1.受托业务核算的会计科目设置

财务会计系统下，高等学校应当在“受托代理资产”科目下设置“应收及暂付款”

"固定资产""无形资产"明细科目。

高等学校核算的因公房出售形成的公共维修基金（个人缴纳部分），通过"受托代理负债"科目进行核算。

预算会计系统下，高等学校对受托代理业务不进行会计核算。

2.受托业务的主要账务处理

高等学校发生受托业务的财务会计处理如下：(1) 高等学校发生涉及受托代理资金的各种应收及暂付款项时，按照实际发生金额，借记"受托代理资产——应收及暂付款"科目，贷记"银行存款——受托代理资产""库存现金——受托代理资产"等科目；收回其他应收款项或报销时，借记"库存现金——受托代理资产""银行存款——受托代理资产""受托代理负债"等科目，贷记"受托代理资产——应收及暂付款"科目。(2) 高等学校使用受托代理资金购置固定资产或无形资产时，借记"受托代理资产——固定资产"或"受托代理资产——无形资产"科目，贷记"银行存款——受托代理资产""库存现金——受托代理资产"等科目。受托代理资产科目下"固定资产""无形资产"不计提折旧和摊销。受托代理的固定资产、无形资产报废、转交时，按照受托代理的固定资产、无形资产账面余额，借记"受托代理负债"科目，贷记"受托代理资产"科目及其明细科目。

预算会计对上述业务不做账。

五、高等学校净资产特殊业务

高等学校净资产特殊业务是留本基金的核算。

留本基金是指高等学校使用捐赠资金建立的具有永久性保留本金或在一定时期内保留本金的限定性基金。

（一）留本基金核算的会计科目设置

财务会计系统下，高等学校应当在"专用基金"科目下设置"留本基金"明细科目，核算高等学校使用捐赠资金建立的具有永久性保留本金或在一定时期内保留本金的限定性基金。高等学校如有两个以上留本基金，应当按照每个留本基金设置明细科目进行核算。在每个留本基金明细科目下还应当设置"本金"和"收益"明细科目；在"本金"明细科目下，还应当设置"已投资"和"未投资"两个明细科目。在"其他应收款"科目下设置"留本基金委托投资"明细科目，核算高等学校将留本基金委托给基金会进行的投资。

预算会计系统下，只有在高等学校按照协议使用留本基金时才进行核算。

（二）留本基金主要账务处理（假设只有一个留本基金）

1.取得留本基金

高等学校形成留本基金时，财务会计根据取得的留本基金数额，借记"银行存款"科目，贷记"专用基金——留本基金——本金——未投资"科目；预算会计不做账。

2.委托基金会进行投资

高等学校委托基金会进行投资时，财务会计按照转给基金会的留本基金数额，借记"其他应收款——留本基金委托投资"科目，贷记"银行存款"科目；同时，借记"专用基金——留本基金——本金——未投资"科目，贷记"专用基金——留本基金——本金——已投资”科目。预算会计不做账。

收到基金会交回的投资收益，财务会计按照实际收到的金额，借记“银行存款”科目，贷记“专用基金——留本基金——收益”科目；预算会计不做账。

从基金会收回使用留本基金委托的投资，财务会计按照收回的金额，借记“银行存款”科目，按照收回的留本基金本金金额，贷记“其他应收款——留本基金委托投资”科目，按照两者的差额，贷记或借记“专用基金——留本基金——收益”科目；同时，按照收回的留本基金本金金额，借记“专用基金——留本基金——本金——已投资”科目，贷记“专用基金——留本基金——本金——未投资”科目。预算会计不做账。

3. 直接使用留本基金进行投资

高等学校直接使用留本基金投资时，财务会计按照动用留本基金投资的数额，借记“短期投资”“长期债券投资”等科目，贷记“银行存款”科目；同时，借记“专用基金——留本基金——本金——未投资”科目，贷记“专用基金——留本基金——本金——已投资”科目。预算会计不做账。

期末，对持有的留本基金投资确认应计利息收入时，财务会计按照确认的应计利息，借记“应收利息”“长期债券投资”科目，贷记“专用基金——留本基金——收益”科目；预算会计不做账。

收到留本基金投资获得的利息时，财务会计按照实际收到的金额，借记“银行存款”科目，贷记“应收利息”科目；预算会计不做账。

收回留本基金投资时，财务会计按照收回的金额，借记“银行存款”科目，按照收回的投资本金及相关利息金额，贷记“短期投资”“长期债券投资”等科目，按照两者的差额，贷记或借记“专用基金——留本基金——收益”科目；同时，按照收回的留本基金本金金额，借记“专用基金——留本基金——本金——已投资”科目，贷记“专用基金——留本基金——本金——未投资”科目。预算会计不做账。

4. 将留本基金收益转增本金

高等学校按照协议将留本基金收益转增本金时，财务会计按照转增的金额，借记“专用基金——留本基金——收益”科目，贷记“专用基金——留本基金——本金——未投资”科目；预算会计不做账。

5. 使用留本基金

高等学校按照协议可以使用留本基金时，按照可以使用的金额，财务会计借记“专用基金——留本基金——收益”科目，贷记“捐赠收入”科目；预算会计借记“资金结存——货币资金”科目，贷记“捐赠预算收入”科目。使用留本基金收益时，按照使用的金额，财务会计借记“业务活动费用”等科目，贷记“银行存款”等科目；预算会计借记“事业支出——教育支出”等科目，贷记“资金结存——货币资金”科目。

6. 留本基金限定期限到期

按照协议规定的留本基金限定期限到期，高等学校将留本基金转为可以使用的资金，按照转为可以使用的资金数额，财务会计借记“专用基金——留本基金——本金——未投资”科目，贷记“捐赠收入”科目；预算会计借记“资金结存——货币资金”科目，贷记“其他预算收入——捐赠预算收入”科目。

【例8-8】某高等学校接受任职于一家公司董事长的校友捐赠的留本基金800 000元，该学校的账务处理如下：

• 收到时，

财务会计			预算会计
借：银行存款	800 000		—
贷：专用基金——留本基金——本金——未投资		800 000	

• 假定转给基金会留本基金500 000元委托其进行投资时，

财务会计			预算会计
借：其他应收款——留本基金委托投资	500 000		
贷：银行存款		500 000	—
借：专用基金——留本基金——本金——未投资	500 000		
贷：专用基金——留本基金——本金——已投资		500 000	

• 假定收到基金会交回的投资收益30 000元，

财务会计			预算会计
借：银行存款	30 000		—
贷：专用基金——留本基金——收益		30 000	

• 假定从基金会收回投资520 000元，其中本金500 000元，

财务会计			预算会计
借：银行存款	520 000		
贷：其他应收款——留本基金委托投资		500 000	
专用基金——留本基金——收益		20 000	—
借：专用基金——留本基金——本金——已投资	500 000		
贷：专用基金——留本基金——本金——未投资		500 000	

【例8-9】假设【例8-8】中的留本基金按照协议规定的限定期限为2年，2年之后该学校将该项留本基金600 000元转为可以使用的资金时，该学校的账务处理如下：

财务会计			预算会计		
借：专用基金——留本基金——本金——未投资	600 000		借：资金结存——货币资金	600 000	
贷：捐赠收入		600 000	贷：其他预算收入——捐赠预算收入		600 000

六、高等学校会计报表的补充

高等学校应当在《政府会计制度》规定的“收入费用表”“预算收入支出表”现有项目下增加明细项目，以反映所增设的明细科目对报表的影响。

（一）收入费用表的补充

1.新增项目

高等学校应当在收入费用表的“（二）事业收入”项目下增加“其中：教育事业收入”“科研事业收入”项目，在“（十一）其他收入”项目下增加“其中：后勤保障单

位净收入”项目，在“（一）业务活动费用”项目下增加“其中：教育费用”“科研费用”项目，在“（二）单位管理费用”项目下增加“其中：行政管理费用”“后勤保障费用”“离退休费用”“单位统一负担的其他管理费用”项目。具体见表8-3。

表8-3　**收入费用表**

会政财02表

编制单位：________　　____年__月　　单位：元

项　目	本月数	本年累计数
一、本期收入		
（一）财政拨款收入		
其中：政府性基金收入		
（二）事业收入		
其中：教育事业收入		
科研事业收入		
（三）上级补助收入		
（四）附属单位上缴收入		
（五）经营收入		
（六）非同级财政拨款收入		
（七）投资收益		
（八）捐赠收入		
（九）利息收入		
（十）租金收入		
（十一）其他收入		
其中：后勤保障单位净收入		
二、本期费用		
（一）业务活动费用		
其中：教育费用		
科研费用		
（二）单位管理费用		
其中：行政管理费用		
后勤保障费用		
离退休费用		
单位统一负担的其他管理费用		
（三）经营费用		
（四）资产处置费用		
（五）上缴上级费用		
（六）对附属单位补助费用		
（七）所得税费用		
（八）其他费用		
三、本期盈余		

2. 新增项目的内容和填列方法

（1）“教育事业收入”项目，反映高等学校本期开展教学活动及其辅助活动实现的收入。本项目应当根据“事业收入——教育事业收入”科目的本期发生额填列。

（2）“科研事业收入”项目，反映高等学校本期开展科研活动及其辅助活动实现的收入。本项目应当根据“事业收入——科研事业收入”科目的本期发生额填列。

（3）“后勤保障单位净收入”项目详见“关于校内独立核算单位报表编制的规定”。

（4）“教育费用”项目，反映高等学校本期开展教学及其辅助活动、学生事务等活动所发生的各项费用。本项目应当根据“业务活动费用——教育费用”科目的本期发生额填列。

（5）“科研费用”项目，反映高等学校本期开展科研及其辅助活动所发生的各项费用。本项目应当根据“业务活动费用——科研费用”科目的本期发生额填列。

（6）“行政管理费用”项目，反映高等学校本期开展单位的行政管理活动所发生的各项费用。本项目应当根据“单位管理费用——行政管理费用”科目的本期发生额填列。

（7）“后勤保障费用”项目，反映高等学校本期统一负担的开展后勤保障活动所发生的各项费用。本项目应当根据“单位管理费用——后勤保障费用”科目的本期发生额填列。

（8）“离退休费用”项目，反映高等学校本期统一负担的离退休人员工资、补助、活动经费等各项费用。本项目应当根据“单位管理费用——离退休费用”科目的本期发生额填列。

（9）“单位统一负担的其他管理费用”项目，反映本期由高等学校统一负担的除行政管理费用、后勤保障费用、离退休费用之外的各项管理费用。本项目应当根据“单位管理费用——单位统一负担的其他管理费用”科目的本期发生额填列。

（二）预算收入支出表的补充

1. 新增项目

高等学校应当在预算收入支出表的“（二）事业预算收入”项目下增加“其中：教育事业预算收入”“科研事业预算收入”项目，在“（九）其他预算收入”项目下“其中：”后所列项目中增加“后勤保障单位净预算收入”项目，在“（二）事业支出”项目下增加“其中：教育支出”“科研支出”“行政管理支出”“后勤保障支出”“离退休支出”“其他事业支出”项目。具体见表8-4。

2. 新增项目的内容和填列方法

（1）“教育事业预算收入”项目，反映高等学校本期开展教学及其辅助活动取得现金流入。本项目应当根据“事业预算收入——教育事业预算收入”科目的本年发生额填列。

表8-4　　**预算收入支出表**

会政预01表

编制单位：________　　____年　　单位：元

项　目	本年数	上年数
一、本年预算收入		
（一）财政拨款预算收入		
其中：政府性基金收入		
（二）事业预算收入		
其中：教育事业预算收入		
科研事业预算收入		
（三）上级补助预算收入		
（四）附属单位上缴预算收入		
（五）经营预算收入		
（六）债务预算收入		
（七）非同级财政拨款预算收入		
（八）投资预算收益		
（九）其他预算收入		
其中：利息预算收入		
捐赠预算收入		
租金预算收入		
后勤保障单位净预算收入		
二、本年预算支出		
（一）行政支出		
（二）事业支出		
其中：教育支出		
科研支出		
行政管理支出		
后勤保障支出		
离退休支出		
（三）经营支出		
（四）上缴上级支出		
（五）对附属单位补助支出		
（六）投资支出		
（七）债务还本支出		
（八）其他支出		
其中：利息支出		
捐赠支出		
三、本年预算收支差额		

（2）“科研事业预算收入”项目，反映高等学校本年开展科研及其辅助活动取得现金流入。本项目应当根据“事业预算收入——科研事业预算收入”科目的本年发生额填列。

（3）“后勤保障单位净预算收入”项目，详见“（三）关于校内独立核算单位报表编制的规定”。

（4）“教育支出”项目，反映高等学校本年开展教学及其辅助活动、学生事务等活动实际发生的各项现金流出。本项目应根据“事业支出——教育支出”科目的本年发生额填列。

（5）“科研支出”项目，反映高等学校本年开展科研及其辅助活动实际发生的各项现金流出。本项目应当根据“事业支出——科研支出”科目的本年发生额填列。

（6）“行政管理支出”项目，反映高等学校本年开展单位的行政管理活动实际发生的各项现金流出。本项目应当根据“事业支出——行政管理支出”科目的本年发生额填列。

（7）“后勤保障支出”项目，反映高等学校本年开展后勤保障活动实际发生的各项现金流出。本项目应当根据“事业支出——后勤保障支出”科目的本年发生额填列。

（8）“离退休支出”项目，反映高等学校本年实际发生的用于离退休人员的各项现金流出。本项目应当根据“事业支出——离退休支出”科目的本年发生额填列。

（9）“其他事业支出”项目，反映高等学校本年支付的除教学、科研、后勤保障、行政管理、离退休支出之外的其他各项事业支出。本项目应当根据“事业支出——其他事业支出”科目的本年发生额填列。

（三）关于校内独立核算单位报表编制的规定

1.高等学校报表编制的范围

由高等学校及其所属单位举办的校内独立核算单位[①]，如研究院、分校、后勤部门等，应当按照《政府会计制度》开展本单位的会计核算和报表编制工作。

高等学校在编制年度报表时，应当将校内独立核算单位纳入高等学校报表编制范围。

2.将校内独立核算单位会计信息纳入高等学校报表的总原则

将校内独立核算单位的会计信息纳入高等学校报表时，总的原则是将校内独立核算单位的报表信息并入学校相关报表的相应项目，并抵销学校内部业务或事项对学校报表的影响。

3.具有后勤保障职能的校内独立核算单位[②]有关业务的特殊规定

（1）高等学校编制包含校内独立核算单位的收入费用表时，对于具有后勤保障职能

① 校内独立核算单位，是指高等学校内部不具有法人资格的独立核算单位或部门。《高等学校补充规定》所称校内独立核算单位不同于《政府会计制度》所称附属单位。《政府会计制度》所称附属单位是指高等学校下属的具有法人资格的独立核算单位。

② 具有后勤保障职能的校内独立核算单位，一般指校医院、食堂、水电暖中心、物业管理中心、宿舍管理中心等。

的校内独立核算单位，应当将其本年收入（不含从学校取得的补贴经费）、费用（不含使用学校补贴经费发生的费用）相抵后的净额计入本表中“其他收入”项目金额，并单独填列于该项目下的“后勤保障单位净收入”项目。如果具有后勤保障职能的全部校内独立核算单位本年收入（不含从学校取得的补贴经费）、费用（不含使用学校补贴经费发生的费用）相抵后的净额合计数为负数，则以“-”号填列于“后勤保障单位净收入”项目。

（2）高等学校编制包含校内独立核算单位的预算收入支出表时，对于具有后勤保障职能的校内独立核算单位，应当将其本年收入（不含从学校取得的补贴经费）、支出（不含使用学校补贴经费发生的支出）相抵后的净额计入本表中“其他预算收入”项目金额，并单独填列于该项目下的“后勤保障单位净预算收入”项目。如果具有后勤保障职能的全部校内独立核算单位本年收入（不含从学校取得的补贴经费）、支出（不含使用学校补贴经费发生的支出）相抵后的净额合计数为负数，则以“-”号填列于“后勤保障单位净预算收入”项目。

4.将校内独立核算单位会计信息纳入高等学校财务报表情况的披露

高等学校应当在年度财务报表附注中提供将校内独立核算单位财务会计信息纳入学校财务报表情况的说明，包括将校内独立核算单位资产、负债和净资产并入学校资产负债表时对内部业务或事项抵销处理的情况，具有后勤保障职能的各校内独立核算单位本年收入、费用情况，将不具有后勤保障职能的其他校内独立核算单位的收入、费用并入学校收入费用表时对内部业务或事项抵销处理的情况。

高等学校在编制年度预算会计报表时，可参照上述规定，以适当形式提供将校内独立核算单位预算会计信息纳入高等学校预算会计报表的说明。

第三节　中小学校的特殊业务核算

一、中小学校会计概述

（一）中小学校

中小学校，是中等教育学校和初等教育学校的统称，包括普通中小学校、中等职业学校、特殊教育学校、工读教育学校、成人中学和成人初等学校。

按照学校性质，中小学校可分为高中学校、中等职业教育、初中学校、小学学校；按照学校隶属关系，中小学校可分为政府举办中小学校和民办中小学校。

执行政府会计准则制度的中小学校，是指各级人民政府和接受国家经常性资助的社会力量举办的普通中小学校、中等职业学校、特殊教育学校、工读教育学校、成人中学和成人初等学校。各级人民政府和接受国家经常性资助的社会力量举办的幼儿园依照《关于中小学校执行〈政府会计制度——行政事业单位会计科目和报表〉的补充规定》（以下简称《中小学校补充规定》）执行。

（二）中小学校会计

中小学校会计是对中小学校发生的各项经济业务和事项进行会计核算，主要反映和监督中小学校财务状况、运行情况、现金流量和预算收支执行情况的会计。

中小学校会计按照会计功能分为财务会计和预算会计。中小学校财务会计，是指以权责发生制为基础对中小学校发生的各项经济业务和事项进行会计核算，反映和监督其财务状况、运行情况、运行成本和现金流量等信息的会计。中小学校预算会计，是指以收付实现制为基础对中小学校预算执行过程中发生的全部收入和全部支出进行会计核算，主要反映和监督预算收支执行情况的会计。

中小学校在执行政府会计准则制度对事业单位共性业务会计处理、提供单位财务报告信息和决算报告信息的同时，还应根据《中小学校补充规定》对其特殊经济业务和事项进行会计核算。

（三）中小学校会计的主要特殊业务

根据《中小学校补充规定》的规定，在《政府会计制度》中未明确规范和规定的中小学校的特殊业务主要包括：

1.规范《政府会计制度》规定的“事业支出”明细核算；

2.统一中小学校固定资产折旧年限；

3.补充“收入费用表”及报表附注；

4.规范食堂业务的会计处理。

二、规范《政府会计制度》规定的“事业支出”明细核算

中小学校对“事业支出”科目的明细核算除了遵循《政府会计制度》规定外，还应当参照《中小学校补充规定》规定的“事业支出明细表”（见表8-5）。

表8-5 **中小学校事业支出明细表** 单位：元

项目	事业支出（按照经费来源划分）												
	合计	同级财政拨款			事业收入			非同级财政拨款			其他资金		
		小计	基本支出	项目支出	小计	基本支出	项目支出	小计	基本支出	项目支出	小计	基本支出	项目支出
一、工资福利支出													
基本工资													
津贴补贴													
奖金													
伙食补助费													
绩效工资													
基本养老保险缴费													

续表

项目	事业支出（按照经费来源划分）												
	合计	同级财政拨款			事业收入			非同级财政拨款			其他资金		
		小计	基本支出	项目支出	小计	基本支出	项目支出	小计	基本支出	项目支出	小计	基本支出	项目支出
职业年金缴费													
基本医疗保险缴费													
其他社会保障缴费													
住房公积金													
医疗费													
外聘教职工工资													
外聘教职工社会保障缴费													
其他工资福利支出													
二、商品和服务支出													
办公费													
印刷费													
咨询费													
手续费													
水费													
电费													
邮电费													
取暖费													
学校安保费													
校园保洁费													
校园绿化费													
其他物业管理费													
市内差旅费													
国内差旅费													

续表

项　目	事业支出（按照经费来源划分）												
	合计	同级财政拨款			事业收入			非同级财政拨款			其他资金		
		小计	基本支出	项目支出	小计	基本支出	项目支出	小计	基本支出	项目支出	小计	基本支出	项目支出
教师出国（境）培训费													
其他教职工出国（境）培训费													
教职工出国（境）考察费													
仪器设备维修（护）费													
信息系统维修（护）费													
房屋建筑物维修（护）费													
其他维修（护）费													
租赁费													
会议费													
教师培训费													
其他培训费													
公务接待费													
实验耗材费													
体育耗材费													
其他材料费													
劳务费													
委托业务费													
工会经费													
福利费													
校车运行维护费													
公务用车运行维护费													
其他交通费													
学生活动费													

续表

项　目	事业支出（按照经费来源划分）												
	合计	同级财政拨款			事业收入			非同级财政拨款			其他资金		
		小计	基本支出	项目支出	小计	基本支出	项目支出	小计	基本支出	项目支出	小计	基本支出	项目支出
学生出国（境）活动费													
教师工会和党团活动													
学校财产和责任保险费用													
税费和附加费													
财务及审计费													
诉讼费													
其他商品和服务支出													
三、对个人和家庭补助支出													
离休费													
退休费													
退职费													
抚恤金													
生活补助													
医疗费补助													
其中：(1) 学生医疗费													
(2) 教职工医疗费													
助学金													
其中：(1) 助学金													
(2) 奖学金													
(3) 书本费													
(4) 伙食补贴													
(5) 学生校外践习津贴													
奖励金													

续表

项目	事业支出（按照经费来源划分）												
	合计	同级财政拨款			事业收入			非同级财政拨款			其他资金		
		小计	基本支出	项目支出	小计	基本支出	项目支出	小计	基本支出	项目支出	小计	基本支出	项目支出
其他对个人和家庭补助支出													
四、资本性支出													
房屋建筑物购建													
办公设备购置													
专用设备购置													
仪器设备大型修缮													
房屋建筑物大型修缮													
信息网络及软件购置更新													
文物和陈列品购置													
图书购置													
无形资产购置													
其他资本性支出													
合计													

三、统一中小学校固定资产折旧年限

通常情况下，中小学校应当按照《中小学校补充规定》确定各类应计提折旧的固定资产的折旧年限。中小学校固定资产折旧年限表见表8-6。

表8-6 **中小学校固定资产折旧年限表**

固定资产类别	折旧年限	备注
一、房屋及构筑物		
1.房屋		
钢结构	50年	
钢筋混凝土结构	50年	
砖混结构	30年	
砖木结构	30年	
2.简易房	8年	
3.房屋附属设施	8年	围墙、停车设施等
4.构筑物	8年	池、罐、槽、塔等

续表

固定资产类别	折旧年限	备　注
二、通用设备		
1.计算机设备	6年	计算机、网络设备、安全设备、终端设备、存储设备等
2.办公设备	6年	电话机、传真机、复印机、投影仪、多功能一体机、录音设备、电子白板、LED显示屏、触控一体机等
3.车辆	8年	校车、乘用车、载货汽车、专用车辆等
4.图书档案设备	5年	
5.机械设备	10年	电梯、制冷空调、锅炉等
6.电气设备	5年	电机、变压器、电源设备、生活用电器等
7.通信设备	5年	
8.广播、电视、电影设备	5年	
9.仪器仪表	5年	
10.电子和通信测量设备	5年	
11.计量标准器具及量具、衡器	5年	
三、专用设备		
1.专用仪器仪表	5年	教学专用仪器等
2.文艺设备	5年	乐器、舞台设备、影剧院设备等
3.体育设备	5年	田赛设备、径赛设备、球类设备、体育运动辅助设备等
4.娱乐设备	5年	
5.公安专用设备	3年	
6.其他专用设备	10年	
四、家具、用具及装具		
1.家具	15年	
其中：学生用家具（教学用）	5年	
2.用具和装具	5年	

四、会计报表的补充

（一）收入费用表的补充

中小学校应当在收入费用表的“（十一）其他收入”项目下增加“其中：食堂净收入”项目；应当在预算收入支出表的“（九）其他预算收入”项目下“其中：”后所列项目中增加“食堂净预算收入”项目。

“食堂净收入”和“食堂净预算收入”两个项目的内容及填列方法详见“中小学校食堂业务的会计处理”。

（二）报表附注的补充

中小学校应当在财务报表附注中按照《中小学校补充规定》规定的“事业支出明细

表”（见表8-5）的格式披露事业支出的基本情况。

五、中小学校食堂业务的会计处理

中小学校食堂实行独立核算或对食堂收支等主要业务实行独立核算的，年末应当将食堂的报表信息并入学校相关报表的相应项目，并抵销中小学校与食堂的内部业务或事项对中小学校报表的影响。

但是，中小学校在编制收入费用表时，应当将食堂本年收入和费用相抵后的净额并入本表“其他收入”项目金额，并单独填列于该项目下的“食堂净收入”项目。如果食堂收入和费用相抵后的净额合计数为负数，则以“-”号填列。中小学校在编制预算收入支出表时，应当将食堂本年预算收支相抵后的净额并入本表“其他预算收入”项目金额，并单独填列于该项目下的“食堂净预算收入”项目。如果食堂预算收入和支出相抵后的净额合计数为负数，则以“-”号填列。

中小学校应当在年度财务报表附注中提供将食堂财务会计信息纳入学校财务报表情况的说明，包括内部业务或事项抵销处理的情况，食堂本年收入、费用情况。

第四节 科学事业单位的特殊业务核算

一、科学事业单位会计概述

（一）科学事业单位

科学是反映自然、社会、思维等的客观规律的分科的知识体系，涉及自然、社会、思维等领域。

科学事业单位是从事自然、社会、思维等领域研究的事业单位。科学事业单位包括自然科学研究事业单位、社会科学研究事业单位、综合科学研究事业单位和其他科学研究事业单位，主要包括各级各类科研院所。

执行政府会计准则制度的科学事业单位是指各级人民政府举办的从事科学研究活动的事业单位。其他主要从事科学研究活动的事业单位可参照执行。

（二）科学事业单位会计

科学事业单位会计是对科学事业单位发生的各项经济业务和事项进行会计核算，主要反映和监督科学事业单位财务状况、运行情况、现金流量和预算收支执行情况的会计。

科学事业单位会计按照会计功能分为财务会计和预算会计。科学事业单位财务会计，是指以权责发生制为基础对科学事业单位发生的各项经济业务和事项进行会计核算，反映和监督其财务状况、运行情况、运行成本和现金流量等信息的会计。科学事业单位预算会计，是指以收付实现制为基础对科学事业单位预算执行过程中发生的全部收入和全部支出进行会计核算，主要反映和监督预算收支执行情况的会计。

科学事业单位在执行政府会计准则制度对事业单位共性业务会计处理、提供单位财务报告信息和决算报告信息的同时，还应根据《关于科学事业单位执行〈政府会计制度——行政事业单位会计科目和报表〉的补充规定》（以下简称《科学事业单位补充规定》）对其特殊经济业务和事项进行会计核算。

（三）科学事业单位的主要特殊业务

根据《科学事业单位补充规定》的规定，在《政府会计制度》中未明确规范和规定的科学事业单位的特殊业务主要包括：

1.在《政府会计制度》规定的“事业收入”和“业务活动费用”、“事业预算收入”和“事业支出”一级科目下设置明细科目；

2.规范科学事业单位特殊业务的会计处理，主要包括合作项目款、项目间接费用或管理费等业务；

3.补充“收入费用表”和“预算收入支出表”及报表附注。

根据上述特殊业务，下面分别收入与预算收入、费用与预算支出、资产、负债和净资产的特殊业务进行归纳介绍。

二、科学事业单位收入和费用特殊业务的核算

（一）事业收入

1.“事业收入”科目的明细科目设置

科学事业单位应当在《政府会计制度》规定的“事业收入”科目下设置“科研收入”“非科研收入”明细科目。

（1）“科研收入”明细科目核算科学事业单位开展科研活动及其辅助活动实现的收入。

（2）“非科研收入”明细科目核算科学事业单位开展科研活动以外的其他业务活动及其辅助活动实现的收入，包括技术活动收入、学术活动收入、科普活动收入、试制产品活动收入、教学活动收入等。

技术活动收入是指科学事业单位对外提供技术咨询、技术服务等活动实现的收入。

学术活动收入是指科学事业单位开展学术交流、学术期刊出版等活动实现的收入。

科普活动收入是指科学事业单位开展科学知识宣传、讲座和科技展览等活动实现的收入。

试制产品活动收入是指科学事业单位试制中间试验产品等活动实现的收入。

教学活动收入是指科学事业单位开展教学活动实现的收入。

2.按合同完成进度确认事业收入的合同完成进度确定

科学事业单位以合同完成进度确认事业收入时，应当根据业务实质，可以选择以下方法合理确定合同完成进度：（1）累计实际发生的合同成本占合同预计总成本的比例；（2）已经完成的合同工作量占合同预计总工作量的比例；（3）已经完成的时间占合同期限的比例；（4）实际测定的完工进度。

（二）“事业预算收入”科目的明细科目设置

科学事业单位应当在《政府会计制度》规定的“事业预算收入”科目下设置“科研预算收入”“非科研预算收入”明细科目。

1.“科研预算收入”明细科目核算科学事业单位开展科研活动及其辅助活动取得的现金流入。

2.“非科研预算收入”明细科目核算科学事业单位开展科研活动以外的其他业务活动及其辅助活动取得的现金流入，包括技术活动预算收入、学术活动预算收入、科普活动预算收入、试制产品活动预算收入、教学活动预算收入等。

技术活动预算收入是指科学事业单位对外提供技术咨询、技术服务等活动取得的现金流入。

学术活动预算收入是指科学事业单位开展学术交流、学术期刊出版等活动取得的现金流入。

科普活动预算收入是指科学事业单位开展科学知识宣传、讲座和科技展览等活动取得的现金流入。

试制产品活动预算收入是指科学事业单位试制中间试验产品等活动取得的现金流入。

教学活动预算收入是指科学事业单位开展教学活动取得的现金流入。

【例8-10】某科学事业单位为增值税小规模纳税人，开展技术科普活动和教学活动取得收入各51 500元，款项已存入银行。该科学事业单位账务处理如下：

财务会计		预算会计	
借：银行存款	103 000	借：资金结存——货币资金	103 000
贷：事业收入——非科研收入	100 000	贷：事业预算收入——非科研预算收入	103 000
应交增值税	3 000		

三、科学事业单位费用和预算支出特殊业务的核算

（一）“业务活动费用”科目的明细科目设置

科学事业单位应当在《政府会计制度》规定的“业务活动费用”科目下设置“科研活动费用”“非科研活动费用”明细科目。

1.“科研活动费用”明细科目核算科学事业单位开展科研活动及其辅助活动发生的各项费用。

2.“非科研活动费用”明细科目核算科学事业单位开展科研活动以外的其他业务活动及其辅助活动发生的各项费用，包括技术活动费用、学术活动费用、科普活动费用、试制产品活动费用和教学活动费用等。

技术活动费用是指科学事业单位对外提供技术咨询、技术服务等活动发生的各项费用。

学术活动费用是指科学事业单位开展学术交流、学术期刊出版等活动发生的各项费用。

科普活动费用是指科学事业单位开展科学知识宣传、讲座和科技展览等活动发生的各项费用。

试制产品活动费用是指科学事业单位试制中间试验产品等活动发生的各项费用。

教学活动费用是指科学事业单位开展教学活动发生的各项费用。

（二）项目间接费用或管理费

1. 计提项目间接费用或管理费

科学事业单位按规定从科研项目收入中计提项目间接费用或管理费时，财务会计除按《政府会计制度》规定借记“单位管理费用”科目外，也可根据实际情况借记“业务活动费用”等科目，贷记“预提费用——项目间接费用或管理费”科目；预算会计借记“非财政拨款结转——项目间接费用或管理费”科目，贷记“非财政拨款结余——项目间接费用或管理费”科目。

2. 使用计提的项目间接费用或管理费

科学事业单位使用计提的项目间接费用或管理费购买固定资产、无形资产的，财务会计按照固定资产、无形资产的成本金额，借记“固定资产”“无形资产”科目，贷记“银行存款”等科目；同时，借记“预提费用——项目间接费用或管理费”科目，贷记“累计盈余”科目。预算会计按照实际支付的金额，借记“事业支出”等科目，贷记“资金结存——货币资金”科目。

相关举例参照【例8-3】。

（三）“事业支出”科目的明细科目设置

科学事业单位应当在《政府会计制度》规定的“事业支出”科目下设置“科研支出”“非科研支出”“管理支出”明细科目。

1.“科研支出”明细科目核算科学事业单位开展科研活动及其辅助活动发生的各项现金流出。

2.“非科研支出”明细科目核算科学事业单位开展科研活动以外的其他业务活动及其辅助活动发生的各项现金流出，包括技术活动支出、学术活动支出、科普活动支出、试制产品活动支出和教学活动支出等。

技术活动支出是指科学事业单位对外提供技术咨询、技术服务等活动发生的各项现金流出。

学术活动支出是指科学事业单位开展学术交流、学术期刊出版等活动发生的各项现金流出。

科普活动支出是指科学事业单位开展科学知识宣传、讲座和科技展览等活动发生的各项现金流出。

试制产品活动支出是指科学事业单位试制中间试验产品等活动发生的各项现金流出。

教学活动支出是指科学事业单位开展教学活动发生的各项现金流出。

3.“管理支出”明细科目核算科学事业单位行政及后勤管理部门开展管理活动发生的各项现金流出，包括单位行政及后勤管理部门发生的人员经费、公用经费，以及由单位统一负担的离退休人员经费、工会经费、诉讼费、中介费等现金流出。

【例8-11】某科学事业单位计提本月由财政统发的人员工资，应发工资总额630 000元，其中：科研人员300 000元、教学人员100 000元、行政管理人员150 000元、后勤保障人员50 000元、离退休费30 000元。该科学事业单位账务处理如下：

财务会计			预算会计
借：业务活动费用——科研活动费用	300 000		—
——非科研活动费用	100 000		
单位管理费用	230 000		
贷：应付职工薪酬		630 000	

【例8-12】某科学事业单位拟更新办公设备，收到购入的办公用计算机100台，每台单价8 000元（含税），款项实行财政直接支付。计算机已分配到各部门（各部门分配情况见表8-7），并直接投入使用。假设该科学事业单位属于增值税小规模纳税人，其账务处理如下：

表8-7 **某科学事业单位办公用计算机各部门分配表**

部门	办公用计算机（台）	价值（元）
科研活动	60	480 000
教学活动	10	80 000
技术活动	15	120 000
试制产品活动	10	80 000
行政后勤管理活动	5	40 000
合计	100	800 000

财务会计			预算会计		
借：固定资产	800 000		借：事业支出——科研支出	480 000	
贷：财政拨款收入		800 000	——非科研支出	280 000	
			——管理支出	40 000	
			贷：财政拨款预算收入		800 000

四、科学事业单位负债特殊业务的核算

科学事业单位负债特殊业务是合作项目款的账务处理。

合作项目款，是指科学事业单位从非同级政府财政部门取得的，需要与其他单位合作完成的科技项目（课题）款项。主要账务处理如下：

1. 从付款方预收款项时，按照收到的款项金额，财务会计借记“银行存款”等科目，贷记“预收账款”科目；预算会计借记“资金结存——货币资金”科目，贷记“事业预算收入”科目。

2. 按照合同规定将合作项目款转拨合作单位时，按照实际转拨的金额，财务会计借记“预收账款”科目，贷记“银行存款”等科目；预算会计借记“事业预算收入”科目

[转拨当年收到的合作项目款]或“非财政拨款结转”科目[转拨以前年度收到的合作项目款]，贷记“资金结存——货币资金”科目。

3.按照合同完成进度确认本单位科研收入时，财务会计按照计算确认收入的金额，借记“预收账款”科目，贷记“事业收入”科目；预算会计不做账。

4.发生因科技项目（课题）终止等情形，需按照规定将项目剩余资金退回项目（课题）立项部门时，对本单位承担项目使用的剩余资金，按照实际退回的金额，财务会计借记“预收账款”科目[尚未确认收入]或“事业收入”科目[已经确认收入]，贷记“银行存款”等科目；预算会计借记“事业预算收入”科目[本年度取得的合作项目款]或“非财政拨款结转”科目[以前年度取得的合作项目款]，贷记“资金结存——货币资金”科目。

对合作单位承担项目使用的剩余资金，财务会计于收回时按照收回的金额，借记“银行存款”等科目，贷记“其他应付款”科目；转退回给项目（课题）立项部门时，借记“其他应付款”科目，贷记“银行存款”等科目。预算会计不做账。

【例8-13】某科学事业单位与甲高等学校合作承接乙企业污水处理项目研究，项目总经费300 000元，需要1年完成。按照合同规定，乙企业在合同签订时先预付项目研究经费80%，项目结项时再支付20%。按照合同规定，研究经费由科学事业单位和甲高校“五五”分成，款项先汇入科学事业单位，然后再由其转拨甲高校。该科研项目按照合同完成进度确认收入，测试阶段进度为80%、项目验收完成阶段进度为20%。假设不考虑相关税费。该科学事业单位账务处理如下：

• 收到乙企业预付研究经费时，

财务会计			预算会计		
借：银行存款	240 000		借：资金结存——货币资金	240 000	
贷：预收账款		240 000	贷：事业预算收入——科研事业预算收入		240 000

• 将预付研究经费的50%转拨给甲高校时，

财务会计			预算会计		
借：预收账款	120 000		借：事业预算收入——科研事业预算收入	120 000	
贷：银行存款		120 000	贷：资金结存——货币资金		120 000

• 测试阶段确认收入时，

财务会计			预算会计
借：预收账款	120 000		—
贷：事业收入——科研收入		120 000	

• 项目验收完成收到剩余20%款项并将其中10%转拨给甲高校时，

财务会计			预算会计		
借：银行存款	60 000		借：资金结存——货币资金	30 000	
贷：事业收入——科研收入		30 000	贷：事业预算收入——科研事业预算收入		30 000
银行存款		30 000			

五、会计报表的补充

（一）收入费用表的补充

1.新增项目

科学事业单位应当在收入费用表的“（二）事业收入”项目下增加“其中：科研收入”“非科研收入”项目，在“（一）业务活动费用”项目下增加“其中：科研活动费用”“非科研活动费用”项目，具体见表8-8。

表8-8 **收入费用表**

会政财02表

编制单位：________ ____年__月 单位：元

项 目	本月数	本年累计数
一、本期收入		
（一）财政拨款收入		
其中：政府性基金收入		
（二）事业收入		
其中：科研收入		
非科研收入		
（三）上级补助收入		
（四）附属单位上缴收入		
（五）经营收入		
（六）非同级财政拨款收入		
（七）投资收益		
（八）捐赠收入		
（九）利息收入		
（十）租金收入		
（十一）其他收入		
二、本期费用		
（一）业务活动费用		
其中：科研活动费用		
非科研活动费用		
（二）单位管理费用		
（三）经营费用		
（四）资产处置费用		
（五）上缴上级费用		
（六）对附属单位补助费用		
（七）所得税费用		
（八）其他费用		
三、本期盈余		

2. 新增项目的内容和填列方法

（1）“科研收入”项目，反映科学事业单位本期开展科研活动及其辅助活动实现的收入。本项目应当根据“事业收入——科研收入”科目的本期发生额填列。

（2）“非科研收入”项目，反映科学事业单位本期开展科研活动以外的其他业务活动及其辅助活动实现的收入。本项目应当根据“事业收入——非科研收入”科目的本期发生额填列。

（3）“科研活动费用”项目，反映科学事业单位本期开展科研活动及其辅助活动发生的各项费用。本项目应当根据“业务活动费用——科研活动费用”科目的本期发生额填列。

（4）“非科研活动费用”项目，反映科学事业单位本期开展科研活动以外的其他业务活动及其辅助活动发生的各项费用。本项目应当根据“业务活动费用——非科研活动费用”科目的本期发生额填列。

（二）预算收入支出表的补充

1. 新增项目

科学事业单位应当在预算收入支出表的“（二）事业预算收入”项目下增加“其中：科研预算收入”“非科研预算收入”项目，在“（二）事业支出”项目下增加“其中：科研支出”“非科研支出”“管理支出”项目，具体见表8-9。

表8-9　　预算收入支出表

会政预01表

编制单位：________　　____年　　单位：元

项　目	本年数	上年数
一、本年预算收入		
（一）财政拨款预算收入		
其中：政府性基金收入		
（二）事业预算收入		
其中：科研预算收入		
非科研预算收入		
（三）上级补助预算收入		
（四）附属单位上缴预算收入		
（五）经营预算收入		
（六）债务预算收入		
（七）非同级财政拨款预算收入		

续表

项目	本年数	上年数
（八）投资预算收益		
（九）其他预算收入		
其中：利息预算收入		
捐赠预算收入		
租金预算收入		
二、本年预算支出		
（一）行政支出		
（二）事业支出		
其中：科研支出		
非科研支出		
管理支出		
（三）经营支出		
（四）上缴上级支出		
（五）对附属单位补助支出		
（六）投资支出		
（七）债务还本支出		
（八）其他支出		
其中：利息支出		
捐赠支出		
三、本年预算收支差额		

2.新增项目的内容和填列方法

（1）“科研预算收入”项目，反映科学事业单位本期开展科研活动及其辅助活动取得的现金流入。本项目应当根据“事业预算收入——科研预算收入”科目的本期发生额填列。

（2）“非科研预算收入”项目，反映科学事业单位本期开展科研活动以外的其他业务活动及其辅助活动取得的现金流入。本项目应当根据“事业预算收入——非科研预算收入”科目的本期发生额填列。

（3）“科研支出”项目，反映科学事业单位本期开展科研活动及其辅助活动发生的各项现金流出。本项目应当根据“事业支出——科研支出”科目的本期发生额填列。

（4）“非科研支出”项目，反映科学事业单位本期开展科研活动以外的其他业务活动及其辅助活动发生的各项现金流出。本项目应当根据“事业支出——非科研支出”科目的本期发生额填列。

（5）“管理支出”项目，反映科学事业单位本期行政及后勤管理部门开展管理活动发生的各项现金流出，以及由单位统一负担的其他现金流出。本项目应当根据“事业支出——管理支出”科目的本期发生额填列。

（三）附注的补充

科学事业单位应当在会计报表附注中披露以下信息：

1.收入费用表有关项目的说明

关于“非科研收入”项目，披露“技术活动收入”、“学术活动收入”、“科普活动收入”、“试制产品活动收入”和“教学活动收入”等构成项目的金额。

关于“非科研活动费用”项目，披露“技术活动费用”、“学术活动费用”、“科普活动费用”、“试制产品活动费用”和“教学活动费用”等构成项目的金额。

2.预算收入支出表有关项目的说明

关于“非科研预算收入”项目，披露“技术活动预算收入”、“学术活动预算收入”、“科普活动预算收入”、“试制产品活动预算收入”和“教学活动预算收入”等构成项目的金额。

关于“非科研支出”项目，披露“技术活动支出”、“学术活动支出”、“科普活动支出”、“试制产品活动支出”和“教学活动支出”等构成项目的金额。

第五节 彩票机构的特殊业务核算

一、彩票机构会计概述

（一）与彩票机构相关的概念

1.彩票

彩票，是指国家为筹集社会公益资金，促进社会公益事业发展而特许发行、依法销售，自然人自愿购买，并按照特定规则获得中奖机会的凭证。彩票不返还本金、不计付利息。

在我国，彩票按照发行机构不同，分为福利彩票和体育彩票；彩票按照彩票游戏机理和特征不同，分为乐透型、数字型、竞猜型、传统型、即开型、视频型、基诺型等。

2.彩票机构

彩票机构，是指国家特许负责彩票发行和销售的专门机构，包括彩票发行机构和彩票销售机构。彩票发行机构是指国务院民政部门、体育行政部门依法设立的福利彩票发行机构（中国福利彩票发行中心）、体育彩票发行机构（中国体育彩票发行中心），分别负责全国的福利彩票、体育彩票发行和组织销售工作。彩票销售机构是指省、自治区、直辖市人民政府民政部门、体育行政部门依法设立的福利彩票销售机构、体育彩票销售机构，分别负责本行政区域的福利彩票、体育彩票销售工作。

3.彩票资金

彩票资金，是指彩票销售实现后取得的资金，包括彩票奖金、彩票发行费和彩票公益金。彩票资金构成比例由国务院决定，各彩票品种按照彩票游戏销售额计提彩票奖金、彩票发行费、彩票公益金的具体比例，由财政部按照国务院的决定确定。彩票公益金比例最低不得低于20%。彩票发行费比例应按照彩票品种特性、发行规模和发行方式等合理拟定。其中，传统型、即开型彩票发行费比例最高不得超过15%，乐透型、数字型、竞猜型、视频型、基诺型等彩票发行费比例最高不得超过13%。

（1）彩票奖金，是指彩票机构按彩票游戏规则确定的比例从彩票销售额中提取，用于支付给彩票中奖者的资金，包括当期返奖奖金和调节基金。当期返奖奖金应当按照彩票游戏规则规定的比例在当期全额计提。调节基金包括按照彩票销售额的一定比例提取的资金、逾期未退票的票款和浮动奖取整后的余额，应当专项用于支付各种不可预见的奖金风险支出和开展派奖。调节基金的提取比例根据不同彩票游戏的特征和彩票市场发展需要确定，并在彩票游戏规则中规定，提取比例最高不得超过彩票销售额的2%。

（2）彩票发行费，是专项用于彩票机构的业务费用支出以及彩票代销者的销售费用的支出。

彩票机构的业务费，由彩票机构按照彩票销售额的一定比例提取，专项用于彩票发行销售活动的支出。业务费上缴财政，纳入政府性基金预算管理。彩票机构应当在业务费中提取彩票发行销售风险基金、彩票兑奖周转金。

彩票代销者销售费用，由彩票机构与彩票代销者按彩票代销合同的约定进行结算，可以按彩票销售额的一定比例，从彩票代销者缴交的彩票销售资金中直接抵扣的支出。

（3）彩票公益金，是按照规定比例从彩票发行销售收入中提取的，专项用于社会福利、体育等社会公益事业的资金。逾期未兑奖的奖金纳入彩票公益金。

根据国务院批准的彩票公益金分配政策，彩票公益金在中央和地方之间按50：50的比例分配，专项用于社会福利、体育等社会公益事业，按政府性基金管理办法纳入预算，实行财政收支两条线管理，专款专用，结余结转下年继续使用。地方留成彩票公益金，由省级财政部门商民政、体育等有关部门研究确定分配原则。中央集中彩票公益金在社保基金会、中央专项彩票公益金、民政部和体育总局之间分别按60%、30%、5%和5%的比例分配。

上缴中央财政的彩票公益金，由财政部驻各省、自治区、直辖市财政监察专员办事处就地征收；上缴省级财政的彩票公益金，由省级财政部门负责征收。逾期未兑奖的奖金纳入彩票公益金，由彩票销售机构结算归集后上缴省级财政，全部留归地方使用。

（二）彩票机构会计

彩票机构会计是对彩票机构发生的各项经济业务和事项进行会计核算，主要反映和监督彩票机构财务状况、运行情况、现金流量和预算收支执行情况的会计。

彩票机构会计按照会计功能分为财务会计和预算会计。彩票机构财务会计，是指以权责发生制为基础对彩票机构发生的各项经济业务和事项进行会计核算，反映和监督其财务状况、运行情况、运行成本和现金流量等信息的会计。彩票机构预算会计，是指以收付实现制为基础对彩票机构预算执行过程中发生的全部收入和全部支出进行会计核算，主要反映和监督预算收支执行情况的会计。

彩票机构在执行政府会计准则制度对事业单位共性业务会计处理、提供单位财务报告信息和决算报告信息的同时，还应根据《关于彩票机构执行〈政府会计制度——行政事业单位会计科目和报表〉的补充规定》（以下简称《彩票机构补充规定》）对其特殊经济业务和事项进行会计核算。

（三）彩票机构的主要特殊业务

根据《彩票机构补充规定》的规定，在《政府会计制度》中未明确规范和规定的彩票机构的特殊业务主要包括：

1.新增“彩票销售结算”“应付返奖奖金”“应付代销费”一级科目；

2.在《政府会计制度》规定的“应收账款”“库存物品”“应缴财政款”“应付账款”“预收账款”“其他应付款”“专用基金”一级科目下设置明细科目；

3.规范彩票机构特殊业务的会计处理，包括库存彩票、预收彩票销售款、彩票投注设备押金、彩票兑奖周转金等；

4.补充资产负债表，增设返奖奖金变动明细表和彩票资金分配明细表。

根据上述特殊业务，下面分别资产、负债和净资产的特殊业务进行归纳介绍。

二、彩票机构资产特殊业务的核算

（一）“应收账款”科目的明细科目设置

彩票机构应当在“应收账款”科目下设置“应收彩票联网游戏结算款”明细科目，用于核算彩票机构与其他彩票机构因彩票联网游戏结算发生的应收款项。在“应收彩票联网游戏结算款”明细科目下按照省（自治区、直辖市）、彩票游戏名称等进行明细核算。

（二）“库存物品”科目的明细科目设置及库存彩票的账务处理

彩票机构应当在“库存物品”科目下设置“库存彩票”明细科目，用于核算彩票机构购进的已验收入库彩票的实际成本。库存彩票的主要账务处理如下：

1.彩票机构购入的彩票验收入库时，财务会计按照发生的彩票印制费等确定的成本，借记“库存物品——库存彩票”科目，贷记“应付账款”“零余额账户用款额度”“银行存款”等科目。预算会计按照实际支付的金额借记“事业支出”等科目，贷记“资金结存——零余额账户用款额度、货币资金”等科目。

2.彩票机构发出库存彩票时，财务会计按照确定的发出彩票的实际成本，借记“业务活动费用”科目，贷记“库存物品——库存彩票”科目；预算会计不做账。

3.发生彩票退回时，财务会计借记“库存物品——库存彩票”科目，贷记“业务活动费用”科目［退回本年发出的库存彩票］或“以前年度盈余调整”科目［退回以前年度发出的库存彩票]；预算会计不做账。

4.对于盘盈、盘亏及毁损、报废的库存彩票，彩票机构应当及时查明原因，按照规定报经批准后进行账务处理。财务会计的账务处理如下：

（1）库存彩票盘盈时，按照同类库存彩票的入账成本确认入账价值，借记“库存物品——库存彩票”科目，贷记“待处理财产损溢”科目；报经批准处理盘盈的库存彩票时，按照待处理的库存彩票价值，借记“待处理财产损溢”科目，贷记“单位管理费用”科目。

（2）库存彩票盘亏或毁损、报废时，按照待处置库存彩票的账面价值，借记“待处理财产损溢——待处理财产价值”科目，贷记“库存物品——库存彩票”科目。报经批准处理盘亏或损毁、报废的库存彩票时，按照待处置库存彩票的账面价值，借记“资产处置费用”科目，贷记“待处理财产损溢——待处理财产价值”科目。处置毁损、报废库存彩票过程中所取得的收入、发生的相关费用，以及处置收入扣除相关费用后的净收入的账务处理，参见《政府会计制度》“待处理财产损溢”科目。

预算会计对上述业务不做账。

【例8-14】某省级彩票机构购入福利彩票，通过单位零余额账户支付彩票印制费等成本500 000元，彩票已验收入库。该彩票机构账务处理如下：

财务会计			预算会计		
借：库存物品——库存彩票	500 000		借：事业支出	500 000	
贷：零余额账户用款额度		500 000	贷：资金结存——零余额账户用款额度		500 000

【例8-15】某省级彩票机构发出福利彩票，实际成本400 000元。该彩票机构的账务处理如下：

财务会计			预算会计
借：业务活动费用	400 000		—
贷：库存物品——库存彩票		400 000	

【例8-16】某省级彩票机构发生体育彩票退回，其中本年发出的库存彩票20 000元、以前年度发出的库存彩票30 000元。该彩票机构的账务处理如下：

财务会计			预算会计
借：库存物品——库存彩票	50 000		
贷：业务活动费用		20 000	—
以前年度盈余调整		30 000	

三、彩票机构负债特殊业务的核算

（一）“应缴财政款”科目的明细科目设置

彩票机构应当在“应缴财政款”科目下设置“应缴发行机构业务费”“应缴销售机构业务费”“应缴中央公益金”“应缴地方公益金”等明细科目，用于核算彩票机构应缴国库的彩票机构业务费和彩票公益金等。

（二）“应付账款”科目的明细科目设置

彩票机构应当在“应付账款”科目下设置“应付彩票联网游戏结算款”明细科目，用于核算彩票机构与其他彩票机构因彩票联网游戏结算发生的应付款项。在“应付彩票联网游戏结算款”明细科目下按照省（自治区、直辖市）、彩票游戏名称等进行明细核算。

（三）彩票销售结算的核算

1.彩票销售结算核算的会计科目设置

财务会计系统下，彩票机构应当增设“彩票销售结算”科目，核算彩票机构彩票销售资金的归集和分配情况。本科目应当按照彩票品种及游戏名称、彩票发行销售方式进行明细核算。本科目期末应无余额。

预算会计系统下，彩票机构对彩票销售结算不进行会计核算。

2.彩票销售结算的主要账务处理如下：

（1）彩票机构实现彩票销售时，财务会计按照彩票销售结算的金额，借记“预收账款——预收彩票销售款”等科目，贷记“彩票销售结算”科目；预算会计不做账。

（2）期末彩票机构分配彩票销售资金时，财务会计按照分配的彩票销售资金的金额，借记“彩票销售结算”科目，按照分配的彩票公益金、彩票机构业务费等金额，贷记“应缴财政款”科目，按照分配的应付返奖奖金的金额，贷记“应付返奖奖金”科目，按照分配的代销费金额，贷记“应付代销费”科目；预算会计不做账。

（四）应付返奖奖金的核算

1.应付返奖奖金核算的会计科目设置

财务会计系统下，彩票机构应当增设“应付返奖奖金”科目核算彩票机构按照彩票游戏规则确定的比例从彩票销售额中提取，用于支付给中奖者的资金，包括当期返奖奖金、奖池、调节基金和一般调节基金。本科目应当按照“当期返奖奖金”“奖池”“调节基金”“一般调节基金”设置明细科目。在“当期返奖奖金”“奖池”“调节基金”明细科目下，按照彩票品种及游戏名称设置明细科目进行明细核算。本科目期末贷方余额，反映彩票机构尚未支付的奖金和调节基金。

当期返奖奖金是指按照彩票游戏规则确定的比例在当期彩票奖金中提取并用于支付给中奖者的奖金。

奖池是指彩票游戏提取奖金与实际中出奖金的累积资金差额。

调节基金是指按照彩票销售额的一定比例提取的资金、逾期未退票的票款和浮动奖取整后的余额。调节基金应当专项用于支付各种不可预见的奖金风险支出或开展派奖。

停止销售的彩票游戏兑奖期结束后，奖池资金和调节基金有结余的，转为一般调节基金，用于不可预见情况下的奖金风险支出或开展派奖。

预算会计系统下，彩票机构对应付返奖奖金不进行会计核算。

2.应付返奖奖金的主要账务处理

(1) 当期返奖奖金

提取当期返奖奖金时，财务会计按照彩票资金分配比例计算确定的当期返奖奖金金额，借记“彩票销售结算”科目，贷记“应付返奖奖金——当期返奖奖金——××游戏”科目；预算会计不做账。

兑付中奖者奖金时，财务会计按照实际兑付金额，借记“应付返奖奖金——当期返奖奖金——××游戏”科目，贷记“银行存款”“其他应交税费”“预收账款——预收彩票销售款”［通过彩票代销者兑奖］等科目；预算会计不做账。

逾期未兑付的弃奖奖金转入彩票公益金时，财务会计按照实际转出的金额，借记“应付返奖奖金——当期返奖奖金——××游戏”科目，贷记“应缴财政款”科目；预算会计不做账。

彩票机构之间因联网游戏奖金结算产生的应收款项，财务会计按照实际发生的金额，借记“应收账款——应收彩票联网游戏结算款”科目，贷记“应付返奖奖金——当期返奖奖金——××游戏”科目；产生的应付款项，按照实际发生的金额，借记“应付返奖奖金——当期返奖奖金——××游戏”科目，贷记“应付账款——应付彩票联网游戏结算款”科目。预算会计不做账。

(2) 奖池

彩票游戏设置奖池的，兑付当期返奖奖金后，财务会计按照提取的当期返奖奖金与当期实际中出奖金的差额，借记或贷记“应付返奖奖金——当期返奖奖金——××游戏”科目，贷记或借记“应付返奖奖金——奖池——××游戏”科目；预算会计不做账。

使用奖池资金兑付中奖者奖金时，财务会计按照实际兑付金额，借记“应付返奖奖金——奖池——××游戏”科目，贷记“银行存款”等科目；预算会计不做账。

(3) 调节基金

彩票游戏设置调节基金的，在提取调节基金时，财务会计按照彩票资金分配比例计算确定的调节基金金额，借记“彩票销售结算”科目，贷记“应付返奖奖金——调节基金——××游戏”科目；预算会计不做账。

彩票游戏设置奖池的，奖池资金达到一定额度后，财务会计按照彩票游戏规则中规定将超过部分转入该彩票游戏的调节基金时，按照实际转出的金额，借记“应付返奖奖金——奖池——××游戏”科目，贷记“应付返奖奖金——调节基金——××游戏”科目；预算会计不做账。

使用调节基金支付各种不可预见的奖金风险支出和开展派奖时，财务会计按照实际支出的金额，借记“应付返奖奖金——调节基金——××游戏”科目，贷记“银行存款”等科目；预算会计不做账。

使用调节基金弥补奖池资金时，财务会计按照实际弥补奖池资金的金额，借记“应付返奖奖金——调节基金——××游戏”科目，贷记“应付返奖奖金——奖池——××游戏”科目；预算会计不做账。

（4）一般调节基金

停止销售的彩票游戏兑奖期结束后，奖池资金和调节基金有结余的，转入一般调节基金时，财务会计按照实际转出的金额，借记“应付返奖奖金——奖池、调节基金——××游戏”科目，贷记“应付返奖奖金——一般调节基金”科目；预算会计不做账。

使用一般调节基金弥补某游戏奖池资金时，财务会计按照实际弥补奖池资金的金额，借记“应付返奖奖金——一般调节基金”科目，贷记“应付返奖奖金——奖池——××游戏”科目；预算会计不做账。

（五）应付代销费的核算

1. 应付代销费核算的会计科目设置

财务会计系统下，彩票机构应当增设“应付代销费”科目，核算彩票机构按照彩票代销合同的约定比例从彩票销售额中提取，用于支付给彩票代销者的资金。本科目应当按照彩票代销者和彩票结算方式进行明细核算。本科目期末贷方余额，反映彩票机构尚未支付给彩票代销者的代销费。

预算会计系统下，彩票机构对应付代销费不进行会计核算。

2. 应付代销费的主要账务处理

（1）提取应付代销费时，财务会计按合同约定比例计算确定的金额，借记“彩票销售结算”科目，贷记“应付代销费”科目；预算会计不做账。

（2）实行内扣方式结算应付代销费的，结算彩票代销者代销费时，财务会计按照从彩票代销者缴交的彩票销售资金中直接抵扣的资金金额，借记“应付代销费”科目，贷记“预收账款——预收彩票销售款”科目；预算会计不做账。

（3）不实行内扣方式结算应付代销费的，向彩票代销者支付代销费时，财务会计按照实际支付的金额，借记“应付代销费”科目，贷记“银行存款”等科目；预算会计不做账。

（六）“预收账款”科目的明细科目设置及预收彩票销售款的账务处理

财务会计系统下，彩票机构应当在“预收账款”科目下设置“预收彩票销售款”明细科目，用于核算彩票机构预收彩票代销者预存的彩票销售款。

预算会计系统下，彩票机构对预收彩票销售款不进行会计核算。

预收彩票销售款的主要账务处理如下：

（1）彩票机构收到彩票代销者预存的销售款时，财务会计按照实际收到的金额，借记“银行存款”等科目，贷记“预收账款——预收彩票销售款”科目；预算会计不做账。

（2）彩票机构实现彩票销售时，财务会计按照冲销预收彩票销售款的金额，借记“预收账款——预收彩票销售款”科目，贷记“彩票销售结算”科目；预算会计不做账。

（3）彩票代销者兑付中奖者奖金时，彩票机构按照实际兑付金额，财务会计借记“应付返奖奖金——当期返奖奖金——××游戏”科目，贷记“预收账款——预收彩票销售款”等科目；预算会计不做账。

（4）实行内扣方式结算应付代销费的，结算彩票代销者代销费时，彩票机构按照从彩票代销者缴交的彩票销售资金中直接抵扣的资金金额，财务会计借记“应付代销费”科目，贷记“预收账款——预收彩票销售款”科目；预算会计不做账。

（七）“其他应付款”科目的明细科目设置及彩票投注设备押金的账务处理

财务会计系统下，彩票机构应当在“其他应付款”科目下设置“彩票投注设备押金”明细科目，用于核算彩票机构收取彩票代销者交付的彩票投注设备押金。

预算会计系统下，彩票机构对彩票投注设备押金不进行会计核算。

彩票投注设备押金的主要账务处理如下：

（1）彩票机构收取彩票代销者交付的彩票投注设备押金时，财务会计按照实际收到的金额，借记“银行存款”等科目，贷记“其他应付款——彩票投注设备押金”科目；预算会计不做账。

（2）彩票机构向彩票代销者退回彩票投注设备押金时，财务会计按照实际支付的金额，借记“其他应付款——彩票投注设备押金”科目，贷记“银行存款”等科目；预算会计不做账。

【例8-17】某彩票机构2×22年5月5日收到彩票代销者预存的销售款200 000元、彩票投注设备押金50 000元；5月31日确认本月实现彩票销售额180 000元，按20%计提彩票公益金36 000元、按照11%计提彩票机构业务费用19 800元（其中发行机构业务费用1%），按1%计提代销费1 800元，按68%计提返奖奖金122 400元。此外，退还彩票代销者预存的销售款20 000元、彩票投注设备押金50 000元。该彩票机构账务处理如下：

• 2×22年5月5日收到彩票代销者预存的销售款和彩票投注设备押金时，

财务会计			预算会计
借：银行存款	250 000		
贷：预收账款——预收彩票销售款		200 000	—
其他应付款——彩票投注设备押金		50 000	

• 2×22年5月31日确认本月实现彩票销售额时，

财务会计			预算会计
借：预收账款——预收彩票销售款	180 000		—
贷：彩票销售结算		180 000	

• 2×22年5月31日计提彩票公益金和各种费用时，

财务会计			预算会计
借：彩票销售结算	180 000		
贷：应缴财政款——应缴发行机构业务费		198	
——应缴销售机构业务费		19 602	
——应缴中央公益金		18 000	—
——应缴地方公益金		18 000	
应付代销费		1 800	
应付返奖奖金		122 400	

• 2×22年5月31日退还彩票代销者预存的销售款和彩票投注设备押金时，

财务会计			预算会计
借：预收账款——预收彩票销售款	20 000		—
其他应付款——彩票投注设备押金	50 000		
贷：银行存款		70 000	

四、彩票机构净资产特殊业务的核算

（一）“专用基金”科目的明细科目设置

彩票机构应当在“专用基金”科目下设置“彩票兑奖周转金”明细科目，用于核算财政部门累计拨入结存的彩票兑奖周转金。

彩票兑奖周转金是专项用于向彩票中奖者兑付奖金的周转支出。彩票兑奖周转金来源有二：一是同级财政部门拨付；二是彩票机构按照规定从彩票业务费用中提取。

（二）彩票兑奖周转金的账务处理

（1）彩票机构取得财政部门拨付的彩票兑奖周转金时，按照财政授权支付额度到账通知书中的授权支付额度，财务会计借记“零余额账户用款额度”科目，贷记“财政拨款收入——政府性基金预算财政拨款”科目；预算会计借记“资金结存——零余额账户用款额度”科目，贷记“财政拨款预算收入”科目。

（2）报经批准将彩票兑奖周转金从零余额账户转入彩票机构的银行存款账户时，按照实际转入的金额，财务会计借记“银行存款”科目，贷记“零余额账户用款额度”科目；预算会计借记“资金结存——货币资金”科目，贷记“资金结存——零余额账户用款额度”科目。

（3）按规定提取专用基金时，按照提取的金额，财务会计借记“业务活动费用”科目，贷记“专用基金——彩票兑奖周转金”科目；同时，按照相同的金额，预算会计借记“事业支出”科目，贷记“资金结存——货币资金”科目。

【例8-18】某彩票机构2×22年6月1日收到“财政授权支付额度到账通知书”，列明本月彩票兑奖周转金授权支付额度为1 000 000元；6月2日报经批准将彩票兑奖周转金500 000元从零余额账户转入彩票机构的银行存款账户；6月30日从彩票业务费用中提取彩票兑奖周转金100 000元。该彩票机构的账务处理如下：

• 2×22年6月1日收到“财政授权支付额度到账通知书”时，

财务会计			预算会计		
借：零余额账户用款额度	1 000 000		借：资金结存——零余额账户用款额度	1 000 000	
贷：财政拨款收入		1 000 000	贷：财政拨款预算收入		1 000 000

• 2×22年6月2日将彩票兑奖周转金额度转入彩票机构的银行存款账户时，

财务会计			预算会计		
借：银行存款	500 000		借：资金结存——货币资金	500 000	
贷：零余额账户用款额度		500 000	贷：资金结存——零余额账户用款额度		500 000

• 2×22年6月30日从彩票业务费用中提取彩票兑奖周转金时，

财务会计		预算会计	
借：业务活动费用	100 000	借：事业支出	100 000
贷：专用基金——彩票兑奖周转金	100 000	贷：资金结存——货币资金	100 000

五、会计报表的补充

彩票机构除按《政府会计制度》编制财务报表和预算会计报表外，还应按照《彩票机构补充规定》编制返奖奖金变动明细表和彩票资金分配明细表。

（一）资产负债表的补充

1.新增项目

彩票机构应当在资产负债表的流动负债部分“应付职工薪酬”与“应付票据”项目之间增加“应付返奖奖金”“应付代销费”项目。

2.新增项目的填列方法

（1）“应付返奖奖金”项目，反映彩票机构应返还给中奖者的奖金。本项目应当根据“应付返奖奖金”科目的期末余额填列。

（2）“应付代销费”项目，反映彩票机构按彩票代销合同的约定比例从彩票销售额中提取，用于支付给彩票代销者的资金。本项目应当根据“应付代销费”科目的期末余额填列。

（二）返奖奖金变动明细表

返奖奖金变动明细表是反映彩票机构在某一会计年度内返奖奖金的兑付情况的报表，其基本格式见表8-10。

表8-10 **返奖奖金变动明细表**

会政财01表附表01

编制单位：＿＿＿＿ ＿＿年度 单位：元

项目	行次	传统型	即开型	数字型	乐透型	竞猜型	视频型	基诺型	一般调节基金	合计
一、年初余额	1									
其中：调节基金	2								—	
奖池	3								—	
二、本年增加数	4									
其中：调节基金	5								—	
奖池	6								—	
三、本年减少数	7									
其中：调节基金	8								—	
奖池	9								—	
四、年末余额	10									
其中：调节基金	11								—	
奖池	12								—	

返奖奖金变动明细表的填列方法如下：本表中“年初余额”“本年增加数”“本年减少数”“年末余额”“调节基金”“奖池”“一般调节基金”各项目，应当根据“应付返奖奖金”科目各明细科目中的相关信息分析填列。

（三）彩票资金分配明细表

彩票资金分配明细表是反映彩票机构在某一会计年度内彩票资金的分配情况的报表，其格式见表8-11。

表8-11 **彩票资金分配明细表**

会政财01表附表02

编制单位：________ ____年度 单位：元

序号	彩票品种	彩票游戏	彩票销售额	彩票返奖奖金					彩票公益金				彩票业务费				彩票代销费
				计提比例（%）	计提金额			中奖金额	计提比例（%）	计提金额	弃奖奖金转入额	实际上缴额	发行机构	省级销售机构	省级以下	小计	
					奖金	调节基金	小计										
			①				②			③						④	⑤
1	传统型																
2	即开型																
3	数字型																
4	乐透型																
5	竞猜型																
6	视频型																
7	基诺型																
8	其他																
9	合计																

说明：

（1）本表中“彩票销售额”①=“彩票返奖奖金——计提金额——小计”②+“彩票公益金——计提金额”③+“彩票业务费——小计”④+“彩票代销费”⑤；

（2）各彩票品种及游戏返奖奖金和公益金提取比例不同的应分栏填写。

彩票资金分配明细表的填列方法如下：本表中“彩票销售额”“彩票返奖奖金”“彩票公益金”“彩票业务费”“彩票代销费”各栏，以及各栏的明细栏内各项数字，应当根据“彩票销售结算”“应缴财政款”“应付返奖奖金”“应付代销费”等科目的明细科目中的相关信息分析填列。

第六节 医院的特殊业务核算

一、医院会计概述

（一）医院及分类

一般而言，医院是治疗和护理病人的机构，也兼做健康检查、疾病预防等工作。

按照所有权性质，医院可分为公立医院和私立医院。公立医院，是指国家和集体办的各级各类独立核算的医院，是公益性事业单位，包括综合医院、中医院、中西医结合医院、民族医院、专科医院、门诊部（所）、疗养院等。私立医院，即民营医院，是指公立医院以外的医院，包括联营、股份制合作、私营、我国台港澳地区投资和外国投资的医院。

按照医院等级，医院可分为三级医院、二级医院、一级医院和未定级医院。

按照收治范围，医院可分为综合医院、中医医院和专科医院等。

执行政府会计准则制度的医院是指公立医院，包括各级各类独立核算的公立医院，含综合医院、中医院、中西医结合医院、民族医院、专科医院、门诊部（所）、疗养院等，不包括城市社区卫生服务中心（站）、乡镇卫生院等基层医疗卫生机构。

（二）医院会计

医院会计是对医院发生的各项经济业务和事项进行会计核算，主要反映和监督医院财务状况、运行情况、现金流量和预算收支执行情况的会计。

医院会计按照会计功能分为财务会计和预算会计。医院财务会计，是指以权责发生制为基础对医院发生的各项经济业务和事项进行会计核算，反映和监督其财务状况、运行情况、运行成本和现金流量等信息的会计。医院预算会计，是指以收付实现制为基础对医院预算执行过程中发生的全部收入和全部支出进行会计核算，主要反映和监督预算收支执行情况的会计。

医院在执行政府会计准则制度对事业单位共性业务会计处理、提供单位财务报告信息和决算报告信息的同时，还应根据《关于医院执行〈政府会计制度——行政事业单位会计科目和报表〉的补充规定》（以下简称《医院补充规定》）对其特殊经济业务和事项进行会计核算。

（三）医院的主要特殊业务

根据《医院补充规定》的规定，在《政府会计制度》中未明确规范和规定的医院的特殊业务主要包括：

1.在《政府会计制度》相关收入与费用、预算收入、资产和负债、净资产一级科目下设置明细科目；

2.规范特殊业务的会计处理，包括坏账准备、运杂费、自制制剂、弥补医疗亏损、本期盈余结转、医疗收入确认、医事服务费和药事服务费、医院与医疗保险机构结算医疗款、项目间接费用或管理费等；

3.规范按合同完成进度确认科教收入中合同完成进度的确定方法；

4.统一规定医院固定资产折旧年限；

5.补充资产负债表、收入费用表、预算收入支出表和财务报表附注，增设医疗活动收入费用明细表和成本报表。

根据上述特殊业务，下面分别收入与预算收入、费用、资产、负债和净资产的特殊业务进行归纳介绍。

二、医院收入和费用、预算收入特殊业务的核算

（一）“财政拨款收入”科目明细科目的设置

医院应当在《政府会计制度》规定的“财政拨款收入”科目下按照财政基本拨款收入、财政项目拨款收入进行明细核算。

（二）事业收入

1.“事业收入”科目明细科目的设置

医院应当在《政府会计制度》规定的“事业收入”科目下设置如下明细科目：

（1）“医疗收入”科目，核算医院开展医疗服务活动实现的收入。医院应当在本科目下设置如下明细科目：

①“门急诊收入”科目，核算医院为门急诊病人提供医疗服务实现的收入。

医院应当在“门急诊收入”科目下设置“挂号收入”“诊察收入”“检查收入”“化验收入”“治疗收入”“手术收入”“卫生材料收入”“药品收入”“其他门急诊收入”等明细科目；在“药品收入”科目下设置“西药收入”“中成药收入”“中药饮片收入”明细科目。

②“住院收入”科目，核算医院为住院病人提供医疗服务实现的收入。

医院应当在“住院收入”科目下设置“床位收入”“诊察收入”“检查收入”“化验收入”“治疗收入”“手术收入”“护理收入”“卫生材料收入”“药品收入”“其他住院收入”等明细科目；在“药品收入”科目下设置“西药收入”“中成药收入”“中药饮片收入”明细科目。

③“结算差额”科目，核算医院同医疗保险机构结算时，因医院按照医疗服务项目收费标准计算确认的应收医疗款金额与医疗保险机构实际支付金额不同而产生的需要调整医院医疗收入的差额（不包括医院因违规治疗等管理不善原因被医疗保险机构拒付所产生的差额）。医院因违规治疗等管理不善原因被医疗保险机构拒付而不能收回的应收医疗款，应按规定确认为坏账损失，不通过本明细科目核算。

（2）“科教收入”科目，核算医院开展科研教学活动实现的收入。

医院应当在“科教收入”科目下设置“科研收入”“教学收入”明细科目。

医院因开展科研教学活动从非同级政府财政部门取得的经费拨款，应当在“事业收入——科教收入——科研收入”和“事业收入——科教收入——教学收入”科目下单设“非同级财政拨款”明细科目进行核算。

【例8-19】某医院财务部门收到门诊收费处和住院收费处分别报来的“门诊收入汇总日报表”和“住院病人收入汇总日报表”，列示本日门诊医疗收入100 000元、住院医疗收入300 000元。其中，收到现金120 000元（100 000元已存入银行），银行支票4张、金额共200 000元，依据规定的医疗服务项目收费标准计算应向门诊病人收费20 000元、住院病人收费60 000元。该医院账务处理如下：

财务会计		预算会计	
借：库存现金	20 000	借：资金结存——货币资金	320 000
银行存款	300 000	贷：事业预算收入——医疗预算收入——门诊预算收入	100 000
应收账款——应收医疗款	20 000	——住院预算收入	220 000
——应收在院病人医疗款	60 000		
贷：事业收入——医疗收入——门诊收入	100 000		
——住院收入	300 000		

【例8-20】某医院同医疗保险机构结算住院病人应收医疗款580 000元，医疗保险机构实际拨付医院540 000元，其余30 000元因医院抗生素使用超标被拒付。该医院账务处理如下：

财务会计		预算会计
借：银行存款	540 000	—
坏账准备	30 000	
事业收入——医疗收入——住院收入——结算差额	10 000	
贷：应收账款——应收医疗款——应收医保款	580 000	

【例8-21】某医院承担卫生部课题，通过银行收到卫生部拨付的课题经费500 000元。该医院账务处理如下：

财务会计		预算会计	
借：银行存款	500 000	借：资金结存——货币资金	500 000
贷：事业收入——科教收入	500 000	贷：事业预算收入——科教预算收入	500 000

2.医疗收入和科研收入的确认

（1）医疗收入的确认

医院应当在提供医疗服务（包括发出药品）并收讫价款或取得收款权利时，按照规定的医疗服务项目收费标准计算确定的金额确认医疗收入。医院给予病人或其他付费方折扣的，按照折扣后的实际金额确认医疗收入。

（2）以合同完成进度确认科教收入的合同完成进度的确定方法选择

医院以合同完成进度确认科教收入时，应当根据业务实质，可以选择以下方法合理确定合同完成进度：选择累计实际发生的合同成本占合同预计总成本的比例、已经完成的合同工作量占合同预计总工作量的比例、已经完成的时间占合同期限的比例、实际测定的完工进度等方法，合理确定合同完成进度。

3.医事服务费和药事服务费的账务处理

（1）执行医事服务费的医院应当通过“事业收入——医疗收入——门急诊收入——诊察收入”和“事业收入——医疗收入——住院收入——诊察收入”科目核算医事服务收入。

医院在实现医事服务收入时，财务会计应当借记“库存现金”“银行存款”“应收账款”等科目，属于门急诊收入的，贷记“事业收入——医疗收入——门急诊收入——诊察收入”科目；属于住院收入的，贷记“事业收入——医疗收入——住院收入——诊察收入”科目。预算会计按照实际收到金额，属于门急诊收入的，借记“资金结存——货币资金”科目，贷记“事业预算收入——医疗预算收入——门急诊预算收入——诊察预算收入”科目；属于住院收入的，贷记“事业预算收入——医疗预算收入——住院预算收入——诊察预算收入”科目。

（2）执行药事服务费的医院应当通过“事业收入——医疗收入——门急诊收入——其他门急诊收入”和“事业收入——医疗收入——住院收入——其他住院收入”科目核算药事服务收入。

医院在实现药事服务收入时，财务会计应当借记“库存现金”“银行存款”“应收账款”等科目，属于门急诊收入的，贷记“事业收入——医疗收入——门急诊收入——其他门急诊收入”科目，属于住院收入的，贷记“事业收入——医疗收入——住院收入——其他住院收入”科目。预算会计按照实际收到金额，属于门急诊收入的，借记“资金结存——货币资金”科目，贷记“事业预算收入——医疗预算收入——门急诊预算收入——其他门急诊预算收入”科目；属于住院收入的，贷记“事业预算收入——医疗预算收入——住院预算收入——其他住院预算收入”科目。

（三）“事业预算收入”科目明细科目的设置

医院应当在《政府会计制度》规定的“事业预算收入”科目下设置如下明细科目：

1.“医疗预算收入”科目，核算医院开展医疗活动取得的现金流入。

医院应当在“医疗预算收入”科目下设置“门急诊预算收入”“住院预算收入”明细科目。

2.“科教预算收入”科目，核算医院开展科研教学活动取得的现金流入。

医院应当在“科教预算收入”科目下设置“科研项目预算收入”“教学项目预算收入”明细科目，并单设“非同级财政拨款”明细科目进行核算。

医院在《政府会计制度》“事业收入”和“事业预算收入”一级科目下新增明细科目的情况见表8-12。

表8-12　**医院执行《政府会计制度》新增明细科目表**

科目编码	科目名称	备注
1212	应收账款	
121201	应收账款\应收在院病人医疗款	
121202	应收账款\应收医疗款	
12120201	应收账款\应收医疗款\应收医保款	
1212020101	应收账款\应收医疗款\应收医保款\应收门急诊医保款	
1212020102	应收账款\应收医疗款\应收医保款\应收住院医保款	

续表

科目编码	科目名称	备注
12120202	应收账款\应收医疗款\门急诊病人欠费	
12120203	应收账款\应收医疗款\出院病人欠费	
121203	应收账款\其他应收账款	
1219	坏账准备	
121901	坏账准备\应收账款坏账准备	
121902	坏账准备\其他应收款坏账准备	
1302	库存物品	
130201	库存物品\药品	
130202	库存物品\卫生材料	
13020201	库存物品\卫生材料\血库材料	
13020202	库存物品\卫生材料\医用气体	
13020203	库存物品\卫生材料\影像材料	
13020204	库存物品\卫生材料\化验材料	
13020205	库存物品\卫生材料\其他卫生材料	
130203	库存物品\低值易耗品	
130204	库存物品\其他材料	
130205	库存物品\成本差异	
1601	固定资产	按形成固定资产的经费性质（财政项目拨款经费、科教经费、其他经费）进行明细核算
1602	固定资产累计折旧	
1701	无形资产	按形成无形资产的经费性质（财政项目拨款经费、科教经费、其他经费）进行明细核算
1702	无形资产累计摊销	
2305	预收账款	按债权人明细核算

续表

科目编码	科目名称	备注
230501	预收账款\预收医疗款	
23050101	预收账款\预收医疗款\预收医保款	
23050102	预收账款\预收医疗款\门急诊预收款	
23050103	预收账款\预收医疗款\住院预收款	
230502	预收账款\其他预收账款	
3001	累计盈余	
300101	累计盈余\财政项目盈余	
300102	累计盈余\医疗盈余	
300103	累计盈余\科教盈余	
300104	累计盈余\新旧转换盈余	
3101	专用基金	
310101	专用基金\职工福利基金	
310102	专用基金\医疗风险基金	
3301	本期盈余	
330101	本期盈余\财政项目盈余	
330102	本期盈余\医疗盈余	
330103	本期盈余\科教盈余	
3302	本年盈余分配	
330201	本年盈余分配\提取职工福利基金	
330202	本年盈余分配\转入累计盈余	
4001	财政拨款收入	按照财政基本支出、项目支出进行明细核算
4101	事业收入	对“非同级财政拨款”进行明细核算
410101	事业收入\医疗收入	

续表

科目编码	科目名称	备注
41010101	事业收入\医疗收入\门急诊收入	
4101010101	事业收入\医疗收入\门急诊收入\挂号收入	
4101010102	事业收入\医疗收入\门急诊收入\诊察收入	核算医事服务收入
4101010103	事业收入\医疗收入\门急诊收入\检查收入	
4101010104	事业收入\医疗收入\门急诊收入\化验收入	
4101010105	事业收入\医疗收入\门急诊收入\治疗收入	
4101010106	事业收入\医疗收入\门急诊收入\手术收入	
4101010107	事业收入\医疗收入\门急诊收入\卫生材料收入	
4101010108	事业收入\医疗收入\门急诊收入\药品收入	
410101010801	事业收入\医疗收入\门急诊收入\药品收入\西药收入	
410101010802	事业收入\医疗收入\门急诊收入\药品收入\中成药收入	
410101010803	事业收入\医疗收入\门急诊收入\药品收入\中药饮片收入	
4101010109	事业收入\医疗收入\门急诊收入\其他门急诊收入	核算药事服务收入
41010102	事业收入\医疗收入\住院收入	
4101010201	事业收入\医疗收入\住院收入\床位收入	
4101010202	事业收入\医疗收入\住院收入\诊察收入	核算医事服务收入
4101010203	事业收入\医疗收入\住院收入\检查收入	
4101010204	事业收入\医疗收入\住院收入\化验收入	
4101010205	事业收入\医疗收入\住院收入\治疗收入	
4101010206	事业收入\医疗收入\住院收入\手术收入	
4101010207	事业收入\医疗收入\住院收入\护理收入	
4101010208	事业收入\医疗收入\住院收入\卫生材料收入	
4101010209	事业收入\医疗收入\住院收入\药品收入	
410101020901	事业收入\医疗收入\住院收入\药品收入\西药收入	
410101020902	事业收入\医疗收入\住院收入\药品收入\中成药收入	

续表

科目编码	科目名称	备注
410101020903	事业收入\医疗收入\住院收入\药品收入\中药饮片收入	
4101010210	事业收入\医疗收入\住院收入\其他住院收入	核算药事服务收入
41010103	事业收入\医疗收入\结算差额	
410102	事业收入\科教收入	
41010201	事业收入\科教收入\科研收入	
41010202	事业收入\科教收入\教学收入	
5001	业务活动费用	按照经费性质（财政基本拨款经费、财政项目拨款经费、科教经费、其他经费）进行明细核算，并对“政府指令性任务”进行明细核算
5101	单位管理费用	按照经费性质（财政基本拨款经费、财政项目拨款经费、科教经费、其他经费）进行明细核算
5901	其他费用	对“政府指令性任务”进行明细核算
6101	事业预算收入	对“非同级财政拨款”进行明细核算
610101	事业预算收入\医疗预算收入	
61010101	事业预算收入\医疗预算收入\门急诊预算收入	
61010102	事业预算收入\医疗预算收入\住院预算收入	
610102	事业预算收入\科教预算收入	
61010201	事业预算收入\科教预算收入\科研项目预算收入	
61010202	事业预算收入\科教预算收入\教学项目预算收入	

三、医院费用特殊业务的核算

（一）“业务活动费用”科目的明细科目设置

医院应当在《政府会计制度》规定的“业务活动费用”科目下按照经费性质（财政基本拨款经费、财政项目拨款经费、科教经费、其他经费）进行明细核算，并对政府指令性任务进行明细核算。此外，医院除遵循新制度规定外，还可根据管理要求，参照《政府收支分类科目》中“部门预算支出经济分类科目”对业务活动费用进行明细核算，在新制度规定的“商品和服务费用”明细科目下设置“专用材料费”明细科目，并按照“卫生材料费”“药品费”进行明细核算。

（二）“单位管理费用”科目的明细科目设置

医院应当在《政府会计制度》规定的“单位管理费用”科目下按照经费性质（财政基本拨款经费、财政项目拨款经费、科教经费、其他经费）进行明细核算。医院可根据管理要求，参照《政府收支分类科目》中“部门预算支出经济分类科目”进行明细核算，在新制度规定的“商品和服务费用”明细科目下设置“专用材料费”明细科目，并按照“卫生材料费”“药品费”进行明细核算。

（三）“其他费用”科目的明细科目设置

医院应当在《政府会计制度》规定的“其他费用”科目下对政府指令性任务进行明细核算。

（四）项目间接费用或管理费

1. 计提项目间接费用或管理费

医院按照规定从科研项目收入中计提项目间接费用或管理费时，财务会计除按《政府会计制度》规定借记“单位管理费用”科目外，也可根据实际情况借记“业务活动费用”等科目，贷记“预提费用——项目间接费用或管理费”科目；预算会计借记“非财政拨款结转——项目间接费用或管理费”科目，贷记“非财政拨款结余——项目间接费用或管理费”科目。

2. 使用计提的项目间接费用或管理费

医院使用计提的项目间接费用或管理费购买固定资产、无形资产的，财务会计按照固定资产、无形资产的成本金额，借记“固定资产”“无形资产”科目，贷记“银行存款”等科目；同时，借记“预提费用——项目间接费用或管理费”科目，贷记“累计盈余”科目。预算会计按照实际支付的金额，借记“事业支出”等科目，贷记“资金结存——货币资金”科目。

医院在《政府会计制度》“业务活动费用”、“单位管理费用”和“其他费用”一级科目下新增明细科目的情况见表8-12。

四、医院资产特殊业务的核算

（一）应收账款

1. “应收账款”科目的明细科目设置

医院应当在《政府会计制度》规定的“应收账款”科目下设置如下明细科目：

（1）“应收在院病人医疗款”科目，核算医院因提供医疗服务而应向在院病人收取的医疗款。

（2）“应收医疗款”科目，核算医院因提供医疗服务而应向医疗保险机构、门急诊病人、出院病人等收取的医疗款，应当按照医疗保险机构、门急诊病人、出院病人等进行明细核算。医院应当在本科目下设置如下明细科目：

“应收医保款”科目，核算医院因提供医疗服务而应向医疗保险机构收取的医疗款。

“门急诊病人欠费”科目，核算门急诊病人应付未付医疗款。

“出院病人欠费”科目，核算出院病人应付未付医疗款。

（3）“其他应收账款”科目核算医院除应收在院病人医疗款、应收医疗款以外的其他应收账款，如医院因提供科研教学等服务、按合同或协议约定应向接受服务单位收取的款项。

2. 医院与医疗保险机构结算医疗款的账务处理

医院同医疗保险机构结算医疗款时，财务会计应当按照实际收到的金额，借记“银行存款”科目，按照医院因违规治疗等管理不善原因被医疗保险机构拒付的金额，借记“坏账准备”科目，按照应收医疗保险机构的金额，贷记“应收账款——应收医疗款——应收医保款”科目，按照借贷方之间的差额，借记或贷记“事业收入——医疗收入——结算差额”科目。预算会计按照实际收到的金额，借记“资金结存——货币资金”科目，贷记“事业预算收入——医疗预算收入——结算差额”科目。

医院预收医疗保险机构医保款的，在同医疗保险机构结算医疗款时，还应冲减相关的预收医保款。

（二）坏账准备

1.“坏账准备”科目的明细科目设置

医院应当在《政府会计制度》规定的“坏账准备”科目下设置如下明细科目：

“应收账款坏账准备”科目，核算医院按规定对“应收账款——应收医疗款”“应收账款——其他应收账款”提取的坏账准备。

“其他应收款坏账准备”科目，核算医院按规定对其他应收款提取的坏账准备。

2. 坏账准备的计提范围

医院应当对除应收在院病人医疗款以外的应收账款和其他应收款按规定提取坏账准备。

（三）库存物品

1.“库存物品”科目的明细科目设置

医院应当在《政府会计制度》规定的“库存物品”科目下设置“药品”“卫生材料”“低值易耗品”“其他材料”“成本差异”明细科目。在“卫生材料”科目下设置“血库材料”“医用气体”“影像材料”“化验材料”“其他卫生材料”明细科目，分别核算相关物品的成本。

2. 运杂费的账务处理

医院为取得库存物品单独发生的运杂费计入业务活动费用或单位管理费用。

医院为取得库存物品单独发生的运杂费等，能够直接计入业务成本的，计入业务活动费用，财务会计借记“业务活动费用”科目，贷记“库存现金”“银行存款”等科目；不能直接计入业务成本的，计入单位管理费用，财务会计借记“单位管理费用”科目，贷记“库存现金”科目、“银行存款”等科目。预算会计按照实际支付运杂费金额，借记“事业支出”科目，贷记“资金结存——货币资金”科目。

3. 自制制剂的账务处理

财务会计系统下，医院自制制剂通过“库存物品”科目核算。预算会计系统下，对自制制剂不进行会计核算。

自制制剂的财务会计主要账务处理如下：

医院对于按自主定价或备案价核算的自制制剂，在已经制造完成并验收入库时，按照自主定价或备案价，借记“库存物品——药品”科目，按照所发生的实际成本，贷记“加工物品”科目，按照借贷方之间的差额，借记或贷记“库存物品——成本差异”科目。

医院开展业务活动等领用或发出自制制剂，按照自主定价或备案价加上或减去成本差异后的金额，借记“业务活动费用”“单位管理费用”等科目，按照自主定价或备案价，贷记“库存物品——药品”科目，按照领用或发出自制制剂应负担的成本差异，借记或贷记“库存物品——成本差异”科目。

预算会计对上述业务不做账。

（四）固定资产

1.“固定资产”和“固定资产累计折旧”科目的明细科目设置

医院应当在《政府会计制度》规定的“固定资产”“固定资产累计折旧”科目下按照形成固定资产的经费性质（财政项目拨款经费、科教经费、其他经费）进行明细核算。

2. 统一医院固定资产折旧年限

通常情况下，医院应当按照《医院补充规定》的规定确定各类应计提折旧的固定资产的折旧年限。具体见表8-13。

（五）“无形资产”和“无形资产累计摊销”科目的明细科目设置

医院应当在《政府会计制度》规定的“无形资产”“无形资产累计摊销”科目下按照形成无形资产的经费性质（财政项目拨款经费、科教经费、其他经费）进行明细核算。

（六）“在建工程”和“研发支出”科目的明细科目设置

医院应当根据核算需要，参照“固定资产”“无形资产”等科目，在《政府会计制度》规定的“在建工程”“研发支出”等科目下按照经费性质（财政项目拨款经费、科教经费、其他经费）进行明细核算。

表8-13　　医院固定资产折旧年限表

固定资产类别	折旧年限（年）	固定资产类别	折旧年限（年）
一、房屋及构筑物		医用电子仪器	5
业务及管理用房		医用超声仪器	6
钢结构	50	医用高频仪器设备	5
钢筋混凝土结构	50	物理治疗及体疗设备	5
砖混结构	30	高压氧舱	6
砖木结构	30	中医仪器设备	5
简易房	8	医用磁共振设备	6
房屋附属设施	8	医用X线设备	6
构筑物	8	高能射线设备	8
二、通用设备		医用核素设备	6
计算机设备	6	临床检验分析仪器	5
通信设备	5	体外循环设备	5
办公设备	6	手术急救设备	5
车辆	10	口腔设备	6
图书档案设备	5	病房护理设备	5
机械设备	10	消毒设备	6
电气设备	5	其他	5
雷达、无线电和卫星导航设备	10	光学仪器及窥镜	6
广播、电视、电影设备	5	激光仪器设备	5
仪器仪表	5	四、家具、用具及装具	
电子和通信测量设备	5	家具	15
计量标准器具及量具、衡器	5	用具、装具	5
三、专用设备			

医院在《政府会计制度》相关资产一级科目下新增明细科目的情况见表8-12。

五、医院负债特殊业务的核算

医院负债特殊业务是“预收账款”科目的明细科目设置。医院应当在《政府会计制度》规定的“预收账款”科目下设置如下明细科目：

1.“预收医疗款”科目，核算医院预收医疗保险机构预拨的医疗保险金和预收病人的预交金。医院应当在本科目下设置如下明细科目：

（1）“预收医保款”科目，核算医院预收医疗保险机构预拨的医疗保险金。

（2）“门急诊预收款”科目，核算医院预收门急诊病人的预交金。

（3）“住院预收款”科目，核算医院预收住院病人的预交金。

2.“其他预收账款”科目，核算医院除预收医疗款以外的其他预收账款，如医院因提供科研教学等服务、按合同或协议约定预收接受服务单位的款项。

医院在《政府会计制度》相关负债一级科目下新增明细科目的情况见表8-12。

六、医院净资产特殊业务的核算

（一）累计盈余

1.“累计盈余”科目的明细科目设置

医院应当在《政府会计制度》规定的“累计盈余”科目下设置如下明细科目：

“财政项目盈余”科目，核算医院财政项目拨款收入减去使用财政项目经费发生的费用后的累计盈余。

“医疗盈余”科目，核算医院开展医疗活动形成的、财政项目盈余以外的累计盈余。

“科教盈余”科目，核算医院开展科研教学活动形成的、财政项目盈余以外的累计盈余。

“新旧转换盈余”科目，核算医院新旧制度衔接时转入《政府会计制度》下累计盈余中除财政项目盈余、医疗盈余和科教盈余以外的累计盈余。

2. 弥补医疗亏损的账务处理

年末，医院“累计盈余——医疗盈余”科目为借方余额的，财务会计应当按照有关规定确定的用于弥补医疗亏损的金额，借记“累计盈余——新旧转换盈余”科目，贷记“累计盈余——医疗盈余”科目；预算会计不做账。

（二）“专用基金”科目的明细科目设置

医院应当在《政府会计制度》规定的“专用基金”科目下设置如下明细科目：

1.“职工福利基金”科目，核算医院根据有关规定、依据财务会计下医疗盈余（不含财政基本拨款形成的盈余）计算提取的职工福利基金。

2.“医疗风险基金”科目，核算医院根据有关规定、按照财务会计下相关数据计算提取并列入费用的医疗风险基金。

（三）本期盈余

1.“本期盈余”科目的明细科目设置

医院应当在《政府会计制度》规定的“本期盈余”科目下设置如下明细科目：

“财政项目盈余”科目，核算医院本期财政项目拨款相关收入、费用相抵后的余额。

“医疗盈余”科目，核算医院本期医疗活动产生的、除财政项目拨款以外的各项收入、费用相抵后的余额。

“科教盈余”科目，核算医院本期科研教学活动产生的、除财政项目拨款以外的各项收入、费用相抵后的余额。

2. 本期盈余结转的账务处理

医院本期盈余结转时，财务会计处理如下：

期末，应当将财政拨款收入中的财政项目拨款收入的本期发生额转入本期盈余，借记“财政拨款收入——财政项目拨款收入”科目，贷记“本期盈余——财政项目盈余”科目；将业务活动费用、单位管理费用中经费性质为财政项目拨款经费部分的本期发生额转入本期盈余，借记“本期盈余——财政项目盈余”科目，贷记“业务活动费用”“单位管理费用”科目的相关明细科目。

期末，应当将财政拨款收入中的财政基本拨款收入、事业收入中的医疗收入、上级补助收入、附属单位上缴收入、经营收入、非同级财政拨款收入、投资收益、捐赠收入、利息收入、租金收入、其他收入的本期发生额转入本期盈余，借记“财政拨款收入——财政基本拨款收入”“事业收入——医疗收入”“上级补助收入”“附属单位上缴收入”“经营收入”“非同级财政拨款收入”“投资收益”“捐赠收入”“利息收入”“租金收入”“其他收入”科目，贷记“本期盈余——医疗盈余”科目；将业务活动费用、单位管理费用中与医疗活动相关且经费性质为财政基本拨款经费和其他经费的部分，以及经营费用、资产处置费用、上缴上级费用、对附属单位补助费用、所得税费用、其他费用的本期发生额转入本期盈余，借记“本期盈余——医疗盈余”科目，贷记“业务活动费用”和“单位管理费用”科目的相关明细科目、“经营费用”、“资产处置费用”、“上缴上级费用”、“对附属单位补助费用”、“所得税费用”、“其他费用”科目。

期末，应当将事业收入中的科教收入的本期发生额转入本期盈余，借记“事业收入——科教收入”科目，贷记“本期盈余——科教盈余”科目；将业务活动费用中经费性质为科教经费的部分、单位管理费用中经费性质为科教经费的部分（从科教经费中提取的项目间接费用或管理费）的本期发生额转入本期盈余，借记“本期盈余——科教盈余”科目，贷记“业务活动费用”“单位管理费用”科目的相关明细科目。

年末，完成上述结转后，应当将“本期盈余——财政项目盈余”“本期盈余——医疗盈余”科目中财政基本拨款形成的盈余余额和“本期盈余——科教盈余”科目余额转入累计盈余对应明细科目，借记或贷记“本期盈余——财政项目盈余”“本期盈余——医疗盈余”“本期盈余——科教盈余”科目的相关明细科目，贷记或借记“累计盈余——财政项目盈余”“累计盈余——医疗盈余”“累计盈余——科教盈余”科目。“本期盈余——医疗盈余”科目扣除财政基本拨款形成的盈余后为贷方余额的，将“本期盈余——医疗盈余”科目对应贷方余额转入“本年盈余分配”科目，借记“本期盈余——医疗盈余”科目，贷记“本年盈余分配”科目；“本期盈余——医疗盈余”科目扣除财政基本拨款形成的盈余后为借方余额的，将“本期盈余——医疗盈余”科目对应借方余额转入“累计盈余”科目，借记“累计盈余——医疗盈余”科目，贷记“本期盈余——医疗盈余”科目。

预算会计对上述业务不做账。

（四）本年盈余分配

1.“本年盈余分配”科目的明细科目设置

医院应当在《政府会计制度》规定的“本年盈余分配”科目下设置“提取职工福利基金”“转入累计盈余”明细科目。

2.本年盈余分配的账务处理

年末，医院在按照规定提取专用基金后，财务会计应当将“本年盈余分配”科目余额转入累计盈余，借记“本年盈余分配——转入累计盈余”科目，贷记“累计盈余——医疗盈余”科目；预算会计不做账。

医院在《政府会计制度》相关净资产一级科目下新增明细科目的情况见表8-12。

医院执行《政府会计制度》在该制度相关一级科目下新增明细科目归纳见表8-12。

【例8-22】某医院2×22年11月30日“本期盈余”科目贷方余额10 188 500元，其中财政项目盈余50 000元、医疗盈余300 000元（其中财政基本拨款形成的盈余余额100 000元）、科教项目盈余150 000元；同年12月各项收入和费用的本月发生额见表8-14。

表8-14 **12月各项收入和费用的本月发生额** 单位：元

收入科目		贷方金额	费用科目		借方金额
财政拨款收入	财政基本拨款收入	500 000	业务活动费用	财政项目拨款经费	150 000
	财政项目拨款收入	300 000		财政基本拨款经费	400 000
事业收入	医疗收入	800 000		其他费用	150 000
	科教收入	250 000	单位管理费用	财政项目拨款经费	140 000
上级补助收入		50 000		财政基本拨款经费	90 000
附属单位上缴收入		100 000		科教经费	200 000
经营收入		20 000		其他费用	100 000
非同级财政拨款收入		150 000	经营费用		40 000
投资收益		30 000	资产处置费用		10 000
捐赠收入		500 000	上缴上级费用		100 000
利息收入		50 000	对附属单位补助费用		150 000
租金收入		20 000	所得税费用		50 000
其他收入		60 000	其他费用		15 000

根据上述资料，该医院的账务处理如下：

● 结转12月财政项目拨款收入和费用时，

财务会计			预算会计
借：财政拨款收入——财政项目拨款收入	300 000		
贷：本期盈余——财政项目盈余		300 000	
借：本期盈余——财政项目盈余	290 000		—
贷：业务活动费用——财政项目拨款经费		150 000	
单位管理费用——财政项目拨款经费		140 000	

● 结转12月科教收入和费用时，

财务会计			预算会计
借：事业收入——科教收入	250 000		
贷：本期盈余——科教盈余		250 000	—
借：本期盈余——科教盈余	200 000		
贷：单位管理费用——项目间接费用或管理费		200 000	

● 结转12月财政项目收入和费用、科教收入和费用之外的收入和费用时，

财务会计			预算会计
借：财政拨款收入——财政基本拨款收入	500 000		
事业收入——医疗收入	800 000		
上级补助收入	50 000		
附属单位上缴收入	100 000		
经营收入	20 000		
非同级财政拨款收入	150 000		
投资收益	30 000		
捐赠收入	500 000		
利息收入	50 000		
租金收入	20 000		
其他收入	60 000		
贷：本期盈余—— 医疗盈余		2 280 000	—
借：本期盈余——医疗盈余	1 105 000		
贷：业务活动费用——财政基本拨款经费		400 000	
——其他费用		150 000	
单位管理费用——财政基本拨款经费		90 000	
——其他费用		100 000	
经营费用		40 000	
资产处置费用		10 000	
上缴上级费用		100 000	
对附属单位补助费用		150 000	
所得税费用		50 000	
其他费用		15 000	

• 年末，结转“本期盈余”科目余额时，

财务会计			预算会计
借：本期盈余——财政项目盈余	60 000		
——医疗盈余	1 475 000		
——科教盈余	200 000		
贷：累计盈余——财政项目盈余		60 000	—
——医疗盈余		200 000	
——科教盈余		200 000	
本年盈余分配		1 275 000	

• 年末，假设职工福利基金计提比例为20%，计提职工福利基金时，

财务会计			预算会计		
借：本年盈余分配	255 000		借：非财政拨款结余分配	255 000	
贷：专用基金——职工福利基金		255 000	贷：专用结余		255 000

• 年末，结转“本年盈余分配”科目余额时，

财务会计			预算会计
借：本年盈余分配	1 020 000		
贷：累计盈余——医疗盈余		1 020 000	—

七、会计报表的补充

医院应当按月度和年度编制财务报表和预算会计报表，至少按年度编制财务报表附注。

医院除按照《政府会计制度》编制财务报表和预算会计报表外，还应按照《医院补充规定》编制医疗活动收入费用明细表。

（一）资产负债表的补充

1. 新增项目

医院应当在资产负债表“累计盈余”项目下增加“其中：财政项目盈余”“医疗盈余”“科教盈余”“新旧转换盈余”项目。具体见表8-15。

2. 新增项目的内容和填列方法

（1）“财政项目盈余”项目，反映医院接受财政项目拨款产生的累计盈余。本项目应当根据“累计盈余——财政项目盈余”科目的期末余额填列。

（2）“医疗盈余”项目，反映医院开展医疗活动产生的累计盈余。本项目应当根据“累计盈余——医疗盈余”科目的期末余额填列。

（3）“科教盈余”项目，反映医院开展科研教学活动产生的累计盈余。本项目应当根据“累计盈余——科教盈余”科目的期末余额填列。

（4）“新旧转换盈余”项目，反映医院在新旧制度衔接时形成的转换盈余扣除执行《政府会计制度》后累计弥补医疗亏损后的金额。本项目应当根据“累计盈余——新旧转换盈余”科目的期末余额填列。

表8-15 **资产负债表**

会政财01表

编制单位：________ ____年__月__日 单位：元

资　产	期末余额	年初余额	负债和净资产	期末余额	年初余额
流动资产：			流动负债：		
货币资金			短期借款		
短期投资			应交增值税		
财政应返还额度			其他应交税费		
应收票据			应缴财政款		
应收账款净额			应付职工薪酬		
预付账款			应付票据		
应收股利			应付账款		
应收利息			应付政府补贴款		
其他应收款净额			应付利息		
存货			预收账款		
待摊费用			其他应付款		
一年内到期的非流动资产			预提费用		
其他流动资产			一年内到期的非流动负债		
流动资产合计			其他流动负债		
非流动资产：			流动负债合计		
长期股权投资			非流动负债：		
长期债券投资			长期借款		
固定资产原值			长期应付款		
减：固定资产累计折旧			预计负债		
固定资产净值			其他非流动负债		
工程物资			非流动负债合计		
在建工程			受托代理负债		
无形资产原值			负债合计		
减：无形资产累计摊销					
无形资产净值					
研发支出					
公共基础设施原值					
减：公共基础设施累计折旧（摊销）					
公共基础设施净值			净资产：		
政府储备物资			累计盈余		
文物文化资产			其中：财政项目盈余		
保障性住房原值			医疗盈余		
减：保障性住房累计折旧			科教盈余		
保障性住房净值			新旧转换盈余		
长期待摊费用			专用基金		
待处理财产损溢			权益法调整		
其他非流动资产			无偿调拨净资产*		—
非流动资产合计			本期盈余*		—
受托代理资产			净资产合计		
资产总计			负债和净资产总计		

注：“*”标识项目为月报项目，年报中不需列示。

（二）净资产变动表的补充

1.调整项目

医院应当将净资产变动表中“其中：从预算收入中提取”行项目调整为“其中：从财务会计相关收入中提取”，将“从预算结余中提取”行项目调整为“从本期盈余中提取”。

2.调整项目的内容和填列方法

（1）“从财务会计相关收入中提取”行，反映医院本年从财务会计相关收入中提取专用基金对净资产的影响。本行“专用基金”项目应当通过对“专用基金”科目明细账记录的分析，根据本年按有关规定从财务会计相关收入中提取专用基金的金额填列。

（2）“从本期盈余中提取”行，反映医院本年根据有关规定从本年度盈余中提取专用基金对净资产的影响。本行“累计盈余”“专用基金”项目应当通过对“专用基金”科目明细账记录的分析，根据本年按有关规定从本期盈余中提取专用基金的金额填列；本行“累计盈余”项目以“-”号填列。

（三）收入费用表的补充

1.新增项目

医院应当在收入费用表的“其中：政府性基金收入”项目后增加“其中：财政基本拨款收入”“财政项目拨款收入”项目；在“（二）事业收入”项目下增加“其中：医疗收入”“科教收入”项目；在“（一）业务活动费用”项目下增加“其中：财政基本拨款经费”“财政项目拨款经费”“科教经费”“其他经费”项目；在“（二）单位管理费用”项目下增加“其中：财政基本拨款经费”“财政项目拨款经费”“科教经费”“其他经费”项目；在“三、本期盈余”项目下增加“其中：财政项目盈余”“医疗盈余”“科教盈余”项目，见表8-16。

2.新增项目的内容和填列方法

（1）“（一）财政拨款收入”项目下的“其中：财政基本拨款收入”项目，反映医院本期取得的财政拨款收入中属于财政基本拨款的金额。本项目应当根据“财政拨款收入——财政基本拨款收入”科目的本期发生额填列。

“财政项目拨款收入”项目，反映医院本期取得的财政拨款收入中属于财政项目拨款的金额。本项目应当根据“财政拨款收入——财政项目拨款收入”科目的本期发生额填列。

（2）“（二）事业收入”项目下的“其中：医疗收入”项目，反映医院本期开展医疗活动实现的收入。本项目应当根据“事业收入——医疗收入”科目的本期发生额填列。

“科教收入”项目，反映医院本期开展科研教学活动实现的收入。本项目应当根据“事业收入——科教收入”科目的本期发生额填列。

（3）“（一）业务活动费用”项目下的“其中：财政基本拨款经费”项目，反映医

表8-16 **收入费用表**

会政财02表

编制单位：________ ____年__月 单位：元

项目	本月数	本年累计数
一、本期收入		
（一）财政拨款收入		
其中：政府性基金收入		
其中：财政基本拨款收入		
财政项目拨款收入		
（二）事业收入		
其中：医疗收入		
科教收入		
（三）上级补助收入		
（四）附属单位上缴收入		
（五）经营收入		
（六）非同级财政拨款收入		
（七）投资收益		
（八）捐赠收入		
（九）利息收入		
（十）租金收入		
（十一）其他收入		
二、本期费用		
（一）业务活动费用		
其中：财政基本拨款经费		
财政项目拨款经费		
科教经费		
其他经费		
（二）单位管理费用		
其中：财政基本拨款经费		
财政项目拨款经费		
科教经费		
其他经费		
（三）经营费用		
（四）资产处置费用		
（五）上缴上级费用		
（六）对附属单位补助费用		
（七）所得税费用		
（八）其他费用		
三、本期盈余		
其中：财政项目盈余		
医疗盈余		
科教盈余		

院本期使用财政基本拨款经费发生的各项业务活动费用。本项目应当根据“业务活动费用”科目中经费性质为财政基本拨款经费部分的本期发生额填列。

“财政项目拨款经费”项目，反映医院本期使用财政项目拨款经费发生的各项业务活动费用。本项目应当根据“业务活动费用”科目中经费性质为财政项目拨款经费部分的本期发生额填列。

“科教经费”项目，反映医院本期使用科教经费开展科研教学活动所发生的各项业务活动费用。本项目应根据“业务活动费用”科目中经费性质为科教经费部分的本期发生额填列。

“其他经费”项目，反映医院本期使用其他经费开展医疗活动所发生的各项业务活动费用。本项目应当根据“业务活动费用”中经费性质为其他经费部分的本期发生额填列。

（4）“（二）单位管理费用”项目下的“其中：财政基本拨款经费”项目，反映医院本期使用财政基本拨款经费发生的各项单位管理费用。本项目应当根据“单位管理费用”科目中经费性质为财政基本拨款经费部分的本期发生额填列。

“财政项目拨款经费”项目，反映医院本期使用财政项目拨款经费发生的各项单位管理费用。本项目应当根据“单位管理费用”科目中经费性质为财政项目拨款经费部分的本期发生额填列。

“科教经费”项目，反映医院本期使用科教经费（从科教经费中提取的项目间接费用或管理费）所发生的各项单位管理费用。本项目应当根据“单位管理费用”科目中经费性质为科教经费部分的本期发生额填列。

“其他经费”项目，反映医院本期使用其他经费开展医疗活动所发生的各项单位管理费用。本项目应当根据“单位管理费用”科目中经费性质为其他经费部分的本期发生额填列。

（5）“三、本期盈余”项目下的“其中：财政项目盈余”项目，反映医院本期财政项目拨款收入扣除使用财政项目拨款经费发生的费用后的净额。本项目应当根据本表中“财政拨款收入”项目下“财政项目拨款收入”项目金额减去“业务活动费用”项目下“财政项目拨款经费”项目与“单位管理费用”项目下“财政项目拨款经费”项目金额合计数后的金额填列。

“医疗盈余”项目，反映医院本期医疗活动相关收入扣除医疗活动相关费用后的净额。本项目应当根据本表中“财政拨款收入”项目下“财政基本拨款收入”、“事业收入”项目下“医疗收入”、“上级补助收入”、“附属单位上缴收入”、“经营收入”、“非同级财政拨款收入”、“投资收益”、“捐赠收入”、“利息收入”、“租金收入”、“其他收入”项目金额合计数减去“业务活动费用”项目下“财政基本拨款经费”和“其他经费”、“单位管理费用”项目下“财政基本拨款经费”和“其他经费”、“经营费用”、“资产处置费用”、“上缴上级费用”、“对附属单位补助费用”、“所得税费用”、“其他费用”项目金额合计数后的金额填列；如相减后金额为负数，以“-”号填列。

“科教盈余”项目，反映医院本期科研教学活动收入扣除科研教学活动费用后的净额。本项目应当根据本表中“事业收入”项目下“科教收入”项目金额减去“业务活动费用”项目下“科教经费”项目与“单位管理费用”项目下“科教经费”项目金额合计数后的金额填列。

（四）医疗活动收入费用明细表

医疗活动收入费用明细表是反映医院在某一会计期间内医疗活动相关收入、费用及其所属明细项目的详细情况的报表。其基本格式见表8-17。

表8-17　医疗活动收入费用明细表

会政财02表附表01

编制单位：______　　______年__月　　单位：元

项目	本月数	本年累计数	项目	本月数	本年累计数
医疗活动收入合计			医疗活动费用合计		
财政基本拨款收入			业务活动费用		
医疗收入			人员经费		
门急诊收入			其中：工资福利费用		
挂号收入			对个人和家庭的补助费用		
诊察收入			商品和服务费用		
检查收入			固定资产折旧费		
化验收入			无形资产摊销费		
治疗收入			计提专用基金		
手术收入			单位管理费用		
卫生材料收入			人员经费		
药品收入			其中：工资福利费用		
其他门急诊收入			对个人和家庭的补助费用		
住院收入			商品和服务费用		
床位收入			固定资产折旧费		
诊察收入			无形资产摊销费		
检查收入			经营费用		
化验收入			资产处置费用		
治疗收入			上缴上级费用		
手术收入			对附属单位补助费用		
护理收入			所得税费用		
卫生材料收入			其他费用		
药品收入					
其他住院收入					
结算差额					
上级补助收入					
附属单位上缴收入					
经营收入					
非同级财政拨款收入					
投资收益					
捐赠收入					
利息收入					
租金收入					
其他收入					

本表"本月数"栏反映各项目的本月实际发生数。编制年度医疗活动收入费用明细表时，应当将本栏改为"本年数"，反映本年度各项目的实际发生数。

本表"本年累计数"栏反映各项目自年初至报告期期末的累计实际发生数。编制年度医疗活动收入费用明细表时，应当将本栏改为"上年数"，反映上年度各项目的实际发生数，"上年数"栏应当根据上年年度医疗活动收入费用明细表中"本年累计数"栏内所列数字填列。

如果本年度医疗活动收入费用明细表规定的项目名称和内容同上年度不一致，应当对上年度医疗活动收入费用明细表项目名称和数字按照本年度的规定进行调整，将调整后的金额填入本年度医疗活动收入费用明细表的"上年数"栏内。

本表各项目的填列方法：

（1）医疗活动收入

"医疗活动收入合计"项目，反映医院本期医疗活动收入总额。本项目应当根据本表中"财政基本拨款收入""医疗收入""上级补助收入""附属单位上缴收入""经营收入""非同级财政拨款收入""投资收益""捐赠收入""利息收入""租金收入""其他收入"项目金额的合计数填列。

"财政基本拨款收入"项目应根据"财政拨款收入——基本支出"明细科目本期发生额填列。

"医疗收入"项目及其所属明细项目应根据"事业收入——医疗收入"科目及其所属明细科目的本期发生额填列。

"上级补助收入""附属单位上缴收入""经营收入""非同级财政拨款收入""投资收益""捐赠收入""利息收入""租金收入""其他收入"项目应根据所对应科目的本期发生额填列。

（2）医疗活动费用

"医疗活动费用合计"项目，反映医院本期医疗活动费用总额。本项目应当根据本表中"业务活动费用""单位管理费用""经营费用""资产处置费用""上缴上级费用""对附属单位补助费用""所得税费用""其他费用"项目金额的合计数填列。

"业务活动费用"、"单位管理费用"项目及其所属明细项目应根据"业务活动费用"、"单位管理费用"科目及其所属明细科目中经费性质为财政基本拨款经费和其他经费的本期发生额填列。

"经营费用""资产处置费用""上缴上级费用""对附属单位补助费用""所得税费用""其他费用"项目应根据所对应科目的本期发生额填列。

（五）预算收入支出表的补充

1.新增项目

医院应当在预算收入支出表的"其中：政府性基金收入"项目后增加"其中：财政基本拨款预算收入""财政项目拨款预算收入"；在"（二）事业预算收入"项目下增加"其中：医疗预算收入""科教预算收入"项目；在"（二）事业支出"项目下增加"其

中：财政基本拨款支出”“财政项目拨款支出”“科教资金支出”“其他资金支出”项目；在“三、本年预算收支差额”项目下增加“其中：财政项目拨款收支差额”“医疗收支差额”“科教收支差额”项目，具体见表8-18。

表8-18 **预算收入支出表**

会政预01表

编制单位：________ ____年__月 单位：元

项目	本年数	上年数
一、本年预算收入		
（一）财政拨款预算收入		
其中：政府性基金收入		
其中：财政基本拨款预算收入		
财政项目拨款预算收入		
（二）事业预算收入		
其中：医疗预算收入		
科教预算收入		
（三）上级补助预算收入		
（四）附属单位上缴预算收入		
（五）经营预算收入		
（六）债务预算收入		
（七）非同级财政拨款预算收入		
（八）投资预算收益		
（九）其他预算收入		
其中：利息预算收入		
捐赠预算收入		
租金预算收入		
二、本年预算支出		
（一）行政支出		
（二）事业支出		
其中：财政基本拨款支出		
财政项目拨款支出		
科教资金支出		
其他资金支出		
（三）经营支出		
（四）上缴上级支出		
（五）对附属单位补助支出		
（六）投资支出		
（七）债务还本支出		
（八）其他支出		
其中：利息支出		
捐赠支出		
三、本年预算收支差额		
其中：财政项目拨款收支差额		
医疗收支差额		
科教收支差额		

2.新增项目的内容和填列方法

（1）“（一）财政拨款预算收入”项目下的“其中：财政基本拨款预算收入”项目，反映医院本期取得的财政拨款预算收入中属于财政基本支出拨款的金额。本项目应当根据“财政拨款预算收入——基本支出”科目的本期发生额填列。

“财政项目拨款预算收入”项目，反映医院本期取得的财政拨款收入中属于财政项目支出拨款的金额。本项目应当根据“财政拨款预算收入——项目支出”科目的本期发生额填列。

（2）“（二）事业预算收入”项目下的“其中：医疗预算收入”项目，反映医院本期开展医疗活动取得的预算收入。本项目应当根据“事业预算收入——医疗预算收入”科目的本期发生额填列。

“科教预算收入”项目，反映医院本期开展科研教学活动取得的预算收入。本项目应当根据“事业预算收入——科教预算收入”科目的本期发生额填列。

（3）“（二）事业支出”项目下的“其中：财政基本拨款支出”项目，反映医院本期使用财政基本拨款发生的事业支出。本项目应当根据“事业支出”科目中资金性质为财政基本拨款部分的本期发生额填列。

“财政项目拨款支出”项目，反映医院本期使用财政项目拨款发生的事业支出。本项目应当根据“事业支出”科目中资金性质为财政项目拨款部分的本期发生额填列。

“科教资金支出”项目，反映医院本期开展科研教学活动所发生的事业支出。本项目应当根据“事业支出”科目中资金性质为科教资金部分的本期发生额填列。

“其他资金支出”项目，反映医院本期开展医疗活动所发生的事业支出。本项目应当根据“事业支出”科目中资金性质为其他资金部分的本期发生额填列。

（4）“三、本年预算收支差额”项目下的“财政项目拨款收支差额”项目，反映医院本期财政项目拨款预算收入扣除财政项目拨款支出后的差额，应当根据本表中“财政拨款预算收入”项目下“财政项目拨款预算收入”项目金额减去本表中“事业支出”项目下“财政项目拨款支出”项目金额后的金额填列。

“医疗收支差额”项目，反映医院本期医疗活动相关的预算收入扣除相关预算支出后的差额，应当根据本表中“财政拨款预算收入”项目下“财政基本拨款预算收入”项目金额以及本表中“事业预算收入——医疗预算收入”、“上级补助预算收入”、“附属单位上缴预算收入”、“经营预算收入”、“债务预算收入”、“非同级财政拨款预算收入”、“投资预算收益”、“其他预算收入”项目金额合计数减去“事业支出”项目下“财政基本拨款支出”、“事业支出”项目下“其他资金支出”、“经营支出”、“上缴上级支出”、“对附属单位补助支出”、“投资支出”、“债务还本支出”、“其他支出”项目金额合计数后的金额填列；如相减后金额为负数，以“-”号填列。

“科教收支差额”项目，反映医院本期开展科研教学活动相关预算收入扣除相关预算支出后的差额，应当根据本表中“事业预算收入”项目下“科教预算收入”项目金额减去“事业支出”项目下“科教资金支出”项目金额后的金额填列。

（六）成本报表

医院应当按月度和年度编制成本报表，具体包括医院各科室直接成本表、医院临床服务类科室全成本表和医院临床服务类科室全成本构成分析表。成本报表主要以科室、诊次和床日为成本核算对象，所反映的成本均不包括财政项目拨款经费、科教经费形成的各项费用。

1.医院各科室直接成本表

医院各科室直接成本表反映在将医院的单位管理费用（行政后勤类科室成本）和医疗技术、医疗辅助科室成本分摊至临床服务类科室成本前各科室直接成本情况。直接成本是指科室开展医疗服务活动发生的能够直接计入或采用一定方法计算后直接计入科室成本的各种费用。各科室直接成本需要按成本项目，即人员经费、卫生材料费、药品费、固定资产折旧费、无形资产摊销费、提取医疗风险基金和其他费用分别列示。医院各科室直接成本表基本格式见表8-19。

表8-19　　医院各科室直接成本表

成本医01表

编制单位：________　　____年__月　　单位：元

成本项目／科室名称	人员经费（1）	卫生材料费（2）	药品费（3）	固定资产折旧费（4）	无形资产摊销费（5）	提取医疗风险基金（6）	其他费用（7）	合计（8）=（1）+（2）+（3）+（4）+（5）+（6）+（7）
临床服务类科室1								
临床服务类科室2								
……								
小计								
医疗技术类科室1								
医疗技术类科室2								
……								
小计								
医疗辅助类科室1								
医疗辅助类科室2								
……								
小计								
医疗业务成本合计								
管理费用								
本月总计								

医院各科室直接成本表填列方法如下：

（1）医院各科室直接成本表的各栏目应根据“业务活动费用”“单位管理费用”科目所属明细科目的记录直接或分析填列。

“人员经费”项目应当根据“工资福利费用”和“对个人和家庭的补助费用”明细科目的本期发生额分析填列，“卫生材料费”项目应当根据“商品和服务费用——专用材料费——卫生材料费”明细科目的本期发生额分析填列，“药品费”项目应当根据“商品和服务费用——专用材料费——药品费”明细科目的本期发生额分析填列，“固定资产折旧费”项目应当根据“固定资产折旧费”明细科目的本期发生额分析填列，“无形资产摊销费”项目应当根据“无形资产摊销费”明细科目的本期发生额分析填列，“提取医疗风险基金”项目应当根据“计提专用基金——医疗风险基金”明细科目的本期发生额分析填列，“其他费用”应当根据“业务活动费用”“单位管理费用”科目除以上明细科目外其他明细科目的本期发生额分析填列。

（2）医疗业务成本合计=临床服务类科室成本小计+医疗技术类科室成本小计+医疗辅助类科室成本小计

（3）本月总计=医疗业务成本合计+管理费用

2.医院临床服务类科室全成本表

医院临床服务类科室全成本表反映医院根据《医院财务制度》规定的原则和程序，将单位管理费用、医疗辅助类科室直接成本、医疗技术类科室直接成本逐步分摊转移到临床服务类科室后，各临床服务类科室的全成本情况。临床服务类科室全成本包括科室直接成本和分摊转移的间接成本。各临床服务类科室的直接成本、间接成本和全成本应当按照人员经费、卫生材料费、药品费、固定资产折旧费、无形资产摊销费、提取医疗风险基金和其他费用等成本项目分别列示。医院临床服务类科室全成本表基本格式见表8-20。

医院临床服务类科室全成本表的填列方法如下：

医院临床服务类科室全成本表中的“直接成本”栏应当根据“业务活动费用”、“单位管理费用”科目及其所属明细科目记录直接或分析填列。该栏目金额应当与“医院各科室直接成本表”中对应栏目金额保持一致。

本表中“间接成本”栏应当根据《医院财务制度》规定的方法计算填列。

本表中“全成本”栏应当根据本表中“直接成本”栏金额和“间接成本”栏金额合计数填列。

3.医院临床服务类科室全成本构成分析表

医院临床服务类科室全成本构成分析表反映各临床服务类科室的全成本中各项成本所占的比例情况，以及各临床服务类科室的床日成本、诊次成本情况。诊次和床日成本核算是以诊次、床日为核算对象，将科室成本进一步分摊到门急诊人次、住院床日中，计算出诊次成本、床日成本。医院临床服务类科室全成本构成分析表基本格式见表8-21。

医院临床服务类科室全成本构成分析表的填列方法如下：

表8-20　　医院临床服务类科室全成本表

成本医02表

编制单位：________　　____年__月　　单位：元

成本项目 / 科室名称	人员经费(1)			卫生材料费(2)			药品费(3)			固定资产折旧费(4)			无形资产摊销费(5)			提取医疗风险基金(6)			其他费用(7)			合计(8)=(1)+(2)+(3)+(4)+(5)+(6)+(7)		
	直接成本	间接成本	全成本	直接成本	间接成本	全成本	直接成本	间接成本	全成本	直接成本	间接成本	全成本	直接成本	间接成本	全成本	直接成本	间接成本	全成本	直接成本	间接成本	全成本	直接成本	间接成本	全成本
临床服务类科室1																								
临床服务类科室2																								
……																								
科室全成本合计																								

表8-21　　医院临床服务类科室全成本构成分析表

成本医03表

编制单位：________　　____年__月　　单位：元

科室名称 / 成本项目	内科		……		各临床服务类科室合计	
	金额	%			金额	%
人员经费						
卫生材料费						
药品费						
固定资产折旧		(##)			(**)	
无形资产摊销						
提取医疗风险基金						
其他费用						
科室全成本合计		(100%)				(100%)
科室收入						
收入——成本						
床日成本						
诊次成本						

（1）医院临床服务类科室全成本构成分析表各项目应当依据医院临床服务类科室全成

本表的数据计算填列，其中，床日成本、诊次成本应当根据《医院财务制度》计算填列。

（2）医院临床服务类科室全成本构成分析表用于对医院临床服务类科室全成本要素及其结构进行分析与监测。“##”为某一临床服务类科室不同成本项目的构成比，用于分析各临床服务类科室的成本结构，确定各科室内部成本管理的重点成本项目。比如：

人员经费%（##）=（某一临床服务类科室人员经费金额/该科室全成本合计）×100%

人员经费金额合计（**）=各临床服务类科室人员经费之和

人员经费合计%=（各临床服务类科室人员经费之和/各临床服务类科室全成本合计）×100%

（七）财务报表附注的补充

医院应在财务报表附注中披露所承担的政府指令性任务的相关费用信息，披露格式如下：

政府指令性任务	业务活动费用	其他费用	合计
任务1			
……			
其他			
合计			

第七节 基层医疗机构的特殊业务核算

一、基层医疗卫生机构会计概述

（一）基层医疗卫生机构

基层医疗卫生机构是指设在城市社区、乡镇（街道）、村的医疗卫生机构，包括各级各类独立核算的城市社区卫生服务中心（站）、乡镇卫生院等基层医疗卫生机构。

按照所有权性质，基层医疗卫生机构可分为公立基层医疗卫生机构和私立基层医疗卫生机构。公立基层医疗卫生机构，是指国有和集体办（政府举办）基层医疗卫生机构，是公益性事业单位，不以营利为目的。私立基层医疗卫生机构，即民营基层医疗机构，是指除了公立基层医疗卫生机构以外的基层医疗卫生机构。

执行政府会计准则制度的基层医疗卫生机构是指各级各类独立核算的城市社区卫生服务中心（站）、乡镇卫生院等基层医疗卫生机构。

（二）基层医疗卫生机构会计

基层医疗卫生机构会计是对基层医疗卫生机构发生的各项经济业务和事项进行会计核算，主要反映和监督基层医疗卫生机构财务状况、运行情况、现金流量和预算收支执行情况的会计。

基层医疗卫生机构会计按照会计功能分为财务会计和预算会计。基层医疗卫生机构财务会计，是指以权责发生制为基础对基层医疗卫生机构发生的各项经济业务和事项进行会计核算，反映和监督其财务状况、运行情况、运行成本和现金流量等信息的会计。基层医疗卫生机构预算会计，是指以收付实现制为基础对基层医疗卫生机构预算执行过程中发生的全部收入和全部支出进行会计核算，主要反映和监督预算收支执行情况的会计。

基层医疗卫生机构在执行政府会计准则制度对事业单位共性业务会计处理、提供单位财务报告信息和决算报告信息的同时，还应根据《关于基层医疗卫生机构执行〈政府会计制度——行政事业单位会计科目和报表〉的补充规定》（以下简称《基层医疗卫生机构补充规定》）对其特殊经济业务和事项进行会计核算。

（三）基层医疗卫生机构的主要特殊业务

根据《基层医疗卫生机构补充规定》的规定，在《政府会计制度》中未明确规范和规定的基层医疗卫生机构的特殊业务主要包括：

1. 新增“待结算医疗款”一级科目；

2. 在《政府会计制度》相关收入与费用、预算收入、资产和负债、净资产和预算结余一级科目下设置明细科目；

3. 规范特殊业务的会计处理，包括坏账准备、运杂费、弥补医疗亏损、本期盈余结转、医疗收入确认、医事服务费和药事服务费、未按“收支两条线”管理的基层医疗卫生机构与医疗保险机构等结算医疗款等；

4. 规范按合同完成进度确认科教收入中合同完成进度的确定方法；

5. 统一规定基层医疗卫生机构固定资产折旧年限；

6. 补充资产负债表、净资产变动表、收入费用表及财务报表附注，增设待结算医疗款明细表和医疗及公共卫生收入费用明细表。

根据上述特殊业务，下面分别收入与预算收入、费用、资产、负债、净资产和预算结余的特殊业务进行归纳介绍。

二、基层医疗卫生机构收入与预算收入特殊业务的核算

（一）“财政拨款收入”科目的明细科目设置

基层医疗卫生机构应当在《政府会计制度》规定的“财政拨款收入”科目下设置如下明细科目：

1. “财政基本拨款收入”科目，核算基层医疗卫生机构取得的用于基本支出的财政拨款收入。基层医疗卫生机构应当在本科目下设置如下明细科目：

（1）“医疗收入”科目，核算基层医疗卫生机构取得的与医疗活动相关的财政基本拨款收入。

（2）“公共卫生收入”科目，核算基层医疗卫生机构取得的与公共卫生活动相关的财政基本拨款收入。

2. “财政项目拨款收入”科目，核算基层医疗卫生机构取得的用于项目支出的财政拨款收入。基层医疗卫生机构应当在本科目下设置如下明细科目：

（1）“医疗收入”科目，核算基层医疗卫生机构取得的与医疗活动相关的财政项目拨款收入。

（2）“公共卫生收入”科目，核算基层医疗卫生机构取得的与公共卫生活动相关的财政项目拨款收入。

（3）“科教收入”科目，核算基层医疗卫生机构取得的与科研教学活动相关的财政

项目拨款收入。

（二）事业收入

1.“事业收入”科目的明细科目设置

基层医疗卫生机构应当在《政府会计制度》规定的“事业收入”科目下设置如下明细科目：

（1）“医疗收入”科目，核算基层医疗卫生机构开展医疗服务活动实现的收入。基层医疗卫生机构应当在本科目下设置如下明细科目：

①“门急诊收入”科目，核算基层医疗卫生机构为门急诊病人提供医疗服务所实现的收入，包括按“收支两条线”管理的基层医疗卫生机构按规定留用的待结算医疗款，以及收到的同级财政部门返还的上缴门急诊收费。

基层医疗卫生机构应当在“门急诊收入”科目下设置“挂号收入”“诊察收入”“检查收入”“化验收入”“治疗收入”“手术收入”“卫生材料收入”“药品收入”“一般诊疗费收入”“其他门急诊收入”明细科目（未按“收支两条线”管理的基层医疗卫生机构还应当设置“门急诊结算差额”明细科目）。

基层医疗卫生机构应当在“药品收入”科目下设置“西药”“中成药”“中药饮片”明细科目；在“西药”科目下设置 “西药”“疫苗”明细科目。

“门急诊结算差额”科目，核算未按“收支两条线”管理的基层医疗卫生机构同医疗保险机构等结算时，因基层医疗卫生机构按照医疗服务项目收费标准计算确定的应收医疗款金额与医疗保险机构等实际支付金额之间的差异而产生的需要调整基层医疗卫生机构医疗收入的差额，但不包括基层医疗卫生机构因违规治疗等管理不善原因被医疗保险机构等拒付的金额。

②“住院收入”科目，核算基层医疗卫生机构为住院病人提供医疗服务所实现的收入，包括按“收支两条线”管理的基层医疗卫生机构按规定留用的待结算医疗款，以及收到的同级财政部门返还的上缴住院收费。

基层医疗卫生机构应当在“住院收入”科目下设置“床位收入”“诊察收入”“检查收入”“化验收入”“治疗收入”“手术收入”“护理收入”“卫生材料收入”“药品收入”“一般诊疗费收入”“其他住院收入”明细科目（未按“收支两条线”管理的基层医疗卫生机构还应当设置“住院结算差额”明细科目）。

基层医疗卫生机构应当在“药品收入”科目下设置“西药”“中成药”“中药饮片”明细科目；在“西药”科目下设置 “西药”“疫苗”明细科目。

“住院结算差额”科目，核算未按“收支两条线”管理的基层医疗卫生机构同医疗保险机构等结算时，因基层医疗卫生机构按照医疗服务项目收费标准计算确定的应收医疗款金额，与医疗保险机构等实际支付金额之间的差异而产生的需要调整基层医疗卫生机构医疗收入的差额，但不包括基层医疗卫生机构因违规治疗等管理不善原因被医疗保险机构等拒付的金额。

（2）“公共卫生收入”科目，核算基层医疗卫生机构开展公共卫生活动实现的收入。

（3）“科教收入”科目，核算基层医疗卫生机构开展科研教学活动实现的收入。基层医疗卫生机构应在“科教收入”科目下设置“科研收入”“教学收入”明细科目。

基层医疗卫生机构因开展科研教学活动从非同级政府财政部门取得的财政拨款，应当在“事业收入——科教收入——科研收入”和“事业收入——科教收入——教学收入”科目下单设“非同级财政拨款”明细科目进行核算。

2.事业收入（医疗收入）的确认和计量

（1）未按“收支两条线”管理的基层医疗卫生机构应当在提供医疗服务并收讫价款或取得收款权利时，按照规定的医疗服务项目收费标准计算确定的金额确认事业收入（医疗收入）。基层医疗卫生机构给予病人或其他付费方折扣的，按照折扣后的实际金额确认事业收入（医疗收入）。基层医疗卫生机构同医疗保险机构等结算时，因基层医疗卫生机构按照医疗服务项目收费标准计算确定的应收医疗款金额与医疗保险机构等实际支付金额之间的差额（不包括基层医疗卫生机构因违规治疗等管理不善原因被医疗保险机构等拒付的金额）应当调整事业收入（医疗收入）。基层医疗卫生机构因违规治疗等管理不善原因被医疗保险机构等拒付的金额，应当冲减坏账准备。

（2）按“收支两条线”管理的基层医疗卫生机构应当在收到财政返还的医疗款时，按照实际返还医疗款的金额确认事业收入（医疗收入）。基层医疗卫生机构按规定留用待结算医疗款时，应当按照批准留用的医疗款金额确认事业收入（医疗收入）。

3.按合同完成进度确认科教收入的合同完成进度确定

基层医疗卫生机构以合同完成进度确认科教收入时，应当根据业务实质，可以选择以下方法合理确定合同完成进度：选择累计实际发生的合同成本占合同预计总成本的比例、已经完成的合同工作量占合同预计总工作量的比例、已经完成的时间占合同期限的比例、实际测定的完工进度等方法，合理确定合同完成进度。

4.医事服务费和药事服务费的账务处理

（1）未按“收支两条线”管理、执行医事服务费的基层医疗卫生机构应当通过“事业收入——医疗收入——门急诊收入——诊察收入”和“事业收入——医疗收入——住院收入——诊察收入”科目核算医事服务收入。基层医疗卫生机构在实现医事服务收入时，财务会计借记“库存现金”“银行存款”“应收账款”等科目，属于门急诊收入的，贷记“事业收入——医疗收入——门急诊收入——诊察收入”科目；属于住院收入的，贷记“事业收入——医疗收入——住院收入——诊察收入”科目。预算会计按照实际收到金额，属于门急诊收入的，借记“资金结存——货币资金”科目，贷记“事业预算收入——医疗预算收入——门急诊预算收入——诊察预算收入”科目；属于住院收入的，贷记“事业预算收入——医疗预算收入——住院预算收入——诊察预算收入”科目。

未按“收支两条线”管理的、执行药事服务费的基层医疗卫生机构应当通过“事业收入——医疗收入——门急诊收入——其他门急诊收入”和“事业收入——医疗收入——住院收入——其他住院收入”科目核算药事服务收入。基层医疗卫生机构在实现药事服务收入时，财务会计借记“库存现金”“银行存款”“应收账款”等科目，属于门急诊收入的，贷记“事业收入——医疗收入——门急诊收入——其他门急诊收入”科目；属于住院收入的，贷记“事业收入——医疗收入——住院收入——其他住院收入”科目。预算会计按照实际收到金额，属于门急诊收入的，借记“资金结存——货币资金”科目，贷记“事业预算收入——医疗预算收入——门急诊预算收入——其他门急诊预算收入”科目；属于住院收入的，贷记“事业预算收入——医疗预算收入——住院预算收入——其他住院预算收入”科目。

（2）按“收支两条线”管理的基层医疗卫生机构关于医事服务费、药事服务费的会计处理，参见“待结算医疗款”科目。

5.未按“收支两条线”管理的基层医疗卫生机构与医疗保险机构等结算医疗款的账务处理

未按“收支两条线”管理的基层医疗卫生机构同医疗保险机构等结算医疗款时，财务会计应当按照实际收到的金额，借记“银行存款”科目，按照基层医疗卫生机构因违规治疗等管理不善原因被医疗保险机构等拒付的金额，借记“坏账准备”科目，按照应收医疗保险机构等的金额，贷记“应收账款——应收医疗款——应收医保款”科目，按照借贷方之间的差额，借记或贷记“事业收入——医疗收入——门急诊收入——门急诊结算差额”或“事业收入——医疗收入——住院收入——住院结算差额”科目。预算会计按照实际收到的金额，借记“资金结存——货币资金”科目，贷记“事业预算收入——医疗预算收入——门急诊预算收入——门急诊结算差额”科目。

基层医疗卫生机构预收医疗保险机构等医保款的，在同医疗保险机构等结算医疗款时，还应冲减相关的预收医保款。

（三）“非同级财政拨款收入”科目的明细科目设置

基层医疗卫生机构应当在《政府会计制度》规定的“非同级财政拨款收入”科目下设置“医疗收入”和“公共卫生收入”明细科目。

（四）“事业预算收入”科目的明细科目设置

基层医疗卫生机构应当在《政府会计制度》规定的“事业预算收入”科目下设置如下明细科目：

1.“医疗预算收入”科目，核算基层医疗卫生机构开展医疗活动取得的现金流入。

基层医疗卫生机构应当在“医疗预算收入”科目下设置“门急诊预算收入”“住院预算收入”明细科目。

2.“公共卫生预算收入”科目，核算基层医疗卫生机构开展公共卫生活动取得的现金流入。

3.“科教预算收入”科目，核算基层医疗卫生机构开展科研教学活动取得的现金流入。

基层医疗卫生机构应当在“科教预算收入”科目下设置“科研项目预算收入”“教学项目预算收入”明细科目，并单设“非同级财政拨款”明细科目进行核算。

基层医疗卫生机构在《政府会计制度》相关收入和预算收入一级科目下新增明细科目的情况见表8-22。

表8-22　　基层医疗卫生机构执行新制度新增会计科目表

科目编码	科目名称	备注
1212	应收账款	
121201	应收账款\应收在院病人医疗款	
121202	应收账款\应收医疗款	
12120201	应收账款\应收医疗款\应收医保款	
12120202	应收账款\应收医疗款\门急诊病人欠费	
12120203	应收账款\应收医疗款\出院病人欠费	
121203	应收账款\其他应收账款	
1219	坏账准备	
121901	坏账准备\应收账款坏账准备	
121902	坏账准备\其他应收款坏账准备	
1302	库存物品	
130201	库存物品\药品	
13020101	库存物品\药品\西药	
1302010101	库存物品\药品\西药\西药	
1302010102	库存物品\药品\西药\疫苗	
13020102	库存物品\药品\中成药	
13020103	库存物品\药品\中药饮片	
130202	库存物品\卫生材料	
13020201	库存物品\卫生材料\血库材料	
13020202	库存物品\卫生材料\医用气体	
13020203	库存物品\卫生材料\影像材料	
13020204	库存物品\卫生材料\化验材料	
13020205	库存物品\卫生材料\其他卫生材料	
130203	库存物品\低值易耗品	
130204	库存物品\其他材料	
2305	预收账款	

续表

科目编码	科目名称	备注
230501	预收账款\预收医疗款	
23050101	预收账款\预收医疗款\预收医保款	
23050102	预收账款\预收医疗款\门急诊预收款	
23050103	预收账款\预收医疗款\住院预收款	
230502	预收账款\其他预收账款	
2308	待结算医疗款	
230801	待结算医疗款\门急诊收费	
23080101	待结算医疗款\门急诊收费\挂号收费	
23080102	待结算医疗款\门急诊收费\诊察收费	核算医事服务收费
23080103	待结算医疗款\门急诊收费\检查收费	
23080104	待结算医疗款\门急诊收费\化验收费	
23080105	待结算医疗款\门急诊收费\治疗收费	
23080106	待结算医疗款\门急诊收费\手术收费	
23080107	待结算医疗款\门急诊收费\卫生材料收费	
23080108	待结算医疗款\门急诊收费\药品收费	
2308010801	待结算医疗款\门急诊收费\药品收费\西药收费	
230801080101	待结算医疗款\门急诊收费\药品收费\西药收费\西药	
230801080102	待结算医疗款\门急诊收费\药品收费\西药收费\疫苗	
2308010802	待结算医疗款\门急诊收费\药品收费\中成药收费	
2308010803	待结算医疗款\门急诊收费\药品收费\中药饮片收费	
23080109	待结算医疗款\门急诊收费\一般诊疗费收费	
23080110	待结算医疗款\门急诊收费\其他门急诊收费	核算药事服务收费
23080111	待结算医疗款\门急诊收费\门急诊结算差额	
230802	待结算医疗款\住院收费	
23080201	待结算医疗款\住院收费\床位收费	

续表

科目编码	科目名称	备注
23080202	待结算医疗款\住院收费\诊察收费	核算医事服务收费
23080203	待结算医疗款\住院收费\检查收费	
23080204	待结算医疗款\住院收费\化验收费	
23080205	待结算医疗款\住院收费\治疗收费	
23080206	待结算医疗款\住院收费\手术收费	
23080207	待结算医疗款\住院收费\护理收费	
23080208	待结算医疗款\住院收费\卫生材料收费	
23080209	待结算医疗款\住院收费\药品收费	
2308020901	待结算医疗款\住院收费\药品收费\西药收费	
230802090101	待结算医疗款\门急诊收费\药品收费\西药收费\西药	
230802090102	待结算医疗款\门急诊收费\药品收费\西药收费\疫苗	
2308020902	待结算医疗款\住院收费\药品收费\中成药收费	
2308020903	待结算医疗款\住院收费\药品收费\中药饮片收费	
23080210	待结算医疗款\住院收费\一般诊疗费收费	
23080211	待结算医疗款\住院收费\其他住院收费	核算药事服务收费
23080212	待结算医疗款\住院收费\住院结算差额	
3001	累计盈余	
300101	累计盈余\医疗盈余	
300102	累计盈余\公共卫生盈余	
300103	累计盈余\科教盈余	
300104	累计盈余\新旧转换盈余	
3101	专用基金	
310101	专用基金\职工福利基金	
310102	专用基金\医疗风险基金	
310103	专用基金\奖励基金	

续表

科目编码	科目名称	备注
3301	本期盈余	
330101	本期盈余\医疗盈余	
330102	本期盈余\公共卫生盈余	
330103	本期盈余\科教盈余	
3302	本年盈余分配	
330201	本年盈余分配\提取职工福利基金	
330202	本年盈余分配\提取奖励基金	
330203	本年盈余分配\转入累计盈余	
4001	财政拨款收入	
400101	财政拨款收入\财政基本拨款收入	
40010101	财政拨款收入\财政基本拨款收入\医疗收入	
40010102	财政拨款收入\财政基本拨款收入\公共卫生收入	
400102	财政拨款收入\财政项目拨款收入	
40010201	财政拨款收入\财政项目拨款收入\医疗收入	
40010202	财政拨款收入\财政项目拨款收入\公共卫生收入	
40010203	财政拨款收入\财政项目拨款收入\科教收入	
4101	事业收入	对“非同级财政拨款”进行明细核算
410101	事业收入\医疗收入	
41010101	事业收入\医疗收入\门急诊收入	
4101010101	事业收入\医疗收入\门急诊收入\挂号收入	
4101010102	事业收入\医疗收入\门急诊收入\诊察收入	核算医事服务收入
4101010103	事业收入\医疗收入\门急诊收入\检查收入	
4101010104	事业收入\医疗收入\门急诊收入\化验收入	
4101010105	事业收入\医疗收入\门急诊收入\治疗收入	
4101010106	事业收入\医疗收入\门急诊收入\手术收入	

续表

科目编码	科目名称	备注
4101010107	事业收入\医疗收入\门急诊收入\卫生材料收入	
4101010108	事业收入\医疗收入\门急诊收入\药品收入	
410101010801	事业收入\医疗收入\门急诊收入\药品收入\西药	
41010101080101	事业收入\医疗收入\门急诊收入\药品收入\西药\西药	
41010101080102	事业收入\医疗收入\门急诊收入\药品收入\西药\疫苗	
410101010802	事业收入\医疗收入\门急诊收入\药品收入\中成药	
410101010803	事业收入\医疗收入\门急诊收入\药品收入\中药饮片	
4101010109	事业收入\医疗收入\门急诊收入\一般诊疗费收入	
4101010110	事业收入\医疗收入\门急诊收入\其他门急诊收入	核算药事服务收入
4101010111	事业收入\医疗收入\门急诊收入\门急诊结算差额	
41010102	事业收入\医疗收入\住院收入	
4101010201	事业收入\医疗收入\住院收入\床位收入	
4101010202	事业收入\医疗收入\住院收入\诊察收入	核算医事服务收入
4101010203	事业收入\医疗收入\住院收入\检查收入	
4101010204	事业收入\医疗收入\住院收入\化验收入	
4101010205	事业收入\医疗收入\住院收入\治疗收入	
4101010206	事业收入\医疗收入\住院收入\手术收入	
4101010207	事业收入\医疗收入\住院收入\护理收入	
4101010208	事业收入\医疗收入\住院收入\卫生材料收入	
4101010209	事业收入\医疗收入\住院收入\药品收入	
410101020901	事业收入\医疗收入\住院收入\药品收入\西药	
41010102090101	事业收入\医疗收入\门急诊收入\药品收入\西药\西药	
41010102090102	事业收入\医疗收入\门急诊收入\药品收入\西药\疫苗	
410101020902	事业收入\医疗收入\住院收入\药品收入\中成药	
410101020903	事业收入\医疗收入\住院收入\药品收入\中药饮片	
4101010210	事业收入\医疗收入\住院收入\一般诊疗费收入	

续表

科目编码	科目名称	备注
4101010211	事业收入\医疗收入\住院收入\其他住院收入	核算药事服务收入
4101010212	事业收入\医疗收入\住院收入\住院结算差额	
410102	事业收入\公共卫生收入	
410103	事业收入\科教收入	
41010301	事业收入\科教收入\科研收入	
41010302	事业收入\科教收入\教学收入	
4601	非同级财政拨款收入	
460101	非同级财政拨款收入\医疗收入	
460102	非同级财政拨款收入\公共卫生收入	
5001	业务活动费用	
500101	业务活动费用\医疗费用	按照“人员费用”“药品费”“专用材料费”“维修费”“计提专用基金”“固定资产折旧”“无形资产摊销”“其他医疗费用”等进行明细核算
500102	业务活动费用\公共卫生费用	按照“人员费用”“药品费”“专用材料费”“维修费”“其他公共卫生费用”等进行明细核算
500103	业务活动费用\科教费用	按照“科研费用”“教学费用”等进行明细核算
5101	单位管理费用	按照“人员费用”“商品和服务费用”“固定资产折旧”“无形资产摊销”等进行明细核算

续表

科目编码	科目名称	备注
6101	事业预算收入	对“非同级财政拨款”进行明细核算
610101	事业预算收入\医疗预算收入	
61010101	事业预算收入\医疗预算收入\门急诊预算收入	
61010102	事业预算收入\医疗预算收入\住院预算收入	
610102	事业预算收入\公共卫生预算收入	
610103	事业预算收入\科教预算收入	
61010301	事业预算收入\科教预算收入\科研项目预算收入	
61010302	事业预算收入\科教预算收入\教学项目预算收入	
8301	专用结余	
830101	专用结余\职工福利基金	
830102	专用结余\奖励基金	

三、基层医疗卫生机构费用特殊业务的核算

(一)“业务活动费用”科目的明细科目设置

基层医疗卫生机构应当在《政府会计制度》规定的“业务活动费用”科目下设置“医疗费用”、“公共卫生费用”和“科教费用”明细科目。

1.“医疗费用”科目，核算基层医疗卫生机构开展医疗活动发生的各项费用。基层医疗卫生机构应当在“医疗费用”科目下设置“人员费用”“药品费”“专用材料费”“维修费”“计提专用基金”“固定资产折旧”“无形资产摊销”“其他医疗费用”等明细科目；在“人员费用”明细科目下设置“工资福利费用”“对个人和家庭的补助费用”明细科目；在“药品费”明细科目下设置“西药”“中成药”“中药饮片”明细科目，在“西药”明细科目下设置“西药”“疫苗”明细科目；在“专用材料费”明细科目下设置“卫生材料费”“低值易耗品”“其他材料费”明细科目，在“卫生材料费”明细科目下设置“血库材料”“医用气体”“影像材料”“化验材料”“其他卫生材料”明细科目。

2.“公共卫生费用”科目，核算基层医疗卫生机构开展公共卫生活动发生的各项费用。基层医疗卫生机构应当在“公共卫生费用”科目下设置“人员费用”“药品费”“专用材料费”“维修费”“其他公共卫生费用”等明细科目；在“人员费用”明细科目下设置“工资福利费用”“对个人和家庭的补助费用”明细科目；在“药品费”明细科目下设置“西药”“中成药”“中药饮片”明细科目，在“西药”明细科目下设置“西药”

“疫苗”明细科目；在“专用材料费”明细科目下设置“卫生材料费”“低值易耗品”“其他材料费”明细科目，在“卫生材料费”明细科目下设置“血库材料”“医用气体”“影像材料”“化验材料”“其他卫生材料”明细科目。

3.“科教费用”科目，核算基层医疗卫生机构开展科研教学活动发生的各项费用。基层医疗卫生机构应当在“科教费用”科目下设置“科研费用”“教学费用”明细科目。

（二）“单位管理费用”科目的明细科目设置

基层医疗卫生机构应当在《政府会计制度》规定的“单位管理费用”科目下设置“人员费用”“商品和服务费用”“固定资产折旧”“无形资产摊销”等明细科目；在“人员费用”明细科目下设置“工资福利费用”“对个人和家庭的补助费用”明细科目。

基层医疗卫生机构在《政府会计制度》相关费用一级科目下新增明细科目的情况见表8-22。

四、基层医疗卫生机构资产特殊业务的核算

（一）“应收账款”科目的明细科目设置

基层医疗卫生机构应当在《政府会计制度》规定的“应收账款”科目下设置如下明细科目：

1.“应收在院病人医疗款”科目，核算基层医疗卫生机构因提供医疗服务应向在院病人收取的医疗款，应当按照在院病人进行明细核算。

2.“应收医疗款”科目，核算基层医疗卫生机构因提供医疗服务应向医疗保险机构、门急诊病人、出院病人等收取的医疗款，应当按照医疗保险机构、门急诊病人、出院病人等进行明细核算。基层医疗卫生机构应当在本科目下设置如下明细科目：

（1）“应收医保款”科目，核算基层医疗卫生机构因提供医疗服务而应向医疗保险机构等收取的医疗款。

（2）“门急诊病人欠费”科目，核算门急诊病人应付未付医疗款。

（3）“出院病人欠费”科目，核算出院病人应付未付医疗款。

3.“其他应收账款”科目，核算基层医疗卫生机构除应收在院病人医疗款、应收医疗款以外的其他应收账款，如基层医疗卫生机构因提供科研教学等服务、按合同或协议约定应向接受服务单位收取的款项。

（二）坏账准备

1.“坏账准备”科目的明细科目设置

基层医疗卫生机构应当在《政府会计制度》规定的“坏账准备”科目下设置如下明细科目：

“应收账款坏账准备”科目，核算未按“收支两条线”管理的基层医疗卫生机构按规定对除应收在院病人医疗款以外的应收账款和其他应收款提取的坏账准备，以及按

“收支两条线”管理的基层医疗卫生机构按规定对除应收在院病人医疗款、应收医疗款外的应收账款和其他应收款提取的坏账准备。

“其他应收款坏账准备”科目，核算基层医疗卫生机构按规定对其他应收款提取的坏账准备。

2.坏账准备的计提范围

未按“收支两条线”管理的基层医疗卫生机构应当对除应收在院病人医疗款以外的应收账款和其他应收款提取坏账准备。

按“收支两条线”管理的基层医疗卫生机构应当对除应收在院病人医疗款、应收医疗款外的应收账款和其他应收款提取坏账准备。

（三）库存物品

1.“库存物品”科目的明细科目设置

基层医疗卫生机构应当在《政府会计制度》规定的“库存物品”科目下设置“药品”“卫生材料”“低值易耗品”“其他材料”明细科目。

基层医疗卫生机构应当在“药品”科目下设置“西药”“中成药”“中药饮片”明细科目；在“西药”科目下设置“西药”和“疫苗”明细科目。

基层医疗卫生机构应当在“卫生材料”科目下设置“血库材料”“医用气体”“影像材料”“化验材料”“其他卫生材料”明细科目。

2.运杂费的账务处理

基层医疗卫生机构为取得库存物品单独发生的运杂费等，能够直接计入业务成本的，计入业务活动费用，财务会计借记“业务活动费用”科目，贷记“库存现金”“银行存款”等科目；不能直接计入业务成本的，计入单位管理费用，借记“单位管理费用”科目，贷记“库存现金”“银行存款”等科目。预算会计按照实际支付的金额，借记“事业支出”科目，贷记“资金结存——货币资金”科目。

（四）统一基层医疗卫生机构固定资产折旧年限

通常情况下，基层医疗卫生机构应当按照《基层医疗卫生机构补充规定》确定应计提折旧的固定资产的折旧年限（见表8-23）。

基层医疗卫生机构在《政府会计制度》相关资产一级科目下新增明细科目的情况见表8-22。

五、基层医疗卫生机构负债特殊业务的核算

（一）待结算医疗款的核算

1.待结算医疗款核算的会计科目设置

基层医疗卫生机构应当增设“待结算医疗款”科目，核算按“收支两条线”管理的基层医疗卫生机构的待结算医疗收费。本科目期末贷方余额，反映基层医疗卫生机构期末待结算医疗款。

按“收支两条线”管理的基层医疗卫生机构应当在为病人提供医疗服务（包括发出药品，下同）并收讫价款或取得收款权利时，按照规定的医疗服务项目收费标准计算确

表8-23　　基层医疗卫生机构固定资产折旧年限表

固定资产类别	折旧年限（年）	固定资产类别	折旧年限（年）
一、房屋及构筑物		三、专用设备	
业务及管理用房		医用电子仪器	5—10
钢结构	50	医用超声仪器	6—10
钢筋混凝土结构	50	医用高频仪器设备	5—10
砖混结构	30	物理治疗及体疗设备	5—10
砖木结构	30	高压氧舱	6—10
简易房	8	中医仪器设备	5—10
房屋附属设施	8	医用磁共振设备	6—10
构筑物	8	医用X线设备	6—10
二、通用设备		高能射线设备	8—10
计算机设备	6	医用核素设备	6—10
通信设备	5	临床检验分析仪器	5—10
办公设备	6	体外循环设备	5—10
车辆	10	手术急救设备	5—10
图书档案设备	5	口腔设备	6—10
机械设备	10	病房护理设备	5—10
电气设备	5	消毒设备	6—10
雷达、无线电和卫星导航设备	10	其他	5—10
广播、电视、电影设备	5	光学仪器及窥镜	6—10
仪器仪表	5	激光仪器设备	5—10
电子和通信测量设备	5	四、家具、用具及装具	
计量标准器具及量具、衡器	5	家具	15
		用具、装具	5

定收费金额并确认待结算医疗款。给予病人或其他付费方的折扣金额不计入待结算医疗款。

基层医疗卫生机构同医疗保险机构等结算时，因基层医疗卫生机构按照医疗服务项目收费标准计算确定的应收医疗款金额与医疗保险机构等实际支付金额之间的差额应当调整待结算医疗款。

基层医疗卫生机构应当在本科目下设置如下明细科目，并按照医疗服务类型进行明细核算。

(1)“门急诊收费”科目，核算基层医疗卫生机构为门急诊病人提供医疗服务所确认的待结算医疗收费。

基层医疗卫生机构应当在“门急诊收费”科目下设置“挂号收费”“诊察收费”“检查收费”“化验收费”“治疗收费”“手术收费”“卫生材料收费”“药品收费”“一般诊疗费收费”“其他门急诊收费”“门急诊结算差额”明细科目。

基层医疗卫生机构应当在“药品收费”科目下设置“西药收费”“中成药收费”“中药饮片收费”明细科目；在“西药收费”科目下设置“西药”“疫苗”明细科目。

(2)“住院收费”科目，核算基层医疗卫生机构为住院病人提供医疗服务所确认的待结算医疗收费。

基层医疗卫生机构应当在“住院收费”科目下设置“床位收费”“诊察收费”“检查收费”“化验收费”“治疗收费”“手术收费”“护理收费”“卫生材料收费”“药品收费”“一般诊疗费收费”“其他住院收费”“住院结算差额”明细科目。

基层医疗卫生机构应当在“药品收费”科目下设置“西药收费”“中成药收费”“中药饮片收费”明细科目；在“西药收费”科目下应当设置“西药”“疫苗”明细科目。

执行医事服务费的基层医疗卫生机构应当分别在“待结算医疗款——门急诊收费——诊察收费”和“待结算医疗款——住院收费——诊察收费”科目中核算医事服务费。执行药事服务费的基层医疗卫生机构应当分别在“待结算医疗款——门急诊收费——其他门急诊收费”和“待结算医疗款——住院收费——其他住院收费”科目中核算药事服务费。

基层医疗卫生机构有打包性质收费的，应当按照医疗服务项目类别对收费进行拆分，分别计入“待结算医疗款”科目的相应明细科目。

2.待结算医疗款的主要账务处理

待结算医疗款的财务会计处理如下：

(1)基层医疗卫生机构与门急诊病人结算医疗款时，对于应向门急诊病人收取的部分，按照门急诊病人实际支付或应付未付的医疗款金额，借记“库存现金”“银行存款”“应收账款——应收医疗款——门急诊病人欠费”等科目，对于应由医疗保险机构等负担的部分，按照依有关规定计算确定的应收医保款金额，借记“应收账款——应收医疗款——应收医保款”科目，按照依有关规定计算确定的门急诊病人医疗款金额，贷记

"待结算医疗款——门急诊收费"科目。

（2）病人住院期间，基层医疗卫生机构因提供医疗服务确认待结算医疗款时，按照依有关规定计算确定的住院病人医疗款金额，借记"应收账款——应收在院病人医疗款"科目，贷记"待结算医疗款——住院收费"科目。

（3）基层医疗卫生机构与住院病人结算医疗款时，住院病人应付医疗款金额大于其预交金额的，按照预收住院病人医疗款金额，借记"预收账款——预收医疗款——住院预收款"科目，按照病人实际补付或应付未付金额，借记"库存现金""银行存款""应收账款——应收医疗款——出院病人欠费"等科目，按照依有关规定计算的应由医疗保险机构等负担的医疗保险金额，借记"应收账款——应收医疗款——应收医保款"科目，按照已经确认的应收在院病人医疗款金额，贷记"应收账款——应收在院病人医疗款"科目。

住院病人应付医疗款金额小于其预交金额的，按照预收住院病人医疗款金额，借记"预收账款——预收医疗款——住院预收款"科目，按照依有关规定计算的应由医疗保险机构等负担的医疗保险金额，借记"应收账款——应收医疗款——应收医保款"科目，按照退还给住院病人的金额，贷记"库存现金""银行存款"等科目，按照已经确认的应收在院病人医疗款金额，贷记"应收账款——应收在院病人医疗款"科目。

（4）基层医疗卫生机构与医疗保险机构等结算时，按照实际收到的金额，借记"银行存款"科目，按照应收医保款的金额，贷记"应收账款——应收医疗款——应收医保款"科目，按照借贷方之间的差额，借记或贷记"待结算医疗款——门急诊收费——门急诊结算差额"科目或"待结算医疗款——住院收费——住院结算差额"科目。

预算会计对上述（1）—（4）业务不做账。

（5）在期末或规定的上缴时间，基层医疗卫生机构按照依有关规定确定的金额，财务会计借记"待结算医疗款"科目，按照依有关规定确定的上缴同级财政部门的金额，贷记"银行存款"等科目，按照依有关规定确定留用的金额，贷记"事业收入——医疗收入"科目；预算会计借记"资金结存——货币资金"科目，贷记"事业预算收入——医疗预算收入"科目。

（二）"预收账款"科目的明细科目设置

基层医疗卫生机构应当在《政府会计制度》规定的"预收账款"科目下设置如下明细科目：

1."预收医疗款"科目，核算基层医疗卫生机构预收医疗保险机构等预拨的医疗保险金和预收病人的预交金。基层医疗卫生机构应当在本科目下设置如下明细科目：

（1）"预收医保款"科目，核算基层医疗卫生机构预收医疗保险机构等预拨的医疗保险金。

（2）“门急诊预收款”科目，核算基层医疗卫生机构预收门急诊病人的预交金。

（3）“住院预收款”科目，核算基层医疗卫生机构预收住院病人的预交金。

2.“其他预收账款”科目，核算基层医疗卫生机构除预收医疗款以外的其他预收账款，如基层医疗卫生机构因提供科研教学等服务、按合同或协议约定预收接受服务单位的款项。

基层医疗卫生机构执行《政府会计制度》新增负债一级科目以及在相关一级科目下新增明细科目的情况见表8-22。

六、基层医疗卫生机构净资产与预算结余特殊业务的核算

（一）累计盈余

1.“累计盈余”科目的明细科目设置

基层医疗卫生机构应当在《政府会计制度》规定的“累计盈余”科目下设置如下明细科目：

“医疗盈余”科目，核算基层医疗卫生机构开展医疗活动产生的累计盈余。

“公共卫生盈余”科目，核算基层医疗卫生机构开展公共卫生活动产生的累计盈余。

“科教盈余”科目，核算基层医疗卫生机构开展科研教学活动产生的累计盈余。

“新旧转换盈余”科目，核算基层医疗卫生机构执行《政府会计制度》前形成的，除新旧转换时转入医疗盈余、公共卫生盈余和科教盈余外的累计盈余。

2.弥补医疗亏损的账务处理

年末，基层医疗卫生机构“累计盈余——医疗盈余”科目为借方余额的，基层医疗卫生机构应当按照有关规定确定的用于弥补医疗亏损的金额，财务会计借记“累计盈余——新旧转换盈余”科目，贷记“累计盈余——医疗盈余”科目；预算会计不做账。

（二）“专用基金”科目的明细科目设置

基层医疗卫生机构应当在《政府会计制度》规定的“专用基金”科目下设置如下明细科目：

1.“职工福利基金”科目，核算基层医疗卫生机构根据有关规定、按照财务会计下相关数据计算提取的职工福利基金。

2.“医疗风险基金”科目，核算基层医疗卫生机构根据相关规定、按照财务会计下相关数据计算提取并列入费用的医疗风险基金。

3.“奖励基金”科目，核算基层医疗卫生机构根据相关规定、按照财务会计下相关数据计算提取的奖励基金。

（三）本期盈余

1.“本期盈余”科目的明细科目设置

基层医疗卫生机构应当在《政府会计制度》规定的“本期盈余”科目下设置以下明细科目：

“医疗盈余”科目，核算基层医疗卫生机构本期医疗活动产生的各项收入、费用相抵后的余额。

“公共卫生盈余”科目，核算基层医疗卫生机构本期公共卫生活动产生的各项收入、费用相抵后的余额。

“科教盈余”科目，核算基层医疗卫生机构本期科研教学活动产生的各项收入、费用相抵后的余额。

2. 本期盈余结转的账务处理

本期盈余结转的财务会计处理如下：

期末，基层医疗卫生机构应当将财政基本拨款收入和财政项目拨款收入中的医疗收入、事业收入中的医疗收入、上级补助收入、附属单位上缴收入、经营收入、非同级财政拨款收入中的医疗收入、投资收益、捐赠收入、利息收入、租金收入、其他收入的本期发生额转入本期盈余，借记“财政拨款收入——财政基本拨款收入——医疗收入”“财政拨款收入——财政项目拨款收入——医疗收入”“事业收入——医疗收入”“上级补助收入”“附属单位上缴收入”“经营收入”“非同级财政拨款收入——医疗收入”“投资收益”“捐赠收入”“利息收入”“租金收入”“其他收入”科目，贷记“本期盈余——医疗盈余”科目；将业务活动费用中的医疗费用、单位管理费用、经营费用、资产处置费用、上缴上级费用、对附属单位补助费用、所得税费用、其他费用的本期发生额转入本期盈余，借记“本期盈余——医疗盈余”科目，贷记“业务活动费用——医疗费用”“单位管理费用”“经营费用”“资产处置费用”“上缴上级费用”“对附属单位补助费用”“所得税费用”“其他费用”科目。

期末，基层医疗卫生机构应当将财政基本拨款收入和财政项目拨款收入中的公共卫生收入、事业收入中的公共卫生收入、非同级财政拨款收入中的公共卫生收入的本期发生额转入本期盈余，借记“财政拨款收入——财政基本拨款收入——公共卫生收入”“财政拨款收入——财政项目拨款收入——公共卫生收入”“非同级财政拨款收入——公共卫生收入”科目，贷记“本期盈余——公共卫生盈余”科目；将业务活动费用中的公共卫生费用的本期发生额转入本期盈余，借记“本期盈余——公共卫生盈余”科目，贷记“业务活动费用——公共卫生费用”科目。

期末，基层医疗卫生机构应当将财政项目拨款收入中的科教收入、事业收入中的科教收入的本期发生额转入本期盈余，借记“财政拨款收入——财政项目拨款收入——科教收入”“事业收入——科教收入”科目，贷记“本期盈余——科教盈余”科目；将业务活动费用中的科教经费的本期发生额转入本期盈余，借记“本期盈余——科教盈余”科目，贷记“业务活动费用——科教费用”科目。

年末，完成上述结转后，“本期盈余——医疗盈余”科目为贷方余额的，基层医疗卫生机构应当将“本期盈余——医疗盈余”科目余额转入“本年盈余分配”科目，借记“本期盈余——医疗盈余”科目，贷记“本年盈余分配”科目；“本期盈余——医疗盈余”科目为借方余额的，基层医疗卫生机构应当将“本期盈余——医疗盈余”科目余额转入累计盈余对应明细科目，借记“累计盈余——医疗盈余”科目，贷记“本期盈余——医疗盈余”科目。基层医疗卫生机构应当将“本期盈余——公共卫生盈余”“本期盈余——科教盈余”科目余额转入累计盈余对应明细科目，借记或贷记“本期盈余——公共卫生盈余”“本期盈余——科教盈余”科目，贷记或借记“累计盈余——公共卫生盈余”“累计盈余——科教盈余”科目。

预算会计对上述业务不做账。

（四）本年盈余分配

1.“本年盈余分配”科目的明细科目设置

基层医疗卫生机构应当在《政府会计制度》规定的“本年盈余分配”科目下设置“提取职工福利基金”“提取奖励基金”“转入累计盈余”明细科目。

年末，基层医疗卫生机构在按照规定提取专用基金后，财务会计应当将“本年盈余分配”科目余额转入累计盈余，借记“本年盈余分配——转入累计盈余”科目，贷记“累计盈余——医疗盈余”科目；预算会计不做账。

2.本年盈余分配的账务处理

年末，基层医疗卫生机构在按照规定提取专用基金后，财务会计应当将“本年盈余分配”科目余额转入累计盈余，借记“本年盈余分配——转入累计盈余”科目，贷记“累计盈余——医疗盈余”科目；预算会计不做账。

（五）“专用结余”科目的明细科目设置

基层医疗卫生机构应当在《政府会计制度》规定的“专用结余”科目下设置如下明细科目：

1.“职工福利基金”科目，核算基层医疗卫生机构职工福利基金资金的变动和滚存情况。

2.“奖励基金”科目，核算基层医疗卫生机构奖励基金资金的变动和滚存情况。

基层医疗卫生机构在《政府会计制度》相关净资产和预算结余一级科目下新增明细科目的情况见表8-22。

基层医疗卫生机构执行《政府会计制度》新增会计科目归纳见表8-22。

七、会计报表的补充

基层医疗卫生机构应当按月度和年度编制财务报表和财政拨款预算收入支出表，至少按年度编制财务报表附注、预算收入支出表和预算结转结余变动表。

基层医疗卫生机构除按照《政府会计制度》和《基层医疗卫生机构补充规定》编制财务报表和预算会计报表外，还应当按照《基层医疗卫生机构补充规定》按月度和年度编制待结算医疗款明细表和医疗及公共卫生收入费用明细表。

（一）资产负债表的补充

1.新增项目

基层医疗卫生机构应当在资产负债表中增加以下项目（见表8-24）：

表8-24　　资产负债表

会政财01表

编制单位：　　年　月　日　　单位：元

资　产	期末余额	年初余额	负债和净资产	期末余额	年初余额
流动资产：			流动负债：		
货币资金			短期借款		
短期投资			应交增值税		
财政应返还额度			其他应交税费		
应收票据			应缴财政款		
应收账款净额			待结算医疗款		
预付账款			应付职工薪酬		
应收股利			应付票据		
应收利息			应付账款		
其他应收款净额			应付政府补贴款		
存货			应付利息		
待摊费用			预收账款		
一年内到期的非流动资产			其他应付款		
其他流动资产			预提费用		
流动资产合计			一年内到期的非流动负债		
非流动资产：			其他流动负债		
长期股权投资			流动负债合计		
长期债券投资			非流动负债：		
固定资产原值			长期借款		
减：固定资产累计折旧			长期应付款		
固定资产净值			预计负债		
工程物资			其他非流动负债		
在建工程			非流动负债合计		
无形资产原值			受托代理负债		
减：无形资产累计摊销			负债合计		
无形资产净值					
研发支出					
公共基础设施原值					
减：公共基础设施累计折旧（摊销）					
公共基础设施净值			净资产：		
政府储备物资			累计盈余		
文物文化资产			其中：医疗盈余		
保障性住房			公共卫生盈余		
减：保障性住房累计折旧			科教盈余		
保障性住房净值			新旧转换盈余		
长期待摊费用			专用基金		
待处理财产损溢			权益法调整		
其他非流动资产			无偿调拨净资产*		
非流动资产合计			本期盈余*		
受托代理资产			净资产合计		
资产总计			负债和净资产总计		

注："*"标识项目为月报项目，年报中不需列示。

（1）在“应缴财政款”和“应付职工薪酬”项目之间增加“待结算医疗款”项目。

（2）在“累计盈余”项目下增加“其中：医疗盈余”“公共卫生盈余”“科教盈余”“新旧转换盈余”项目。

2.新增项目的内容和填列方法

（1）“待结算医疗款”项目，反映按“收支两条线”管理的基层医疗卫生机构期末待结算医疗收费。本项目应当根据“待结算医疗款”科目的期末余额填列。

（2）“累计盈余”项目下“医疗盈余”项目，反映基层医疗卫生机构开展医疗活动产生的累计盈余。本项目应当根据“累计盈余——医疗盈余”科目的期末余额填列。

“累计盈余”项目下“公共卫生盈余”项目，反映基层医疗卫生机构开展公共卫生活动产生的累计盈余。本项目应当根据“累计盈余——公共卫生盈余”科目的期末余额填列。

“累计盈余”项目下“科教盈余”项目，反映基层医疗卫生机构开展科研教学活动产生的累计盈余。本项目应当根据“累计盈余——科教盈余”科目的期末余额填列。

“累计盈余”项目下“新旧转换盈余”项目，反映基层医疗卫生机构执行《政府会计制度》前形成的，除新旧转换时转入医疗盈余、公共卫生盈余和科教盈余外的累计盈余。本项目应当根据“累计盈余——新旧转换盈余”科目的期末余额填列。

（二）待结算医疗款明细表

待结算医疗款明细表适用于按“收支两条线”管理的基层医疗卫生机构，反映按“收支两条线”管理的基层医疗卫生机构在某一会计期间内的各项医疗收费情况。基层医疗卫生机构应当按照《基层医疗卫生机构补充规定》按月度和年度编制待结算医疗款明细表，基本格式见表8-25。

待结算医疗款明细表各项目金额应当根据“待结算医疗款”科目相关明细科目的本期贷方发生额填列；“门急诊结算差额”和“住院结算差额”项目，应当根据“待结算医疗款”科目相关明细科目的本期净发生额填列，净发生额为借方数的，以“－”号填列。

编制月度报表时，本表“本月数”栏反映各项目的本月贷方实际发生数（“门急诊结算差额”“住院结算差额”项目为本月净发生额，下同），本表“本年累计数”栏反映各项目自年初至报告期期末的累计贷方实际发生数。

编制年度报表时，应将本表的“本月数”栏改为“本年数”，反映本年度各项目的贷方实际发生数；将本表的“本年累计数”栏改为“上年数”，反映上年度各项目的贷方实际发生数，“上年数”栏应当根据上年度待结算医疗款明细表中“本年数”栏内所列数字填列。

如果本年度待结算医疗款明细表规定的项目名称和内容同上年度不一致，应当对上年度待结算医疗款明细表项目名称和数字按照本年度的规定进行调整，将调整后的金额填入本年度待结算医疗款明细表的“上年数”栏内。

表8-25 **待结算医疗款明细表**

会政财01表附表01

编制单位：________ ____年__月 单位：元

项　目	本月数	本年累计数
待结算医疗款		
（一）门急诊收费		
挂号收费		
诊察收费		
其中：医事服务费		
检查收费		
化验收费		
治疗收费		
手术收费		
卫生材料收费		
药品收费		
其中：西药收费		
其中：疫苗		
中成药收费		
中药饮片收费		
一般诊疗费收费		
其他门急诊收费		
其中：药事服务费		
门急诊结算差额		
（二）住院收费		
床位收费		
诊察收费		
其中：医事服务费		
检查收费		
化验收费		
治疗收费		
手术收费		
护理收费		
卫生材料收费		
药品收费		
其中：西药收费		
其中：疫苗		
中成药收费		
中药饮片收费		
一般诊疗费收费		
其他住院收费		
其中：药事服务费		
住院结算差额		

（三）净资产变动表的补充

1. 调整项目

基层医疗卫生机构应当将净资产变动表中“其中：从预算收入中提取”行项目调整为“其中：从财务会计相关收入中提取”，将“从预算结余中提取”行项目调整为“从本期盈余中提取”。

2. 调整项目的内容和填列方法

（1）“从财务会计相关收入中提取”行，反映基层医疗卫生机构本年从财务会计相关收入中提取专用基金对净资产的影响。本行“专用基金”项目应当通过对“专用基金”科目明细账记录的分析，根据本年按有关规定从财务会计相关收入中提取专用基金的金额填列。

（2）“从本期盈余中提取”行，反映基层医疗卫生机构本年根据有关规定从本年度盈余中提取专用基金对净资产的影响。本行“累计盈余”“专用基金”项目应当通过对“专用基金”科目明细账记录的分析，根据本年按有关规定从本期盈余中提取专用基金的金额填列；本行“累计盈余”项目以“-”号填列。

（四）收入费用表的补充

1. 新增项目

基层医疗卫生机构应当在收入费用表中增加以下项目（见表8-26）：

（1）在“其中：政府性基金收入”项目后增加“其中：财政基本拨款收入”“财政项目拨款收入”项目，在“其中：财政基本拨款收入”项目下增加“其中：医疗收入”“公共卫生收入”项目，在“财政项目拨款收入”项目下增加“其中：医疗收入”“公共卫生收入”“科教收入”项目。

（2）在“（二）事业收入”项目下增加“其中：医疗收入”“公共卫生收入”“科教收入”项目。

（3）在“（六）非同级财政拨款收入”项目下增加“其中：医疗收入”“公共卫生收入”项目。

（4）在“（一）业务活动费用”项目下增加“其中：医疗费用”“公共卫生费用”“科教费用”项目。

（5）在“三、本期盈余”项目下增加“其中：医疗盈余”“公共卫生盈余”“科教盈余”项目。

2. 新增项目的内容和填列方法

（1）“财政基本拨款收入”项目，反映基层医疗卫生机构本期取得的财政基本拨款收入。本项目应当根据“财政拨款收入——财政基本拨款收入”科目的本期发生额填列。

“财政基本拨款收入”项目下“医疗收入”项目，反映基层医疗卫生机构本期开展医疗活动取得的财政基本拨款收入。本项目应当根据“财政拨款收入——财政基本拨款收入——医疗收入”科目的本期发生额填列。

表8-26　　　　**收入费用表**

会政财02表

编制单位：______　　　　____年__月　　　　单位：元

项　目	本月数	本年累计数
一、本期收入		
（一）财政拨款收入		
其中：政府性基金收入		
其中：财政基本拨款收入		
其中：医疗收入		
公共卫生收入		
财政项目拨款收入		
其中：医疗收入		
公共卫生收入		
科教收入		
（二）事业收入		
其中：医疗收入		
公共卫生收入		
科教收入		
（三）上级补助收入		
（四）附属单位上缴收入		
（五）经营收入		
（六）非同级财政拨款收入		
其中：医疗收入		
公共卫生收入		
（七）投资收益		
（八）捐赠收入		
（九）利息收入		
（十）租金收入		
（十一）其他收入		
二、本期费用		
（一）业务活动费用		
其中：医疗费用		
公共卫生费用		
科教费用		
（二）单位管理费用		
（三）经营费用		
（四）资产处置费用		
（五）上缴上级费用		
（六）对附属单位补助费用		
（七）所得税费用		
（八）其他费用		
三、本期盈余		
其中：医疗盈余		
公共卫生盈余		
科教盈余		

“财政基本拨款收入”项目下“公共卫生收入”项目，反映基层医疗卫生机构本期开展公共卫生活动取得的财政基本拨款收入。本项目应当根据“财政拨款收入——财政基本拨款收入——公共卫生收入”科目的本期发生额填列。

“财政项目拨款收入”项目，反映基层医疗卫生机构本期取得的财政项目拨款收入。本项目应当根据“财政拨款收入——财政项目拨款收入”科目的本期发生额填列。

“财政项目拨款收入”项目下“医疗收入”项目，反映基层医疗卫生机构本期开展医疗活动取得的财政项目拨款收入。本项目应当根据“财政拨款收入——财政项目拨款收入——医疗收入”科目的本期发生额填列。

“财政项目拨款收入”项目下“公共卫生收入”项目，反映基层医疗卫生机构本期开展公共卫生活动取得的财政项目拨款收入。本项目应当根据“财政拨款收入——财政项目拨款收入——公共卫生收入”科目的本期发生额填列。

“财政项目拨款收入”项目下“科教收入”项目，反映基层医疗卫生机构本期开展科研教学活动取得的财政项目拨款收入。本项目应当根据“财政拨款收入——财政项目拨款收入——科教收入”科目的本期发生额填列。

（2）“事业收入”项目下“医疗收入”项目，反映基层医疗卫生机构本期开展医疗业务活动实现的收入。本项目应当根据“事业收入——医疗收入”科目的本期发生额填列。

“事业收入”项目下“公共卫生收入”项目，反映基层医疗卫生机构本期开展公共卫生活动实现的收入。本项目应当根据“事业收入——公共卫生收入”科目的本期发生额填列。

“事业收入”项目下“科教收入”项目，反映基层医疗卫生机构本期开展科研教学活动实现的收入。本项目应当根据“事业收入——科教收入”科目的本期发生额填列。

（3）“非同级财政拨款收入”项目下“医疗收入”项目，反映基层医疗卫生机构本期开展医疗业务活动取得的非同级财政拨款收入。本项目应当根据“非同级财政拨款收入——医疗收入”科目的本期发生额填列。

“非同级财政拨款收入”项目下“公共卫生收入”项目，反映基层医疗卫生机构本期开展公共卫生活动取得的非同级财政拨款收入。本项目应当根据“非同级财政拨款收入——公共卫生收入”科目的本期发生额填列。

（4）“业务活动费用”项目下“医疗费用”项目，反映基层医疗卫生机构本期为提供医疗服务所发生的各项费用。本项目应当根据“业务活动费用——医疗费用”科目本期发生额填列。

“业务活动费用”项目下“公共卫生费用”项目，反映基层医疗卫生机构本期为开展公共卫生服务活动所发生的各项费用。本项目应当根据“业务活动费用——公共卫生费用”科目本期发生额填列。

“业务活动费用”项目下“科教费用”项目，反映基层医疗卫生机构本期为开展科研教学活动所发生的各项费用。本项目应当根据“业务活动费用——科教费用”科目本期发生额填列。

(5)“本期盈余”项目下“医疗盈余”项目，反映基层医疗卫生机构本期医疗活动相关收入扣除医疗活动相关费用后的净额。本项目应当根据本表中“财政基本拨款收入”项目下“医疗收入”、“财政项目拨款收入”项目下“医疗收入”、“事业收入”项目下“医疗收入”、“上级补助收入”、“附属单位上缴收入”、“经营收入”、“非同级财政拨款收入”项目下“医疗收入”、“投资收益”、“捐赠收入”、“利息收入”、“租金收入”、“其他收入”项目金额合计数减去“业务活动费用”项目下“医疗费用”、“单位管理费用”、“经营费用”、“资产处置费用”、“上缴上级费用”、“对附属单位补助费用”、“所得税费用”、“其他费用”项目金额合计数后的金额填列；如相减后金额为负数，以“-”号填列。

“本期盈余”项目下“公共卫生盈余”项目，反映基层医疗卫生机构本期公共卫生活动相关收入扣除公共卫生活动相关费用后的净额。本项目应当根据本表中“财政基本拨款收入”项目下“公共卫生收入”、“财政项目拨款收入”项目下“公共卫生收入”、“事业收入”项目下“公共卫生收入”、“非同级财政拨款收入”项目下“公共卫生收入”项目金额合计数减去“业务活动费用”项目下“公共卫生费用”项目金额后的金额填列；如相减后金额为负数，以“-”号填列。

“本期盈余”项目下“科教盈余”项目，反映基层医疗卫生机构本期科研教学活动相关收入扣除科研教学活动相关费用后的净额。本项目应当根据本表中“财政项目拨款收入”项目下“科教收入”、“事业收入”项目下“科教收入”项目金额合计数减去“业务活动费用”项目下“科教费用”项目金额后的金额填列。

(五) 医疗及公共卫生收入费用明细表

1.基本结构

医疗及公共卫生收入费用明细表反映基层医疗卫生机构在某一会计期间内发生的医疗和公共卫生活动相关的收入、费用的详细情况。其基本格式见表8-27。

本表“本月数”栏反映各项目的本月实际发生数。编制年度医疗及公共卫生收入费用明细表时，应当将本栏改为“本年数”，反映本年度各项目的实际发生数。

本表“本年累计数”栏反映各项目自年初至报告期期末的累计实际发生数。编制年度医疗及公共卫生收入费用明细表时，应当将本栏改为“上年数”，反映上年度各项目的实际发生数，“上年数”栏应当根据上年年度医疗及公共卫生收入费用明细表中“本年数”栏内所列数字填列。

如果本年度医疗及公共卫生收入费用明细表规定的项目名称和内容同上年度不一致，应当对上年度医疗及公共卫生收入费用明细表项目名称和数字按照本年度的规定进行调整，将调整后的金额填入本年度医疗及公共卫生收入费用明细表的“上年数”栏内。

如果本年度基层医疗卫生机构发生了因前期差错更正、会计政策变更等调整以前年度盈余的事项，还应当对年度医疗及公共卫生收入费用明细表中“上年数”栏中的有关项目金额进行相应调整。

表8-27 **医疗及公共卫生收入费用明细表**

会政财02表附表01

编制单位：________ ____年__月 单位：元

项 目	本月数	本年累计数
一、医疗及公共卫生收入		
（一）医疗收入		
1.门急诊收入		
挂号收入		
诊察收入		
其中：医事服务收入		
检查收入		
化验收入		
治疗收入		
手术收入		
卫生材料收入		
药品收入		
其中：西药		
其中：疫苗		
中成药		
中药饮片		
一般诊疗费收入		
其他门急诊收入		
其中：药事服务收入		
门急诊结算差额		
2.住院收入		
床位收入		
诊察收入		
其中：医事服务收入		

续表

项　目	本月数	本年累计数
检查收入		
化验收入		
治疗收入		
手术收入		
护理收入		
卫生材料收入		
药品收入		
其中：西药		
其中：疫苗		
中成药		
中药饮片		
一般诊疗费收入		
其他住院收入		
其中：药事服务收入		
住院结算差额		
（二）公共卫生收入		
二、医疗及公共卫生费用		
（一）医疗费用		
人员费用		
工资福利费用		
对个人和家庭的补助费用		
药品费		
西药		
其中：疫苗		
中成药		

续表

项　目	本月数	本年累计数
中药饮片		
专用材料费		
卫生材料费		
血库材料		
医用气体		
影像材料		
化验材料		
其他卫生材料		
低值易耗品		
其他材料费		
维修费		
计提专用基金		
其中：计提医疗风险基金		
固定资产折旧		
无形资产摊销		
其他医疗费用		
（二）公共卫生费用		
人员费用		
工资福利费用		
对个人和家庭的补助费用		
药品费		
西药		
其中：疫苗		
中成药		
中药饮片		

续表

项　目	本月数	本年累计数
专用材料费		
卫生材料费		
血库材料		
医用气体		
影像材料		
化验材料		
其他卫生材料		
低值易耗品		
其他材料费		
维修费		
其他公共卫生费用		
三、单位管理费用		
人员费用		
工资福利费用		
对个人和家庭的补助费用		
商品和服务费用		
固定资产折旧		
无形资产摊销		

2.填列方法

医疗及公共卫生收入费用明细表本表“（一）医疗收入”项目及所属明细项目应当根据“事业收入——医疗收入”科目及相关明细科目的本期发生额填列，“（二）公共卫生收入”项目应当根据“事业收入——公共卫生收入”科目的本期发生额填列。

本表“（一）医疗费用”项目及所属明细项目应当根据“业务活动费用——医疗费用”科目及相关明细科目的本期发生额填列，“（二）公共卫生费用”项目及所属明细项目应当根据“业务活动费用——公共卫生费用”科目及相关明细科目的本期发生额填列。

本表“三、单位管理费用”项目及所属明细项目应当根据“单位管理费用”科目及相关明细科目的本期发生额填列。

（六）财务报表附注的补充

1.基层医疗卫生机构除按《政府会计制度》规定按照债务人类别披露应收账款信息外，还应当按照应收项目类别披露应收账款信息，具体格式如下：

应收账款类别	期末余额	年初余额
应收在院病人医疗款：		
应收医疗款：		
应收医保款		
门急诊病人欠费		
住院病人欠费		
其他应收账款		
合计		

2.基层医疗卫生机构应当按照存货种类披露存货信息，具体披露格式如下：

存货种类	期末余额	年初余额
药品		
西药		
其中：疫苗		
中成药		
中药饮片		
卫生材料		
血库材料		
医用气体		
影像材料		
化验材料		
其他卫生材料		
低值易耗品		
其他材料		
合计		

第八节 国有林场和苗圃特殊业务

一、国有林场和苗圃会计概述

（一）国有林场和苗圃

国有林场和苗圃，是指各级人民政府设立的，从事保护培育森林资源、维护国家生态安全、提供生态服务，不以营利为目的、独立核算的公益性事业单位性质国有林场和苗圃。

（二）国有林场和苗圃会计

国有林场和苗圃会计是对国有林场和苗圃发生的各项经济业务和事项进行会计核算，主要反映和监督国有林场和苗圃财务状况、运行情况、现金流量和预算收支执行情况的会计。

国有林场和苗圃会计按照会计功能分为财务会计和预算会计。国有林场和苗圃财务会计，是指以权责发生制为基础对国有林场和苗圃发生的各项经济业务和事项进行会计核算，反映和监督其财务状况、运行情况、运行成本和现金流量等信息的会计。国有林场和苗圃预算会计，是指以收付实现制为基础对国有林场和苗圃预算执行过程中发生的全部收入和全部支出进行会计核算，主要反映和监督预算收支执行情况的会计。

国有林场和苗圃在执行政府会计准则制度对事业单位共性业务会计处理、提供单位财务报告信息和决算报告信息的同时，还应根据《关于国有林场和苗圃执行〈政府会计制度——行政事业单位会计科目和报表〉的补充规定》（以下简称《国有林场和苗圃补充规定》）对其特殊经济业务和事项进行会计核算。

（三）国有林场和苗圃的主要特殊业务

根据《国有林场和苗圃补充规定》的规定，国有林场和苗圃的特殊业务主要包括：增设“营林工程”和“林木资产”一级科目；补充“资产负债表”。

二、营林工程的核算

（一）营林工程核算的会计科目设置

财务会计系统下，国有林场和苗圃应当设置“营林工程”科目核算林场发生的育苗、造林、抚育、管护各种林木和苗木的生产成本。生产性林木资产达到正式投产可以采收林产品后，继续发生的管护费用，应当作为林产品的生产成本，通过“加工物品”科目核算。本科目应当设置“苗木生产成本”“林木生产成本”“间接费用”等明细科目。在“林木生产成本”明细科目下，可按“消耗性林木成本”“生产性林木成本”“公益性林木成本”设置明细科目。本科目期末借方余额，反映林场尚未结转的营林工程发生的实际成本。

预算会计系统下，与“营林工程”科目对应的主要是“事业支出”“经营支出”等科目。

（二）营林工程的主要账务处理

（1）国有林场和苗圃发生属于营林生产的费用时，财务会计按照可以直接计入营林成本的费用，借记“营林工程——苗木生产成本、林木生产成本”科目，按照需要分摊计入营林成本的费用，借记“营林工程——间接费用”科目，贷记“林木资产——苗木”“库存物品”“应付职工薪酬”“财政拨款收入”“零余额账户用款额度”“银行存款”“固定资产累计折旧”“长期待摊费用”等科目。预算会计按照实际支付的营林成本金额借记“事业支出”等科目，贷记“财政拨款预算收入”“资金结存——零余额账户用款额度、货币资金”等科目。

（2）月末，将间接费用按照一定的分配方法计入营林成本，借记“营林工程——苗木生产成本、林木生产成本”科目，贷记“营林工程——间接费用”科目。结转后，“营林工程”科目的“间接费用”明细科目应无余额。

（3）期末，将竣工的营林工程发生的营林生产成本转入林木资产，借记“林木资产”科目，贷记“营林工程”科目。

（4）采伐或处置未竣工的林木、苗木时，应当先将林木、苗木的生产成本转入林木资产账面余额。结转时，借记“林木资产”科目，贷记“营林工程”科目。

三、林木资产的核算

（一）林木资产核算的会计科目设置

财务会计系统下，国有林场和苗圃应当设置“林木资产”科目核算林场营造管理的各种活立木资产和苗木资产的累计成本。本科目应当设置“苗木”和“林木”两个明细科目，在“林木”明细科目下，可按“消耗性林木资产”“生产性林木资产”“公益性林木资产”设置明细科目。本科目期末借方余额，反映林场林木资产的累计成本。

预算会计系统下，与“林木资产”科目对应的主要是“事业支出”“经营支出”等科目。

（二）林木资产的主要账务处理

1. 林木资产取得

国有林场和苗圃林木资产的取得方式主要包括自行营造、购入或有偿调入、无偿调入。

林木资产取得时，应当按照其取得时的成本入账。

（1）自行营造形成的林木，期末按照该林木达到营林工程竣工标准发生的育苗、造林、抚育、管护成本，结转营林生产成本，财务会计借记“林木资产”科目，贷记“营林工程”科目。

（2）购入或有偿调入的林木，按照购入或有偿调入的成本，财务会计借记“林木资产”科目，贷记“财政拨款收入”“零余额账户用款额度”“银行存款”等科目；预算会计借记“事业支出”等科目，贷记“财政拨款预算收入”“资金结存——零余额账户用款额度、货币资金”等科目。

（3）无偿调入的林木，财务会计按照该林木资产在调出方的账面价值加相关费用，借记“林木资产”科目，按照发生的归属于调入方的相关费用，贷记“银行存款”等科目，按照其差额，贷记“无偿调拨净资产”科目。预算会计按照实际支付的归属于调入方的相关费用，借记“其他支出”科目，贷记“资金结存——货币资金”等科目。

2.采伐林木、自主出售成品苗木或造林

国有林场和苗圃按规定采伐林木、自主出售成品苗木或造林时，应当减少相应林木资产的账面余额。

（1）更新采伐公益性林木资产时，财务会计按照被采伐林木的林木资产账面余额，借记“业务活动费用”“库存物品”等科目，贷记“林木资产”科目；预算会计不做账。

（2）采伐消耗性林木资产时，财务会计按照被采伐林木的林木资产账面余额，借记“业务活动费用”“经营费用”“库存物品”等科目，贷记“林木资产”科目；预算会计不做账。

（3）自主出售成品苗木或造林时，财务会计按照该苗木的林木资产账面余额，借记“经营费用”等科目［出售］或“营林工程”科目［造林］，贷记“林木资产”科目；预算会计不做账。

3.生产性林木资产的摊销

生产性林木资产的账面余额，财务会计应当在林产品采收期限内逐期摊入林产品的成本，各期摊销时，借记“加工物品——林产品生产成本”科目，贷记“林木资产”科目；预算会计不做账。

4.林木资产的处置

国有林场和苗圃按规定报经批准处置林木资产，应当分别以下情况处理：

（1）报经批准有偿转让林木资产（不含可自主出售的林木资产）时，财务会计按照被转让林木资产的账面余额，借记“资产处置费用”科目，贷记“林木资产”科目。同时，按照收到的价款，借记“银行存款”等科目，按照处置过程中发生的相关费用，贷记“银行存款”等科目，按照收到的价款扣除相关费用后的差额，贷记“应缴财政款”科目；如果按照有关规定将林木资产转让净收入纳入本单位预算管理的，应当按照收到的价款扣除相关费用后的差额，贷记“其他收入”科目。对于林木资产转让净收入纳入本单位预算管理的，预算会计借记“资金结存——货币资金”科目，贷记“其他预算收入”科目。

报经批准有偿转让林木的林地使用权，其林地附着的林木资产的账面余额及处置收入和费用，按照有偿转让林木资产进行账务处理。

（2）报经批准无偿调出林木资产时，财务会计按照调出林木资产的账面余额，借记“无偿调拨净资产”科目，贷记“林木资产”科目；按照无偿调出过程中发生的归属于调出方的相关费用，借记“资产处置费用”科目，贷记“银行存款”等科目。预算会计按照实际支付的归属于调出方的相关费用，借记“其他支出”科目，贷记“资金结存——货币资金”等科目。

（3）报经批准用林木资产投资时，参照《政府会计制度》中关于置换换入相关资产的规定进行账务处理。

（4）因遭受自然灾害等致使林木资产发生损毁时，应当将被损毁林木资产的账面余额转入待处理财产损溢。结转时，财务会计借记“待处理财产损溢”科目，贷记“林木资产”科目；预算会计不做账。

四、资产负债表的补充

（一）新增“林木资产”项目

国有林场和苗圃应当在资产负债表“保障性住房净值”和“长期待摊费用”项目之间增加“林木资产”项目。

（二）新增“林木资产”项目的填列方法

国有林场和苗圃在编制资产负债表时，应当按照“林木资产——苗木”和“林木资产——林木——消耗性林木资产”科目期末余额的合计数填列“存货”项目，按照“林木资产”科目其余的期末余额填列“林木资产”项目；按照“营林工程——苗木生产成本”和“营林工程——林木生产成本——消耗性林木成本”科目期末余额的合计数填列“存货”项目，按照“营林工程”科目其余的期末余额填列“林木资产”项目。